Internationale Wirtschaft und Finanzen

von

Prof. Dr. Herbert Sperber
Hochschule für Wirtschaft
und Umwelt Nürtingen-Geislingen

und

Prof. Dr. Joachim Sprink
Berufsakademie Ravensburg

R. Oldenbourg Verlag München Wien

Bibliografische Information der Deutschen Nationalbibliothek

Die Deutsche Nationalbibliothek verzeichnet diese Publikation in der Deutschen Nationalbibliografie; detaillierte bibliografische Daten sind im Internet über <http://dnb.d-nb.de> abrufbar.

© 2007 Oldenbourg Wissenschaftsverlag GmbH
Rosenheimer Straße 145, D-81671 München
Telefon: (089) 45051-0
oldenbourg.de

Das Werk einschließlich aller Abbildungen ist urheberrechtlich geschützt. Jede Verwertung außerhalb der Grenzen des Urheberrechtsgesetzes ist ohne Zustimmung des Verlages unzulässig und strafbar. Das gilt insbesondere für Vervielfältigungen, Übersetzungen, Mikroverfilmungen und die Einspeicherung und Bearbeitung in elektronischen Systemen.

Lektorat: Wirtschafts- und Sozialwissenschaften, wiso@oldenbourg.de
Herstellung: Anna Grosser
Satz: DTP-Vorlagen der Autoren
Coverentwurf: Kochan & Partner, München
Gedruckt auf säure- und chlorfreiem Papier
Druck: Grafik + Druck, München
Bindung: Thomas Buchbinderei GmbH, Augsburg

ISBN 978-3-486-58288-8

Vorwort

Offene Volkswirtschaften wie die deutsche sind durch vielfältige ökonomische Vorgänge mit der übrigen Welt verbunden. Für die einzelnen Wirtschaftsakteure bedeutet der internationale Handel und Kapitalverkehr eine enorme Erweiterung ihres Entscheidungsraumes. Bürger und Unternehmen sowie auch der Staat haben dadurch bei ihren Transaktionen die Wahl zwischen in- und ausländischen Alternativen. Dies gilt für den Kauf oder Verkauf von Gütern ebenso wie für Finanzierungen oder Geldanlagen, die Errichtung von Produktionsstätten oder den Abschluss von Arbeitsverträgen. Die intensive außenwirtschaftliche Verflechtung begründet indes gleichzeitig eine starke gegenseitige Abhängigkeit zwischen dem gesamtwirtschaftlichen Geschehen in den beteiligten Ländern.

So wird etwa die deutsche Konjunktur in hohem Maße von der Entwicklung der Weltkonjunktur beeinflusst. Auch Veränderungen der Währungskurse haben gravierende Auswirkungen auf die reale Wirtschaft und das Preisniveau im Inland. Noch viel enger sind die Finanzmärkte miteinander verknüpft. Zinsen und Aktienkurse in Deutschland bilden sich nicht mehr national, sondern global auf den Weltfinanzmärkten. Diese Betrachtungen machen bereits deutlich, dass die ökonomische Entwicklung jeder weltoffenen Nation ganz wesentlich auch durch die im Ausland betriebene Wirtschaftspolitik geprägt wird. Die Staaten selbst sehen sich durch die Globalisierung in die Rolle von „Gastwirten" gedrängt, die sich als attraktive Standorte für Unternehmen und international mobiles Kapital profilieren müssen.

Ein wesentliches Ziel des Buches ist es vor diesem Hintergrund, das Geflecht der grenzüberschreitenden ökonomischen Einflusskanäle aufzuzeigen und zu erklären, „wie die Welt zusammenhängt". Damit verbunden, sollen die Ausführungen den Leser in die Lage versetzen, die Kernfragen der internationalen Wirtschaftspolitik beurteilen zu können:

- Wie wirken geld- und fiskalpolitische Maßnahmen in offenen Volkswirtschaften?

- Welche Vor- und Nachteile haben Wechselkurssysteme mit flexiblen oder festen Kursen?

- Was spricht für die Bildung einheitlicher Währungsräume, was dagegen?

- Wodurch entstehen Währungs- und Finanzkrisen, welche Gefahren sind damit verbunden?

- Welche Aufgaben haben supranationale Institutionen wie der Internationale Währungsfonds, die Weltbank oder die WTO?

Sehr viele deutsche Unternehmen agieren weltweit und stehen im globalen Wettbewerb. Aus Sicht dieser Firmen bedeutet die Globalisierung, dass oft nahezu alle Entscheidungen im internationalen Kontext zu fällen sind. Ihr zentrales Ziel muss es sein, durch Nutzung länderspezifischer Gegebenheiten die für sie jeweils optimalen Produktionsstandorte sowie Beschaffungs-, Absatz- und Finanzierungsbedingungen zu realisieren. Solche im internationalen Maßstab denkenden und handelnden Unternehmen sind von den Entwicklungen auf den Weltmärkten und den dahinter stehenden wirtschafts- und währungspolitischen Eingriffen unmittelbar betroffen. Aber auch die nur fallweise ex- oder importierenden oder rein national tätigen Betriebe sind den Veränderungen des weltwirtschaftlichen Umfeldes ausgesetzt, beispielsweise indem Wechselkursschwankungen ihre Konkurrenzfähigkeit beeinflussen. Unser Anliegen ist es, die aus der Globalisierung für unternehmerische Entscheidungen resultierenden Handlungsalternativen zu analysieren und die Möglichkeiten, mit den entstehenden Risiken umzugehen, systematisch darzustellen.

Insbesondere im Bereich der Finanzwirtschaft sind die Anforderungen an das Management im Zuge der Globalisierung deutlich gestiegen. Im Außenhandel existieren aufgrund der erhöhten Risiken differenzierte Lieferungs- und Zahlungsbedingungen sowie Finanzierungstechniken. Die internationale Verflechtung der Geld-, Kredit- und Kapitalmärkte hat des Weiteren eine Fülle von Produkten hervorgebracht, die neue Möglichkeiten der strukturierten Finanzierung schaffen.

Auslandsgeschäfte und internationaler Kapitalverkehr sind häufig Währungsraum übergreifend. Den Vorgängen auf dem Devisenmarkt kommt daher große Bedeutung zu. Unternehmen tätigen Devisenmarktgeschäfte für internationale Zahlungen und zur Absicherung offener Währungspositionen, weiterhin zum Zwecke der Arbitrage (also der Nutzung etwa von Zinsdifferenzen zwischen dem In- und dem Ausland) sowie im Rahmen der Spekulation auf zukünftige Kursänderungen. Auf den Devisenmärkten bilden sich die Wechselkurse, deren Verlauf abzuschätzen für viele Firmen demnach von allergrößtem Interesse ist.

Eine zentrale Stellung im internationalen Finanzmanagement hat das Risikomanagement. Dabei spielen derivative Finanzinstrumente eine wichtige Rolle. Derivate werden insbesondere eingesetzt, um Güterkäufe bzw. -verkäufe sowie Finanztransaktionen gegen Preisänderungsrisiken, vor allem Wechselkurs- und Zinsänderungsrisiken, abzusichern. Ein weiteres spezifisches Risikofeld für international operierende Unternehmen stellen typischerweise die Länderrisiken dar. Wir werden die verschiedenen Ursachen von Länderrisiken identifizieren sowie eine Beurteilung und Kategorisierung dieser Risiken vornehmen.

Bei aller Unterschiedlichkeit in der Beurteilung der Globalisierung besteht Einigkeit darüber, dass die globale Welt Spielregeln bedarf sowie Institutionen, die deren Einhaltung überwachen. Diese Thematik wird unter dem Begriff der Global Governance diskutiert. Zu den wichtigsten Akteuren der Weltwirtschaft zählen die WTO, die Weltbank und der IWF. Wir erläutern deren Aufgabenstellung und Funktionsweise.

Das Auftreten einer Reihe von nationalen Wirtschafts- und Währungskrisen sowie die beobachtete Intensität, mit der solche Marktstörungen auf weit entfernte Volkswirtschaften übergreifen können, haben Überlegungen in Richtung einer „neuen internationalen Finanzarchitektur" angestoßen. Die Darstellung der verschiedenen Aspekte dieser in der Zukunft vermutlich verstärkt geführten Diskussion bildet den Abschluss des Buches.

Das Werk ist aus unserer Lehrpraxis als Dozenten an Hochschulen und in der Weiterbildung entstanden. Wir haben uns um ein Höchstmaß an Anschaulichkeit sowie konsequente Praxisnähe bemüht. Mit dieser Konzeption möchten wir Studierenden in Bachelor- oder Master-Studiengängen eine Einführung in die betriebs- und volkswirtschaftlichen Aspekte der internationalen Wirtschaft bieten. Auch richten wir uns an Praktiker, die ein berufliches Interesse an außenwirtschaftlichen Fragen haben.

Wir danken allen, die mit uns Teile des Manuskripts diskutierten und uns dabei Anregungen vermittelten. Insbesondere bedanken wir uns bei Frau Dr. Barbara Pflugmann-Hohlstein für ihre fachliche Unterstützung in den Fragen der Außenhandelstheorie. Unser Dank gilt auch Frau Dipl.-Betriebswirtin Michaela Binder für die sorgfältige Durchsicht und Korrektur. Kritische Hinweise aufmerksamer Leser nehmen wir gern entgegen.

Nürtingen und Ravensburg, im Januar 2007
                                                                  Herbert Sperber
                                                                  Joachim Sprink

Inhalt

1 Internationale Wirtschaftsbeziehungen 1

1 Grundlagen der Außenwirtschaftstheorie und -politik 1
1.1 Bestimmungsgründe des internationalen Handels 1
1.1.1 Einkommen und Außenhandel 2
1.1.2 Güterpreise und Außenhandel 3
1.1.3 Produktdifferenzierung 7
1.2 Ursachen internationaler Preisunterschiede 7
1.3 Wohlstandseffekte des internationalen Handels 10
1.3.1 Das Theorem der komparativen Kosten 10
1.3.2 Wie werden die Vorteile des Freihandels gemessen? 13
1.3.3 Wohlstandseffekte im Exportfall 14
1.3.4 Wohlstandseffekte im Importfall 15
1.4 Die Wirkung von Außenhandelsinstrumenten 16
1.4.1 Subventionen 16
1.4.2 Importzölle 17
1.4.3 Importquoten 18
1.4.4 Nicht-tarifäre Handelshemmnisse 19
1.5 Die Effekte einer Zollunion 19
1.6 Dynamische Effekte des internationalen Handels 22
1.7 Mögliche Probleme durch internationalen Handel 24
1.7.1 Erhöhte Abhängigkeit durch Spezialisierung? 25
1.7.2 Verstärkung der internationalen Einkommensunterschiede? 26
1.7.3 Steigende Arbeitslosigkeit und soziale Probleme? 26
1.8 Internationale Kapitalbewegungen 28
1.8.1 Formen des internationalen Kapitalverkehrs 28
1.8.2 Portfolioinvestitionen 29
1.8.3 Direktinvestitionen 30

2 Das Ausland in der volkswirtschaftlichen Gesamtrechnung 31
2.1 Der Wirtschaftskreislauf 31
2.2 Saldenmechanische Zusammenhänge 32
2.3 Die gesamtwirtschaftliche Finanzierungsgleichung 36

3 Die Zahlungsbilanz als Dokumentationsinstrument internationaler Transaktionen 38
3.1 Leistungsbilanz und Finanzierungssaldo 38
3.2 Die Bestandteile der Kapitalbilanz 40
3.3 Die Bilanz der ungeklärten Restposten 41
3.4 Die Devisenbilanz 41
3.5 Der statistische Ausgleich der Zahlungsbilanz 42

3.6	Abwicklung des internationalen Zahlungs- und Kreditverkehrs	43
3.7	Zahlungsbilanzbuchungen	45
3.8	Die besondere Bedeutung des Außenbeitrags und des Devisenbilanzsaldos	48
3.8.1	Bedeutung des Außenbeitrags	48
3.8.2	Bedeutung des Devisenbilanzsaldos	50

Übungsfragen ... 51
Literatur zum ersten Teil ... 52

2 Zahlungsbilanzeffekte und internationale Übertragung wirtschaftlicher Entwicklungen ... 53

4	Der internationale Wirtschaftszusammenhang im Überblick	53
5	Einkommenseffekt und internationaler Konjunkturzusammenhang	56
5.1	Anstieg der Inlandsnachfrage	57
5.2	Anstieg der Nettoexporte	60
6	Preiseffekt und direkter internationaler Preiszusammenhang	61
6.1	Preiseffekt	61
6.2	Internationaler Preiszusammenhang	63
7	Zinseffekt und direkter internationaler Zinszusammenhang	66
7.1	Zinseffekt	66
7.2	Internationaler Zinszusammenhang	67
8	Wechselkurseffekt, Inlandspreise und terms of trade	70
8.1	Wechselkurseffekt	70
8.2	J-Kurven-Effekt	74
8.3	Fernwirkungen einer Wechselkursänderung	76
8.4	Wirkung auf die terms of trade	77
9	Zusammenfassung ausgewählter Ergebnisse	78

Übungsfragen ... 79
Literatur zum zweiten Teil ... 80

3 Wirtschaftspolitik in unterschiedlichen Währungssystemen ... 81

10	Funktionsmerkmale unterschiedlicher Währungssysteme	81
10.1	Devisen, Devisenmarkt und Währungssysteme	81
10.1.1	Devisen	82
10.1.2	Devisenmarkt	83
10.1.3	Währungssysteme	83
10.2	Angebot, Nachfrage und Gleichgewicht auf dem Devisenmarkt	86
10.2.1	Devisenangebot und -nachfrage	86
10.2.2	Devisenmarktgleichgewicht ohne Kapitalbewegungen	88
10.2.3	Berücksichtigung internationaler Kapitalbewegungen	91

10.3	Der Ausgleichsmechanismus flexibler Wechselkurse	91
10.4	Stabilisierende und destabilisierende Spekulation	95
10.5	Geldangebotseffekte und Neutralisierungspolitik bei festen Wechselkursen	97
10.5.1	Vorbemerkungen	97
10.5.2	Devisenmarktinterventionen	99
10.5.3	Geldangebotseffekt einer Devisenmarktintervention	102
10.5.4	Neutralisierungspolitik	104
10.5.5	Geldmengenmechanismus bei festen Wechselkursen	105
10.6	Currency Board-System	106
11	**Wirtschaftspolitik bei festen und bei flexiblen Wechselkursen**	**108**
11.1	Vorbemerkungen	108
11.2	Effektivität der Geldpolitik	109
11.3	Effektivität der Fiskalpolitik	112
11.4	Effektivität der Wechselkurspolitik	115
11.5	Zielkonflikte bei festen Wechselkursen	117
11.6	Rückblick: Spekulative Attacken im EWS 1992	119
12	**Währungspolitische Alternativen im Vergleich**	**121**
12.1	Autonomie der Stabilisierungspolitik	122
12.2	Funktionsfähigkeit des internationalen Handels	123
12.3	Beurteilung einer Währungsunion	124
13	**Europäische Währungsunion**	**127**
13.1	Maastricht-Kriterien	128
13.2	Stabilitäts- und Wachstumspakt	129
13.3	ESZB, Eurosystem und EWS II	129
13.4	Die Instrumente der Europäischen Zentralbank	132
13.5	Die Praxis der Liquiditätssteuerung	134
13.6	Die geldpolitische Strategie der EZB	136
13.7	Ist die EWU ein optimaler Währungsraum?	139
13.8	Wirtschaftspolitische Herausforderungen	141
13.8.1	Geldpolitik	141
13.8.2	Fiskalpolitik	143
13.8.3	Allgemeine Wirtschaftspolitik	144
Übungsfragen		144
Literatur zum dritten Teil		146

4 Devisenhandel, Devisenmarktgeschäfte und Wechselkursbildung 147

14	**Devisenhandel und Devisenmarktgeschäfte**	**147**
14.1	Fachbegriffe im Devisenhandel	147
14.2	Motive und Teilnehmer des Devisenhandels	148
14.3	Devisenmarktgeschäfte	149

14.3.1	Devisenarbitrage	149
14.3.2	Zinsarbitrage	150
14.3.3	Devisenspekulation	154
14.3.4	Zusammenfassung	155
15	**Effizienz von Devisenmärkten**	**156**
16	**Bestimmungsfaktoren der Wechselkursentwicklung**	**160**
16.1	Güterwirtschaftliche Erklärungen	161
16.1.1	Kaufkraftparitätentheorie	161
16.1.2	Einkommenstheorie	162
16.2	Finanzwirtschaftliche Erklärungen	163
16.2.1	Zinsparitätentheorie	163
16.2.2	Portfoliomodelle	165
16.3	Verbindungen realer und finanzwirtschaftlicher Erklärungen	166
16.3.1	Monetaristische Wechselkurstheorie	166
16.3.2	Dornbusch-Modell	166
16.3.3	Dynamische Portfoliomodelle	167
16.3.4	Bewertung der traditionellen Wechselkursmodelle	167
16.4	Neuere Ansätze mit rationalen Erwartungen	168
16.4.1	Risikoprämienmodell	169
16.4.2	News Ansatz	170
16.4.3	Rationale spekulative Blasen	170
16.5	Neuere Ansätze mit nicht rationalen Erwartungen	171
16.6	Zusammenfassung	172

Übungsfragen 174
Literatur zum vierten Teil 175

5 Internationale Finanzierung 177

17	**Außenhandel und Finanzierung**	**177**
17.1	Lieferbedingungen	177
17.2	Zahlungsbedingungen	178
17.2.1	Reiner Zahlungsverkehr	181
17.2.2	Dokumentärer Zahlungsverkehr	182
17.3	Formen der Außenhandelsfinanzierung	184
17.4	Kurzfristige Außenhandelsfinanzierung	186
17.4.1	Finanzierung einer Akkreditiveröffnung	187
17.4.2	Export- und Importvorschüsse	187
17.4.3	Wechselkredite	187
17.5	Mittel- und langfristige Finanzierungen (AKA-Kredite)	190
17.6	Euromarktkredite	191
17.6.1	Festsatzkredite	191
17.6.2	Roll over-Kredite	192
17.7	Sonderformen der Außenhandelsfinanzierung	192

17.7.1	Forfaitierung	192
17.7.2	Factoring	193
17.7.3	Leasing	194
17.8	Sicherungsfazilitäten	195
17.8.1	Bankgarantien	195
17.8.2	Hermes-Deckungen	196
18	**Internationale Unternehmensfinanzierung**	**197**
18.1	Einteilung der internationalen Finanzmärkte	197
18.1.1	Internationale Geld-, Kredit- und Einlagenmärkte	197
18.1.2	Internationale Kapitalmärkte	199
18.1.3	Weitere Marktsegmente	200
18.2	Geld- und Kapitalmarktinstrumente	200
18.2.1	Festverzinsliche Anleihen	201
18.2.2	Variabel verzinsliche Anleihen	202
18.2.3	Asset Backed Securities	203
18.2.4	Geldmarktfinanzierungen	203
18.3	Terminmarktinstrumente	204
Übungsfragen		206
Literatur zum fünften Teil		207

6 Internationales Risikomanagement ... 209

19	**Vorbemerkungen**	**209**
20	**Wechselkursrisiken und ihre Absicherung**	**211**
20.1	Risikoarten	211
20.1.1	Translation Risk	211
20.1.2	Transaction Risk	212
20.1.3	Economic Risk	213
20.2	Einflüsse auf die Wechselkursentwicklung	214
20.3	Absicherungsinstrumente	214
20.3.1	Wahl der Fakturierungswährung	215
20.3.2	Währungsklauseln und Währungsoptionsrechte	215
20.3.3	Leading und Lagging	216
20.3.4	Netting und Matching	216
20.3.5	Devisenkassageschäfte	216
20.3.6	Devisentermingeschäfte	217
20.3.7	Währungsterminkontrakte	218
20.3.8	Devisenoptionen	218
20.3.9	Währungsswaps	221
20.3.10	Wechselkursversicherung, Factoring und Forfaitierung	223
21	**Zinsänderungsrisiken und ihre Absicherung**	**223**
21.1	Risikoarten	223

21.1.1	Festzinsrisiko	223
21.1.2	Variables Zinsänderungsrisiko	224
21.1.3	Marktwertänderungsrisiko	224
21.2	Einflüsse auf die Zinsentwicklung	224
21.3	Absicherungsinstrumente	225
21.3.1	Zinsswaps	225
21.3.2	Forward Rate Aggreements	227
21.3.3	Zinsfutures	228
21.3.4	Forwards	229
21.3.5	Zinsoptionen und –optionsscheine	230
21.3.6	Caps, Floors, Collars und Korridore	231
22	**Länderrisiken und ihre Beurteilung**	**233**
22.1	Politische Länderrisiken	233
22.2	Wirtschaftliche Länderrisiken	234
	Übungsfragen	236
	Literatur zum sechsten Teil	237

7 Supranationale Institutionen und internationale Finanzarchitektur 239

23	**Global Governance**	**239**
23.1	Begriff und Akteure	239
23.2	Das GATT und seine Prinzipien	240
23.3	Die Neue Welthandelsordnung	240
23.4	Die Welthandelsorganisation WTO	241
24	**Die Weltbank und der Internationale Währungsfonds**	**242**
24.1	Die Weltbank und ihre Aufgaben	242
24.2	Der Internationale Währungsfonds IWF	243
24.2.1	Aufgaben und Funktionsweise	243
24.2.2	Sonderziehungsrechte	245
25	**Grundfragen der internationalen Finanzarchitektur**	**246**
25.1	Die Devisenumsatzsteuer (Tobin-Steuer)	246
25.2	Gesamtwirtschaftliche Vorteile des freien Kapitalverkehrs	249
25.3	Krisen auf den Weltfinanzmärkten	250
25.4	Gesamtwirtschaftliche Nachteile des freien Kapitalverkehrs	251
25.5	Das Unmöglichkeitsdreieck offener Volkswirtschaften	252
	Übungsfragen	253
	Literatur zum siebten Teil	254
	Allgemeine Literatur	255
	Stichwortverzeichnis	258

1 Internationale Wirtschaftsbeziehungen

> **Lernziele**
>
> Im 1. Kapitel analysieren wir zunächst die Bestimmungsgründe des internationalen Handels und erörtern die mit Freihandel oder regionaler Integration verbundenen Effekte für die beteiligten Volkswirtschaften. Dabei geht es insbesondere auch darum, bestimmte Fachbegriffe vorzustellen und zu definieren, die sozusagen das „Handwerkszeug" der Außenwirtschaftstheorie bilden. Ebenso betrachten wir die Formen und Motive des internationalen Kapitalverkehrs. Das 2. Kapitel zeigt, wie sich grenzüberschreitende Güter- und Kapitalbewegungen im System der volkswirtschaftlichen Gesamtrechnung niederschlagen. Ziel der Ausführungen ist es, das Ausland als integralen Bestandteil einer offenen Volkswirtschaft zu begreifen. Die hierbei abgeleiteten saldenmechanischen Zusammenhänge zwischen Außenwirtschaftstransaktionen und inländischem Volksvermögen sind grundlegend für das Verständnis des internationalen Wirtschaftsgeschehens. Im 3. Kapitel widmen wir uns schließlich dem Inhalt und Aufbau der Zahlungsbilanz als Dokumentationsinstrument internationaler Güter- und Finanztransaktionen.

1 Grundlagen der Außenwirtschaftstheorie und -politik

1.1 Bestimmungsgründe des internationalen Handels

Die Außenwirtschaftstheorie analysiert die ökonomischen Beziehungen zwischen Volkswirtschaften. Dabei erfolgt traditionell eine Unterscheidung in reale (güterwirtschaftliche) Theorie und monetäre Theorie. Die *reale Außenwirtschaftstheorie* untersucht die Ursachen internationaler Handelsbeziehungen und die damit verbundenen

Vorteile für die beteiligten Volkswirtschaften. Die *monetäre Außenwirtschaftstheorie* befasst sich mit den Zusammenhängen zwischen Zahlungsbilanz, Volkseinkommen, Wechselkurs, Zinsen und Preisen. Die *Außenwirtschaftspolitik* beinhaltet die Gesamtheit aller wirtschaftspolitischen Maßnahmen zur Beeinflussung und Steuerung des Außenwirtschaftsverkehrs. Betroffen sind hiervon sowohl der Waren- und Dienstleistungsverkehr als auch die internationalen Finanztransaktionen.

Der internationale Handel ist im Durchschnitt ungefähr doppelt so stark gewachsen wie die Weltproduktion. Mit einem Anteil von gut zehn Prozent des globalen Exports hat sich Deutschland in den vergangenen Jahrzehnten neben den USA und Japan als führende Handelsnation etabliert. Die intensive internationale Verflechtung deutscher Unternehmen spiegelt sich auch in der Export- und der Importquote, das heißt, im Anteil der Warenexporte und -importe am Bruttoinlandsprodukt wider. Diese Quoten haben sich in den letzten fünfzig Jahren auf rund zwanzig Prozent verdreifacht (Exporte) bzw. verdoppelt (Importe).

Der überwiegende Teil des deutschen Außenhandels vollzieht sich mit den westlichen Industrienationen und hier vor allem mit den EU-Partnerstaaten sowie den USA. Hingegen ist der Handel mit Entwicklungsländern relativ gering. Die Betrachtung der Warenstruktur zeigt zudem, dass Deutschland hauptsächlich technologisch hochwertige Investitions- und Konsumgüter exportiert, während es in hohem Maße auf den Import von Rohstoffen angewiesen ist.

1.1.1 Einkommen und Außenhandel

Das Zustandekommen grenzüberschreitender Transaktionen lässt sich aus dem Optimierungskalkül der am Wirtschaftsleben Beteiligten ableiten. Für die Nachfrage nach Gütern spielt zunächst das Einkommen eine Rolle. Im Rahmen einer gesamtwirtschaftlichen Betrachtung ist das *reale Volkseinkommen* (Y^r) entscheidend. Es ergibt sich durch Deflationierung des nominalen Volkseinkommens (Y) mit dem inländischen Preisniveau (P_i), das heißt, es gilt:

1| $$Y^r = \frac{Y}{P_i}$$

Das reale Volkseinkommen entspricht in unserer vereinfachten Betrachtung dem realen Nationaleinkommen bzw. dem realen Inlandsprodukt. Fragt man nun nach dem Einfluss des realen Volkseinkommens auf die Nachfrage nach Importen, so lässt sich folgender Zusammenhang feststellen, wenn man alle übrigen Einflussfaktoren als konstant annimmt: Steigt (sinkt) das reale Volkseinkommen, dann nimmt die Inlandsnachfrage zu (ab).[1]

Normalerweise wird die Inlandsnachfrage (und auch der Export) einen Importgüteranteil beinhalten. Es ist deshalb zu erwarten, dass sich mit zunehmender (abnehmender) Inlandsnachfrage auch die Importmenge (M') in gewissem Umfang erhöht (vermindert).[2] Maßgeblich für die konkrete Änderung der Importmenge ist die *marginale Importquote* (m). Sie gibt an, um wie viel sich die Importe ändern, wenn sich das (reale) Volkseinkommen um eine Einheit ändert:

2| $$m = \frac{dM'}{dY^r}$$

Die so definierte Importquote reflektiert die jeweilige Bedürfnisstruktur eines Landes sowie dessen ökonomische Abhängigkeit vom Ausland. Sie ist von Land zu Land unterschiedlich und dabei im Zeitablauf gesehen zumindest auf kürzere Sicht weitgehend konstant.

Die bisherigen Überlegungen lassen sich auch auf die mengenmäßige Nachfrage nach den Exporten des Inlands (X') übertragen. Denn aus der Sicht des Auslands (hier zu verstehen als „Rest der Welt") stellen die Exporte des Inlands ja in gleicher Höhe Importe dar: Steigt (sinkt) das ausländische reale Volkseinkommen (Y^r_a), so erhöhen (vermindern) sich die ausländischen Importe und damit die mengenmäßige Nachfrage nach Exporten des Inlands.

1.1.2 Güterpreise und Außenhandel

Wir haben oben den Zusammenhang zwischen der Entwicklung des inländischen bzw. ausländischen (realen) Volkseinkommens und der Entwicklung der (mengenmäßigen) Importe bzw. Exporte des Inlands aufgezeigt. Die dabei identifizierten Beziehungen werden indes überlagert von Einflüssen, die durch Änderungen bei den Güterpreisen

---

[1] Die Betrachtung des realen Volkseinkommens als entscheidende Einflussgröße der Inlandsnachfrage stellt eine Vereinfachung dar. Es wäre vermutlich genauer, wenn wir nicht das reale, sondern das kaufkraftmäßige Volkseinkommen heranziehen würden. Dieses ergibt sich durch Deflationierung des nominalen Volkseinkommens mit einem gewogenen Durchschnitt aus dem Inlandspreisniveau und dem mit dem jeweils gültigen Wechselkurs in Inlandswährung umgerechneten Auslandspreisniveau.

[2] Die reale Importnachfrage (M^r) ergibt sich, indem die mit dem Auslandspreisniveau (P_a) bewertete Importmenge (M') zunächst mit dem jeweils gültigen Wechselkurs (w) in Inlandswährung umgerechnet und sodann mit dem Inlandspreisniveau (P_i) deflationiert wird, so dass gilt: $M^r = w \cdot P_a \cdot M' / P_i$. Man erkennt, dass im Fall von Importgütern – anders als bei Inlandsgütern – offenbar physische Mengen und reale Größen nicht identisch sind.

im In- oder Ausland hervorgerufen werden. So ist davon auszugehen, dass die „Aufteilung" der Inlandsnachfrage auf in- und ausländische Güter maßgeblich bestimmt wird durch das Verhältnis aus dem Inlandspreisniveau (P_i) und dem mit dem jeweils gültigen nominalen Wechselkurs (w) in Inlandswährung umgerechneten Auslandspreisniveau (P_a). Wir betrachten hier also für die Umrechnung zunächst den *Wechselkurs in Preisnotierung*, d.h. etwa Euro pro US-Dollar. Man gelangt auf diese Weise zum sog. *realen Wechselkurs* in Preisnotierung (w^r):

3| $$w^r = \frac{w \cdot P_a}{P_i}$$

Am realen Wechselkurs lässt sich ablesen, in welchem Verhältnis ausländische Güter gegen inländische getauscht werden können.

Beispiel
Angenommen, ein Zentner Kartoffeln kostet in Deutschland 40 Euro und in Amerika 25 Dollar. Wechselt nun ein Amerikaner 25 Dollar zum Kurs von 0,8 Euro pro Dollar um, so erhält er 20 Euro und kann dafür 1/2 Zentner Kartoffeln kaufen. Deutsche Kartoffeln sind damit doppelt so teuer wie amerikanische. Der reale Wechselkurs (des Dollar) beträgt 0,5 Zentner deutsche pro 1 Zentner amerikanische Kartoffeln.

Der reale Wechselkurs ist ein wichtiges Maß für die internationale Wettbewerbsfähigkeit eines Landes. Geht man von Preisnotierung aus, so gilt: Je niedriger der reale Wechselkurs einer Währung – in unserem Beispiel ist das der US-Dollar, desto besser steht es um die Konkurrenzfähigkeit dieses Landes (im Beispiel die USA) auf dem Weltmarkt. Zumeist betrachtet man dabei die Volkswirtschaft als Ganzes und deshalb auch das gesamte Preisniveau bzw. entsprechende Indizes.

Sinkt der reale Wechselkurs in Preisnotierung, so spricht man von einer „realen Abwertung" der betrachteten Fremdwährung (die heimische Währung wertet sich real auf). Dadurch verschlechtert sich die preisliche Wettbewerbsposition des Inlandes. Wie Gleichung 3| zeigt, wird eine solche reale Abwertung offenbar hervorgerufen durch eine Zunahme der Inlandspreise, ein Sinken der Auslandspreise oder – bei konstantem Preisverhältnis – durch einen Rückgang des nominalen Wechselkurses. Umgekehrtes gilt analog im Falle einer „realen Aufwertung" der ausländischen Währung.

Wenn nun der reale Wechselkurs in Preisnotierung sinkt (= reale Aufwertung der Inlandswährung), so ist davon auszugehen, dass heimische Güter durch – relativ billiger gewordene – ausländische Güter ersetzt werden. Dadurch steigt die Nachfrage nach Importen. Umgekehrt wird die Importnachfrage sinken, wenn der reale Wechselkurs in Preisnotierung steigt. In diesem Fall werden – relativ teurer gewordene – ausländische Güter durch inländische ersetzt.

Diese Überlegungen lassen sich auf die Nachfrage nach Exporten des Inlands übertragen, da die Exporte des Inlands für das Ausland Importe darstellen: Aus der Sicht des Auslandes ist der reale Wechselkurs der heimischen Währung (in Preisnotierung) definiert als

4| $\quad w_1^r = \dfrac{w_1 \cdot P_i}{P_a}$

wobei w_1 das Verhältnis der Auslands- zur Inlandswährung angibt, also etwa US-Dollar zu Euro. Aus inländischer Sicht bezeichnet man dies als *Wechselkurs in Mengennotierung*. Es handelt sich um den Kehrwert des Wechselkurses in Preisnotierung, d.h. es gilt: $w_1 = 1/w$.

Sinkt der reale Wechselkurs in Mengennotierung, so entspricht das einer „realen Abwertung" der heimischen Währung (= reale Aufwertung der Fremdwährung). Kommt es zu einer realen Abwertung der Inlandswährung – z.B. weil das Auslandspreisniveau bei gleich bleibendem Inlandspreisniveau sowie konstantem nominalem Wechselkurs steigt – dann nimmt die Nachfrage des Auslands nach den relativ billiger gewordenen inländischen Gütern zu und die Exportnachfrage des Inlands steigt.

Der reale Wechselkurs in Mengennotierung wird zum einen bilateral gegenüber einzelnen Fremdwährungen, daneben aber auch gegenüber verschiedenen Gruppen von Währungen – z.B. gegenüber den Währungen der wichtigsten Handelspartner – berechnet. In letzterem Fall spricht man vom *realen effektiven Wechselkurs* (w_1^reff.). Er ergibt sich als arithmetisches Mittel der mit den jeweiligen Anteilen (a) der betreffenden Länder am deutschen Außenhandel gewichteten bilateralen realen Wechselkurse (w_1^reff. = w_1^rLand 1 · a1 + w_1^rLand 2 · a2 + ...).

Betrachtet man nicht das Verhältnis zwischen dem Preisniveau im In- und Ausland, sondern die Relation aus Exportpreisen (P_X) und Importpreisen (P_M), so erhält man die *terms of trade* bzw. das reale Austauschverhältnis (t). Die terms of trade werden also im Prinzip genauso berechnet wie der reale Wechselkurs in Mengenotierung. Sie beziehen sich nicht auf alle Güterpreise in den betrachteten Ländern, sondern nur auf die Preise von Export- bzw. Importgütern. Die terms of trade geben an, welches Importvolumen im Austausch gegen eine Einheit Exportgüter erworben werden kann:

5| $\quad t = \dfrac{P_X}{w \cdot P_M}$

Beispiel
Angenommen, Deutschland exportiert als einziges Gut Autos im Wert von 10.000 Euro und importiert als einziges Gut Rohöl zum Preis von 100 US-Dollar pro Barrel. Bei einem Wechselkurs von 1 US-Dollar = 1 Euro ergibt sich damit ein reales Austauschverhältnis von

$$\frac{10.000 \text{ Euro / Auto}}{100 \text{ US-Dollar / Barrel Rohöl} \cdot 1 \text{ Euro / US-Dollar}}$$

$$= \frac{10.000 \text{ Euro / Auto}}{100 \text{ Euro / Barrel Rohöl}} = 100$$

Das bedeutet, dass die Bundesrepublik 100 Fass Rohöl im Austausch gegen 1 Auto erhält.

Da in der Praxis sehr viele Güter getauscht werden, werden auch für die Berechnung der terms of trade Indizes verwendet. Steigen die Exportpreise stärker als die Importpreise, so spricht man von einer *Verbesserung*, andernfalls von einer *Verschlechterung* der terms of trade. Nimmt man vereinfachend an, dass das Inlandspreisniveau dem Exportgüterpreisniveau und das Auslandspreisniveau dem Importpreisniveau entspricht, so sind die terms of trade gleich dem realen Wechselkurs (in Mengennotierung).

Fasst man die Ergebnisse der bisherigen Analyse zusammen, so können die Abhängigkeitsbeziehungen der mengenmäßigen Nachfrage nach Importgütern folgendermaßen dargestellt werden:

6| $Y^r\uparrow \Rightarrow M'\uparrow$ und $\dfrac{w \cdot P_a}{P_i} \downarrow \Rightarrow M'\uparrow$

Die Darstellung besagt, dass die Importnachfrage eines Landes steigt, wenn sein reales Volkseinkommen zunimmt oder der reale Wechselkurs in Preisnotierung sinkt (d.h. die ausländischen Güter vergleichsweise billiger werden).

Für die reale Nachfrage des Auslandes nach inländischen Exportgütern gilt entsprechend

7| $Y^r_a \uparrow \Rightarrow X'\uparrow$ und $\dfrac{w_1 \cdot P_i}{P_a} \downarrow \Rightarrow X'\uparrow$

Das bedeutet, dass die Exportnachfrage eines Landes steigt, wenn das reale Volkseinkommen im Ausland zunimmt oder der reale Wechselkurs in Mengennotierung sinkt.

1.1.3 Produktdifferenzierung

Internationaler Handel ermöglicht es, die Vorteile der internationalen Arbeitsteilung zu nutzen. Ein Hauptgrund für das Zustandekommen von grenzüberschreitendem Handel liegt sicherlich in Preisunterschieden bei Gütern zwischen einzelnen Ländern. Hinzu treten indes Produktdifferenzierungen. Diese spielen insbesondere für die Erklärung der *intraindustriellen Handelsströme* eine Rolle. Davon spricht man, wenn ein Land Produkte einer bestimmten Branche, bspw. Autos, gleichzeitig exportiert und importiert. Ursache für diese Handelsströme, die einen Großteil des Außenhandels ausmachen, bilden tatsächliche oder vermeintliche Qualitätsunterschiede bzw. bestimmte Vorlieben der Nachfrage. Wenn Käufer bestimmte Marken präferieren, so ist es durchaus rational, wenn Güter im Ausland gekauft werden, obwohl sie im Vergleich zu den inländischen Marken gleich viel oder mehr kosten.

In der *Praxis des Außenhandels* ist eine Reihe weiterer preislicher und nichtpreislicher Faktoren bestimmend für den internationalen Güteraustausch bzw. dessen Struktur. So wird die Wettbewerbskraft einer Volkswirtschaft insbesondere noch beeinflusst von

- der Qualität, dem Design und Prestige der Produkte,
- der Lieferfähigkeit bzw. Schnelligkeit und Pünktlichkeit der Lieferung,
- den Garantie- und Serviceleistungen der Unternehmen,
- der Innovationsfähigkeit und Flexibilität der Produzenten und Nachfrager,
- den vereinbarten Zahlungsbedingungen („terms of payment") sowie
- den Kapitalkosten bzw. der Verfügbarkeit attraktiver Finanzierungsmöglichkeiten.

Eine wesentliche Einflussgröße für die Terminierung von grenzüberschreitenden Güterkäufen ist daneben die *Wechselkurserwartung*: Erwarten die Marktteilnehmer bspw. eine reale Aufwertung der Auslandswährung, so werden Güterimporte aus diesem Land zeitlich vorgezogen und Güterexporte in dieses Land zeitlich verschoben. Denn die Abwertung der Inlandswährung (= Aufwertung der Fremdwährung) verteuert die Importe bzw. erhöht den Preisaufschlagsspielraum bei Exportgütern. Das Umgekehrte gilt analog im Falle einer erwarteten Abwertung der Fremdwährung.

1.2 Ursachen internationaler Preisunterschiede

Internationale Preisunterschiede bei Gütern lassen sich auf drei zugrunde liegende Bestimmungsfaktoren zurückführen: Unterschiede in der Faktorausstattung, im Produktionsverfahren oder im Verhalten der Nachfrager.

- Die unterschiedliche Ausstattung mit den Produktionsfaktoren Arbeit, Boden (einschließlich Klima, Rohstoffe usw.) und Kapital begründet, dass manche Länder einige Produkte nicht selbst herstellen können, sondern auf den Import angewiesen sind. Typische Beispiele aus deutscher Sicht sind Erdöl und mineralische Rohstoffe sowie tropische Agrarprodukte, wie z.B. Kaffee oder Bananen.

  Derartige Unterschiede in der Faktorausstattung führen zu Unterschieden bei der Faktorpreisen. Angenommen Land 1 ist reich mit Kapital und wenig mit Arbeit ausgestattet, während Land 2 umgekehrt reich mit Arbeit und wenig mit Kapital ausgestattet ist. Im kapitalreichen Land 1 wird Kapital relativ zur Arbeit billig sein, während im arbeitsreichen Land 2 Arbeit im Verhältnis zu Kapital billig sein wird. Nehmen wir weiter an, es gäbe nun auch zwei Güter, von denen das eine kapitalintensiv produziert wird – bspw. Maschinen – und das andere arbeitsintensiv produziert wird – bspw. Möbel. Aufgrund der unterschiedlichen Faktorpreisproportionen ergibt sich, dass das kapitalreiche Land Maschinen im Verhältnis zu Möbeln billiger produziert als das arbeitsreiche Land. Umgekehrt wird das arbeitsreiche Land Möbel im Verhältnis zu Maschinen billiger produzieren als das kapitalreiche Land. Das bedeutet, dass sich letztlich auch die Güterpreise unterscheiden, und diese Unterschiedlichkeit begründet die Vorteilhaftigkeit des Handels.

  Relativ kapitalreiche Länder werden kapitalintensive Produkte exportieren und arbeitsintensive Produkte importieren, während relativ arbeitsreiche Länder arbeitsintensive Produkte exportieren und kapitalintensive Produkte importieren. Dies ist die Botschaft des Faktorproportionen-Theorems von Heckscher/Ohlin.

  Die Logik des *Faktorproportionen-Theorems* lässt sich auf alle volkswirtschaftlichen Produktionsfaktoren anwenden, so dass man weiterhin sagen kann: Das bodenreiche Land exportiert das bodenintensiv produzierte Gut (landwirtschaftliches Produkt). Oder: Das rohstoffreiche Land exportiert das rohstoffintensiv hergestellte Produkt. Oder: Das umweltreiche Land exportiert das umweltintensiv produzierte Gut. Oder: Das humankapitalreiche Land exportiert das humankapitalintensive Produkt usw.

- Neben die Unterschiede in der Faktorausstattung und teilweise dadurch bedingt treten Unterschiede in den Technologien bzw. allgemein im *Produktionsverfahren*. Nicht alle Länder verfügen über einen technologischen Entwicklungsstand, der es ihnen erlaubt, technisch hochwertige Produkte, bspw. IT-Ausstattung oder Flugzeuge, selbst zu produzieren. Vielmehr müssen diese Produkte bei Bedarf importiert werden. Für die exportierenden Länder erweitert Außenhandel die Absatzmärkte und ermöglicht es ihnen, sich auf bestimmte Produkte zu spezialisieren. Die dadurch realisierbare Massenproduktion führt zu Kostenvorteilen (economies of scale).

  Die unterschiedliche Ausstattung mit Produktionsfaktoren sowie mit Technologie schlägt sich insbesondere in zwei Größen nieder, die wir an dieser Stelle kurz erläutern möchten. Es handelt sich zum einen um die gesamtwirtschaftlichen Arbeitskosten. Sie können definiert werden als Verhältnis der Lohnsumme (L) zur Zahl der geleisteten Arbeitsstunden (A) während eines bestimmten Zeitraums, so dass gilt

8| Arbeitskosten = $\dfrac{L}{A}$

Die Arbeitskosten entsprechen damit dem durchschnittlichen Stundenlohn. Bei der zweiten für die Preissetzung relevanten Größe handelt es sich um die gesamtwirtschaftliche Arbeitsproduktivität, die sich als Verhältnis aus realem Inlandsprodukt (Y^r) und Zahl der Arbeitsstunden ermitteln lässt, so dass gilt

9| Arbeitsproduktivität = $\dfrac{Y^r}{A}$

Die Arbeitsproduktivität gibt die durchschnittlich pro Arbeitsstunde erstellte Produktionsmenge an. Bildet man nun den Quotienten aus den so definierten Arbeitskosten und der Arbeitsproduktivität, dann ergeben sich die *Lohnstückkosten*, also

10| Lohnstückkosten = $\dfrac{L}{Y^r}$

Die Lohnstückkosten bezeichnen die Lohnkosten, die durchschnittlich für die Erstellung einer Einheit Produktionsmenge bzw. Inlandsprodukt in einer Volkswirtschaft aufgewendet werden müssen. Die Lohnstückkosten sind damit zweifellos ein ganz wesentlicher Bestimmungsfaktor des Preisniveaus und damit der internationalen Wettbewerbsposition eines Landes.

■ Schließlich lassen sich Preisunterschiede zwischen den Ländern auch durch das unterschiedliche *Nachfrageverhalten* der Konsumenten und der Investoren begründen. Auch bei gleichem Produktionsverfahren und gleicher Faktorausstattung kann sich deshalb Außenhandel lohnen.

1.3 Wohlstandseffekte des internationalen Handels

In der Realität werden sich die genannten unterschiedlichen Erklärungen typischerweise überlagern. Alles in allem resultiert daraus die ökonomische Vorteilhaftigkeit des Außenhandels. Dies gilt für alle Länder, auch wenn diese Länder für alle Güter, absolut gesehen, Preisvorteile aufweisen.

1.3.1 Das Theorem der komparativen Kosten

Innerhalb der Volkswirtschaftslehre befasst sich die reale Außenwirtschaftstheorie mit den Vorteilen des Freihandels. Das *Theorem der komparativen Kosten* von David Ricardo vergleicht in einer komparativstatischen Analyse die Situation in einer Volkswirtschaft mit und ohne Außenhandel. Die Ergebnisse dieses Vergleichs können aus verschiedenen Gründen nicht vollständig auf die wirtschaftliche Integration in der Realität übertragen werden. Häufig bleiben hier Handelshemmnisse gegenüber Drittstaaten bestehen.

Unter den üblichen Gleichgewichts-Annahmen betrachtet die (neoklassische) reale Außenhandelstheorie zwei Wirtschaftsräume, das Inland und den Rest der Welt. Es wird angenommen, dass zwei Güter hergestellt werden. Die folgende Tabelle 1.1 zeigt, wie viele Arbeitsstunden im Inland und im Ausland jeweils für die beiden Güter aufgewendet werden müssen.

	Gut 1	Gut 2	Gut 1	Gut 2
	Arbeitsstunden pro Einheit		Opportunitätskosten	
Inland	900	180	5,00	0,20
Ausland	1.800	270	6,67	0,15

Tab. 1.1: Vergleich komparativer Kosten

Das Inland braucht sowohl weniger Arbeitsstunden als das Ausland, um eine Einheit von Gut 1 als auch um eine Einheit von Gut 2 herzustellen. Es hat also eine höhere Produktivität bei der Herstellung beider Güter. Mit anderen Worten: Es besitzt bei beiden Gütern einen absoluten Kostenvorteil.

Nehmen wir an, in beiden Ländern stünden 9000 Arbeitsstunden zur Produktion der beiden Güter zur Verfügung, dann könnte das Inland 10 Stück Gut 1 und das Ausland 5 Stück Gut 1 herstellen, wenn man ausschließlich dieses Gut produzierte. Würde man ausschließlich Gut 2 herstellen, erhielte das Inland 50 Stück und das Ausland 33 1/3 Stück. Wenn man die verfügbaren Arbeitsstunden je zur Hälfte auf die Produktion der beiden Güter verteilen würde, ständen im Inland 5 Stück Gut 1 und 25 Stück Gut 2 zur Verfügung, im Ausland 2,5 Stück Gut 1 und 16 2/3 Stück Gut 2.

Wenn beide Güter in beiden Ländern angeboten werden sollen, lohnt sich der internationale Handel. Dies gilt, obwohl das Inland bei der Produktion beider Güter eine höhere Produktivität hat. Das lässt sich mit einer einfachen Überlegung zeigen.

Angenommen im Inland soll mehr Gut 2 produziert werden. Da wir uns in einer Welt vollkommener Märkte mit homogenen Gütern befinden, müssen dafür Arbeitskräfte von der Gut 1-Produktion abgezogen und im Gut 2-Bereich eingesetzt werden. Wenn eine Einheit Gut 1 weniger hergestellt wird, können mit den 900 Arbeitsstunden fünf Einheiten Gut 2 zusätzlich produziert werden. Würde das Inland aber eine Einheit Gut 1 in das Ausland exportieren und Gut 2 importieren, könnte es zum dort geltenden Austauschverhältnis zwischen Gut 1 und Gut 2 mehr von Gut 2 erhalten als es selbst in 900 Arbeitsstunden herstellen könnte. In diesem Fall bekäme das Inland nämlich 6,67 statt 5 Einheiten Gut 2 pro Einheit Gut 1. Der Handelsvorteil für das Inland betrüge also 1,67 Einheiten Gut 2.

Der Handel zum Austauschverhältnis von 1 : 6,67 bringt für das Ausland jedoch keinen Vorteil (aber auch keinen Nachteil), denn es müsste für eine Einheit Gut 1 genauso viel Einheiten Gut 2 hergeben, wie es den eigenen Produktionsverhältnissen entspricht. Wenn aber Inländer und Ausländer ein Austauschverhältnis zwischen den beiden Gütern von 1 : 6 vereinbaren würden, könnten beide Seiten vom Handel profitieren. Das Inland würde für eine Einheit Gut 1 sechs Einheiten Gut 2 erhalten (das ist eine Einheit mehr als bei Produktionsverlagerung im Inland) und das Ausland könnte für sechs Einheiten Gut 2 eine Einheit Gut 1 eintauschen (also für 0,67 Einheiten Gut 2 weniger als bei einer Produktionsumschichtung).

Die Möglichkeit, dass Handel für beide Seiten Vorteile bringt, ergibt sich durch unterschiedliche Opportunitätskosten. Man bezeichnet sie auch als *komparative Kosten*. Die Opportunitätskosten der Gut 1-Produktion bestehen in der Anzahl Einheiten Gut 2, auf die verzichtet werden muss, wenn eine Einheit Gut 1 mehr hergestellt werden soll. Umgekehrt bestehen die Opportunitätskosten der Gut 2-Produktion in der Gut 1-Produktion, auf die verzichtet werden muss, wenn eine Einheit Gut 2 zusätzlich hergestellt wird.

Unterschiedliche Opportunitätskosten sind die Grundlage für die Arbeitsteilung innerhalb von Volkswirtschaften genauso wie zwischen Volkswirtschaften. Durch die Teilnahme am internationalen Handel können die Länder ihre Versorgung mit Gütern und Dienstleistungen verbessern. Dies gilt auch für Länder, die bei der Produktion aller Güter absolute Kostenvorteile haben.

Wie werden nun die beiden Länder ihre Produktionsstruktur anpassen? In unserem Beispiel hat das Inland niedrigere Opportunitätskosten bei der Herstellung von Gut 1 und das Ausland bei der Herstellung von Gut 2. Daher lohnt es sich für das Inland, sich auf die Gut 1-Produktion zu spezialisieren und Gut 2 aus dem Ausland zu importieren. Das Ausland dagegen hat komparative Vorteile bei der Gut 2-Herstellung und wird sich darauf spezialisieren.

Wir können das Beispiel ein wenig „realistischer" machen, indem wir Preise für die Güter einführen. Im Außenhandel werden die Preise nicht nach dem Arbeitseinsatz bewertet, der für die Produktion notwendig ist, sondern in Geldeinheiten. Wir nehmen an, der Preis entspräche den Stückkosten, die wiederum von der Arbeitsmenge und vom Lohnsatz bestimmt werden. Der Einfachheit halber drücken wir die Arbeitslöhne in einer einheitlichen Währung aus. Der Lohnsatz im Inland sei 10 Euro und im Ausland 6 Euro. Bei diesen Lohnsätzen ergeben sich die in der Tab. 1.2 gezeigten Preise.

	Gut 1	Gut 2	Gut 1	Gut 2
	Arbeitsstunden pro Einheit		Preis in Euro	
Inland	900	180	9.000	1.800
Ausland	1.800	270	10.800	1.620

Tab. 1.2: Komparative Kosten und unterschiedliche Lohnniveaus

Bei diesem Preisverhältnis exportiert das Inland Gut 1 und importiert Gut 2. Was passiert nun, wenn die Lohnsätze im Ausland an das Niveau des Inlands angeglichen werden? In diesem Fall würde der Preis für Gut 2 im Ausland steigen. Ab einem Preis von 1.800 Euro (d.h. einem Lohnsatz von 6,67 Euro), würde es sich für das Inland nicht mehr lohnen, Gut 2 zu importieren. Der Handel käme zum Erliegen.

> Das Beispiel verdeutlicht, dass komparative Kostenvorteile nur dann wirksam sind, wenn die relativen Löhne die Produktivitätsunterschiede zwischen Inland und Ausland widerspiegeln.

Im Beispiel beträgt die Produktivität des Auslandes bei Gut 2 das 0,667-fache der Produktivität des Inlandes (180 : 270). Um konkurrenzfähig zu bleiben, darf deshalb der Lohnsatz im Ausland maximal auf das 0,667-fache des im Inland gezahlten Lohnes steigen, also auf 6,67 Euro. Dieser Zusammenhang gilt auch bei Produktivitätsunterschieden zwischen den Regionen einer Volkswirtschaft. Die Erfahrungen, die in Deutschland nach der Deutschen Einheit 1990 gemacht wurden, zeigen, dass gravierende Wettbewerbs- und Arbeitsmarktprobleme entstehen, wenn die Beziehung zwischen Produktivität und Arbeitsentgelt bei der Lohnsetzung nicht genügend berücksichtigt wird.
Wie lässt sich nun die preisliche Wettbewerbsfähigkeit im Ausland wieder herstellen? Eine Möglichkeit wäre es, die Löhne wieder zu senken. Eine solche Maßnahme lässt sich normalerweise politisch schlecht durchsetzen. Es ist einfacher, das Austauschverhältnis zwischen der inländischen und der ausländischen Währung, den Wechselkurs, anzupassen. Nehmen wir an, die Währung im Ausland sei der US-Dollar und der Wechselkurs sei bisher 1 : 1 gewesen. Wenn die Auslandswährung nun um 10 % abgewertet wird, kostet ein US-Dollar nur 0,9 Euro. Die in Euro ausgedrückten Preise der

im Ausland hergestellten Waren sinken dadurch wieder auf den alten Stand. Handel lohnt sich wieder.

> Daran zeigt sich die Funktion von Wechselkursen: Wenn unterschiedliche Kostensteigerungen zu Wettbewerbsverzerrungen führen, lassen diese sich durch entsprechende Wechselkursänderungen beseitigen.

1.3.2 Wie werden die Vorteile des Freihandels gemessen?

Um die Vorteile des Freihandels oder einer Öffnung der heimischen Märkte deutlich zu machen, gehen wir zunächst davon aus, dass der Handel mit einem Gut, z.B. Stahl, unterbunden ist. Da es keinen internationalen Handel gibt, umfasst der Stahlmarkt unserer Volkswirtschaft nur inländische Verkäufer und Käufer. Die gesamten Vorteile der Käufer und Verkäufer aus dem Stahlhandel werden durch die *Konsumentenrente* und die *Produzentenrente* gemessen (siehe Abb. 1.1). Unter der Konsumentenrente versteht man den Geldbetrag, den die Nachfrager sparen, indem der für alle Kunden gültige, einheitliche Marktpreis (wir unterstellen vollständige Konkurrenz) niedriger liegt, als der Preis, den sie eigentlich zu zahlen bereit gewesen wären. Dabei wird die individuelle Zahlungsbereitschaft der Konsumenten durch die Nachfragekurve abgebildet. Die *Produzentenrente* ist der Geldbetrag, den die Anbieter aufgrund des einheitlichen Marktpreises über den von ihnen eigentlich verlangten Angebotspreis hinaus erhalten. Letzterer ergibt sich anhand der Angebotskurve.

> Gesamtwirtschaftlich gesehen, wird die Summe aus Konsumenten- und Produzentenrente als Maß für den Wohlstand bzw. die Wohlfahrt eines Landes verwendet.

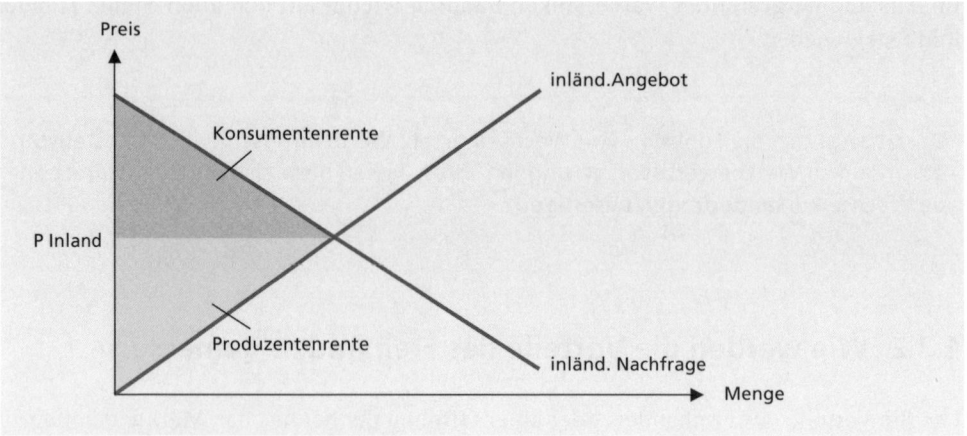

Abb. 1.1: Wohlfahrt im Binnenmarktfall

Was geschieht nun, wenn Außenhandel zugelassen würde? Die Beantwortung dieser Frage hängt davon ab, ob der Weltmarktpreis für Stahl höher oder niedriger ist als der Inlandspreis. Ist der Weltmarktpreis höher als der Inlandspreis, so besitzt unser Land komparative Kostenvorteile bei der Stahlproduktion und es wird Stahl exportieren (*Exportfall*). Ist der Weltmarktpreis niedriger als der Inlandspreis, so sind die Kosten der Stahlproduktion höher als anderswo, unser Land hat bei der Stahlproduktion einen komparativen Nachteil und wird Stahl importieren (*Importfall*).

1.3.3 Wohlfahrtseffekte im Exportfall

Wenn der Weltmarktpreis über dem Inlandspreis liegt, so werden die Anbieter nach der Freigabe des Handels nur noch zum Weltmarktpreis anbieten und keinen Preis darunter akzeptieren (siehe Abb. 1.2). Der Inlandspreis würde auf die Höhe des Weltmarktpreises ansteigen. Bei diesem höheren Preis ist die inländische Nachfrage geringer als das inländische Angebot. Unsere Anbieter verkaufen auch an andere Länder, d.h. sie exportieren die Unterschiedsmenge. Vom Handel profitieren die Anbieter, weil sie ihren Stahl zu höheren Preisen verkaufen als vorher. Die inländischen Nachfrager sind dagegen schlechter gestellt, weil sie den Stahl zu höheren Preisen einkaufen müssen. Die Konsumentenrente sinkt, aber die Produzentenrente steigt, und zwar in höherem Maße. Insgesamt ist das Land besser gestellt, denn die Vorteile der Gewinner übersteigen die Nachteile der Verlierer.

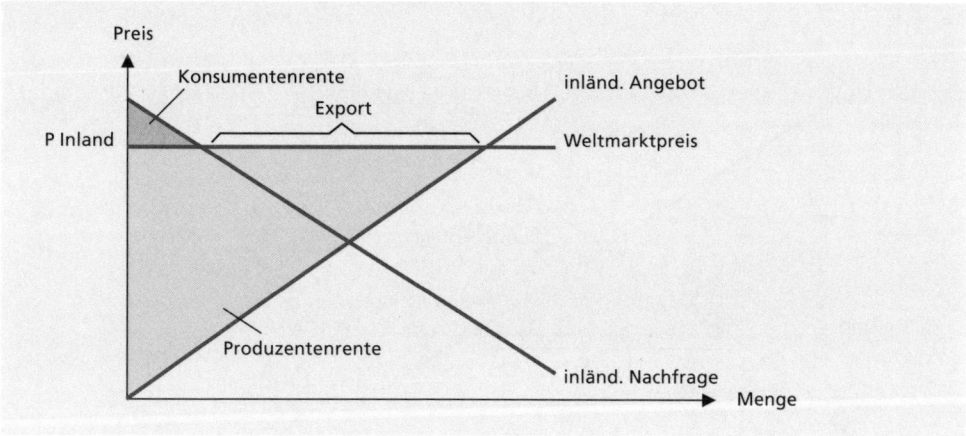

Abb. 1.2: Wohlfahrtseffekte im Exportfall

1.3.4 Wohlfahrtseffekte im Importfall

Liegt der Weltmarktpreis unter dem bisherigen Inlandspreis, werden die Nachfrager nur noch bereit sein, den niedrigeren Preis zu bezahlen. Zu diesem niedrigeren Preis werden die inländischen Produzenten nur noch eine geringe Menge anbieten (siehe Abb. 1.3). Die Differenz zwischen der nachgefragten Menge und der angebotenen Menge decken ausländische Anbieter. Unser Land wird zum Stahlimporteur. Betrachtet man hier die Gewinne und Verluste, so sieht man, dass die Konsumentenrente steigt, und zwar um mehr als die Produzentenrente sinkt. Auch hier übersteigen die Vorteile der Gewinner die Nachteile der Verlierer.

In beiden betrachteten Fällen (Ex- und Importfall) bringt also die Öffnung der Volkswirtschaft gesamtwirtschaftlich betrachtet Vorteile, allerdings nicht für alle beteiligten Wirtschaftssubjekte. Vor allem im Importfall werden betroffene Anbieter auf Schutz vor ausländischer Konkurrenz drängen. Durch Außenhandelsinstrumente kann ein solcher Schutz erfolgen, allerdings, wie wir sehen werden, auf Kosten der Gesamtwohlfahrt des Landes.

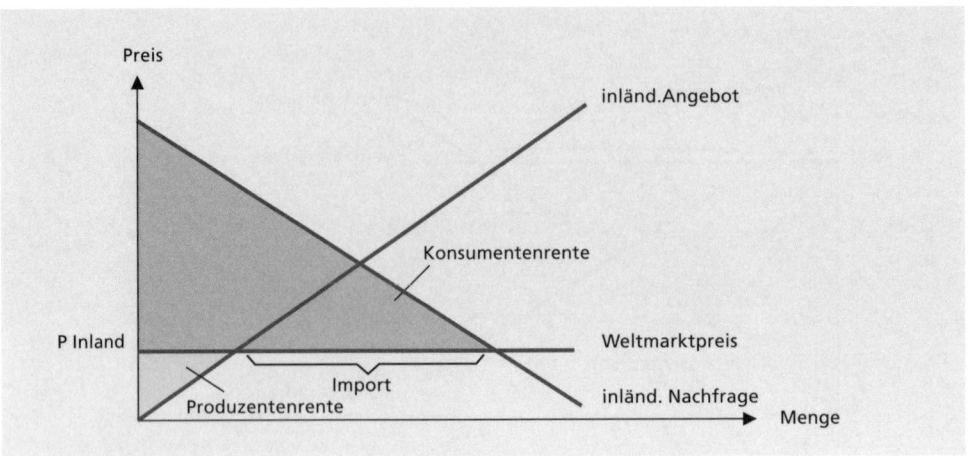

Abb. 1.3: Wohlfahrtseffekte im Importfall

1.4 Die Wirkung von Außenhandelsinstrumenten

Die Unternehmen bzw. Anbieter haben aufgrund ihrer Lobbyarbeit eher die Möglichkeit, politischen Einfluss auf Regierungen zu nehmen, als die Nachfrager. Deshalb können wir uns hier auf die Instrumente konzentrieren, die den Import von Gütern erschweren sollen, da dieser ja zu Wohlfahrtsverlusten für die Anbieter führt (Reduzierung der Produzentenrente). Diese Instrumente lassen sich wie folgt systematisieren:

- Instrumente, die den Preis von Gütern beeinflussen: vor allem Zölle und Subventionen.

- Direkte Mengenregulierungen: vor allem Importquoten oder -kontingente, totale Einfuhrverbote, Devisenbewirtschaftung.

- Sonstige nicht-tarifäre Handelshemmnisse: Maßnahmen, die die technische oder rechtliche Abwicklung von Handelsgeschäften erschweren.

1.4.1 Subventionen

Subventionen bedeuten, dass der Staat Kosten, die eigentlich ein heimischer Produzent zu tragen hätte, übernimmt. Dies kann auch in Form von Steuererleichterungen geschehen. Die inländischen Hersteller, die die Subvention erhalten, können dadurch günstiger anbieten. Sie verdrängen ausländische Anbieter teilweise vom Binnenmarkt (siehe Abb. 1.4). Der Umfang der Importe geht zurück. Durch Subventionen kann der Marktpreis eines Gutes verringert werden. Im Extremfall kann durch Subventionen sogar aus einem Importland ein Exportland werden. Allerdings sind Subventionen mit erheblichen staatlichen Ausgaben verbunden. Diese Last ist letztlich von den Steuerzahlern im Subventionsland zu tragen. Innerhalb der EU werden nationale Subventionen von der EU-Kommission geprüft und häufig untersagt. Anders ist die Situation bei Subventionen der Gemeinschaft insgesamt, wie die europäische Agrarpolitik zeigt.

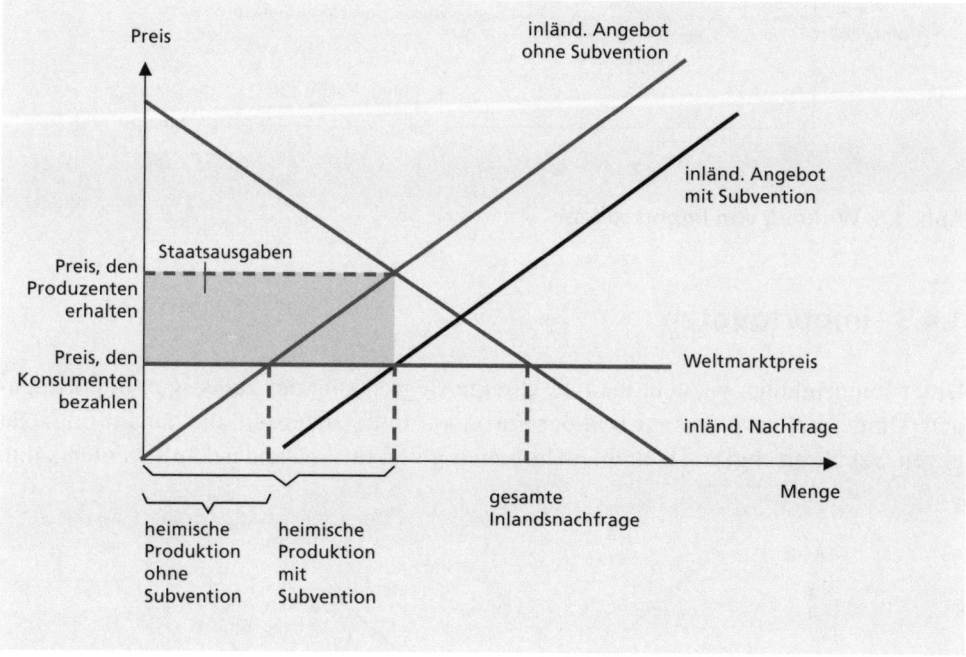

Abb. 1.4: Wirkung von Subventionen

1.4.2 Importzölle

Ein Importzoll ist im Grunde eine Steuer auf die im Ausland produzierten und im Inland verkauften Güter. Man spricht bei Zöllen auch von tarifären Handelshemmnissen. Bei Freihandel ist der Inlandspreis mit dem Weltmarktpreis identisch. Ein Importzoll steigert den Preis des importierten Gutes um den Betrag des Zolls über den Weltmarktpreis (Parallelverschiebung nach oben in Abb. 1.5).

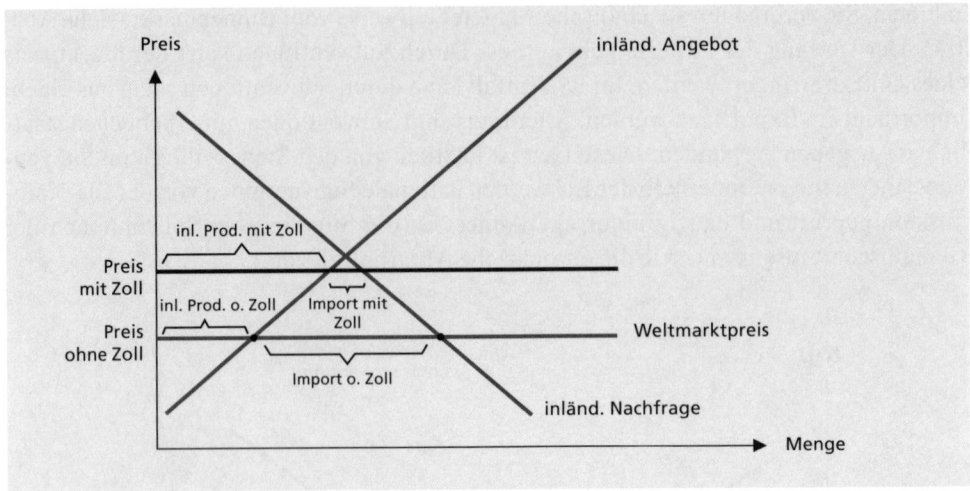

Abb. 1.5: Wirkung von Importzöllen

1.4.3 Importquoten

Unter Importquoten versteht man die direkte Begrenzung der zulässigen Importmengen. Umgesetzt wird dies etwa in der Form von Importlizenzen, die der Einfuhrstaat gegen Gebühren abgibt. Da nicht mehr beliebig viel im Ausland gekauft werden kann,

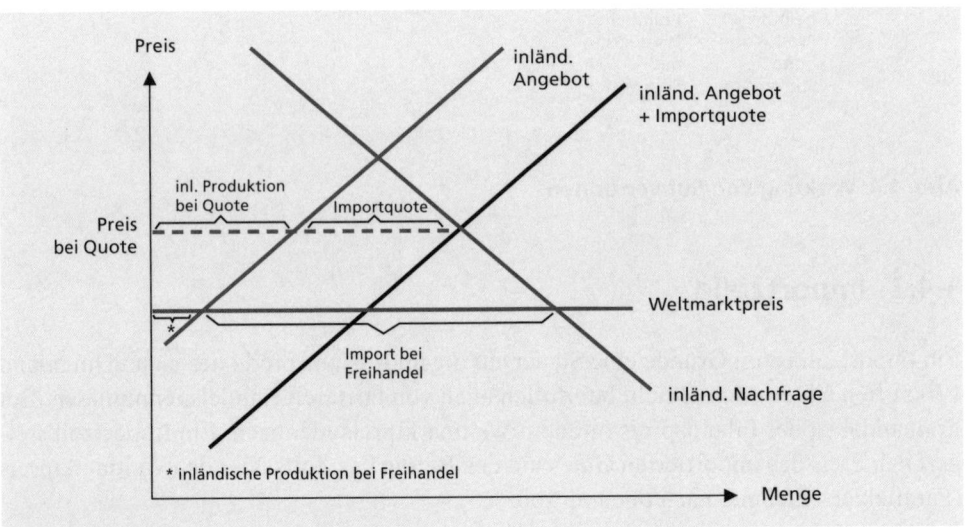

Abb.1.6: Wirkung von Importquoten

ist das Angebot nicht mehr elastisch zum Weltmarktpreis (siehe Abb. 1.6). Es ist nun vielmehr identisch mit dem Inlandsangebot zuzüglich dem Kontingent aus der Importquote. Das heißt, dass die inländische Angebotsfunktion um die Importquote nach rechts verschoben wird. Auch hier steigt der Preis, die nachgefragte Menge geht zurück.

1.4.4 Nicht-tarifäre Handelshemmnisse

Unter nicht-tarifären Handelshemmnissen versteht man rechtliche oder verfahrenstechnische Vorschriften, die den Ex- oder Import von Waren behindern. Hierzu gehören beispielsweise Schikanen in der Zollabfertigung, die Warenlieferungen verzögern oder eine Kennzeichnungspflicht für ausländische Waren, die gezielt dem Zwecke der Importbehinderung dient. Aber auch Vorschriften mit primär anderen Zielsetzungen (z.B. Wahrung von Gesundheitsstandards, Umweltmaßnahmen, Einhaltung verkehrstechnischer Normen, etc.) können – bewusst oder unbewusst – zur Behinderung des Warenimports führen bzw. verwendet werden. Beispiele hierfür sind etwa unterschiedliche technische Normen bzw. Maßeinheiten (Zoll/Inch – Meter), das deutsche Reinheitsgebot für Bier oder das Linksfahrgebot für den Verkehr in Großbritannien.

> Sämtliche vorgenannten Instrumente der Außenhandelspolitik führen, wie wir gesehen haben, direkt oder indirekt zu einer Preissteigerung gegenüber dem Weltmarktpreis und zu einem Rückgang der Importmenge gegenüber der Situation bei Freihandel. Entsprechend verschieben sich durch diese Maßnahmen die Produzenten- und Konsumentenrente zugunsten der Anbieter und zuungunsten der Nachfrager. Addiert man jedoch die beiden Renten, ergibt sich durch jedwede Art von Importbeschränkung ein Wohlfahrtsverlust für die gesamte Volkswirtschaft.

1.5 Die Effekte einer Zollunion

Die Erfahrung zeigt, dass Offenheit sich in einer größeren Anpassungsfähigkeit der Volkswirtschaft und höherem Wirtschaftswachstum auszahlt. Nach den Daten der Weltbank erhöhte sich das Pro-Kopf-Einkommen in den Entwicklungsländern, die sich gegenüber der Globalisierung geöffnet haben, seit Beginn der 90er Jahre um 5%; in den Entwicklungsländern, die nicht an der Globalisierung teilnahmen, stieg es dagegen nur um 2%.

Die *Welthandelsorganisation* (WTO) hat das Ziel, die Barrieren für den Handel weltweit abzubauen, um dadurch den Wohlstand zu erhöhen. Obwohl fast alle Länder Mitglied der WTO sind und sich damit diesem Ziel verschrieben haben, praktizieren sie dennoch – meist aus kurzfristigen politischen Interessen – Maßnahmen, die gegen den Freihandel gerichtet sind.

Der durchschnittliche Zollsatz in den Industrieländern liegt zwar bei nur 3 % (in den Entwicklungsländern liegt er bei 15 %), doch fast alle Industrieländer wenden weitere Schutzmaßnahmen an. Der Agrarprotektionismus, das Welttextilabkommen und viele weitere Einzelmaßnahmen behindern den Handel. So blockiert bspw. die EU Bananenimporte aus Mittelamerika; die USA haben Schutzzölle auf Stahlimporte eingeführt, um Arbeitsplätze in der Stahlindustrie zu erhalten. Ständig verstoßen die Länder gegen die Regeln des Freihandels und schaden damit sowohl sich selbst als auch anderen Ländern.

Wenn sich Freihandel schon international nicht durchsetzen lässt, erscheint es rational, die Marktzugangsschranken wenigstens dort durch regionale Integration abzubauen, wo Länder dazu bereit sind. Die Schlussfolgerung, dass regionale Integration ein Zwischenschritt zum weltweiten Freihandel wäre, ist jedoch voreilig, denn jede regionale Integration enthält auch ein diskriminierendes Element. Was die Marktöffnung anbelangt, so stimmt regionale Integration mit dem Freihandelsziel überein. Sie verstößt aber gegen das Prinzip der Nichtdiskriminierung, das als Meistbegünstigungsklausel dem GATT (siehe Seite 240) zugrunde liegt.

Nach der *Meistbegünstigungsklausel* darf im Handel kein Partnerland schlechter gestellt werden als irgendein anderes Mitgliedsland des GATT. Gerade dagegen wird aber bei der regionalen Integration verstoßen, denn der Abbau der Marktzugangsschranken gilt nur gegenüber Partnerländern, nicht aber gegenüber Drittstaaten.

Um dennoch Freihandelszonen oder Zollunionen zu ermöglichen, gibt es für sie im GATT-Vertrag eine Ausnahme vom Meistbegünstigungsprinzip. Sie wird durch die Vermutung begründet, dass die Handelseffekte einer regionalen Integration sich letztlich auch für Drittstaaten positiv auswirken.

Die Effekte der regionalen Integration lassen sich am Beispiel der Einführung einer Zollunion darstellen. Eine Zollunion ist durch die Abschaffung von Zöllen im Inneren und durch gemeinsame Außenzölle gekennzeichnet. Die Beseitigung der Zölle zwischen den Mitgliedstaaten der Zollunion regt den Handel zwischen diesen Ländern an. Im Inland hergestellte Güter, die wegen des Zolls vor der Zollunion nicht oder nur in kleinen Mengen exportiert werden konnten, werden durch die Abschaffung der Binnenzölle in den Partnerstaaten preiswerter und deshalb in größerem Umfang exportiert. Gleichzeitig sinken durch den Wegfall des Zolls die Preise für Güter aus den Partnerstaaten und es kommt zu vermehrten Importen.

Die Intensivierung des Handels aufgrund des Zollabbaus wird als der *handelsschaffende Effekt* (Aufschließungseffekt) einer Zollunion bezeichnet. Dieser Effekt hat eine wohlstandserhöhende Wirkung, da teure inländische Produktion durch kostengünstigere Produktion in den Partnerstaaten ersetzt wird.

Eine Zollunion hat aber auch Auswirkungen auf Drittstaaten. Güter, die vor Einführung der Zollunion aus Drittstaaten importiert wurden, sind in der Zollunion gegenüber den zollfreien Importen aus Partnerstaaten vielfach nicht mehr wettbewerbsfähig. Diesen Effekt, die Verdrängung von Importen aus Drittstaaten vom Markt der Zollunion, bezeichnet man als *Handelsumlenkung* (Abschließungseffekt). Da in diesem Fall kostengünstige Anbieter aus Drittstaaten durch Anbieter aus Partnerstaaten mit höheren Kosten ersetzt werden, hat die Handelsumlenkung einen wohlstandsmindernden Effekt. Ein zusätzlicher Nachteil entsteht für Drittstaaten, wenn Handelsgewinne verloren gehen.

	Inland	Land P (Partnerland der Zollunion)	Land D (Drittland)
Preis = Stückkosten	70	50	40
Preis einschl. Zoll von 100%	-	100	80
Preis einschl. Zoll von 50%	-	75	60

Tab. 1.3: **Handelsschaffende und handelsumlenkende Effekte einer Zollunion**

Das Problem der Zollunion lässt sich mit einem einfachen Beispiel illustrieren. Wir betrachten in Tabelle 1.3 nur ein Gut und drei Länder: das Inland, das Partnerland P und das Drittland D.

Die erste Zeile der Tabelle enthält die Stückkosten, ausgedrückt in einer einheitlichen Währung. Sie werden als konstant angenommen. Die Stückkosten einschließlich des kalkulierten Gewinns entsprechen auf einem Wettbewerbsmarkt dem Preis des Produkts. Das Inland hat mit 70 Geldeinheiten die höchsten Produktionskosten für das betrachtete Produkt. Die Produktionskosten in den Ländern P und D liegen mit 50 bzw. 40 Geldeinheiten darunter. Bei freiem Handel würde das Gut im Inland nicht produziert, sondern ganz aus Land D importiert werden.

Die zweite und die dritte Zeile der Tabelle geben an, zu welchem Preis das Produkt auf dem Inlandsmarkt angeboten wird, wenn es aus Land P oder Land D importiert wird und der Zoll 100 % bzw. 50 % beträgt. An diesem Beispiel lassen sich die Effekte der Handelsschaffung und der Handelsumlenkung zeigen.

Wenn man unterstellt, dass für die Einfuhr des Gutes ein Zoll von 100 % besteht, sind nur die Produzenten im Inland wettbewerbsfähig. Ihr Preis liegt mit 70 Geldeinheiten unter den Preisen der ausländischen Anbieter einschließlich Zoll. Bei einem Zoll von 100 % würden die inländischen Anbieter die gesamte Nachfrage decken, aber zu höheren Stückkosten als die Anbieter in P und D produzieren.

Wenn das Inland und Land P nun eine Zollunion bilden, wird der Zoll zwischen dem Inland und Land P abgeschafft. Gegenüber Land D bleibt der Zoll dagegen bestehen. Da die Anbieter aus Land P das Produkt nunmehr ohne Zollbelastung zu einem niedrigeren Preis liefern können als die inländischen Anbieter, wird die Produktion des Gutes im Inland eingestellt. Die gesamte Nachfrage wird durch Importe aus Partnerland P befriedigt (Handelsschaffung). Das Inland erzielt dabei einen Wohlfahrtsgewinn, denn statt das Gut zu Stückkosten von 70 im Inland herzustellen, wird es zu einem Preis von 50 importiert.

Beträgt der anfängliche Zoll 50 %, wird das Gut aus dem Drittland D importiert. Der Preis im Land D ist 40. Die inländischen Verbraucher zahlen einen Preis von 60. Die Differenz geht als Zolleinnahme an den Staat. Wenn das Inland und Land P nun eine Zollunion bilden, deren Außenzoll 50 % beträgt, wird das Gut nicht mehr aus Land D, sondern aus Land P bezogen (Handelsumlenkung). Für die Verbraucher sinkt der Preis zwar von 60 auf 50, dennoch tritt für das Inland ein Wohlfahrtsverlust ein, denn das Gut wird nun zu einem Preis von 50 statt 40 importiert. Der Verlust zeigt sich im Ausfall von Zolleinnahmen beim Staat.

1.6 Dynamische Effekte des internationalen Handels

Diese *komparativ-statische Betrachtung* zeigt, dass die regionale Integration nur dann positive Wohlfahrtswirkungen hat, wenn die Handelsschaffung größer ist als die Handelsumlenkung. Für eine Zollunion lässt sich dies vermuten, wenn die Zölle zwischen den Partnerländern vor der Errichtung der Zollunion sehr hoch und die Zölle gegenüber Drittländern relativ niedrig waren. Auch wenn das Gebiet der Zollunion relativ groß ist und der größte Teil des Handels schon vor der Zollunion zwischen den Partnerländern betrieben wurde, ist der handelsschaffende Effekt groß und der handelsumlenkende Effekt demgegenüber klein. Positive Wohlfahrtswirkungen lassen sich ferner vermuten, wenn die Produktionsstrukturen zwischen den Partnerländern sich ergänzen und die Anzahl effizienter Anbieter in der Zollunion relativ groß ist.

Die Effizienzsteigerung in der Nutzung der Produktionsfaktoren durch die internationale Arbeitsteilung ist ein einmaliger Effekt. Die Aufnahme des internationalen Handels führt zu einem Einkommensanstieg, hat danach aber keine Wirkungen mehr. Wichtiger als dieser komparativ-statische Effekt sind die *dynamischen Wirkungen* der Integration. Diese schlagen sich in fortwährenden Verbesserungen auf den Märkten nieder.

Um die dynamischen Effekte zu betrachten, muss man die Annahme vollständiger Konkurrenz aufgeben und Marktunvollkommenheit zulassen. Auf unvollkommenen Märkten werden inhomogene Güter gehandelt. Produktdifferenzierung bietet den Konsumenten die Auswahl aus verschiedenen Produktvarianten. Wenn jetzt Handelshemmnisse abgebaut und Märkte geöffnet werden, vergrößern sich die Wahlmöglichkeiten der Verbraucher. Außerdem steigt die Nachfrage, weil die Preise infolge der Beseitigung der Handelsschranken sinken.

Die Unternehmen versuchen, ihre Wettbewerbsposition im erweiterten Markt durch Fusionen und Übernahmen auszubauen. Bei erfolgreicher Ausweitung ihrer Marktanteile können sie ihre Produktion erhöhen und steigende Skalenerträge (*economies of scale*) realisieren. Skalenerträge, d. h. sinkende Stückkosten bei einer Ausdehnung der Produktionsmenge, können durch effektivere Produktionsverfahren, größere Losgrößen, Spezialisierungs- und Lerneffekte, effektivere Ausnutzung der Organisation oder sinkende Fixkostenanteile erreicht werden.

Skaleneffekte sind gleichbedeutend mit einem degressiven Verlauf der Durchschnittskosten. Je größer der Degressionseffekt ist, desto größer ist der Kostennachteil, den Unternehmen mit suboptimaler Größe gegenüber den Produzenten haben, die Skaleneffekte nutzen. Die Realisierung von Skaleneffekten führt zu niedrigeren Preisen für den Verbraucher und einer verbesserten Wettbewerbsfähigkeit der Unternehmen auf Drittmärkten. Neben unternehmensinternen Skalenerträgen können noch externe Kostenvorteile entstehen, wenn durch Spezialisierung größere und tiefere Märkte für qualifizierte Arbeitskräfte, differenziertere Vorprodukte und mehr Forschung und Entwicklung entstehen.

Wenn die Unternehmen mehrere Produkte herstellen, können neben den Skalenerträgen auch Verbundvorteile (*economies of scope*) realisiert werden, durch die eine weitere Verbesserung der Wettbewerbsfähigkeit erreicht werden kann. Verbundvorteile entstehen durch die Breite der Produktpalette. Aufgrund von Kostensynergieeffekten ist die simultane Produktion mehrerer verschiedener Güter in einem Unternehmen insgesamt billiger als die Produktion jeweils eines Gutes in einem Unternehmen. Verbundvorteile beruhen vielfach darauf, dass Produktionsfaktoren zur Herstellung verschiedener Güter genutzt werden können. Man denke etwa an eine Tankstelle, in der nicht nur Benzin, sondern auch Getränke, Zeitschriften, etc. angeboten werden.

Man kann statische und dynamische Skalenerträge unterscheiden. Der Unterschied wird in Abbildung 1.7 dargestellt. Angenommen, Sk_1 ist die Stückkostenkurve eines Unternehmens. Die Kurve zeigt, dass bei der Produktion steigende Skalenerträge vorliegen. Je größer die Produktionsmenge ist, desto niedriger sind die Stückkosten.

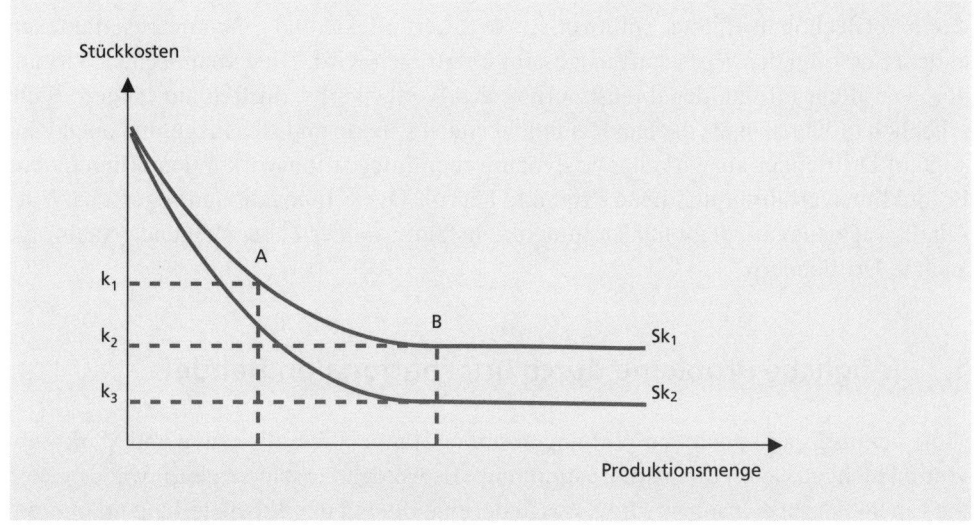

Abb. 1.7: Statische und dynamische Skalenerträge

In der Ausgangssituation sei der Absatzmarkt des Unternehmens auf das Inland beschränkt. Die inländische Nachfragekurve schneidet die Stückkostenkurve Sk$_1$ im Punkt A, so dass k1 die niedrigsten realisierbaren Stückkosten angibt. Durch die Bildung einer Zollunion würde sich der Absatzmarkt des Unternehmens vergrößern. Wenn eine Produktion entsprechend Punkt B erreicht werden kann, würden die Stückkosten von k$_1$ auf k$_2$ sinken. In diesem Fall lägen *statische Skalenerträge* vor.

Wenn durch die Ausweitung der Produktion aufgrund von Spezialisierung und Lerneffekten die Stückkosten zusätzlich verringert werden können, entstehen *dynamische Skalenerträge*. Die Stückkostenkurve könnte sich dadurch bspw. in Sk$_2$ verlagern. Das zum Punkt B gehörende Niveau der Stückkosten sinkt dann auf k$_3$.

Es ist offensichtlich, dass ein Unternehmen bei steigenden Skalenerträgen umso wettbewerbsfähiger ist, je größer die Produktion im Vergleich zu den Konkurrenten ist. Das Unternehmen, das durch einen Wettbewerbsvorstoß zuerst einen hohen Marktanteil erreicht, hat gute Chancen, seine marktbeherrschende Stellung auszubauen. Nur wenn es anderen Unternehmen bei der Verfolgung gelingt, die Stückkosten durch Verfahrensinnovationen (dynamische Skalenerträge) weiter zu senken, können sie die Position des Marktführers angreifen.

Mit der Öffnung der Märkte intensiviert sich der Wettbewerb. Nationale Monopole oder Oligopole werden der Konkurrenz ausgesetzt und sind gezwungen, ihre Produktivität zu erhöhen. Außerdem werden bei zunehmendem Wettbewerbsdruck vermehrt Innovationen durchgeführt, mit denen neue Produktionsverfahren, Produkte oder Absatzwege entstehen.

Schließlich können größere Absatzmärkte, verstärkte Konkurrenz und Innovationen Wachstumsprozesse auslösen, die ihrerseits eine technologische Dynamik erzeugen, die durch Verflechtungseffekte, Spillover-Effekte, Lerneffekte und Einkommenseffekte auf andere Sektoren der Wirtschaft insgesamt übertragen wird. Die dynamischen Wirkungen, vor allem infolge der Intensivierung des Wettbewerbs, dürften auf längere Sicht erheblich größer sein als die handelsumlenkenden Effekte und sich insgesamt auch günstig auf Drittländer auswirken. Die dynamischen Integrationswirkungen bringen neue Produktionsverfahren und neue Produkte hervor. Diese Innovationen regen das Wirtschaftswachstum an, nicht nur im Integrationsraum, sondern über steigende Nachfrage auch in Drittländern.

1.7 Mögliche Probleme durch internationalen Handel

Trotz der insgesamt positiven Wirkungen stoßen Handelsliberalisierung und Marktintegration nicht ausschließlich auf Zustimmung. Es werden verschiedene Einwände gegen die Liberalisierung erhoben: Die Spezialisierung, die mit der Arbeitsteilung im internationalen Handel eintritt, erhöhe die Abhängigkeit und mache die Wirtschaft krisenanfälliger. Der internationale Handel führe nicht zu einer Angleichung (Konvergenz) der

Einkommensentwicklung sondern zementiere die Einkommensverhältnisse oder vergrößere sogar den Rückstand der weniger entwickelten Länder. Der internationale Handel führe zu Arbeitslosigkeit und damit zu größerer sozialer Ungleichheit.

1.7.1 Erhöhte Abhängigkeit durch Spezialisierung?

Es lässt sich nicht generell beantworten, ob die Spezialisierung, die durch Arbeitsteilung im internationalen Handel eintritt, die Abhängigkeit erhöhen kann. Es ist zunächst zu klären, welche Form die Spezialisierung annimmt, wenn Marktzugangsschranken abgebaut werden. Dies hängt von der Ausgangslage der betroffenen Volkswirtschaft ab.

Sind die Produktionsbedingungen der Handelspartner sehr unterschiedlich und liegen die Ursachen für den Handel in einer unterschiedlichen Ausstattung mit natürlichen Ressourcen (wie Rohstoffe, Klima, Natur) oder in sehr unterschiedlichen Lohnkosten, so werden zwischen den Ländern vor allem Güter unterschiedlicher Industrien ausgetauscht. Solche Bedingungen sind vor allem zwischen Industrie- und Entwicklungsländern anzutreffen. In einem solchen Fall werden die Industrieländer zum Beispiel Rohstoffe, Textilien oder Tourismusdienstleistungen importieren und Industrieprodukte exportieren. Diese Art von Warenaustausch wird auch als *interindustrieller Handel* bezeichnet.

Beim Handel zwischen Industrieländern sind dagegen die Produktionsbedingungen meist ähnlich und es werden die Güter der einzelnen Industrien gleichzeitig exportiert und importiert. So werden bspw. PKW aus Deutschland nach Frankreich ausgeführt und gleichzeitig werden PKW aus Frankreich nach Deutschland importiert. Im Rahmen dieses intraindustriellen Handels spezialisieren sich die Länder nicht auf bestimmte Industrien sondern auf bestimmte Produktvarianten verschiedener Industrien.

Durch den intraindustriellen Handel entsteht eine vielseitige Arbeitsteilung zwischen den Ländern, so dass eine einseitige Abhängigkeit oder Krisenanfälligkeit nicht zu befürchten ist. Aber auch eine interindustrielle Arbeitsteilung führt nicht zwangsläufig zu einseitiger Spezialisierung, sondern bietet die Chance, Entwicklungsrückstände aufzuholen.

Der Abbau von Marktzugangsschranken führt in diesem Fall dazu, dass die Nachfrage in den Industrien mit komparativen Vorteilen kräftig expandiert, während sie in den Bereichen mit komparativen Nachteilen schrumpft. Durch die Anpassung der Produktionsstruktur an die Nachfrageverschiebung werden leistungsfähigere Produktionsverfahren eingesetzt und neue Produktvarianten entwickelt. In den expandierenden Industrien erweitert sich das Produktionssortiment. Das Know-how in Bezug auf Produktionstechnik und Management sowie die Qualifikation der Arbeitskräfte verbessern sich. Es werden aber nicht alle Bereiche durch die Integration gewinnen. In den schrumpfenden Wirtschaftsbereichen wird das Schwergewicht auf Kostensenkungen liegen. Dort werden weniger Arbeitskräfte beschäftigt. Um zu verhindern, dass daraus ein politischer Widerstand gegen die Integration resultiert, muss der Anpassungsprozess in den benachteiligten Bereichen durch zeitlich begrenzte Kompensationsleistungen erleichtert werden.

Insgesamt wirkt sich die Integration auch günstig auf andere Wirtschaftsbereiche aus, die von den technischen sowie organisatorischen Neuerungen sowie von der verbesserten Qualifikation der Arbeitskräfte profitieren. Es entstehen zusätzliche komparative Vorteile, die dazu beitragen, das Spezialisierungsprofil zu verbreitern. Durch die Intensivierung des Handels wird die interindustrielle Arbeitsteilung immer stärker zu einer intraindustriellen werden. Insofern bietet gerade der internationale Handel die Chance, rückständige und einseitige Wirtschaftsstrukturen zu überwinden.

1.7.2 Verstärkung der internationalen Einkommensunterschiede?

Zum zweiten Kritikpunkt, der möglichen Verschärfung von Einkommensunterschieden, ist anzumerken, dass durch die beschriebenen Anpassungsvorgänge bereits die Grundlage für einen Aufholprozess gelegt wird. Eine wichtige Rolle spielen dabei die Direktinvestitionen, durch die diesen Ländern nicht nur das für die Investitionen notwendige Kapital zufließt, sondern auch das Technologie- und Managementwissen, mit denen die Arbeitsproduktivität nachhaltig erhöht werden kann. Die weniger entwickelten Länder können dadurch ein Wirtschaftswachstum erreichen, zu dem sie aus eigener Kraft nicht in der Lage wären.

Offenheit und Teilnahme am internationalen Handel sind daher keine Hindernisse, sondern Voraussetzungen für die Überwindung des Entwicklungsrückstandes. Einige weitere Faktoren müssen allerdings hinzukommen. Die Industrieländer müssen ihre Märkte für die Erzeugnisse der Entwicklungsländer öffnen. Solange der Agrarprotektionismus und das Welttextilabkommen sowie ähnliche Maßnahmen weiter angewendet werden, besteht gerade für die Produkte kein oder nur beschränkter Marktzugang, bei denen die Entwicklungsländer komparative Vorteile haben.

1.7.3 Steigende Arbeitslosigkeit und soziale Probleme?

Auch der dritte Kritikpunkt, die steigende Arbeitslosigkeit, ist keine zwingende Folge des internationalen Handels. Marktöffnung führt zu einem verstärkten Strukturwandel, insbesondere wenn der Handel zunächst vor allem intraindustriell ist. In Unternehmen mit komparativen Nachteilen wird die Beschäftigung sinken. Bei denjenigen, bei denen komparative Vorteile vorliegen, wird sie steigen. Dies erfordert von den Arbeitskräften Mobilität in struktureller und regionaler Hinsicht, aber auch den Willen und die Fähigkeit, sich neue Qualifikationen anzueignen.

Wenn wir unser Beispiel für den Importfall betrachten (siehe S. 15 f.), so kommt es durch den Preisrückgang zu einer geringeren Produktionsmenge im Inland und auf diese Weise zu einem Beschäftigungsrückgang in der inländischen Stahlindustrie. Aber der Freihandel lässt gleichzeitig neue Arbeitsplätze entstehen. Wenn die inländischen Nachfrager Stahl im Ausland kaufen, erlangen diese Länder Mittel für den Kauf von Erzeugnissen, bei deren Produktion unsere Volkswirtschaft komparative Kostenvorteile hat.

Marktintegration wird dann zu Arbeitslosigkeit führen, wenn die Flexibilität auf dem Arbeitsmarkt nicht gegeben ist. Es ist zu bedenken, dass Wirtschaftswachstum gemeinsam mit technischem Fortschritt in einer Marktwirtschaft immer – auch ohne Integrationseffekte – mit einem Strukturwandel bei der Beschäftigung verbunden ist. Wenn die Wirtschaftspolitik diesen durch Arbeitsplatzgarantien, striktem Kündigungsschutz und Erhaltungssubventionen blockiert, werden weniger Arbeitskräfte eingestellt und es entsteht Arbeitslosigkeit. Das Problem der Arbeitslosigkeit ist also vor allem eines der Arbeitsmarktverfassung, weniger des Außenhandels. Statt den Strukturwandel zu hemmen, ist es effektiver, wenn die Wirtschaftspolitik Maßnahmen ergreift, mit denen die Mobilität gesteigert wird.

Teilweise wird der Schutz „junger" und in Zukunft erfolgversprechender Industrien befürwortet. Dieses *Erziehungszollargument* von Friedrich List hat drei Probleme: Erstens müsste der Staat beurteilen, welches zukunftsträchtige Industrien sind und ist dabei dem Druck politisch einflussreicher Industrien ausgesetzt. Zweitens sind vorübergehend geplante Schutzmaßnahmen in der Realität kaum wieder rückgängig zu machen. Und drittens kann man sagen: Wenn eine Industrie jung und noch nicht rentabel genug ist, aber die Hoffnung auf langfristige Gewinne besteht, dann nehmen die Eigentümer die temporären Verluste in Kauf, um die später möglichen Gewinne zu realisieren.

Eine gängige Stellungnahme lautet, Freihandel sei nur wünschenswert, wenn für alle Handelspartner die gleichen Regeln gelten. Unfair sei der internationale Wettbewerb dann, wenn die Unternehmungen in verschiedenen Ländern ganz unterschiedlichen Gesetzen und Regulierungen unterliegen. Nehmen wir an, in einem Nachbarland werde die Stahlproduktion durch Steuervergünstigungen subventioniert. Hätte denn das Inland tatsächlich Nachteile aus dem Import subventionierten Stahls aus dem Nachbarland? Gewiss, die inländischen Stahlanbieter hätten Nachteile durch die niedrigeren Preise des Auslandes, doch die inländischen Nachfrager nach Stahl hätten Vorteile. Für den Freihandel macht es keinen Unterschied: Die Gewinne der Nachfrager aus dem billigen Einkauf übersteigen auch hier die Verluste der Produzenten. Die eigentliche Last der Subventionierungspolitik tragen die Steuerzahler im Nachbarland. Unsere Volkswirtschaft profitiert dagegen davon, zu einem subventionierten Preis einkaufen zu können.

Alles in allem lässt sich sagen, dass es vor allem die Wettbewerbsbeschränkungen sind, die dazu führen, dass der Integrationsprozess nicht ungehindert wirken kann. Wirtschaftliche Integration schafft durch intensiveren Handel und Direktinvestitionen erhebliche Einkommensvorteile. Voraussetzung für die Nutzung dieser Vorteile sind funktionsfähige Märkte und die Bereitschaft, den Strukturwandel, der mit der Marktöffnung verbunden ist, zu akzeptieren. Unter diesen Bedingungen wird es zu einem stärkeren Wirtschaftswachstum kommen und zu einem Aufholprozess der weniger entwickelten Volkswirtschaften.

Die insgesamt positiven Wirkungen der Integration verteilen sich nicht gleichmäßig auf alle Wirtschaftsteilnehmer. Um zu verhindern, dass negativ betroffene Industrien durch politischen Druck Schutzmaßnahmen durchsetzen, die später schwierig abzubauen sind, ist es wichtig, dass die expandierenden Bereiche die Anpassung in den schrumpfenden Bereichen zeitweise durch Kompensationsleistungen unterstützen. Diese müssen allerdings so gestaltet sein, dass sie den Strukturwandel fördern und nicht behindern. Unter solchen Bedingungen kann auch ein lebhafter Strukturwandel mit niedriger Arbeitslosigkeit einhergehen.

1.8 Internationale Kapitalbewegungen

1.8.1 Formen des internationalen Kapitalverkehrs

Noch viel expansiver als der grenzüberschreitende Güteraustausch hat sich in den letzten Jahrzehnten der internationale Kapitalverkehr entwickelt. In der Zahlungsbilanz werden internationale Kapitalbewegungen unterschieden in:

- *Wertpapieranlagen*, man spricht auch von „Portfolioinvestitionen", wie Käufe oder Verkäufe von Aktien (ohne Beteiligungsabsicht), fest oder variabel verzinslichen Wertpapieren oder Investmentzertifikaten. Einbezogen werden auch Anteile an Geldmarktfonds, Geldmarktpapiere und Finanzderivate.

Die zweite Form des internationalen Kapitalverkehrs bilden

- *Direktinvestitionen*, das heißt Kauf bzw. Gründung oder Liquidation von Unternehmen, Produktionsstätten oder Beteiligungen (einschließlich Aktien) im Ausland, weiterhin langfristige Darlehen und kurzfristige Finanzbeziehungen verbundener Unternehmen. Auch der grenzüberschreitende Erwerb und die Veräußerung von Immobilien werden den Direktinvestitionen zugeordnet.

Erfasst wird schließlich noch der

- *übrige Kapitalverkehr*, der in kurz- und langfristige Teile differenziert wird. Dabei hat der kurzfristige Kreditverkehr der Kreditinstitute vom Umfang her gesehen im internationalen Wirtschaftsgeschehen das weitaus größte Gewicht. Denn die Geschäftsbanken sind neben den institutionellen Anlegern wie Versicherungsgesellschaften, Pensionskassen, Investmentfonds usw., die ihrerseits oft Tochterinstitute von Banken sind, die Hauptakteure an den internationalen Finanzmärkten. Kleinste Verschiebungen der Ertrags- oder Risikorelationen lösen heute erfahrungsgemäß immense kurzfristige Kapitalströme aus. Im übrigen Kapitalverkehr sind auch die im Rahmen des internationalen Zahlungsverkehrs und der Außenhandelsfinanzierung fließenden Geld- und Kreditströme enthalten.

1.8.2 Portfolioinvestitionen

Der Erwerb ausländischer Vermögenswerte wird üblicherweise anhand eines *portfoliotheoretischen Ansatzes* analysiert, der von einem Optimierungskalkül der Marktteilnehmer ausgeht. Es wird angenommen, dass jedes Wirtschaftssubjekt sein Gesamtvermögen bzw. dessen Struktur (Portfolio) so auf den Kauf einzelner Vermögenstitel aufteilt, dass sein Gesamtnutzen – zu verstehen als (erwarteter) Ertrag unter Berücksichtigung des Risikos – maximiert wird.

Dieses Optimierungsstreben beinhaltet natürlich auch den Vergleich von Vermögensanlagen im Inland und im Ausland. Als wesentliche *Entscheidungskriterien* lassen sich identifizieren:

- Internationale Zinsdifferenzen und Unterschiede in den Geldbeschaffungskosten (wie Kredit-Bereitstellungskosten, Bearbeitungsgebühren usw.) sowie in der Höhe und Qualität geforderter Sicherheiten.

- Erwartete Zins- bzw. Kursentwicklungen und Höhe der Zins- bzw. Kurssicherungskosten (aus dem Abschluss von Absicherungsgeschäften).

- Erwartete Wechselkursentwicklung bzw. Kosten der Absicherung des Währungsrisikos.

- Kapazität der nationalen Geld-, Kredit- und Kapitalmärkte sowie damit zusammenhängende Unterschiede in den Fristigkeiten und der Flexibilität der verfügbaren Anlage- bzw. Finanzierungsformen.

- Länderbezogene und einzelwirtschaftliche Risiken sowie steuerliche und liquiditätsmäßige Aspekte.

> Wir können somit zusammenfassend festhalten, dass für die Durchführung von Portfolioinvestitionen hauptsächlich die Kosten-, Ertrags- und Risikorelationen zwischen den beteiligten Ländern entscheidend sind. Das gilt auch für internationale Kredite.

1.8.3 Direktinvestitionen

Grenzüberschreitende Direktinvestitionen stellen für Unternehmen die umfassendste und intensivste Form der Marktbearbeitung im Ausland dar. Charakteristisch für Direktinvestitionen ist es, dass sie – im Gegensatz zu rein renditeorientierten Portfolioinvestitionen – aus einem nachhaltigen Interesse an der Geschäftstätigkeit des kapitalnehmenden Unternehmens resultieren.

Es existieren zahlreiche Theorien zur Beantwortung der Frage, aus welchen Gründen und an welchen Standorten Unternehmen im Ausland investieren. Im Kern lassen sich ausländische Direktinvestitionen nach ihren *Motiven* in drei Varianten einteilen:

- Beschaffungsorientierte Direktinvestionen bezwecken die (kostengünstige) Erschließung und Sicherung der Rohstoffversorgung im weitesten Sinne.

- Absatzorientierte Direktinvestitionen (man bezeichnet sie auch als „horizontale" Direktinvestitionen) werden getätigt, um Marktanteile im Ausland zu erobern, zu halten oder auszubauen.

- Kostenorientierte Direktinvestitionen (man spricht auch von „vertikalen" Direktinvestitionen) haben zum Ziel, die international erheblichen Unterschiede insbesondere bei den Arbeitskosten für eine möglichst billige und wettbewerbsfähige Produktion auszunutzen.

> In der Realität wird es typischerweise zu einer Vermischung der oben genannten Investitionsmotive kommen. Alles in allem wird es das Ziel eines im internationalen Maßstab denkenden Unternehmens sein müssen, die aus seiner Sicht jeweils optimale Struktur der Produktionsstandorte sowie der Beschaffungs- und Absatzbedingungen zu realisieren.

2 Das Ausland in der volkswirtschaftlichen Gesamtrechnung

2.1 Der Wirtschaftskreislauf

Der arbeitsteilige Wirtschaftsprozess moderner Volkswirtschaften manifestiert sich in unzähligen Tauschakten, die sich in ihrem Zusammenhang als Wirtschaftskreislauf darstellen lassen (siehe Abb. 2.1).

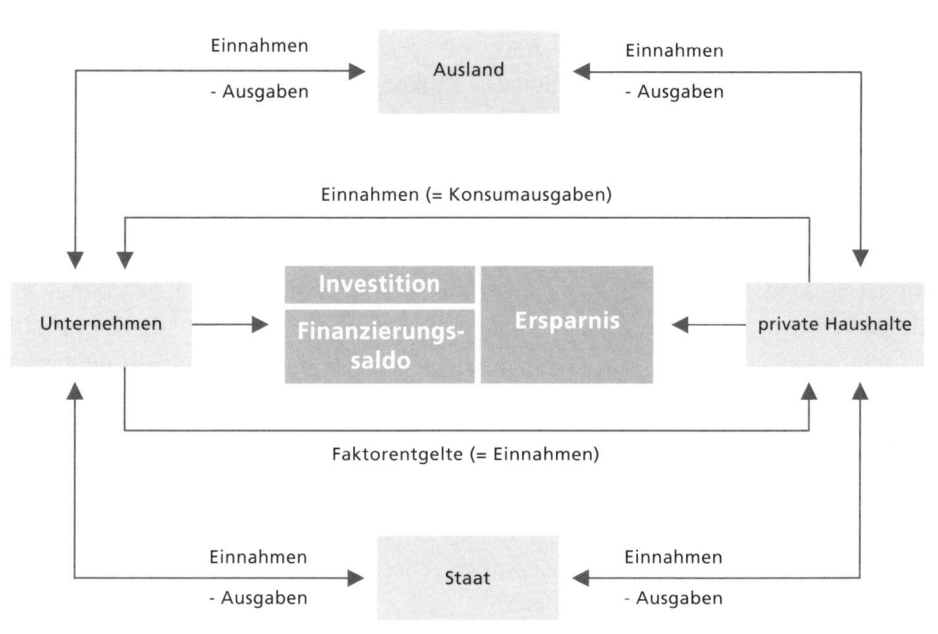

Abb. 2.1: Das Ausland im nationalen Wirtschaftskreislauf

Private Haushalte stellen den *Unternehmen* die Produktionsfaktoren zur Verfügung. Sie erzielen dadurch Einnahmen, die für die Unternehmen Ausgaben darstellen. Diese Einnahmen sind Lohnzahlungen, wenn es sich um den Faktor Arbeit handelt. Als Entgelt für den Faktor Kapital erzielen die Haushalte Gewinn- oder Zinseinkünfte, und schließlich fließen auf diesem Wege Miet- und Pachtzahlungen für die Nutzung des Faktors Boden durch die Unternehmen.

Weitere Zahlungsströme bestehen zwischen den privaten Haushalten und dem *Staat*. Sie treten unter anderem als Steuerzahlungen der privaten Haushalte an den Staat sowie Transfers (bspw. Rentenzahlungen oder Sozialleistungen) und Lohnzahlungen des Staates an die privaten Haushalte auf. Einnahme-Ausgabe-Beziehungen existieren daneben zwischen den Unternehmen und dem Staat, wobei hier ebenfalls Steuerzahlungen der Unternehmen an den Staat sowie Subventionen des Staates an die Unternehmen zu nennen sind. Des Weiteren bezieht der Staat von den Unternehmen Waren und Dienstleistungen, die er benötigt, um seinerseits das Angebot an öffentlichen Gütern bereitzustellen.

Schließlich gibt es in offenen Volkswirtschaften in mehr oder weniger großem Umfang Einnahme-Ausgabe-Beziehungen jeweils zwischen den privaten Haushalten, den Unternehmen und dem Staat einerseits und dem *Ausland* andererseits. Ursächlich für derartige grenzüberschreitende Zahlungen sind Exporte und Importe von Waren, Dienst- und Faktorleistungen sowie die laufenden Übertragungen (Transferzahlungen) zwischen Inland und Ausland. Typischerweise verwenden zudem die privaten Haushalte – insgesamt betrachtet – ihr verfügbares Einkommen nicht ausschließlich für Konsumzwecke. Vielmehr bilden sie Ersparnis. Auch Unternehmen schütten die erwirtschafteten Wertzuwächse nicht vollkommen aus, sondern bilden Rücklagen. Die auf diese Weise innerhalb der Volkswirtschaft entstandenen Vermögenszuwächse dienen der Finanzierung der von den Unternehmen und dem Staat getätigten Investitionen bzw. der damit verbundenen Ausgabenüberschüsse.

In der volkswirtschaftlichen Gesamtrechnung werden die den oben erwähnten Einnahmen bzw. Ausgaben zugrunde liegenden Transaktionen zwischen den Wirtschaftssektoren systematisch auf Konten verbucht. Das hierfür verwendete Kontensystem besteht in seiner einfachsten Form aus vier Einzelkonten. Es handelt sich zum einen um das gesamtwirtschaftliche Produktions- und das Einkommenskonto. Auf diesen wird die Entstehung und Verwendung der unternehmerischen Produktion bzw. die Verwendung der dabei geschaffenen Einkommen erfasst. Hinzu kommt das gesamtwirtschaftliche Vermögensänderungskonto. Alle ökonomischen Transaktionen mit dem Ausland werden zusätzlich auf dem Auslandskonto verbucht. Bei letzterem handelt es sich um eine Ursprungsform der Zahlungsbilanz.

2.2 Saldenmechanische Zusammenhänge

Abweichend von der Vorgehensweise im 1. Kapitel und auch in der späteren Betrachtung wollen wir in der nachfolgenden Analyse zwischen dem Bruttoinlandsprodukt und dem Bruttonationaleinkommen differenzieren. Die im gesamtwirtschaftlichen *Produktionskonto* ausgewiesene *Verwendung des Bruttoinlandsprodukts (BIP)* lautet

1| $BIP = C + I + X - M$,

wobei C die Konsumausgaben, I die Investitionen, X den Exportwert und M den Importwert eines Landes bezeichnen. Das *Bruttonationaleinkommen (BNE)* unterscheidet sich vom BIP um den Saldo der zwischen In- und Ausland geflossenen *Primäreinkommen (PE)*. In der Zahlungsbilanz werden diese als „Erwerbs- und Vermögenseinkommen" verbucht. Damit gilt

2| BNE = BIP + PE.

Angenommen, das Inland sei Nettoempfänger von Primäreinkommen, dann ist PE positiv und das BNE ist größer als das BIP. Um das von den Inländern für Konsum- und Sparzwecke (S) verwendbare Einkommen zu erhalten, ist noch zu berücksichtigen, dass zwischen dem In- und Ausland *laufende* (unentgeltliche) *Übertragungen (LÜ)* stattfinden. Die im gesamtwirtschaftlichen *Einkommenskonto* ausgewiesene *Verwendung des Bruttonationaleinkommens* lautet mithin

3| BNE + LÜ = C + S

Unter der Annahme, das Inland sei Nettozahler von laufenden Übertragungen, ist LÜ negativ, und das verwendbare Einkommen ist kleiner als das BNE. Wenn man nun Gleichung 1| und 2| in Gleichung 3| einsetzt und des Weiteren berücksichtigt, dass zwischen In- und Ausland von Fall zu Fall so genannte *Vermögensübertragungen (VÜ)* stattfinden, ergibt sich das gesamtwirtschaftliche *Vermögensänderungskonto*:

4| S + VÜ = I + X − M + PE + LÜ + VÜ

Wir sehen dieses Konto in vereinfachter Form in Abb. 2.1. Es zeigt, wie sich die ökonomischen Transaktionen der am Wirtschaftsprozess Beteiligten auf das nationale Gesamtvermögen auswirken. Wenn man etwas über die Wohlstandsentwicklung eines Landes erfahren möchte, findet man hier gleichsam eine „Visitenkarte", die erste Aufschlüsse gibt.

Auf der einen Seite dieses Kontos ist die gesamtwirtschaftliche Ersparnis (S), d. h. die Änderung des Reinvermögens, ausgewiesen. Sie kann als Mittelherkunft interpretiert werden. Auf der anderen Seite steht die Mittelverwendung, also die Aussage, in welcher Form das Vermögen gebildet wurde. Dies kann zum einen als Sachvermögensbildung geschehen sein. Eine Erhöhung des gesamtwirtschaftlichen Sachvermögens wird als (Netto-)Investition (I) ausgewiesen.

Ergänzend zu der Darstellung in Abb. 2.1 haben wir auch die Existenz grenzüberschreitender Vermögensübertragungen berücksichtigt. Vermögenswirksame Nettozahlungen an das Ausland schmälern die im Inland verfügbare Ersparnis und damit die Mittel für Investitionen. In diesem Fall ist VÜ negativ.

Als Differenz zwischen der um Vermögensübertragungen bereinigten Ersparnis und der Investition ergibt sich der gesamtwirtschaftliche *Finanzierungssaldo (FS)*, der die Änderung des nationalen Netto-Geldvermögens ausdrückt. Dabei kann es sich um eine Zunahme (Finanzierungsüberschuss) oder um eine Abnahme (Finanzierungsdefizit) handeln. Eine Zunahme (Abnahme) bedeutet, dass die Forderungen im Vergleich zu den Verbindlichkeiten zugenommen (abgenommen) haben. In Gleichungsform geschrieben resultiert aus dem Vermögensänderungskonto eines Landes also folgende *gesamtwirtschaftliche Identität*:

5| $S + V\ddot{U} = I + FS$.

> **Interpretation** In Höhe der um Vermögensübertragungen bereinigten Ersparnis entsteht zusätzliches Volksvermögen, das sich aus dem Zugang an Sachvermögen im Inland sowie der Veränderung des Netto-Geldvermögens zusammensetzt.

Der Finanzierungssaldo lässt sich noch auf eine andere Art und Weise ermitteln. Der gesamtwirtschaftliche Finanzierungssaldo ist nämlich – wie aus obiger Betrachtung ersichtlich – generell das Ergebnis aller Einnahmen (E) und Ausgaben (A) der inländischen Sektoren:

6| $FS = E - A$.

In einer *geschlossenen Volkswirtschaft* – also einer Volkswirtschaft, die keinerlei Außenwirtschaftsbeziehungen unterhält – stehen den Einnahmen (Ausgaben) eines inländischen Sektors immer in gleicher Höhe Ausgaben (Einnahmen) bei der Gesamtheit aller übrigen inländischen Sektoren gegenüber. Der totale Finanzierungssaldo ist daher in einer geschlossenen Volkswirtschaft immer gleich Null. Annahmegemäß gibt es hier auch keine grenzüberschreitenden Vermögensübertragungen. Im Zusammenhang mit der Aussage des Vermögensänderungskontos in Gleichung 5| resultiert daraus

7| $S = I$, da $FS = 0$.

> **Interpretation** In einer geschlossenen Volkswirtschaft ist in jedem Zeitraum die Ersparnis gleich der (Netto-)Investition.

Anders ist es hingegen im Falle einer *offenen Volkswirtschaft* – also einer Volkswirtschaft, die Wirtschaftsbeziehungen mit dem Ausland unterhält. Hier kommt es zu Einnahmen aus dem Ausland bzw. zu Ausgaben an das Ausland. Den Einnahmen (Ausgaben) eines inländischen Sektors müssen deshalb nicht notwendigerweise in gleicher Höhe Ausgaben (Einnahmen) bei der Gesamtheit aller übrigen inländischen Sektoren gegenüberstehen. Der totale Finanzierungssaldo kann von Null verschieden sein, was er in der Regel auch ist. Genauer gesagt, entspricht der Finanzierungssaldo einer offenen Volkswirtschaft der Differenz aller Einnahmen und Ausgaben inländischer Sektoren aus dem bzw. an das Ausland (FSa), so dass FS = FSa. Im Zusammenhang mit der Aussage des Vermögensänderungskontos in Gleichung 5| ergibt sich damit

8| $S + VÜ = I + FSa$.

Interpretation In einer offenen Volkswirtschaft ist in jedem Zeitraum die um Vermögensübertragungen bereinigte Ersparnis gleich der Summe aus (Netto-)Investition und Finanzierungssaldo gegenüber dem Ausland.

Betrachten wir nun die *Zusammensetzung des Finanzierungssaldos* gegenüber dem Ausland: Wie bei der Beschreibung des Wirtschaftskreislaufs erwähnt, entstehen Einnahmen aus dem bzw. Ausgaben an das Ausland aus Exporten (X) bzw. Importen (M) von Waren- und Dienstleistungen, des Weiteren aus Primäreinkommen (PE) sowie laufenden Übertragungen (LÜ). Berücksichtigt man zusätzlich den Saldo der Vermögensübertragungen (VÜ), dann ist $FSa = X - M + PE + LÜ + VÜ$, und es gilt gemäß Gleichung 8|

9| = 4| $S + VÜ = I + X - M + PE + LÜ + VÜ$

Die Differenz zwischen den Ex- und Importen von Waren und Dienstleistungen bezeichnet man als *Außenbeitrag zum Bruttoinlandsprodukt*. Nach Hinzurechnung der Primäreinkommen resultiert der *Außenbeitrag zum Bruttonationaleinkommen*. Zusammen mit den laufenden Übertragungen ergibt sich der *Saldo der Leistungsbilanz*, der sich durch Berücksichtigung der Vermögensübertragungen in den *Finanzierungssaldo* überführen lässt. Entsprechend kann man den Finanzierungssaldo auch als Saldo der um Vermögensübertragungen korrigierten Leistungsbilanz begreifen.

Gemäß Gleichung 8| setzt ein positiver Finanzierungssaldo offenbar voraus, dass im Inland mehr gespart als investiert wird (wenn man einmal von Vermögensübertragungen absieht).

Diese Aussage lässt sich weiter präzisieren, wenn Ersparnis und Investition in ihre privaten und staatlichen „Einzelteile" zerlegt werden. Zur Vereinfachung sei dabei die Größe (S + VÜ) als S' bezeichnet. Gleichung 8| lässt sich dann schreiben als

10| S'pr + S'st - Ipr - Ist = FSa,

wobei die Indizes „pr" und „st" die privaten bzw. staatlichen Komponenten bezeichnen. S'pr setzt sich aus der (bereinigten) Ersparnis der privaten Haushalte und Unternehmen zusammen. Ipr entspricht der (Netto-)Investition der privaten Unternehmen. Die Differenz aus der staatlichen (bereinigten) Ersparnis und den staatlichen Investitionen wird als Budgetsaldo (BS) bezeichnet. Es handelt sich hierbei um den Finanzierungssaldo des Staates, d.h. – grob gesprochen – um die Differenz zwischen den Steuereinnahmen und den Staatsausgaben. Unter Berücksichtigung dieses Zusammenhangs ergibt sich

11| S'pr - Ipr + BS = FSa.

> **Interpretation** Der Finanzierungssaldo eines Landes entspricht der Summe aus dem Überschuss der privaten (bereinigten) Ersparnis über die privaten Investitionen und dem (staatlichen) Budgetsaldo.

Anders ausgedrückt, ist der Budgetsaldo des Staates also neben dem Spar- und Investitionsverhalten des Privatsektors eine ganz entscheidende Determinante des Finanzierungssaldos eines Landes. Diese Erkenntnis folgt aus der volkswirtschaftlichen Saldenmechanik. Sie ist wirtschaftspolitisch von großer Bedeutung.

2.3 Die gesamtwirtschaftliche Finanzierungsgleichung

In einem letzten Schritt soll nun noch etwas näher auf das Wesen des oben betrachteten Finanzierungssaldos eingegangen werden. Der Finanzierungssaldo entspricht der Differenz aller Einnahmen und Ausgaben der Inländer aus den Beziehungen mit dem Ausland. Ein Finanzierungsüberschuss bedeutet, dass das Inland (per Saldo) Forderungen gegenüber dem Ausland erworben hat. Ein Finanzierungsdefizit bedeutet, dass das Inland (per Saldo) Verbindlichkeiten gegenüber dem Ausland eingegangen ist.

Im ersten Fall spricht man von *Netto-Kapitalexporten*, im zweiten von *Netto-Kapitalimporten*. Die zugrunde liegenden Kapitalflüsse bilden den *Saldo der Kapitalverkehrsbilanz* („unterer" Teil der Zahlungsbilanz). Dabei ist zu bedenken, dass Kapitalexporte für sich allein genommen mit Geldabflüssen (Geldanlage im Ausland) und

Kapitalimporte für sich allein genommen mit Geldzuflüssen (Geldaufnahme im Ausland) verbunden sind. Aus diesen Überlegungen lassen sich einige wichtige Schlussfolgerungen ziehen: Der Finanzierungssaldo ist dem Betrage nach gleich dem Saldo der Kapitalverkehrsbilanz. Es gilt

12| $FSa = -K.$

Hierbei bezeichnet die Größe K den Nettokapitalverkehr (Kapitalimporte minus Kapitalexporte) der privaten Haushalte, Unternehmen (einschließlich Geschäftsbanken) und des Staates, zuzüglich der Veränderung der Netto-Auslandsaktiva der Zentralbank.

Ein positiver Finanzierungssaldo bedeutet immer, dass K negativ ist. In diesem Fall kommt es also zu *Netto-Kapitalexporten*. Ein negativer Finanzierungssaldo bedeutet immer, dass K positiv ist, d. h. es kommt zu *Netto-Kapitalimporten*.

Interpretation Ein Finanzierungsüberschuss des Inlandes „geht" als Netto-Kapitalexport ins Ausland und dient dort der Finanzierung des korrespondierenden Defizits. Aus der Sicht des Auslands muss dessen Finanzierungsdefizit gegenüber dem Inland durch Netto-Kapitalimporte gedeckt werden. Entsprechend umgekehrt kann im Fall eines inländischen Finanzierungsdefizits argumentiert werden.

Netto-Kapitalexporte (Netto-Kapitalimporte) besagen ihrerseits, dass das Netto-Auslandsvermögen des Inlandes in der betrachteten Periode zugenommen (abgenommen) hat, d. h. die so genannte *Netto-Auslandsposition* der Inländer hat sich verbessert (verschlechtert). Demzufolge ist also eine Netto-Gläubigerposition (Netto-Schuldnerposition) das Ergebnis von über die Zeit hinweg kumulierten Finanzierungsüberschüssen (-defiziten) des betreffenden Landes.

Des Weiteren kann Gleichung 12| in Gleichung 8| eingesetzt werden, so dass gilt

13| $S + VÜ = I - K.$

Interpretation In Höhe der (bereinigten) volkswirtschaftlichen Ersparnis entsteht zusätzliches Volksvermögen, das sich aus dem Zugang an Sachvermögen im Inland (inländische Netto-Investitionen) sowie der Veränderung des Netto-Auslandsvermögens zusammensetzt.

Gleichung 13| können wir als „gesamtwirtschaftliche Finanzierungsgleichung" einer offenen Volkswirtschaft bezeichnen.

3 Die Zahlungsbilanz als Dokumentationsinstrument internationaler Transaktionen

Die *Zahlungsbilanz* erfasst alle wirtschaftlichen Transaktionen zwischen In- und Ausländern für eine abgelaufene Periode. Als Inländer gelten dabei alle natürlichen Personen mit ständigem Wohnsitz im Inland sowie im Inland ansässige Unternehmen. Ausnahmen bilden Angehörige ausländischer Streitkräfte und diplomatischer Vertretungen, die im Sinne der Zahlungsbilanzstatistik nicht als Inländer gelten. Im Gegensatz zu anderen Bilanzen werden in der Zahlungsbilanz *Stromgrößen* (und Bestandsänderungsgrößen), aber nicht Bestandsgrößen erfasst. Dem entspricht die Einteilung der Zahlungsbilanzkonten in eine Soll- und eine Habenseite. Der Begriff Zahlungsbilanz erscheint deshalb missverständlich. Die Zahlungsbilanz untergliedert sich in verschiedene Teilbilanzen. In Tabelle 3.1 werden die Zahlungsbilanzsalden als Ergebnis von Soll- und Haben-Buchungen dargestellt. Tatsächlich werden die Salden nicht durch Buchungen auf Konten, sondern in Staffelform ermittelt. Die Kontendarstellung dient der Veranschaulichung. Wir haben uns entschieden, die Warenausfuhren in der Handelsbilanz analog zu den Umsatzerlösen im betrieblichen Rechnungswesen auf der Habenseite darzustellen. Für die übrigen Zuordnungen ergibt sich daraus, dass in den Teilbilanzen der Leistungsbilanz alle „Einnahmen" auf der Habenseite und alle „Ausgaben" auf der Sollseite erfasst werden. In den Teilbilanzen der Kapitalbilanz verhält es sich dann genau umgekehrt. In manchen Lehrbüchern wird die Zuordnung entgegengesetzt vorgenommen. Letztlich ist dies inhaltlich ohne jede Bedeutung. Es betrifft nur die Frage, welche formale Darstellung didaktisch geeignet erscheint. Die ermittelten Salden ergeben sich ohnehin unabhängig von der Zuordnung zu „Soll" und „Haben".

3.1 Leistungsbilanz und Finanzierungssaldo

In der *Handelsbilanz* werden die Ex- und Importe von Waren, zum Beispiel Autos, erfasst. Der Handelsbilanzsaldo gibt darüber Auskunft, ob ein Land von anderen Ländern wertmäßig mehr Waren importiert oder dorthin exportiert hat. In der *Dienstleistungsbilanz* werden Ex- und Importe von Dienstleistungen verbucht. In dieser Teilbilanz werden beispielsweise die mit dem Tourismus verbundenen Einnahmen und Ausgaben, die Zahlungen an militärische Dienststellen sowie der Verkauf von Patenten registriert. Die Zusammenfassung der Salden aus Handels- und Dienstleistungsbilanz führt zum *Außenbeitrag zum Bruttoinlandsprodukt*.

Die an das Ausland geleisteten Erwerbs- und Vermögenseinkommen bzw. die vom Ausland empfangenen Erwerbs- und Vermögenseinkommen werden in der Bilanz der

Erwerbs- und Vermögenseinkommen verbucht. Hierzu zählen Zinsen, Gewinne und Löhne, die Inländer im Ausland oder Ausländer im Inland erhalten haben.

Die Zusammenfassung der Salden aus Handels- und Dienstleistungsbilanz sowie dem Saldo der Bilanz der Erwerbs- und Vermögenseinkommen ergibt den *Außenbeitrag zum Bruttonationaleinkommen*.

Unterbilanzen	Sollseite	Habenseite	Salden
1. Außenhandel	Wareneinfuhr	Warenausfuhr	
2. Dienstleistungen	Ausgaben	Einnahmen	Außenbeitrag zum BIP
3. Erwerbs- und Vermögenseinkommen	Ausgaben	Einnahmen	Außenbeitrag zum BNE
4. laufende Übertragungen	geleistete Übertragungen	empfangene Übertragungen	Saldo der Leistungsbilanz
5. Vermögens-übertragungen	geleistete Übertragungen	empfangene Übertragungen	Finanzierungssaldo = Saldo der korrigierten Leistungsbilanz
6. Direktinvestitionen	Kapitalausfuhr	Kapitaleinfuhr	
7. Wertpapieranlagen	Kapitalausfuhr	Kapitaleinfuhr	
8. übriger Kapitalverkehr (lang und kurzfristig)	Kapitalausfuhr	Kapitaleinfuhr	Saldo der Kapitalbilanz (i.e.S.)
9. Restposten	Saldo aus nicht aufgliederbaren Transaktionen		Saldo der Gesamtbilanz
10. Netto-Auslandsposition der Zentralbank	Veränderung der Netto-Auslandsaktiva der Zentralbank (Zunahme: + Abnahme: -)		Saldo der Devisenbilanz

Tab. 3.1: Die Zahlungsbilanz und ihre Teilbilanzen

In der Übertragungsbilanz werden alle laufenden Übertragungen erfasst. Solche liegen vor, wenn für eine erbrachte Leistung keine Gegenleistung erfolgt. Dazu gehören zum Beispiel Beiträge an internationale Organisationen, Überweisungen von Gastarbeitern in ihre Heimatländer und Entwicklungshilfeleistungen.

Fasst man die Salden der Handels- und Dienstleistungsbilanz, der Bilanz der Erwerbs- und Vermögenseinkommen sowie der Übertragungsbilanz zusammen, so erhält man den *Saldo der Leistungsbilanz*. Der Saldo der Leistungsbilanz liefert Informationen über die grenzüberschreitenden Transaktionen, die Einfluss auf das laufende Einkommen der Volkswirtschaft haben.

Die Vermögensübertragungen werden gesondert in der Bilanz der Vermögensübertragungen ausgewiesen. Im Unterschied zu den laufenden Übertragungen handelt es sich bei den Vermögensübertragungen um Übertragungen, die von einem der Beteiligten als einmalig betrachtet werden. (Beispiel: Wiederaufbauhilfe für kriegsgeschädigte Staaten).

Addiert man zum Leistungsbilanzsaldo den Saldo der Vermögensübertragungen, dann ergibt sich der *gesamtwirtschaftliche Finanzierungssaldo*. Man spricht auch vom Saldo der korrigierten Leistungsbilanz. Er spiegelt die Entwicklung des Nettoauslandsvermögens der Volkswirtschaft wider. Ist der Finanzierungssaldo positiv, so nimmt das Nettoauslandsvermögen zu, ist der Finanzierungssaldo negativ, so nimmt das Nettoauslandsvermögen ab.

3.2 Die Bestandteile der Kapitalbilanz

In der Kapitalbilanz werden die Veränderungen von Forderungen bzw. Verbindlichkeiten des Inlands gegenüber dem Ausland erfasst. Die Veränderungen der Forderungen und der Verbindlichkeiten der Zentralbank gegenüber dem Ausland beeinflussen die Geldmenge in dem betrachteten Land. Aus diesem Grund wird für die Zentralbank eine eigene Kapitalbilanz, die so genannte *Devisenbilanz*, geführt. Die Kapitalbilanz ohne die Auslandstransaktionen der Zentralbank wird als *Kapitalbilanz im engeren Sinn* bezeichnet. Die Kapitalbilanz im engeren Sinn und die Devisenbilanz ergeben (einschl. der ungeklärten Restposten) die *Kapitalbilanz im weiteren Sinn*. In der Praxis sind die Begriffe Kapitalbilanz im engeren und im weiteren Sinn kaum gebräuchlich. Wenn man von der Kapitalbilanz spricht, ist stets die Kapitalbilanz im engeren Sinn gemeint.

Die Kapitalbilanz im engeren Sinn wird nach funktionalen Gesichtspunkten in Direktinvestitionen, Wertpapieranlagen, Kapitalverkehr und sonstige Transaktionen unterteilt.

Ist der Saldo der Kapitalbilanz negativ, so liegt ein *Nettokapitalexport* (Kapitalbilanzdefizit) vor, das heißt, es ist mehr Kapital aus dem Inland abgeflossen als in das Inland hineingeflossen ist. Netto wurde somit ein Kredit an das Ausland vergeben. Dadurch sind die inländischen Forderungen gegenüber dem Ausland gestiegen. Ist der Saldo der Kapitalbilanz positiv, so spricht man von einem *Nettokapitalimport* (Kapitalbilanzüberschuss). In diesem Falle ist netto mehr Kapital aus dem Ausland in das Inland hineingeflossen als Kapital aus dem Inland abgeflossen ist. Das Inland hat also netto einen Kredit im Ausland aufgenommen. Dadurch haben sich die inländischen Verbindlichkeiten gegenüber dem Ausland erhöht.

Aus der Zusammenfassung des Finanzierungssaldos mit dem Kapitalverkehr außerhalb der Zentralbank sowie den Restposten resultiert der *Saldo der Gesamtbilanz*. Ist dieser von Null verschieden, so erfolgt der Ausgleich durch den *Saldo der Devisenbilanz*, der die Veränderung der Netto-Auslandsposition der Zentralbank beinhaltet.

3.3 Die Bilanz der ungeklärten Restposten

Der Großteil der in der Zahlungsbilanz aufgeführten Transaktionen ist nur schwer zu erfassen. In der Praxis werden die Teilbilanzen der Zahlungsbilanz unabhängig voneinander aufgestellt. Sie entstammen aus unterschiedlichen Sekundärstatistiken. Im Warenverkehr liefern Zollunterlagen Informationen, während im Zahlungsverkehr die Kreditinstitute an bestimmte Meldepflichten gebunden sind.

Vor allem der Bereich der Dienstleistungen lässt sich nur schwer exakt erfassen. Beispielsweise kann man die im Auslandstourismus erworbenen Dienstleistungen häufig nur näherungsweise anhand von eingelösten Reiseschecks oder über Veränderungen der Bestände an ausländischem Bargeld bei den Kreditinstituten abschätzen. Ähnlich verhält es sich bei Lieferantenkrediten an das Ausland. Diese werden als solche kurzfristig nicht registriert und fehlen in den vorläufigen Jahresabschlüssen der Zahlungsbilanz. In einigen anderen Bereichen liegen überhaupt keine exakten Daten vor. Es können nur Schätzungen vorgenommen werden. Hierzu zählen die Kapitalerträge aus dem Ausland und die Finanztransfers von Gastarbeitern.

Aufgrund der getrennten Erfassung der Teilbilanzen und der angeführten Probleme addieren sich die Salden der Teilbilanzen nicht zu Null. Größen, die statistisch nicht aufgliederbar sind, werden unter der Position *statistisch nicht aufgliederbare Restposten* in der Zahlungsbilanz verbucht.

3.4 Die Devisenbilanz

Die Veränderung der Netto-Auslandsposition der Zentralbank reflektiert alle Transaktionen der Währungsbehörde. Es handelt sich dabei hauptsächlich um Devisenkäufe bzw. -verkäufe, weiterhin um grenzüberschreitende Zahlungen in Verbindung mit Transaktionen des öffentlichen Sektors sowie um Kreditwährungen und -aufnahmen an das bzw. aus dem Ausland. Eine Zunahme (Abnahme) der Netto-Auslandsaktiva bedeutet, dass sich die Forderungen der Zentralbank gegenüber dem Ausland im Vergleich zu den bestehenden Verbindlichkeiten erhöht (vermindert) haben.

Wie erwähnt entspricht der Saldo der Devisenbilanz betragsmäßig genau dem Saldo der Gesamtbilanz. Man kann dies präzisieren: Ein in der Gesamtbilanz registrierter Saldo wird durch einen gegenläufigen Saldo bei der Veränderung der Netto-Auslandsaktiva der Zentralbank, speziell bei den Devisenbewegungen, ausgeglichen. Das bedeutet, der Devisenbilanzsaldo reflektiert die in der betreffenden Periode entstandene Diskrepanz zwischen den (früher oder später) mit Zahlungseingängen verbundenen Güterexporten, empfangenen Übertragungen und Kapitalimporten einerseits und den (früher oder später) mit Zahlungsausgängen verbundenen Güterimporten, geleisteten Übertragungen und Kapitalexporten andererseits. Diese Diskrepanz entspricht exakt dem Unterschied zwischen Devisenangebot und Devisennachfrage aller Marktteilnehmer außer der Zentralbank.

Ist der Saldo der Gesamtbilanz positiv, so war offensichtlich das „marktmäßige" Devisenangebot größer als die „marktmäßige" Devisennachfrage. Dem entspricht ein (auf der Habenseite gedachter) negativer Saldo der Devisenbilanz, also eine Zunahme der Netto-Auslandsaktiva der Zentralbank. Eine Zunahme der Netto-Auslandsaktiva ist gleichzusetzen mit einem Devisenbilanzüberschuss, was bedeutet, dass die Zentralbank zur Stützung der Auslandswährung mehr Devisen angekauft als verkauft hat. Umgekehrt weist ein negativer Saldo der Gesamtbilanz darauf hin, dass das „marktmäßige" Devisenangebot kleiner war als die „marktmäßige" Devisennachfrage. Dem entspricht ein (auf der Habenseite gedachter) positiver Saldo der Devisenbilanz, also eine Abnahme der Netto-Auslandsaktiva der Zentralbank. Dies ist gleichzusetzen mit einem Devisenbilanzdefizit und bedeutet, dass die Zentralbank zur Stützung der Inlandswährung mehr Devisen verkauft als angekauft hat.

Diese Ausführungen machen deutlich, dass anhand der Devisenbilanz erkennbar wird, ob eventuell Ungleichgewichte am Devisenmarkt aufgetreten sind. Es kann somit beurteilt werden, ob eine Währung unter Auf- oder Abwertungsdruck gestanden hat bzw. steht. Auf die ökonomische Bedeutung der hier angesprochenen *Interventionen am Devisenmarkt* werden wir unten noch näher eingehen.

3.5 Der statistische Ausgleich der Zahlungsbilanz

Die Zahlungsbilanz ist definitionsgemäß immer ausgeglichen, da jeder Buchung nach dem Prinzip der doppelten Buchführung eine Gegenbuchung gegenübersteht. Wenn von Zahlungsbilanzdefiziten bzw. -überschüssen die Rede ist, sind daher Teilbilanzen bzw. Kombinationen von Teilbilanzen der Zahlungsbilanz gemeint. Vernachlässigt man die statistisch nicht aufgliederbaren Restposten, dann entspricht der Finanzierungssaldo dem Saldo der Kapitalbilanz im weiteren Sinn mit umgekehrtem Vorzeichen. Der Saldo der Kapitalbilanz im weiteren Sinn und der Finanzierungssaldo liefern die gleichen Informationen über das Niveau der Veränderung der Nettoauslandsforderungen. Ein positiver Finanzierungssaldo bzw. ein negativer Saldo der Kapitalbilanz im weiteren Sinn weist darauf hin, dass sich das Nettoauslandsvermögen erhöht hat. Ein negativer Finanzierungssaldo bzw. ein positiver Kapitalbilanzsaldo zeigt eine Abnahme des Nettoauslandsvermögens an.

Der Finanzierungssaldo gibt darüber hinaus Auskunft, durch welche Transaktionen sich das Nettoauslandsvermögen verändert hat, während die Kapitalbilanz Informationen enthält, in welcher Form und von wem das zusätzliche Auslandsvermögen gehalten wird bzw. wer die Verbindlichkeiten in welcher Form eingegangen ist. Der Finanzierungssaldo und die Kapitalbilanz betrachten somit die gleiche Medaille von der jeweils anderen Seite.

Der Finanzierungssaldo (FS), die Salden der Kapitalbilanz im engeren Sinn (KB) und der Devisenbilanz (DB) addieren sich stets zu Null:

1| FS + KB + DB= 0 bzw.

2| FS + KB= -DB

Der Devisenbilanzsaldo spiegelt das Endergebnis aller ökonomischen Transaktionen zwischen Inländern und Ausländern wider. Die Devisenbilanz muss daher mit umgekehrtem Vorzeichen den gleichen Saldo aufweisen wie die Summe aus Finanzierungssaldo und Kapitalbilanzsaldo im engeren Sinn. Ist die Summe aus Finanzierungs- und Kapitalbilanzsaldo im engeren Sinn positiv, so ist der Devisenbilanzsaldo negativ. In dieser Situation besteht, wie beschrieben, ein Überschussangebot an Devisen am Devisenmarkt, dem die Zentralbank mit Devisenkäufen und Kreditgewährung an das Ausland begegnen muss. Die Devisenbestände der Zentralbank (= Netto-Auslandsaktive) nehmen zu:

3| FS + KB > 0 bzw. DB < 0

Ist dagegen die Summe aus Finanzierungs- und Kapitalbilanzsaldo negativ, nimmt der Devisenbilanzsaldo einen positiven Wert an. Die damit einhergehende Überschussnachfrage nach Devisen am Devisenmarkt wird von der Zentralbank durch Kreditaufnahme im Ausland und Devisenverkäufe aufgefangen. Dadurch sinken die Devisenreserven (Netto-Auslandsaktive) der Zentralbank:

4| FS + KB < 0 bzw. DB > 0

3.6 Abwicklung des internationalen Zahlungs- und Kreditverkehrs

Die mit grenzüberschreitenden Transaktionen verbundenen Zahlungsvorgänge zwischen In- und Ausland werden typischerweise über das internationale Korrespondenzbankensystem abgewickelt (siehe Abb. 3.1). Geschäftsbanken unterhalten nämlich bei Partnerbanken im Ausland so genannte Währungskonten in der jeweiligen Fremdwährung. Nehmen wir als Beispiel einen Warenexport von Deutschland in die USA:

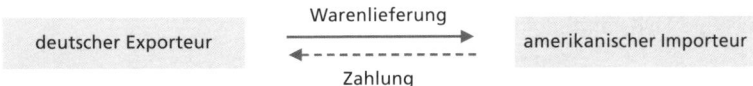

Erfolgt die Rechnungsstellung (Fakturierung) in der Währung des exportierenden Landes, so wird das Währungskonto der Bank des Importeurs (in den USA) bei der Bank des Exporteurs (oder einer weiteren zwischengeschalteten Bank) belastet. Aus der Sicht des exportierenden Landes bedeutet dies einen negativen kurzfristigen Kapitalimport. Denn seine kurzfristigen Auslandsverbindlichkeiten – nichts anderes sind aus seiner Sicht die Währungsguthaben ausländischer Banken – gehen zurück. Aus der Sicht des importierenden Landes entspricht die Zahlung einem negativen kurzfristigen Kapitalexport, da seine (kurzfristigen) Auslandsforderungen sinken. Die Bank des Importeurs belastet den Rechnungsbetrag ihrerseits dem bei ihr geführten Konto des Auftraggebers, während die Bank des Exporteurs das Konto ihres Kunden erkennt (also ihm den Betrag gutschreibt).

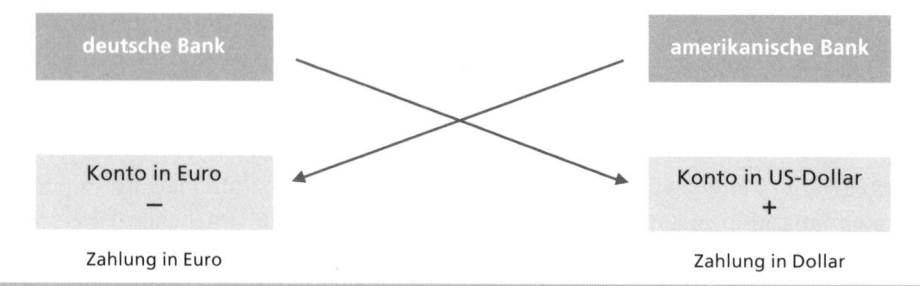

Abb. 3.1: Zahlungsabwicklung über Korrespondenzbanken

Bei einer Fakturierung in der Währung des importierenden Landes wird der Rechnungsbetrag dem Währungskonto der Bank des Exporteurs bei der Bank des Importeurs (oder einer weiteren zwischen geschalteten Bank) gutgeschrieben. Aus der Sicht des exportierenden Landes bedeutet dies einen positiven kurzfristigen Kapitalexport: Seine Auslandsforderungen steigen. Das importierende Land verzeichnet entsprechend einen positiven kurzfristigen Kapitalimport: Seine Auslandsverbindlichkeiten nehmen zu.

Die (buchungsmäßig) gleiche Situation liegt übrigens vor, wenn das Warenexportgeschäft auf Kreditbasis abgewickelt wird, wobei es sich aber je nach vereinbarter Fristigkeit des Kredits auch um einen langfristigen Kapitalexport bzw. (aus der Sicht des Importlandes) um einen langfristigen Kapitalimport handeln kann. Selbstverständlich kann die Fakturierung auch auf eine dritte Währung lauten, die weder die Währung des exportierenden noch die des importierenden Landes ist. Zur Abwicklung des Zahlungsverkehrs wird in solchen Fällen normalerweise eine in dem entsprechenden Währungsgebiet ansässige Drittlandbank eingeschaltet.

> Alle betrachteten Fälle der Zahlungsabwicklung zeigen, dass der jeweilige Bestand an Zentralbankgeld in den beteiligten Ländern (die Geldbasis) unverändert bleibt. Man kann sagen: Die Inlandswährung bleibt im Inland und die Auslandswährung bleibt im Ausland.

Ex- und Importgeschäfte werden zum einen in der Leistungsbilanz verbucht. Die damit verbundenen Zahlungs- bzw. Kreditströme werden – wie oben beschrieben – in der Kapitalbilanz erfasst. Daneben gibt es *Finanztransaktionen*. Diese werden nur in der Kapitalbilanz verbucht (zweimal). Betrachten wir beispielsweise einmal den Erwerb einer ausländischen Industrieobligation:

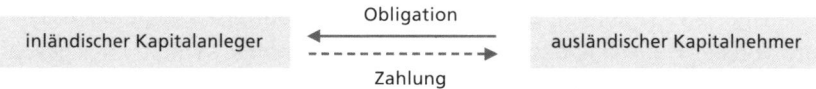

Es steigen die längerfristigen Auslandsforderungen des Kapitalanlegerlandes. Dem entgegen steht ein wertgleicher Forderungsstrom (Zahlungsstrom durch Abgabe von Devisen zum Kauf der Vermögenstitel). Dadurch sinken die kurzfristigen Auslandsforderungen des Kapitalanlegerlandes. Anders ausgedrückt, verzeichnet das Kapitalanlegerland gleichzeitig einen positiven langfristigen und einen negativen kurzfristigen Kapitalexport. Die Zahlungsabwicklung erfolgt, wie oben beschrieben, über Währungskonten. Das erläuterte Korrespondenzbankensystem gelangt überwiegend bei der Abwicklung des internationalen Zahlungsverkehrs zwischen den Ländern der Europäischen Währungsunion (EWU) und Drittländern zur Anwendung. Innerhalb der EWU existieren moderne grenzüberschreitende Zahlungsverkehrssysteme, die ständig weiterentwickelt werden.

3.7 Zahlungsbilanzbuchungen

Nachfolgend wird die Verbuchung von Zahlungsbilanztransaktionen anhand einiger konkreter Beispiele näher erläutert.

Beispiel 1
Ein deutscher Exporteur liefert Waren im Wert von 1 Million Euro in die USA und räumt dem Abnehmer ein Zahlungsziel von drei Monaten ein. Die Gewährung von Handelskrediten wird in der Bilanz des übrigen Kapitalverkehrs als Kapitalexport auf der Sollseite erfasst, und es ergeben sich folgende Buchungen:

Soll	Handelsbilanz		Haben
		Warenexporte	1 Mill.

Soll	Kapitalbilanz (übriger Kapitalverkehr)		Haben
gewährte Handelskredite (Zunahme: +)	+ 1 Mill.		

Lassen sich die Kredite nur mit zeitlicher Verzögerung statistisch erfassen, so erscheint die Gegenbuchung zu den Warenexporten vorübergehend in der Bilanz der ungeklärten Restposten (auf der Sollseite).

Beispiel 2

Ein deutscher Importeur hat an eine Reederei in Taiwan Rechnungen für erbrachte Schiffstransporte in Höhe von 30 Millionen Taiwan-Dollar zu begleichen. Die Bezahlung wird von der Hausbank des deutschen Importeurs abgewickelt. Dies geschieht, indem die Bank eine Korrespondenzbank in Taiwan, bei der sie ein Währungskonto in Taiwan-Dollar unterhält, beauftragt, zu Lasten ihres (vorher ausgeglichenen) Girokontos 30 Millionen Taiwan-Dollar an den taiwanesischen Reeder zu überweisen. Zahlungsbilanzwirksam sind hierbei zwei Vorgänge: Der Import der Transportleistung des deutschen Unternehmens, der in der Dienstleistungsbilanz zu berücksichtigen ist, und die Zunahme der Taiwan-Dollar (TWD)-Verbindlichkeiten der deutschen Hausbank bei der taiwanesischen Korrespondenzbank. Bei einem Wechselkurs von 30 TWD/Euro ergeben sich folgende in Euro ausgedrückte Bewegungen in der Zahlungsbilanz:

Soll	Dienstleistungsbilanz	Haben
Dienstleistungsimporte	1 Mill.	

Soll	Kapitalbilanz (übriger Kapitalverkehr)	Haben
	Verbindlichkeiten gegenüber dem Ausland (Zunahme: +)	+ 1 Mill.

Wenn der Währungskontobestand ausreichend groß ist, dann wird die Bezahlung als negativer Kapitalexport (Abnahme der Forderungen gegenüber dem Ausland) auf der Sollseite der Kapitalbilanz verbucht. Erfolgt die Bezahlung in heimischer Währung (Euro) durch Überweisung auf ein Euro-Konto des taiwanesischen Partners bzw. dessen Bank in Deutschland, so erscheint die Buchung ebenfalls als positiver Kapitalimport auf der Habenseite. Denn die Euro-Guthaben des Auslands stellen aus deutscher Sicht Verbindlichkeiten gegenüber dem Ausland dar.

Beispiel 3

Der deutsche Staat entrichtet Finanzbeiträge an die EU in Höhe von 5 Millionen Euro. Die Bundesbank (als Hausbank des Staates) führt die Zahlung durch, indem sie das Zentralbankkonto des Bundes in Höhe dieses Betrags belastet und die Summe aus ihrem Devisenbestand überweist. In der Zahlungsbilanz werden folgende Buchungen vorgenommen:

Soll	Übertragungsbilanz		Haben
geleistete Übertragungen	5 Mrd.		

Soll	Devisenbilanz		Haben
Veränderung der Nettoauslandsaktiva (Abnahme: -)	- 5 Mrd.		

Beispiel 4

Ein deutsches Unternehmen kauft Aktien eines amerikanischen Konzerns und zahlt dafür 2 Millionen US-Dollar (= 2 Millionen Euro). Die Überweisung wird wie im Beispiel 2 abgewickelt, so dass die Buchungen lauten:

Soll	Kapitalbilanz (Wertpapieranlagen)		Haben
Anlagen im Ausland (Zunahme: +)	+ 2 Mill.		

Soll	Kapitalverkehr (übriger Kapitalverkehr)		Haben
		Verbindlichkeiten gegenüber dem Ausland (Zunahme: +)	+ 2 Mill.

Erwirbt das deutsche Unternehmen durch den Aktienkauf eine maßgebliche Beteiligung an der US-Firma (mindestens 10 Prozent), so erfolgt die Buchung statt bei Wertpapieranlagen unter der Rubrik Direktinvestitionen. Dasselbe gilt für einen Unternehmenskauf bzw. die Gründung von Tochtergesellschaften oder Niederlassungen im Ausland.

Beispiel 5

Die Europäische Zentralbank erwirbt von deutschen Banken täglich fällige Dollarforderungen an ausländische Banken (also Devisen) im Umfang von 4 Milliarden US-Dollar (= 4 Milliarden Euro). Da inländische Banken Auslandsforderungen verlieren (gegen den Erhalt von heimischer Währung), ergibt sich ein negativer Kapitalexport. Außerdem wird die Devisenbilanz berührt:

Soll	Kapitalbilanz (übriger Kapitalverkehr)		Haben
Forderungen ggü. dem Ausland (Abnahme: -)	- 4 Mrd.		

Soll	Devisenbilanz		Haben
Veränderung der Nettoauslandsaktiva (Zunahme: +)	+ 4 Mrd.		

Offenbar werden Devisenmarktinterventionen der Zentralbank immer in der Zahlungsbilanz verbucht, auch wenn die Transaktionen zwischen Inländern (Zentralbank und Geschäftsbanken) stattfinden.

3.8 Die besondere Bedeutung des Außenbeitrags und des Devisenbilanzsaldos

Unter den bisher besprochenen Zahlungsbilanzsalden kommt vor allem dem Außenbeitrag und dem Devisenbilanzsaldo besondere ökonomische Bedeutung zu. Diese zu kennen, ist entscheidend für das Verständnis der internationalen Wirtschaftszusammenhänge, wie sie vor allem im zweiten und dritten Teil behandelt werden.

3.8.1 Bedeutung des Außenbeitrags

Der *Außenbeitrag* ist definiert als aggregierter Saldo der Handels- und Dienstleistungsbilanz. Genau genommen ist dies der Außenbeitrag zum Bruttoinlandsprodukt. Nach Hinzurechnung der Erwerbs- und Vermögenseinkommen ergibt sich der Außenbeitrag zum Bruttonationaleinkommen (siehe Kapitel 2.2). Eine solche Unterscheidung ist indes für unsere weiteren Betrachtungen nicht relevant, so dass wir im Folgenden nur noch vom „Außenbeitrag" sprechen und insofern auch nicht zwischen Nationaleinkommen und Inlandsprodukt differenzieren werden.

Der Außenbeitrag (auch: Nettoexport) ist – neben der Inlandsnachfrage – die zweite Komponente der volkswirtschaftlichen Gesamtnachfrage und in dieser Eigenschaft ein wesentlicher Bestimmungsfaktor des Inlandsprodukts. Der Zusammenhang lässt sich unmittelbar aus dem gesamtwirtschaftlichen Produktionskonto eines Landes ablesen, wobei es ausreicht, die Verwendungsseite der produzierten Güter zu betrachten. Es ist darauf hinzuweisen, dass es sich hier um nominale Größen handelt.

Abbildung 3.2 macht den Zusammenhang zwischen dem Außenbeitrag eines Landes und dem Inlandsprodukt deutlich: Steigt (sinkt) der Außenbeitrag, dann steigt (sinkt) das Inlandsprodukt, wenn die Inlandsnachfrage unverändert bleibt. Die Entwicklung des Außenbeitrags ist deshalb vor allem aus konjunkturpolitischer Sicht bedeutsam.

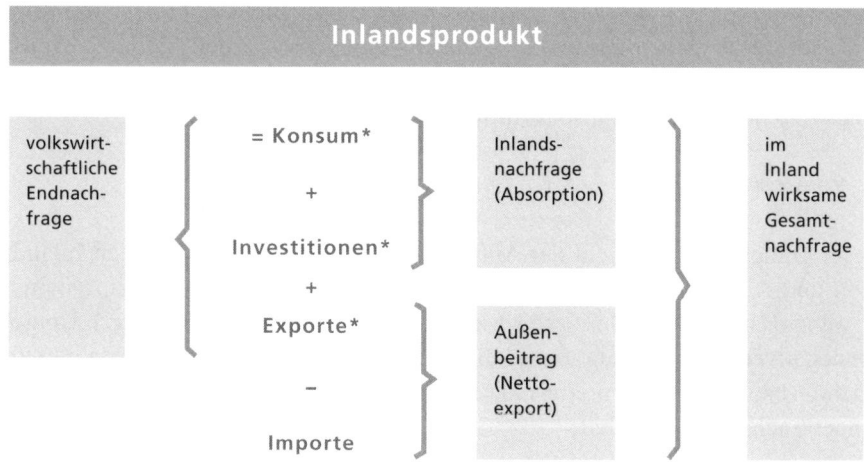

*einschl. der Importanteile

Abb. 3.2: Verwendung des Inlandsprodukts

Diese Darstellung ermöglicht indes weitere Schlussfolgerungen. Schreibt man die Verwendungsseite des Inlandsprodukts in Gleichungsform, so ergibt sich folgende Identität:

5| $Y = C + I + X - M.$

In dieser Gleichung bezeichnet Y das Inlandsprodukt zu Marktpreisen, C die Summe aus privatem und staatlichem Konsum, I die Summe aus privater und staatlicher Investition und X - M den Außenbeitrag als Differenz zwischen den Exporten (X) und den Importen (M).

Die Summe aus C, I und X bezeichnet man als volkswirtschaftliche Endnachfrage. Aus Abb. 3.2 geht hervor, dass dieses Aggregat offenbar bereits alle importierten Güter einschließt, wobei die Importe entweder direkt oder nach Verarbeitung im inländischen Produktionsprozess angeboten werden. Um den Wert der heimischen Produktion zu erhalten, sind die Importe deshalb von der Endnachfrage insgesamt zu subtrahieren. In diesem Zusammenhang macht die Umformung von Gleichung 5| zu

6| $Y + M = C + I + X$

deutlich, dass in einer Volkswirtschaft jeweils nur soviel konsumiert, investiert oder exportiert werden kann, wie an Gütern aus der eigenen Produktion (Y) und Importen (M) vorhanden ist.

Um das Wesen speziell des Außenbeitrags näher auszuleuchten, können die Konsum- und Investitionsausgaben der Inländer zusammengefasst werden. Dadurch ergibt sich die Inlandsnachfrage, die auch als *Absorption* (A) bezeichnet wird. Setzt man dieses Aggregat in Gleichung 6| ein, so resultiert

7| Y - A = X - M.

In dieser Gleichung entspricht der Außenbeitrag der Differenz zwischen Inlandsproduktion und Absorption. Das bedeutet, dass der Außenbeitrag nur dann positiv sein kann, wenn das Inlandsprodukt größer ist als die Absorption (der Inländer). Umgekehrt ist ein negativer Außenbeitrag immer die Folge davon, dass das Inlandsprodukt kleiner ist als die Absorption. Interpretiert man Gleichung 7| von „rechts nach links", so wird folgender Sachverhalt sichtbar:

> Ein positiver Wert des Außenbeitrags – also ein Exportüberschuss – ist stets damit verbunden, dass das Inland auf die Absorption eines Teils der heimischen Produktion verzichtet. Ein negativer Wert des Außenbeitrags – also ein Importüberschuss – zeigt umgekehrt, dass das Inland mehr absorbiert als es selbst an Gütern produziert hat. Das Ausland kann dann nur entsprechend weniger absorbieren. Unter wohlfahrtspolitischem Aspekt heißt das, dass im internationalen Kontext letztlich nur ein ausgeglichener Außenbeitrag – im Idealfall ein Null-Saldo – den „optimalen" Zustand darstellt.

3.8.2 Bedeutung des Devisenbilanzsaldos

Wenn wir uns nun noch die Devisenbilanz bzw. deren Saldo ansehen, so sei zunächst daran erinnert, dass die Devisenbilanz die Situation am Devisenmarkt widerspiegelt. Die für diesen Zusammenhang verantwortlichen Interventionen der Zentralbank zur „Schließung" von Devisenmarktungleichgewichten berühren indes auch die binnenwirtschaftliche Lage. Sie bewirken nämlich eine gleichgerichtete Veränderung der inländischen Geldbasis bzw. der monetären Basis. Die *monetäre Basis (Geldbasis)* umfasst den Bestand an Zentralbankgeld bei Geschäftsbanken (d. h. deren Mindest- und Überschussreserven sowie Kassenbestände) und bei Nichtbanken (ausgenommen deren Zentralbankeinlagen), also das umlaufende Bargeld.

> Steigen (sinken) die Devisenreserven der Zentralbank infolge von Stützungskäufen (-verkäufen) am Devisenmarkt, so steigen (sinken) die Überschussreserven der typi-

scherweise als Transaktionspartner auftretenden Geschäftsbanken. Dadurch steigt (sinkt) die monetäre Basis. Damit verbunden ist eine Erhöhung (Verminderung) des Kreditschöpfungspotenzials des Geschäftsbankensystems, was wiederum die Gefahr einer binnenwirtschaftlich unerwünschten Expansion (Kontraktion) des inländischen Geldvolumens mit sich bringt. Dieser hier nur angedeutete Einfluss des Devisenbilanzsaldos auf die monetäre Entwicklung im Inland bildet für die Wirtschaftspolitik in offenen Volkswirtschaften ein zentrales Problem. Wir werden den Sachverhalt im dritten Teil eingehend erörtern.

Übungsfragen

1. Definieren Sie die Begriffe „reales" und „kaufkraftmäßige Volkseinkommen" sowie „marginale Importquote".

2. Was versteht man unter einer realen Abwertung, und welche Folgen hat diese?

3. Welchen Zusammenhang bzw. welchen Unterschied gibt es zwischen dem realen Wechselkurs und den terms of trade? Welche Ursachen kann es haben, wenn die terms of trade eines Landes gestiegen sind?

4. Welche Faktoren bestimmen in der Praxis die internationale Wettbewerbsposition eines Landes auf den Gütermärkten?

5. Wie lautet die Kernaussage von Ricardos Theorem der komparativen Kosten?

6. Wie lassen sich die Wohlfahrtseffekte darstellen, die sich beim Übergang zum Freihandel ergeben? Zeigen Sie die Wohlfahrtseffekte im Export- und im Importfall.

7. Wie wirkt sich der Einsatz von Außenhandelsinstrumenten auf die Wohlfahrt dieses Landes aus? Erläutern Sie die Wirkung anhand eines Beispiels.

8. Erklären Sie, was man unter statischen und was man unter dynamischen Skalenerträgen versteht. Woraus resultieren diese Effekte?

9. Diskutieren Sie das Pro und Contra der Globalisierung anhand von drei häufig genannten Problemfeldern.

10. *Identifizieren Sie die wichtigsten Entscheidungskriterien für internationale Kapitalaufnahmen bzw. Kapitalanlagen.*

11. *Wie lautet die gesamtwirtschaftliche Finanzierungsgleichung einer offenen Volkswirtschaft? Erklären Sie, wie die Gleichung zustande kommt und interpretieren Sie die Beziehung.*

12. *Erläutern Sie die Begriffe „Kapitalexport" und „Kapitalimport".*

13. *Nach welchem Grundmuster werden außenwirtschaftliche Transaktionen in der Zahlungsbilanz verbucht?*

14. *Was versteht man unter dem Außenbeitrag? Welchen Bezug hat dieser zum Inlandsprodukt?*

15. *Worin liegt der Zusammenhang zwischen dem Saldo der Gesamtbilanz und dem Devisenbilanzsaldo? Welche besondere Bedeutung hat der Devisenbilanzsaldo?*

Literatur zum ersten Teil

FRENKEL, MICHAEL; JOHN, KLAUS-DIETER: Volkswirtschaftliche Gesamtrechnung, 6. Aufl. München 2006
KRUGMAN, PAUL R.; OBSTFELD, MAURICE: Theorie und Politik der Außenwirtschaft, 7. Aufl. München 2006
NISSEN, HANS-PETER: Das Europäische System Volkswirtschaftlicher Gesamtrechnungen, 5. Aufl. Heidelberg 2004
PFLUGMANN-HOHLSTEIN, BARBARA; HOHLSTEIN, MICHAEL: Außenwirtschaft – Deutschland als offene Volkswirtschaft, Stuttgart 2003
ROSE, KLAUS; SAUERNHEIMER, KARLHANS: Theorie der Außenwirtschaft, 14. Aufl. München 2006
SIEBERT, HORST; LORZ, OLIVER: Außenwirtschaft, 8. Aufl. Stuttgart 2006

2 | Zahlungsbilanzeffekte und internationale Übertragung wirtschaftlicher Entwicklungen

Lernziele

Aufbauend auf den Informationen des ersten Teils soll der Leser nun die zentralen ökonomischen Wirkungszusammenhänge kennen lernen, die zwischen güter- und finanzwirtschaftlich verflochtenen Ländern bestehen. Zu diesem Zweck stellen wir zunächst den internationalen Wirtschaftszusammenhang im Überblick dar (4. Kapitel). Diese – stark vereinfachte – Darstellung bildet den Analyserahmen für die weiteren Untersuchungen. In den Kapiteln 5 – 7 wird ausgeführt, wie sich Änderungen des Volkseinkommens sowie des Preis- und Zinsniveaus auf die Zahlungsbilanz bzw. deren Teilbilanzen auswirken. Einkommen und Preise beeinflussen – ebenso wie der Wechselkurs – primär den Außenbeitrag, während sich Zinsänderungen primär in der Kapitalbilanz niederschlagen. Wir verbinden die Analyse derartiger Zahlungsbilanzeffekte jeweils mit einer Erörterung der grenzüberschreitenden Impulse, die von Veränderungen der genannten nationalen Wirtschaftsdaten ausgelöst werden. Im 8. und 9. Kapitel widmen wir uns dann den Wirkungen und Problemen von Wechselkursänderungen. Insgesamt soll hierbei deutlich werden, in welch starkem Maße außenwirtschaftliche Faktoren die Wirtschaftslage eines Landes prägen können. Das 10. Kapitel gibt schließlich eine kurze Zusammenfassung der Analyseergebnisse, die bei der Erörterung wirtschaftspolitischer Fragen im dritten Teil eine tragende Rolle spielen.

4 Der internationale Wirtschaftszusammenhang im Überblick

Wesentliches Ziel der Ausführungen im ersten Teil war es, das Geflecht internationaler Leistungs- und Finanztransaktionen zu erfassen und zu systematisieren. Ein Schwerpunkt der Analyse lag auf der Identifikation der für das Entstehen und die Richtung grenzüberschreitender Güter- und Kapitalströme verantwortlichen ökonomischen Bestimmungsfaktoren. Genannt wurde hier eine Vielzahl unterschiedlicher Einflussgrößen, wie beispielsweise das Volkseinkommen, der reale Wechselkurs, die Zinsdifferenz sowie Risikoaspekte. Anstelle ökonomischer Bestimmungsgründe kann man auch von wirtschaftlichen *Entscheidungsparametern* sprechen. Diese Entscheidungsparameter sind zum einen abhängig von den jeweiligen nationalen bzw. binnenwirtschaftlichen Bedingungen eines Landes, vor allem von der nationalen Wirtschaftspolitik. Ferner unterliegen sie selbst mehr oder weniger stark internationalen bzw. außenwirtschaftlichen Einflüssen.

Es geht nun darum, die bisher gewonnenen Informationen zu nutzen, um die zwischen dem Inland und dem Ausland bestehenden ökonomischen Beziehungen genauer herauszuarbeiten. Der Grundgedanke dabei ist, dass grenzüberschreitende Transaktionen eine starke Interdependenz zwischen den beteiligten Volkswirtschaften verursachen: Ändern sich zum Beispiel die Entscheidungsparameter im Ausland – etwa infolge einer wirtschaftspolitischen Maßnahme – so werden dadurch grenzüberschreitende Transaktionen ausgelöst. Diese wiederum beeinflussen die ökonomischen Entscheidungsparameter bzw. allgemein die Wirtschaftsentwicklung im Inland, wovon unter Umständen Reaktionen der inländischen Wirtschaftspolitik sowie – je nach „Größe" des Inlandes – Rückwirkungen auf das Ausland zu erwarten sind. Zur Verdeutlichung kann man sich bspw. vorstellen, dass im Ausland Inflation entsteht. Wenn daraufhin die Nachfrage nach Gütern des preisstabilen Inlands zunimmt, so werden auch hier inflationäre Tendenzen ausgelöst. Um die so skizzierten Wirkungsmechanismen und Interaktionen übersichtlich und klar beschreiben zu können, bedarf es der Vereinfachung.

In diesem Sinne reduzieren wir das ökonomische Beziehungsgeflecht zwischen dem In- und dem Ausland auf seine *zentralen Basiszusammenhänge*. Das bedeutet insbesondere, dass aus der Menge der wirtschaftlichen Entscheidungsparameter nur die als am wichtigsten erachteten gesamtwirtschaftlichen Größen heraus gegriffen werden. Als Resultat ergibt sich die in Abb. 4.1 gezeigte Darstellung des internationalen Wirtschaftszusammenhangs, die wir im Folgenden in fünf Schritten kurz erläutern.

- Wir gehen vom „Zwei-Länder-Fall" aus, das heißt, es gibt das Inland und das Ausland als „Rest der Welt". Beide Länder verfügen über jeweils individuelle ökonomische Rahmenbedingungen in Form der länderspezifischen Faktorausstattung, geographischer und klimatischer Besonderheiten, eines bestimmten Nachfrage- (und Angebots-)verhaltens usw. Insbesondere verfolgen In- und Ausland eine jeweils eigene Wirtschaftspolitik, die sich in bestimmten Maßnahmen der Struktur-, Ordnungs- und Prozesspolitik manifestiert.

- Aus dem Spektrum der Wirtschaftspolitik betrachten wir in erster Linie die Kernbereiche der Prozesspolitik, nämlich die *Geld-* und die *Fiskalpolitik*. Geldpolitik geschieht über die Änderung der Geldmarktsätze und der Bankenliquidität. Fiskalpolitik bedeutet Variation der Staatsausgaben und -einnahmen. Mit dem Einsatz geld- oder fiskalpolitischer Instrumente versucht jedes Land, seine Wirtschaftsentwicklung zielgerichtet zu beeinflussen. Die wirtschaftliche Entwicklung schlägt sich nieder in der Entwicklung einer Reihe ökonomischer Indikatoren bzw. Entscheidungsparameter. Als besonders bedeutsame Größe gilt zum einen das *(Volks-)Einkommen*. Es entspricht in unserer vereinfachten Betrachtung dem Inlandsprodukt – bei dessen Erstellung es entsteht – und ist eng gekoppelt an die Höhe der Beschäftigung. Von herausragender Bedeutung sind daneben die *(Güter-)Preise* sowie das *Zinsniveau*.

■ Unterschiede zwischen dem Niveau bzw. der Entwicklung der genannten nationalen Parameter lösen internationale ökonomische Transaktionen aus. Diese Transaktionen werden in der Zahlungsbilanz der beteiligten Länder statistisch erfasst.

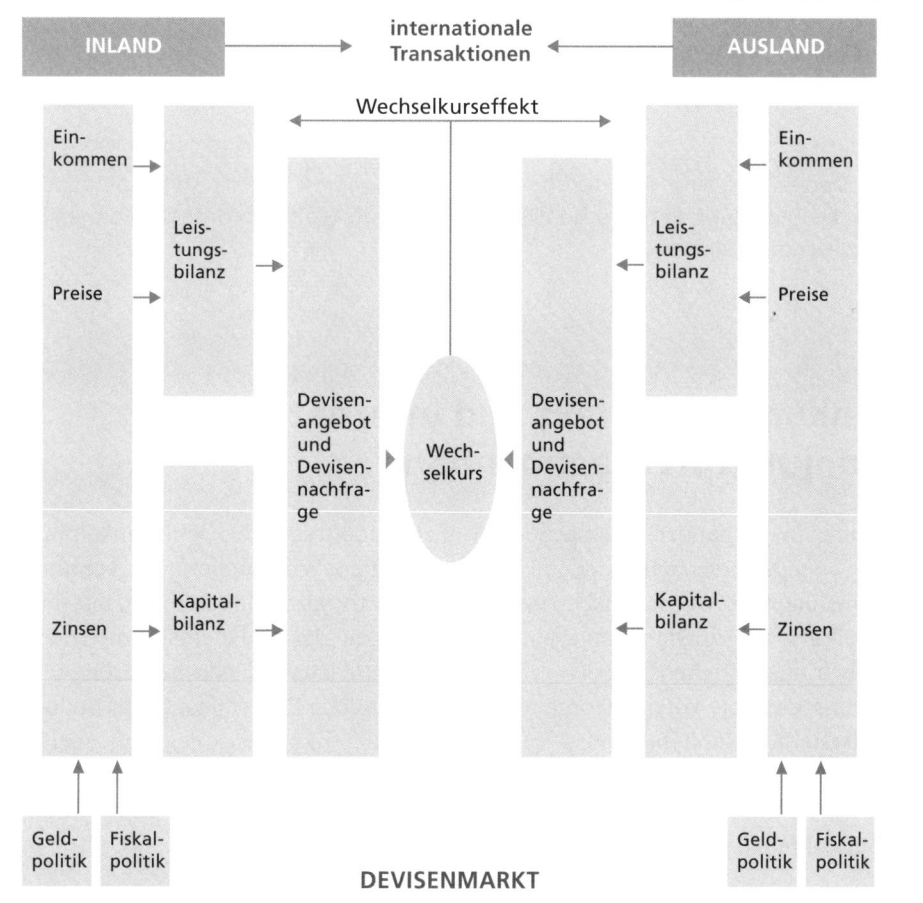

Abb. 4.1: Der internationale Wirtschaftszusammenhang

Die Zahlungsbilanz gliedert sich grob in die (korrigierte) *Leistungsbilanz* und die *Kapitalbilanz*.

- Die erwähnten internationalen (Güter- und Kapital-) Transaktionen werden finanziell „umgesetzt" auf dem *Devisenmarkt*. Der Devisenmarkt ist die Plattform für den Devisenhandel. Hier treffen *Angebot* und *Nachfrage* nach Devisen aufeinander. Devisen sind insbesondere Sichtguthaben bei ausländischen Kreditinstituten (Währungskonten).

- Aus dem Verhältnis von Angebot an und Nachfrage nach Devisen ergibt sich der *Wechselkurs*. Er bezeichnet den Preis, der für die jeweilige Auslandswährung zu zahlen ist bzw. die Menge an ausländischer Währung, die für eine Einheit Inlandswährung erhältlich ist. Der Wechselkurs ist als weiterer wichtiger Entscheidungsparameter anzusehen. Denn Wechselkursänderungen beeinflussen ihrerseits die Höhe und Richtung der internationalen Wirtschaftstransaktionen und damit die Leistungs- und Kapitalbilanzen des In- und Auslandes (*Wechselkurseffekt*).

> Diese Darstellung und Erläuterung des internationalen Wirtschaftszusammenhangs bildet die Grundlage und den Analyserahmen für die weiteren Untersuchungen in den nachfolgenden Kapiteln.

5 Einkommenseffekt und internationaler Konjunkturzusammenhang

Wir wollen im Folgenden untersuchen, wie sich Änderungen des Volkseinkommens auf den *Außenbeitrag* des betreffenden Landes auswirken. Wir tun dies unter vereinfachenden Annahmen. So werden insbesondere das Preisniveau im In- und Ausland sowie der Wechselkurs als konstant angesehen. Änderungen des Volkseinkommens und des Außenbeitrags beziehen sich damit immer auf *reale* (bzw. physische) Größen. Wir erinnern uns, dass das Volkseinkommen eine maßgebliche Determinante der Importnachfrage darstellt, welche ihrerseits – zusammen mit den Exporten – den Außenbeitrag bestimmt. Weiterhin ist bekannt, dass der Außenbeitrag (gemessen in Inlandswährung) Teil der volkswirtschaftlichen Gesamtnachfrage ist und damit die Entwicklung des Volkseinkommens und der Beschäftigung beeinflusst.

5.1 Anstieg der Inlandsnachfrage

Als Ausgangspunkt nehmen wir eine Erhöhung der Staatsausgaben (expansive Fiskalpolitik) an, welche – so unterstellen wir – eine (multiplikative) Expansion des Volkseinkommens nach sich zieht. Dieses Vorgehen ermöglicht es, unser eingangs definiertes Erkenntnisinteresse auf die Beobachtung der generellen Wirksamkeit der Konjunkturpolitik in offenen Volkswirtschaften auszudehnen. Die Existenz eines crowding out, also einer durch Staatsausgaben bewirkten Verdrängung privater Nachfrage, sei hier vernachlässigt. Damit ergibt sich folgendes Ablaufmuster:

> Volkseinkommen steigt, bspw. aufgrund einer Erhöhung der Staatsausgaben.
>
> ▼
>
> Importe steigen und Außenbeitrag sinkt (unter der Annahme konstanter Exporte).
>
> ▼
>
> Volkseinkommen sinkt. Insgesamt bleibt aber ein Einkommensanstieg.

Wir sehen, dass eine autonome Erhöhung der Staatsausgaben eine Zunahme des Volkseinkommens verursacht, die von einer Abnahme des Außenbeitrags begleitet ist. Dass am Ende per Saldo ein Anstieg des Volkseinkommens verbleibt, ergibt sich daraus, dass die primär dafür verantwortliche Staatsausgabenerhöhung größer ist als die einkommensinduzierte Importsteigerung. Letztere richtet sich nach der marginalen Importquote, die typischerweise kleiner als 1 ist (in Deutschland dürfte diese Größe, wenn man den Import von Waren und Dienstleistungen nimmt, bei etwa 25 % liegen). Den gleichen Effekt auf das Einkommen und den Außenbeitrag würde auch eine autonome Erhöhung anderer Komponenten der Inlandsnachfrage wie des privaten Konsums oder der privaten Investitionen erzeugen.

Aufbauend auf diesem Ergebnis lässt sich nun die *konjunkturpolitische Effizienz* von Nachfragesteigerungen in offenen im Vergleich zu geschlossenen Volkswirtschaften bewerten. Dabei zeigt sich, dass die Expansion des Volkseinkommens in einer offenen Volkswirtschaft dadurch gedämpft wird, dass ein Teil der Nachfrage über Importe ins Ausland abfließt. Die damit verbundene Gefahr von Zahlungsbilanzproblemen (im Sinne eines Devisenbilanzdefizits) ist der Grund für den bei expansiver Konjunkturpolitik typischerweise virulenten Konflikt zwischen dem binnenwirtschaftlichen Ziel der Vollbeschäftigung und dem Ziel des außenwirtschaftlichen Gleichgewichts.

Bei den bisherigen Betrachtungen haben wir außer Acht gelassen, dass Importe des Inlands aus der Sicht des Auslands Exporte darstellen. Wenn also aufgrund einer Expansion des Volkseinkommens – bspw. durch erhöhte Staatsausgaben – die Importe des Inlandes steigen, dann ist dies gleichbedeutend mit einer Zunahme der Exporte des Auslands. Zunehmende Exporte wirken sich aber ihrerseits expansiv auf den Außenbeitrag und das Volkseinkommen im Ausland aus. Der hier angesprochene Wirkungsmechanismus wird auch als *internationaler Konjunkturzusammenhang* bezeichnet. Zusätzliche expansive Impulse können aus einer durch Devisenmarktinterventionen der Zentralbanken ausgelösten Zunahme des ausländischen Geldangebots resultieren. Wir behandeln diesen Zusammenhang ausführlich im dritten Teil.

> Der internationale Konjunkturzusammenhang bildet das Motiv für die – regelmäßig von Ländern mit defizitärem Außenbeitrag und Unterbeschäftigung erhobene – Forderung, dass, weltwirtschaftlich gesehen, „große" (und liquiditätsstarke) Länder wie die USA, Deutschland oder Japan in Zeiten einer globalen Rezession durch expansive konjunkturpolitische Maßnahmen eine Art „Lokomotiv-Funktion" übernehmen sollen. Entsprechend wird der beschriebene Mechanismus auch als *Lokomotivtheorie* bezeichnet. Selbstverständlich ist auch der umgekehrte Fall denkbar, in dem von einem Konjunkturabschwung in großen Ländern eine rezessive „Sogwirkung" auf deren Handelspartner ausgeht.

Es ist nun noch zu berücksichtigen, dass der Expansionsprozess im Ausland ebenfalls expansive *Rückwirkungen* auf das Inland auslöst. Denn wenn das ausländische Volkseinkommen steigt, werden auch die ausländischen Importe und mithin die inländischen Exporte zunehmen. Unter Berücksichtigung derartiger Rückwirkungen lässt sich der internationale Konjunkturzusammenhang schematisch skizzieren:

Inland	Ausland
Staatsausgabenerhöhung	
▼	
Volkseinkommen steigt[1]	
▼	
Außenbeitrag sinkt ▶	Außenbeitrag steigt
	▼
	Volkseinkommen steigt
	▼
Außenbeitrag steigt ◀	Außenbeitrag sinkt
▼	

Volkseinkommen steigt
▼
Außenbeitrag sinkt   ▷   Außenbeitrag steigt

Am Ende dieser Kette von Anpassungsprozessen steht im ...

... Inland

- eine Erhöhung des Volkseinkommens, die aber stärker ausfällt als bei Vernachlässigung von Rückwirkungen aus dem Ausland sowie
- eine Abnahme des Außenbeitrags, die aber schwächer ausfällt als bei Vernachlässigung von Rückwirkungen aus dem Ausland.[2]

... Ausland

- eine Erhöhung des Volkseinkommens sowie
- eine Zunahme des Außenbeitrags.

Für den Fall, dass die inländischen Staatsausgaben sinken (kontraktive Fiskalpolitik) oder andere Komponenten der Inlandsnachfrage zurückgehen, gelten die hier abgeleiteten Zusammenhänge analog, jedoch mit umgekehrtem Vorzeichen: Das Volkseinkommen im In- und Ausland sinkt, während sich der Außenbeitrag des Inlands verbessert und der des Auslands sich verschlechtert. Dies lässt erkennen, welch großes Konfliktpotential die Verfolgung nationaler wirtschaftspolitischer Zielsetzungen angesichts der weltwirtschaftlichen Verflechtung in sich birgt.

---

[1] Es handelt sich hier bereits um den per Saldo verbleibenden Einkommensanstieg nach Berücksichtigung des durch induzierte Importe bewirkten Dämpfungseffekts.

[2] Dies ist darauf zurückzuführen, dass der aus dem Ausland (rück-)wirkende positive Außenbeitragseffekt größer ist als die dadurch ausgelöste einkommensinduzierte Importsteigerung bzw. die damit verbundene negative Wirkung auf den Außenbeitrag.

5.2 Anstieg der Nettoexporte

Wir haben bisher erörtert, wie sich das Volkseinkommen durch eine Variation einzelner Komponenten der *Inlandsnachfrage* verändert und welche Effekte daraus für den inländischen Außenbeitrag sowie – grenzüberschreitend – für den Außenbeitrag und das Volkseinkommen des Auslands resultieren. Man kann sich nun aber auch vorstellen, dass der konjunkturelle „Anstoß" nicht von der Binnennachfrage, sondern von den *Exporten des Inlands* herrührt, ausgelöst bspw. durch eine Abwertung der heimischen Währung. Unter der Annahme konstanter Importe ändert sich dadurch der Außenbeitrag. Bedenkt man, dass die Exporte des Inlands den Importen des Auslands entsprechen, dann kann man die in Gang gesetzten Wirkungen im In- und Ausland so darstellen:

Inland	Ausland
Exporterhöhung (Außenbeitrag steigt) ▼	Außenbeitrag sinkt ▼
Volkseinkommen steigt ▼	Volkseinkommen sinkt ▼
Außenbeitrag sinkt	Außenbeitrag steigt
Außenbeitrag sinkt ▼	Außenbeitrag steigt ▼
Volkseinkommen sinkt ▼	Volkseinkommen steigt ▼
Außenbeitrag steigt	Außenbeitrag sinkt

Fragt man nun danach, wie sich die beschriebene Exporterhöhung im Vergleich mit der Steigerung einer Komponente der Inlandsnachfrage (bspw. der Staatsausgaben) auswirkt, so ergibt sich für das ...

... Inland	... Ausland
▪ eine Erhöhung des Volkseinkommens, die aber schwächer ausfällt als bei einer gleich großen Erhöhung der Staatsausgaben (oder einer anderen Komponente der Inlandsnachfrage) sowie ▪ ein Anstieg des Außenbeitrags.	▪ ein Rückgang des Volkseinkommens sowie ▪ ein Rückgang des Außenbeitrags.

Wir sehen also, dass über eine Erhöhung der Exporte das binnenwirtschaftliche Ziel der Konjunkturbelebung erreicht werden kann – wenn auch mit geringerer Wirksamkeit als bei einer Steigerung der Inlandsnachfrage. Gleichzeitig bewirkt diese Maßnahme eine Verbesserung der Außenwirtschaftsposition. Exportförderung trägt also zur Realisierung mehrerer wirtschaftspolitischer Ziele bei. Die Kehrseite einer solchen Strategie liegt indes darin, dass sie offenbar auf Kosten der ausländischen Handelspartner geht. Man bezeichnet dies daher als *beggar my neighbour-Politik*. Insofern kann es nicht überraschen, wenn eine derartige Beschäftigungspolitik mit entsprechenden Gegenmaßnahmen (*Retorsionsmaßnahmen*) des Auslands beantwortet wird. Ein bekanntes Beispiel hierfür sind die Anfang der 1930er Jahre während der Weltwirtschaftskrise durchgeführten „Abwertungswettläufe" der vormaligen Goldblockländer.

6 Preiseffekt und direkter internationaler Preiszusammenhang

Wir betrachten nun den Einfluss der *Preise* bzw. deren Änderung auf den Außenbeitrag. Das bedeutet, dass die im 5. Kapitel getroffene Annahme eines konstanten Preisniveaus aufgegeben wird. Der Wechselkurs wird weiterhin als konstant angenommen. Wir unterstellen als Ausgangssituation, dass sich im Ausland Preissteigerungen ergeben, die aus einer Zunahme der Nachfrage resultieren, dass also etwa der konjunkturelle Aufschwung im Ausland früher eingesetzt hat als im Inland.

6.1 Preiseffekt

Die Ausführungen lassen sich anhand von Abb. 8.1 (siehe Seite 71) nachvollziehen. Wir betrachten dort den Effekt einer Abwertung der Inlandswährung (= Aufwertung der Auslandswährung). Dies ist letztlich gleichbedeutend mit einem Preisanstieg im Ausland.

Für das Inland werden dadurch die Importe teurer (die Importpreise steigen nur dann nicht, wenn die inländische Importnachfrage vollkommen elastisch auf Preisänderungen reagiert), und die Nachfrage nach Importgütern wird sinken. Auf den Importwert, der als Produkt aus Importpreis und Importmenge definiert ist, wirken damit zwei gegenläufige Effekte. Die Richtung der Änderung des Importwertes hängt deshalb von der (Preis-)Elastizität der inländischen Importnachfrage ab. Bei elastischer Nachfrage ist der prozentuale Rückgang der Importmenge größer als der prozentuale Preisanstieg. In diesem Fall wird der Importwert per Saldo sinken.

Andererseits werden die inländischen Exporteure im Ausland höhere Preise durchsetzen können. Dieser Preisaufschlagsspielraum ergibt sich aus dem im Ausland gestiegenen Preisniveau, was eine verstärkte Hinwendung ausländischer Nachfrager zu inländischen Gütern bewirkt (die Exportpreise werden nur dann nicht steigen, wenn das inländische Exportangebot vollkommen elastisch ist). Infolgedessen wird auch die inländische Exportmenge zunehmen, das heißt, der Exportwert des Inlands wird steigen. Die Reaktion des Exportwerts ist also eindeutig.

Alles in allem verbessert sich unter den getroffenen Annahmen der Außenbeitrag des Inlands, während sich der Außenbeitrag des Auslands verschlechtert. Der geschilderte Wirkungsablauf kann schematisch dargestellt werden (wobei wir von einem normalen Verlauf der Angebots- und Nachfragefunktion auf dem Ex- und Importmarkt ausgehen):

Preise im Ausland steigen, bspw. im Verlauf eines Konjunkturaufschwungs.

▼

Importpreise des Inlands steigen, während Importmenge sinkt. Bei hinreichend elastischer Importnachfrage sinkt der Importwert.

und

Exportmenge und Exportpreise des Inlands steigen. Dadurch steigt der Exportwert.

▼

Außenbeitrag des Inlands steigt (Normalreaktion), während Außenbeitrag des Auslands sinkt.

Wir haben bisher angenommen, dass die inländische Importnachfrage hinreichend elastisch auf Preissteigerungen reagiert. Dann führt ein Preisauftrieb im Ausland zweifelsfrei zu einem Anstieg des inländischen Außenbeitrags. Man spricht von einer *Normalreaktion* des Außenbeitrags. Es ist indes vorstellbar, dass eine Volkswirtschaft auf bestimmte Importgüter dringend angewiesen ist. Vor allem bei kurzfristiger Betrachtung werden bspw. Nahrungsmittel oder Rohstoffe, die importiert werden, bei Preiserhöhungen kaum substituierbar sein.

Wenn nun das importierende Land diese Güter nicht oder nur teilweise durch andere Güter ersetzen bzw. – wenn wir die vereinfachende Annahme des Zwei-Länder-Falles aufgeben – nicht auf Lieferanten in anderen Ländern ausweichen kann, so wird die Reduktion der Importnachfrage bei einem Anstieg des Importpreises nur gering ausfallen. Es besteht dann die Möglichkeit, dass der Importwert zunimmt. Wenn diese Erhöhung des Importwertes größer ist als die gleichzeitige Zunahme des Exportwertes, dann sinkt der inländische Außenbeitrag. Unter den zwei genannten Bedingungen erscheint also auch eine *anomale Reaktion* des Außenbeitrags denkbar. Wir kommen auf diese Problematik bei der Analyse von Wechselkursänderungen zurück. Denn diese lösen – wie zu zeigen sein wird – grundsätzlich die gleichen Außenbeitragseffekte aus wie entsprechende Änderungen der Preisrelation zwischen In- und Ausland.

6.2 Internationaler Preiszusammenhang

Auf der Basis der bisherigen Überlegungen wollen wir im Folgenden analysieren, wie Preissteigerungen im Ausland auf das Inland übertragen werden können.

Ursächlich für die (bei Normalreaktion eintretende) Verbesserung des inländischen Außenbeitrags waren die erhöhten Preise im Ausland. Vorher, so können wir annehmen, seien die Preise im In- und Ausland – umgerechnet in die jeweilige Währung – gleich gewesen. Durch die Preiserhöhung im Ausland entstehen also Preisdifferenzen. Wir können davon ausgehen, dass es sich bei den von der Preiserhöhung betroffenen Gütern um *internationale Güter* handelt. Internationale Güter sind Güter, die sowohl grenzüberschreitend angeboten als auch im Heimatmarkt des Exportlandes abgesetzt werden. Hinzu kommen die unmittelbar mit den ex- und importierten Gütern konkurrierenden Produkte der jeweiligen Länder. *Nationale Güter* (wie insbesondere fast alle Dienstleistungen und Erzeugnisse des Baugewerbes) werden demgegenüber nur im Binnenmarkt produziert und abgesetzt; sie stehen auch nicht in einer unmittelbaren Konkurrenzbeziehung zu ex- und importierten Gütern.

Nach diesen Vorüberlegungen können wir konstatieren, dass im Fall eines völlig freien internationalen Handels bei internationalen Gütern – zumindest wenn es sich um homogene Güter handelt und die Märkte vollständig transparent sind – auf Dauer keine Preisdifferenzen haltbar sind, es sei denn in Höhe der Transaktionskosten. Wenn es solche Kosten nicht gibt, werden die nationalen Märkte zu einem vollkommenen Markt, dem Weltmarkt, verschmelzen. Auf diesem Markt gilt das „Gesetz der Unterschiedslosigkeit der Preise". Jevons *Law of Indifference* besagt, dass auf einem vollkommenen Markt nur ein einheitlicher Preis existieren kann. Für den hier betrachteten grenzüberschreitenden Handel heißt das, dass die international gehandelten Güter zum gleichen Preis wie die jeweiligen Binnenhandelsmengen abgesetzt werden.

Der Grund liegt in der bei Preisdifferenzen einsetzenden Reaktion der Marktteilnehmer. Ausländische Nachfrager werden sich, wenn es solche Preisunterschiede gibt, dem

Import inländischer Güter zuwenden, so dass die Güternachfrage im Inland steigt (während die Güternachfrage im Ausland sinkt). Andererseits werden inländische Anbieter ihr Güterangebot an Inländer einschränken, und das im Inland verfügbare Güterangebot sinkt, während das Güterangebot im Ausland steigt. Hinzu treten internationale Warenhändler (Broker), die Güter im Inland relativ billig ankaufen und diese gleichzeitig im Ausland relativ teuer verkaufen. Das Realisieren risikoloser Gewinne (Arbitrage) trägt zusätzlich dazu bei, dass Preisdifferenzen nivelliert werden: Die Güternachfrage (das Güterangebot) im Inland (Ausland) steigt, was im Inland preissteigernd (und im Ausland preisdämpfend) wirkt.

Wenn wir die bisher erörterten Preisanpassungsprozesse zusammenfassen, so stellen wir nun im Inland – ausgelöst durch den ursprünglichen Exportpreisanstieg – ein erhöhtes Preisniveau für die am Exportmarkt und am Binnenmarkt abgesetzten Güter fest. Des Weiteren ist auch das Importpreisniveau gestiegen. Dieser doppelte Preisanstieg pflanzt sich nun fort auf die mit den Export- und Importgütern unmittelbar konkurrierenden Güter des Inlands. Der Preisanstieg bleibt jedoch nicht auf den Bereich der internationalen Güter beschränkt.

Vielmehr besteht die Gefahr, dass sich der „Inflationsvirus" auch auf die nationalen Güter und damit auf das gesamte inländische Preisniveau ausbreitet. Eine solche „Teuerungsinfektion" kann auf unterschiedlichen Wegen verlaufen. Erstens entsteht ein Kostendruck (cost push), wenn es sich bei den im Preis gestiegenen Gütern um Vorleistungen oder Vorprodukte (bspw. um Rohstoffe) handelt. Ein zusätzlicher Preisauftrieb bei den nationalen Gütern kann daraus resultieren, dass die Exportunternehmen aufgrund ihrer verbesserten Gewinnsituation ihre Produktion ausdehnen wollen und deshalb auch mehr Investitionsgüter sowie Vorleistungen und Arbeitskräfte nachfragen. Dadurch werden die Preise dieser Güter nachfragebedingt steigen (demand pull). Gleichzeitig dürfte die gestiegene Arbeitsnachfrage – auch in Anbetracht der bereits eingetretenen Zunahme der Verbraucherpreise – den Boden für erhöhte Lohnforderungen bereiten, die ihrerseits bei entsprechender Nachgiebigkeit der Arbeitgeber kostensteigernd wirken.

Insgesamt ergibt sich damit, dass die ursprünglichen Preisauftriebstendenzen im Ausland auf das allgemeine Preisniveau im Inland übergreifen. Dieser durch die beschriebenen Anpassungsprozesse hervorgerufene Übertragungsvorgang wird als *direkter internationaler Preiszusammenhang* bezeichnet. Er bildet eine wesentliche Ursache für die *importierte Inflation*.

Wir können den direkten internationalen Preiszusammenhang vereinfacht skizzieren:

> Preise im Ausland steigen.
>
> ▼
>
> Import- und Exportpreise des Inlands steigen.
>
> ▼
>
> Preise aller übrigen internationalen Güter im Inland steigen.
>
> ▼
>
> Preise aller nationalen Güter im Inland steigen.

Der direkte internationale Preiszusammenhang besteht im Übrigen unabhängig davon, ob der Außenbeitrag des Inlands infolge der Preiserhöhung im Ausland zunimmt, also im Fall der Normalreaktion, oder ob er abnimmt. Das bedeutet, auch bei einer anomalen Reaktion des Außenbeitrags besteht die Möglichkeit des (direkten) Inflationsimports. (Im Ausland kommt es dagegen aufgrund der oben erläuterten Arbitrage- und Anpassungseffekte zu einer Dämpfung des ursprünglichen Preisauftriebs. Insofern gilt der internationale Preiszusammenhang also auch in umgekehrter Richtung: Das Ausland importiert in unserem Beispiel sozusagen Stabilität.)

Darüber hinaus ist klar, dass eine bei normaler Reaktion eintretende Zunahme des inländischen Außenbeitrags über die damit bewirkte Änderung der gesamtwirtschaftlichen Nachfrage zusätzliche expansive und damit auch inflatorische Impulse auslöst. Dieser Saldeneffekt war grundsätzlich schon bei der Analyse des internationalen Konjunkturzusammenhangs erkennbar. Schließlich müsste man noch daran denken, dass expansive Effekte auch aus einer Zunahme des *Geldangebots* – aufgrund von Devisenmarktinterventionen der Zentralbanken – resultieren können.

7 Zinseffekt und direkter internationaler Zinszusammenhang

Die Analyse im zweiten Teil konzentrierte sich bisher auf die Betrachtung grenzüberschreitender *Leistungstransaktionen*, insbesondere auf Güterkäufe bzw. -verkäufe. Der Ablauf stellte sich grundsätzlich stets gleich dar: Erhöhungen des Volkseinkommens oder der Preise in einem Land lösen grenzüberschreitende Transaktionen aus. Diese führen zu Veränderungen des *Außenbeitrags*.

Damit verbunden sind weiterreichende Impulse auf das Volkseinkommen oder die Preise des jeweils anderen Landes. Diese Impulse entstehen entweder durch Anpassungen des Außenbeitrags (im Falle von Einkommensänderungen) oder – dem vorgelagert – durch direktes Übergreifen auf die nationalen Parameter der Außenhandelspartner (im Falle von Preisänderungen).

Im Folgenden werden wir feststellen, dass dieses Ablaufschema ebenso im Falle von Zinsänderungen eintritt. Dies ist unmittelbar einzusehen, da auch der Zins ein Preis ist. Genauer: Der Zins ist der Preis für die Überlassung von Geld bzw. Kapital und bildet sich aus dem Zusammenspiel von Kapitalangebot und -nachfrage. Als so genannter Finanzmarktpreis beeinflusst der Zins primär die finanziellen Dispositionen, also die *Finanztransaktionen* der Wirtschaftssubjekte. Grenzüberschreitende Finanztransaktionen sind mit internationalen Kapitalströmen verbunden, die sich in der *Kapitalbilanz* niederschlagen.

7.1 Zinseffekt

Wir betrachten nun also zunächst den Einfluss der Zinsen bzw. deren Änderung auf die Kapitalbilanz. Da die Transaktionen der Währungsbehörde hierbei nur eine untergeordnete Rolle spielen, konzentrieren wir uns auf die Kapitalbilanz im engeren Sinn. Unterstellt sei ein konstanter Wechselkurs. Damit klammern wir einen wesentlichen Einflussfaktor internationaler Kapitalbewegungen, nämlich die Erwartung von Wechselkursänderungen, aus. Auch bleibe das Preisniveau sowie das Volkseinkommen im In- und Ausland unverändert.

Wir nehmen nun an, dass sich im Ausland das Zinsniveau erhöht, was bspw. als Folge einer restriktiven Geldpolitik auftreten kann. Um die dadurch in Gang kommenden Anpassungsprozesse logisch exakt nachvollziehen zu können, muss man sich zunächst klarmachen, auf welche Weise die Zinsen auf Höhe und Richtung internationaler Kapitalströme einwirken. Wir erinnern uns hierzu an eine aus der *Portfolioanalyse* stammende Erkenntnis, die wir bereits im ersten Teil gewonnen haben. Deren Grundaussage lautete, dass jedes Wirtschaftssubjekt die Struktur seines Gesamtvermögens so auf den Kauf von Vermögenstiteln aufteilt, dass sein Gesamtnutzen – zu verstehen als (erwarteter) Ertrag unter Berücksichtigung des Risikos – maximiert wird. Diese Optimierungsentscheidung bedingt auch den Vergleich der (um Risikokosten bereinigten) Erträge, die bei einer Vermögensanlage im Inland oder im Ausland zu erzielen sind.

Steigt nun das Zinsniveau im Ausland im Vergleich zum Inlandszinsniveau, werden die Vermögensbesitzer (bei gegebenem Risiko) ihren Bestand an ausländischen Vermögenstiteln tendenziell zu Lasten ihrer inländischen Vermögenswerte aufstocken. Der Kapitalmarkt im Ausland wird gern bereit sein, dieses zusätzliche Kapital aufzunehmen, da es zu günstigeren Konditionen als im eigenen Land erhältlich ist. Die auf diese Weise bewirkten Vermögensumschichtungen entsprechen (aus Sicht des Inlands) Kapitalexporten und führen zu einer erhöhten Nachfrage nach ausländischer Währung. Die inländische Kapitalbilanz verschlechtert sich.

Wir können diese Wirkungskette schematisch darstellen:

> Zinsniveau im Ausland steigt, bspw. aufgrund restriktiver Geldpolitik.
>
> ▼
>
> Kapitalexporte des Inlands steigen.
>
> ▼
>
> Kapitalbilanz des Inlands verschlechtert sich.

7.2 Internationaler Zinszusammenhang

Ähnlich wie im Fall des direkten internationalen Preiszusammenhangs wird sich nun der Zinsanstieg im Ausland auch auf das Inland übertragen. Ursache hierfür ist die bei Zinsdifferenzen einsetzende *Zinsarbitrage*. Denn inländische Kapitalanbieter schränken ihre Kreditvergabe an Inländer ein, und das im Inland verfügbare Kapitalangebot sinkt (während das Kapitalangebot im Ausland steigt). Anderseits werden sich ausländische Kapitalnachfrager im Inland mit dem hier relativ billigen Kapital eindecken, so dass die Kapitalnachfrage im Inland steigt (während die Kapitalnachfrage im Ausland sinkt).

Hinzu treten die internationalen Kapitaldisponenten, die im Inland Kredite aufnehmen und die Gelder gleichzeitig kursgesichert im Ausland höher verzinslich anlegen.

Wenn die Auslandsgeldanlage ohne Absicherung des Wechselkursrisikos mittels Termingeschäften erfolgt, handelt es sich nicht um Arbitrage, sondern um Spekulation. Man spricht vom *carry trade*. In beiden Fällen steigt aber die Kapitalnachfrage (das Kapitalangebot) im Inland (Ausland). Es versteht sich, dass dies nur unter völliger Freiheit des grenzüberschreitenden Kapitalverkehrs funktioniert. Infolgedessen werden die Zinsen im Inland nach oben (und im Ausland nach unten) tendieren. Dieser Effekt wird noch deutlicher, wenn man sich vorstellt, wie eine solche Vermögensumschichtung praktisch abläuft. So werden die Besitzer inländischer Wertpapiere versuchen, diese „abzustoßen" und durch höher verzinsliche ausländische Papiere zu ersetzen. Der Verkauf gelingt indes nur zu einem geringeren Kurs, was bedeutet, dass die (Effektiv-)Rendite steigt.

Typischerweise beginnt dieser Prozess bei den Geschäftsbanken: Nachdem (im hier angenommenen Fall einer restriktiven Geldpolitik) die ausländischen Geldmarktsätze gestiegen sind, werden die dortigen Kreditinstitute versuchen, sich auf dem inländischen Geldmarkt zu refinanzieren. Dadurch steigen die Geldmarktzinsen im Inland.

Diese Zinssteigerung wird sich nun – ähnlich wie im Fall von Preiserhöhungen auf den Gütermärkten – über alle Segmente des inländischen Finanzmarktes fortpflanzen. Das bedeutet, auch auf den Bankeinlagen- und Bankkreditmärkten sowie den Kapitalmärkten werden sich die Zinsen nach oben bewegen.

> Alles in allem kommt es dazu, dass der ursprüngliche Zinsanstieg im Ausland auf das allgemeine Zinsniveau im Inland übergreift (wobei dies auf den Finanzmärkten in der Regel wesentlich rascher vonstatten geht als die Preisanpassung auf Gütermärkten). Man kann diesen Übertragungsvorgang als direkten *internationalen Zinszusammenhang* bezeichnen. In Anlehnung an den Begriff der importierten Inflation lässt sich hier von einer importierten Kapitalverteuerung sprechen.

Ein Beispiel für den direkten internationalen Zinszusammenhang findet man in der Zeit Anfang der 1990er Jahre, als gegenüber Deutschland von anderen Mitgliedsländern des Europäischen Währungssystems der Vorwurf erhoben wurde, sie müssten die Kosten der Deutschen Einheit mittragen. Es kam seinerzeit unter anderem aufgrund der hohen Kapitalnachfrage zu einem markanten Zinsanstieg an den deutschen Finanzmärkten, der sich auf das Ausland übertrug. Anzumerken ist hierzu indes, dass von der gleichzeitigen kräftigen Erhöhung des deutschen Realeinkommens auch starke expansive Impulse auf die Auslandskonjunktur aufgrund des internationalen Konjunkturzusammenhangs ausgegangen sein dürften.

Wir können den internationalen Zinszusammenhang somit vereinfacht darstellen:

> Zinsniveau im Ausland steigt, bspw. aufgrund restriktiver Geldpolitik.

▼

> Kapitalangebot im Inland sinkt.

▼

> Kapitalnachfrage im Inland steigt.

▼

> Zinsniveau im Inland steigt.

Zu bedenken ist schließlich noch, dass Zinssteigerungen auch aus einer Reduktion des inländischen Geldangebots – aufgrund von Devisenmarktinterventionen der Zentralbanken – resultieren können. Diesen – bereits mehrfach angesprochenen – Sachverhalt behandeln wir im dritten Teil.[3]

Im Übrigen ist der internationale Zinszusammenhang nicht nur bei festen Wechselkursen wirksam. Es besteht vielmehr die Möglichkeit einer direkten Zinsübertragung

---

[3] Die sog. *monetäre Zahlungsbilanztheorie* geht in diesem Zusammenhang davon aus, dass bei festen Wechselkursen (langfristig) überhaupt keine Zinsdifferenzen zwischen In- und Ausland bestehen bleiben. Zentrale Voraussetzung dafür ist die Existenz eines grenzüberschreitenden vollkommenen Kapitalmarkts. Dieser ist dadurch gekennzeichnet, dass das Handelsobjekt vollkommen homogen ist, das heißt hier, dass insbesondere die Einschätzung der Risiken bei in- und ausländischen Vermögenswerten gleich ist. Weitere Bedingungen sind vollständige Markttransparenz sowie vollkommene Freiheit des Kapitalverkehrs. In diesem Fall reagieren Kapitalanleger (und -nachfrager) auf Zinsunterschiede vollkommen elastisch. Kapitalanleger würden ihr Geld also sofort ausschließlich in dem Land mit dem höheren Zins anlegen. Die damit verbundenen Kapitalexporte führen zu Devisenabflüssen. Bei festen Wechselkursen käme es daraufhin – bedingt durch die notwendigen Devisenmarktinterventionen der Zentralbanken – zu einer Verringerung des Geldangebots, und das Zinsniveau im Inland würde auf das Niveau des Auslandszinses steigen. Läge der Inlandszins über dem des Auslands, so ergäbe sich eine analoge Entwicklung (mit umgekehrtem Vorzeichen).

auch bei flexiblen Wechselkursen. Denn flexible Wechselkurse gewährleisten – wie wir im dritten Teil erfahren – lediglich einen Ausgleich der Gesamtzahlungsbilanz (des Devisenbilanzsaldos). Sie verhindern nicht ein Ungleichgewicht im internationalen Kapitalverkehr. Es kann außerdem sein, dass sich durch zinsinduzierte Kapitalbewegungen überhaupt kein Ungleichgewicht am Devisenmarkt ergibt; dies wäre bei entsprechend gegenläufiger Entwicklung des Außenbeitrags der Fall. Es kommt dann auch zu keinen Wechselkursanpassungen.

Die letztgenannte Überlegung lässt auch einen direkten internationalen Preiszusammenhang bei flexiblen Wechselkursen möglich erscheinen, denn preisinduzierte Änderungen des Außenbeitrags können bspw. durch gegenläufige Entwicklungen in der Kapitalbilanz kompensiert werden, so dass keine (vollständige) Kompensation der Preisänderungen durch Wechselkursanpassungen erfolgt. Analog ist auch die Existenz eines direkten internationalen Konjunkturzusammenhangs als grundsätzlich unabhängig von dem bestehenden Wechselkursregime zu betrachten. Allerdings besteht bei flexiblen Wechselkursen nach herrschender Meinung eine gute Chance, dass Störungen aus dem Ausland von der nationalen Stabilisierungspolitik wirksam bekämpft werden können.

8 Wechselkurseffekt, Inlandspreise und terms of trade

Wir haben bisher die drei wesentlichen Verbindungskanäle betrachtet, deren Existenz eine enge ökonomische Verzahnung zwischen dem In- und dem Ausland begründet. Mit Blick auf Abb. 4.1 auf Seite 55 kann man sagen, dass durch den internationalen Konjunktur-, Preis- und Zinszusammenhang horizontale Interdependenzen zwischen offenen Volkswirtschaften bestehen.

8.1 Wechselkurseffekt

Als weitere Vorarbeit für die Analyse des Dritten Teils greifen wir nun aus Abb. 4.1 den Wechselkurseffekt heraus. Der Wechselkurseffekt bezeichnet den Einfluss von Wechselkursänderungen auf den Außenbeitrag, wobei wir uns zunächst auf den *Außenbeitrag in Inlandswährung* konzentrieren. Dies entspricht der bisherigen Vorgehensweise, ist hier jedoch hervorzuheben, weil im Zusammenhang mit dem Wechselkurseffekt auch der Außenbeitrag in Auslandswährung eine wichtige Rolle spielt. Um diese Effekte genau zu erfassen, halten wir die Zinsen, das Einkommen sowie die Preise im Inland vorerst konstant. Wir werden aber sehen, dass Wechselkursänderungen letztlich sowohl das Inlandspreisniveau als auch das inländische Volkseinkommen nicht unberührt lassen.

Der nominale Wechselkurs ist der Preis, zu dem zwei Währungen ausgetauscht werden. Wir unterscheiden den Wechselkurs in Preisnotierung, bspw. 0,80 € pro US-$ (Devisenkurs) und den Wechselkurs in Mengennotierung, bspw. 1,25 $ pro €. Letzterer ergibt sich als Kehrwert der Preisnotierung. Im Devisenhandel der meisten Länder – so auch in der Bundesrepublik Deutschland – wird der Wechselkurs in Mengennotierung verwendet. Für die theoretische Analyse erscheint es indes zweckmäßiger, auf den *Wechselkurs in Preisnotierung* abzustellen. Im Weiteren werden wir deshalb unter „Wechselkurs" den Kurs in Preisnotierung verstehen. Bei dieser Terminologie bedeutet also bspw. ein Ansteigen des Wechselkurses von 0,80 €/$ auf 1,00 €/$ eine $-Aufwertung um 25 %. Dem entspricht eine €-Abwertung um 20 %, nämlich von 1,25 $/€ auf 1,00 $/€. Das heißt, dass die amerikanischen Güter in Deutschland um 25 % teurer und die deutschen Güter in den USA um 20 % billiger angeboten werden. Dies gilt zumindest für den aus der Wechselkursänderung unmittelbar folgenden Anfangseffekt. Im weiteren Verlauf kommt es dann natürlich zu Preisanpassungen durch das Zusammenspiel von Angebot und Nachfrage. (In der Praxis werden die deutschen Importeure zudem versuchen, eine Reduzierung des Angebotspreises in Dollar zu erreichen, um so die währungsbedingte Verteuerung der amerikanischen Güter zumindest teilweise zu kompensieren.)

Wie wirkt sich nun eine solche Wechselkursänderung auf den in € gemessenen deutschen Außenbeitrag aus? Man kann dies anhand einer grafischen Darstellung veranschaulichen. Dabei betrachten wir den inländischen Importmarkt und den inländischen Exportmarkt (siehe Abb. 8.1).

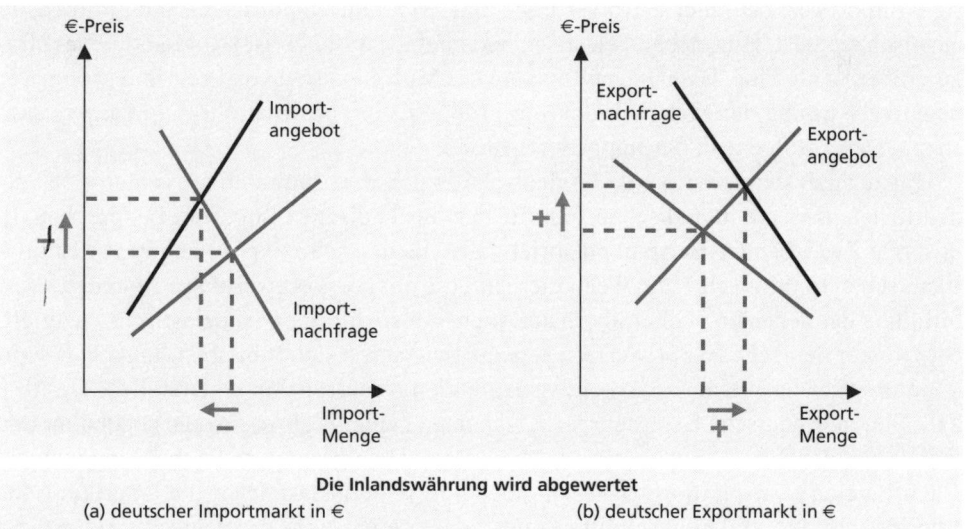

Abb. 8.1: Wirkung einer Abwertung der Inlandswährung auf Importwert und Exportwert in Inlandswährung

Eine €-Abwertung (= $-Aufwertung) führt auf dem €-*Importmarkt* zu einer Drehung der Import-Angebotskurve nach oben.

In unserem Beispiel werden die deutschen Importe aus den USA – in € gerechnet – um 25 % teurer. Dadurch geht die Importnachfrage zurück. Das heißt, wir haben es hier – ähnlich wie schon bei der Betrachtung von Preissteigerungen – mit zwei entgegengesetzten Einflüssen auf den Importwert zu tun. Der Importwert ergibt sich als Produkt aus Preis und Menge der importierten Güter. Die Preissteigerung durch die $-Aufwertung wirkt so, dass sie den Importwert erhöht, und der durch die Preissteigerung bewirkte Mengenrückgang wirkt so, dass er den Importwert senkt. Es hängt also letztlich von der Preiselastizität der Importnachfrage ab, ob nach einer Abwertung der Inlandswährung der Importwert steigt oder sinkt. Bei hinreichend (preis-)elastischer Importnachfrage wird der Importwert (in €) per Saldo abnehmen.

Was passiert auf dem €-*Exportgütermarkt*? Hier kommt es zu einer Drehung der Export-Nachfragekurve nach oben. Die in € gemessene Kaufkraft der US-Importeure steigt um 25 %. Die Abnehmer aus den USA werden daher mehr deutsche Exportgüter nachfragen. Dadurch steigt deren Preis in €, aber auch die abgesetzte Menge, so dass der Exportwert (in €) zunimmt.

Im Ergebnis wird – bei hinreichend preiselastischer Importnachfrage – der inländische Außenbeitrag zunehmen, wenn die Inlandswährung abgewertet wird. Man nennt dies eine normale Reaktion des Außenbeitrags. Um die Voraussetzungen für eine solche Normalreaktion bei Wechselkursänderungen etwas näher zu beleuchten, greifen wir auf die Preiselastizität der Nachfrage zurück. Wir haben im Beispiel gesehen, dass der deutsche Importwert bei einer €-Abwertung sinkt, wenn die Importnachfrage hinreichend elastisch reagiert. Hinreichend elastisch bedeutet, dass die Preiselastizität der Nachfrage größer ist als Eins. Dann ist nämlich bei der Multiplikation von Preis und Menge die negative Wirkung der Mengenreduktion größer als die positive Wirkung des Preisanstiegs. Demzufolge geht der Importwert zurück.

Um zu analysieren, wie stark der deutsche Exportwert zunimmt, muss man sich verdeutlichen, dass die inländischen Exporte den ausländischen Importen entsprechen. In unserem Zwei-Länder-Beispiel entspricht also die deutsche Exportnachfrage der amerikanischen Importnachfrage. Wenn diese auf die mit der €-Abwertung verbundene Verbilligung der deutschen Güter überhaupt nicht – also völlig preisunelastisch – reagiert, so wird der deutsche Exportwert (in € gemessen) unverändert bleiben. In Abb. 8.1 (b) könnten wir dies in einer senkrecht verlaufenden Nachfragekurve darstellen. Der in € kalkulierende deutsche Exporteur sieht sich dann keiner Mehrnachfrage gegenüber und erzielt bei gleichem €-Angebotspreis keine Umsatzsteigerung. Je flacher hingegen die Nachfragekurve am Exportmarkt ist, das heißt, je preiselastischer die amerikanische Importnachfrage im Durchschnitt reagiert, desto mehr wird der deutsche Exportwert zunehmen.

> Fasst man nun die Erkenntnisse über die Reaktion des Import- und des Exportwertes zusammen, so lässt sich allgemein daraus folgern: Eine Abwertung der Inlandswährung wird um so eher zu einer Zunahme (Verbesserung) des Außenbeitrags (in Inlandswährung) führen, je elastischer die inländische Nachfrage nach Importgütern (aus dem Ausland) und je elastischer die ausländische Nachfrage nach Exportgütern (aus dem Inland) reagiert. Umgekehrt nimmt die Wahrscheinlichkeit einer anomalen Reaktion des Außenbeitrags zu, je unelastischer die Nachfrage nach Import- und Exportgütern reagiert.[4] Diese Aussagen gelten gleichermaßen für die Reaktion des Außenbeitrags in Auslandswährung. Die entsprechenden Zusammenhänge lassen sich anhand von Abb. 10.1, Seite 88, nachvollziehen. Wie der Außenbeitrag, gemessen in ausländischen Währungseinheiten, reagiert, ist insofern wichtig, als hiervon die Vorgänge auf dem Devisenmarkt entscheidend beeinflusst werden. Genauer gesagt, ist eine normale Reaktion des Außenbeitrags in Auslandswährung die Voraussetzung für stabile Anpassungsvorgänge auf dem Devisenmarkt. Wir erörtern dies in Kapital 10.2.

Der (in Inlandswährung gemessene) Außenbeitragseffekt einer Abwertung der Inlandswährung lässt sich für den Fall einer Normalreaktion mit dem folgenden Wirkungsablauf skizzieren (wobei wir von normal verlaufenden Angebots- und Nachfragekurven ausgehen):

> Abwertung der Inlandswährung (Aufwertung der Auslandswährung)
>
> ▼
>
> Importpreise des Inlands steigen, während die Importmenge sinkt. Bei hinreichend elastischer Importnachfrage sinkt der Importwert.
>
> und

---

[4] Die Voraussetzungen für eine solche Normalreaktion bei Wechselkursänderungen werden durch die *Marshall-Lerner-Bedingung* präzisiert. Diese unterstellt eine unendlich große Angebotselastizität auf dem Import- und Exportmarkt sowie einen in der Ausgangslage ausgeglichenen Außenbeitrag. Entsprechend der Marshall-Lerner-Bedingung verursacht eine Währungsabwertung dann eine Außenbeitragsverbesserung, wenn die Summe der Preiselastizitäten von Export- und Importnachfrage größer als 1 ist. Eine nicht nur unter diesen sehr restriktiven Annahmen geltende, sondern allgemein gültige Formel für die Reaktion des Außenbeitrags existiert in Gestalt der *Robinson-Bedingung*. Der interessierte Leser sei auf die am Ende des Zweiten Teils angegebene Literatur verwiesen.

> Exportmenge und Exportpreise des Inlands steigen. Dadurch steigt der Exportwert.
>
> ▼
>
> Außenbeitrag des Inlands steigt (Normalreaktion).

Im Falle einer Aufwertung der Inlandswährung ergäbe sich unter den gleichen Bedingungen ein analoger Anpassungsprozess mit umgekehrtem Vorzeichen. In beiden Fällen muss man sich vorstellen, dass bspw. eine Verschiebung der €/$-Relation nicht nur die Wettbewerbsposition der deutschen Unternehmen gegenüber dem Dollarraum beeinflusst. Vielmehr ändert sich auch die Konkurrenzlage auf Drittmärkten, und zwar bei all den Gütern, die in $ fakturiert werden. Bei einer €-Aufwertung (gegenüber dem Dollar) hätten US-Anbieter dort Preisvorteile im Wettbewerb. Branchen, in denen international in Dollar abgerechnet wird, sind insbesondere der Schiff- und Flugzeugbau sowie die Mineralölindustrie. Es ist an dieser Stelle noch zu betonen, dass unsere gesamten Betrachtungen zum Wechselkurseffekt ausschließlich das *ökonomische Wechselkursrisiko* betreffen. Wie später auszuführen sein wird, sind Wechselkursänderungen darüber hinaus mit anderen Risiken, insbesondere dem Transaktionsrisiko, verbunden (siehe Kapitel 20.1).

8.2 J-Kurven-Effekt

Die Frage, ob der Außenbeitrag bei Wechselkursänderungen eher „normal" oder „anomal" reagiert, wird in der Literatur kontrovers beurteilt. Die *Elastizitätsoptimisten* gehen von hohen (absoluten) Werten für die Nachfrageelastizitäten bei Ex- und Importgütern und damit von einer Normalreaktion des Außenbeitrags aus. Hierfür spricht auch, dass der Anteil relativ preiselastischer verarbeiteter Produkte am Welthandel im Vergleich zu dem der relativ preisunelastischen Rohstoffe in den letzten Jahrzehnten gestiegen ist.

> Schätzungen des Internationalen Währungfonds über die Preiselastizitäten gehandelter Industrieprodukte zeigen, dass für die meisten der betrachteten Industrieländer (auch für Deutschland) in kurzer Frist (innerhalb 12 Monaten) und nahezu für alle in langer Frist (nach mehr als 12 Monaten) die für eine Normalreaktion notwendigen hohen Elastizitätswerte gelten. In der sehr kurzen Frist, d.h. in den ersten 6 Monaten nach einer Wechselkursänderung (bzw. allgemein einer Änderung der „relativen Preise"), sind indes in den meisten Fällen die gemessenen Elastizitäten so gering, dass mit einer anomalen Außenbeitragsreaktion gerechnet werden muss.

Bezüglich der „sofortigen Wirkung" von Wechselkursanpassungen erscheint deshalb ein *Elastizitätspessimismus* durchaus gerechtfertigt. Der wichtigste Grund dafür liegt in der Zeitverzögerung, mit der die Ex- und Importmengen auf veränderte Wechselkurse reagieren.

So bedeutet eine Abwertung für das davon betroffene Land eine schlagartige Erhöhung der Importpreise. Die Importeure werden daraufhin nicht in jedem Fall sofort ihre nachgefragte Menge einschränken können. Hinderlich wirken dabei etwa längerfristig geschlossene Lieferverträge oder möglicherweise auch die Tatsache, dass die im Preis gestiegenen Importgüter nicht so einfach durch andere aus dem Inland oder (im Mehr-Länder-Fall) einem preisgünstigeren fremden Land stammende Produkte zu ersetzen sind. Letzteres macht unter Umständen sogar Produktionsumstellungen im Inland notwendig. Das heißt, die Nachfrageelastizität der Importe ist in solchen Fällen über eine mehr oder weniger lange Zeitspanne (je nach Flexibilität des Landes) relativ gering.

Eine ähnliche Überlegung lässt sich auch für die Exportseite anstellen. Zwar werden nach einer Abwertung die inländischen Güter im Ausland (in der dortigen Währung) billiger, wenn wir unveränderte Angebotspreise in Inlandswährung unterstellen. Die Frage ist aber, wie rasch die ausländischen Importeure ihre nachgefragte Menge ausdehnen können oder wollen. Auch hier ist deshalb jedenfalls zunächst eine relativ geringe Nachfrageelastizität denkbar, so dass der Preisaufschlagsspielraum für die inländischen Exporteure gering ist.

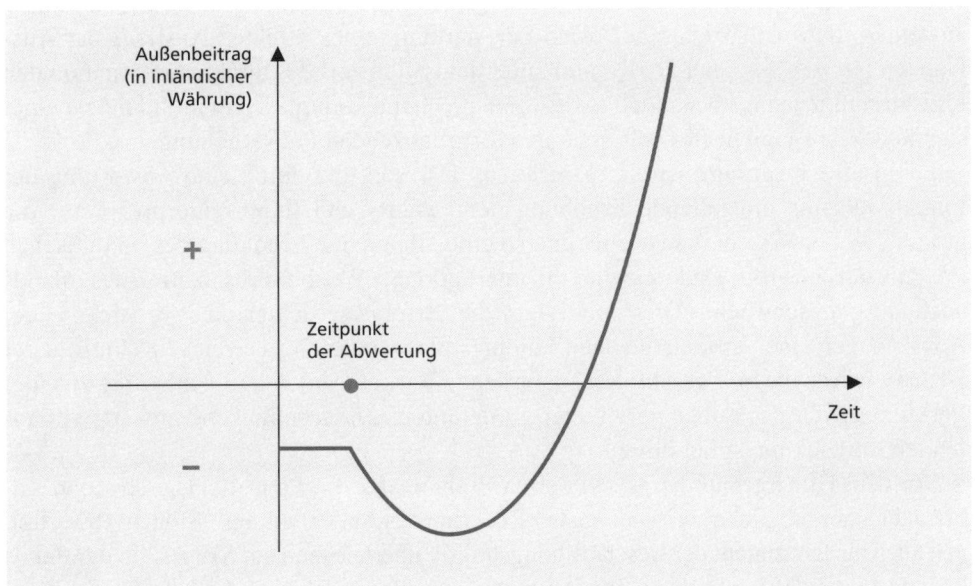

Abb. 8.2: J-Kurve: Typische Reaktion des Außenbeitrags auf eine Abwertung

Alles in allem würde in dem betrachteten Fall der Importwert zunehmen, während der Exportwert nicht oder nur wenig steigt. Die Folge wäre, dass sich der Außenbeitrag bei einer Abwertung verschlechtert und damit „anomal" reagiert. Erst die fortschreitende Anpassung der Import- und Exportmengen ermöglicht eine „normale" Reaktion, das heißt eine Verbesserung, des Außenbeitrags.

Der so charakterisierte Wirkungsablauf wird durch den *J-Kurven-Effekt* beschrieben. Abb. 8.2 illustriert den J-förmigen Verlauf, den die Entwicklung des Außenbeitrags als Folge einer Abwertung nehmen kann. Wir gehen dabei von einem in der Ausgangssituation bestehenden Außenbeitragsdefizit aus.

8.3 Fernwirkungen einer Wechselkursänderung

Die mit der J-Kurve ausgedrückten Anpassungsprobleme sind durchaus an einer Reihe von Beispielen belegbar. Des Weiteren ist zu bedenken, dass auch eine letztendlich zu erwartende Normalreaktion nur als „Nahwirkung" einer Wechselkursänderung aufzufassen ist. Hinzu treten, über einen längeren Zeitraum betrachtet, die durch Wechselkursänderungen ausgelösten „Fernwirkungen", die sich in zweifacher Hinsicht bemerkbar machen. Dies betrifft einmal die mit Wechselkursänderungen verbundenen Preiseffekte.

Wir haben gesehen, dass bei einer Abwertung der Inlandswährung normalerweise sowohl die Import- als auch die Exportgüterpreise – jeweils in inländischer Währung – ansteigen. Dies entspricht aber exakt der Wirkung eines direkten Anstiegs der Auslandspreise, wie wir sie im 6. Kapitel unter dem Stichwort des direkten internationalen Preiszusammenhangs behandelt haben. Entsprechend kommt es nun im Inland zu einer sich über alle Bereiche des Gütermarktes fortpflanzenden Preiserhöhung.

Es ist also insgesamt damit zu rechnen, dass sich die durch eine Abwertung der Inlandswährung einstellende Erhöhung der Export- und Importgüterpreise auf die gesamte Volkswirtschaft ausweitet und so eine allgemeine Erhöhung des inländischen Preisniveaus bewirkt. Dadurch wird die internationale Wettbewerbsposition des Inlands nachhaltig geschwächt. Dies relativiert die Erfolgsaussichten des Versuchs, über Abwertungen eine Verbesserung der Zahlungsbilanzsituation zu erreichen. (Im Bild der J-Kurve würde die hier geschilderte dämpfende Wirkung auf den Außenbeitrag zu einer Verkürzung der nach oben gerichteten Linie und einem anschließend abwärts verlaufenden Entwicklungspfad führen.)

Vor dem Hintergrund der geschilderten Problematik des Preiseffekts – sowie in Anbetracht einer möglicherweise anomalen Reaktion des Außenbeitrags – stoßen Abwertungen auch als Instrument der Beschäftigungspolitik überwiegend auf Skepsis. In der Praxis können wir häufig beobachten, dass Abwertungen von den Bürgern des betreffenden Landes abgelehnt und der jeweiligen Regierung als politische Niederlage angerechnet werden. Denn eine (erzwungene) Abwertung ist regelmäßig die Folge eines über längere Zeit defizitären Außenbeitrags, welcher seinerseits anzeigt, dass das Land im Vergleich zu seiner Absorption zu wenig produziert. Ein solches Land gilt als „schwach". Eine Abwertung zielt nun auf eine fühlbare Drosselung der Absorption, da durch die Verteuerung der Auslandsgüter (für sich allein genommen) das „kaufkraftmäßige" Volkseinkommen der Bevölkerung – sozusagen als Folge überhöhten Konsums – reduziert wird.

Neben dem – mikroökonomisch zu begründenden – Einfluss auf das Inlandspreisniveau (und damit letztlich auf den Außenbeitrag) gehen von Wecselkursänderungen weiterhin Fernwirkungen in makroökonomischer Hinsicht aus. Diese haben ihren Ursprung in der durch Wechselkursänderungen ausgelösten Anpassung des (nominalen) Außenbeitrags. Damit verbunden ist eine Änderung der volkswirtschaftlichen Gesamtnachfrage, die sich wiederum in einer Änderung des realen Inlandsprodukts sowie des Preisniveaus niederschlägt. Dadurch kommt es aber zu „Rückkopplungseffekten" auf den Außenbeitrag. Selbst bei ursprünglich normaler Reaktion des Außenbeitrags ist deshalb keineswegs sichergestellt, wie sich der Außenbeitrag insgesamt gesehen entwickelt.

8.4 Wirkung auf die terms of trade

Ergänzend zu der bisherigen Analyse fragen wir nun nach der Wirkung einer Wechselkursänderung auf die terms of trade. Die *terms of trade* bezeichnen das Verhältnis der Exportgüterpreise zu den Importgüterpreisen (in Inlandswährung). Im angenommenen Fall einer Abwertung der heimischen Währung steigen aber typischerweise sowohl die Export- als auch Importgüterpreise. Deshalb ist die Wirkung einer Abwertung auf die terms of trade zunächst unklar. Sie hängt davon ab, wie stark sich die Exportpreise im Vergleich zu den Importpreisen erhöhen. Die Exportpreise werden umso stärker zunehmen, je höher die Mehrnachfrage des Auslands (aufgrund der abwertungsbedingten Verbilligung der inländischen Güter) ausfällt, das heißt je elastischer die Exportnachfrage ist.

Die Importpreise werden umso weniger steigen, je stärker die Nachfrage des Inlands (aufgrund der abwertungsbedingten Verteuerung der ausländischen Güter) zurückgeht, das heißt je elastischer die Importnachfrage ist.

> Zusammenfassend kann man also feststellen: Die terms of trade werden sich aus der Sicht des abwertenden Landes um so eher verbessern, je größer die Nachfrageelastizitäten für Export- und Importgüter sind. Da diese Bedingung mit den Voraussetzungen für eine Normalreaktion des Außenbeitrags übereinstimmt, lässt sich folgern: Die terms of trade des abwertenden Landes werden sich im Falle einer „normalen" Reaktion des Außenbeitrags tendenziell verbessern, während im Falle einer „anomalen" Reaktion tendenziell mit einer Verschlechterung zu rechnen ist.

9 Zusammenfassung ausgewählter Ergebnisse

Wir wollen einige wesentliche der im zweiten Teil herausgearbeiteten Ergebnisse nochmals in einer Übersicht zusammenfassen. Es handelt sich um die *Zahlungsbilanzeffekte*, die das Inland betreffen und durch eine Änderung des Volkseinkommens, des Preisniveaus, des Zinsniveaus oder des Wechselkurses ausgelöst werden. Weiterhin betrachten wir den *Außenbeitragseffekt* auf das Volkseinkommen. Wir gehen dabei davon aus, dass sich im Inland – bspw. durch eine entsprechende geld- oder fiskalpolitische Maßnahme bzw. eine Wechselkursanpassung – ein Anstieg des jeweils betrachteten Parameters ergibt. Beim Einkommens-, Preis- und Zinseffekt stellen wir dieselbe Überlegung für den Fall an, dass der Impuls vom Ausland ausgeht. Sämtliche anderen Parameter gelten gleichzeitig als konstant. Bei einer Senkung der jeweiligen Makrogröße ergäben sich die gleichen Zusammenhänge mit umgekehrtem Vorzeichen.

Die Kenntnis dieser Effekte ist grundlegend für die Erörterung wirtschaftspolitischer Fragen im dritten Teil. Wir verwenden für die Darstellung die folgenden Symbole:

Y^r = reales Volkseinkommen; P = Preisniveau; z = Zinsniveau; w = Wechselkurs in Preisnotierung (Devisenkurs); M = Importwert des Inlands; X = Exportwert des Inlands; (X - M) = Außenbeitrag des Inlands; K = Netto-Kapitalimporte des Inlands; i = im Inland; a = im Ausland.

Unter Verwendung dieser Symbole gilt für den ...

... Einkommenseffekt	:	$Y^r_i\uparrow \Rightarrow M\uparrow \Rightarrow (X-M)\downarrow$
bzw.	:	$Y^r_a\uparrow \Rightarrow X\uparrow \Rightarrow (X-M)\uparrow$
... Preiseffekt	:	$P_i\uparrow \Rightarrow X\downarrow, M\uparrow \Rightarrow (X-M)\downarrow$ (Normalreaktion)
bzw.	:	$P_a\uparrow \Rightarrow X\uparrow, M\downarrow \Rightarrow (X-M)\uparrow$ (Normalreaktion)
... Zinseffekt	:	$z_i\uparrow \Rightarrow K\uparrow$ bzw. $z_a\uparrow \Rightarrow K\downarrow$
... Wechselkurseffekt	:	$w\uparrow \Rightarrow X\uparrow, M\downarrow \Rightarrow (X-M)\uparrow$ (Normalreaktion)
... Außenbeitragseffekt	:	$(X-M)\uparrow \Rightarrow Y^r_i\uparrow, P_i\uparrow$

Übungsfragen

1. Diskutieren Sie die konjunkturpolitische Wirksamkeit einer Staatsausgabenerhöhung, wenn man Rückwirkungen aus dem Ausland berücksichtigt.

2. Vergleichen Sie die unter 1. gewonnenen Ergebnisse mit den Effekten einer Exportsteigerung.

3. Unter welchen Bedingungen ist als Folge von Preiserhöhungen im Ausland eine „anomale" Reaktion des inländischen Außenbeitrags denkbar?

4. Wie verläuft der Prozess des „direkten internationalen Preiszusammenhangs"?

5. Erklären Sie die Bedeutung der „Portfolioanalyse" für den internationalen Kapitalverkehr.

6. Erläutern Sie, was man unter „Zinsarbitrage" versteht. Welche Konsequenzen kann man hieraus für den Zinszusammenhang zwischen Inland und Ausland ziehen? Unterstellen Sie feste Wechselkurse.

7. Überlegen Sie, inwieweit eine direkte grenzüberschreitende Wirtschaftsbeeinflussung auch in Systemen flexibler Wechselkurse möglich erscheint.

8. Analysieren Sie die Wirkung von Wechselkursänderungen auf den Außenbeitrag in Inlands- sowie in Auslandswährung.

9. Aus welchen Gründen stoßen Abwertungen als Instrument der Beschäftigungspolitik überwiegend auf Skepsis? Differenzieren Sie zwischen mikroökonomischen und makroökonomischen sowie zwischen kurzfristigen und langfristigen Wirkungen von Währungsabwertungen.

10. Definieren sie den Zusammenhang zwischen einer Änderung des Wechselkurses und den terms of trade dieses Landes. Was bedeutet es, wenn sich die terms of trade verändern?

Literatur zum zweiten Teil

CLAASSEN, EMIL-MARIA: Monetäre Außenwirtschaftslehre, München 1996
JARCHOW, HANS-JOACHIM; RÜHMANN, PETER: Monetäre Außenwirtschaft, Bd. I: Monetäre Außenwirtschaftstheorie, 5. Aufl. Göttingen 2000
OBSTFELD, MAURICE; ROGOFF, KENNETH: Foundations of International Macroeconomics, Cambridge (Mass.) 1996
ROSE, KLAUS; SAUERNHEIMER, KARLHANS: Theorie der Außenwirtschaft, 14. Aufl. München 2006
WILLMS, MANFRED: Internationale Währungspolitik, 2. Aufl. München 2006

3 | Wirtschaftspolitik in unterschiedlichen Währungssystemen

Lernziele

Primäres Erkenntnisobjekt des dritten Teils sind die Wirkungsmechanismen wirtschaftspolitischer Maßnahmen in unterschiedlichen Währungssystemen. Um diese zu verstehen, bedarf es – neben dem Wissen um die bereits im zweiten Teil behandelten Zusammenhänge – einiger grundlegender Erläuterungen. Im 10. Kapitel wird der Leser deshalb mit den wichtigsten Bausteinen des internationalen Währungsgeschehens vertraut gemacht. Hierzu stellen wir die verschiedenen Formen von Währungssystemen zunächst kurz vor und untersuchen, wie sich Wechselkurse am Devisenmarkt bilden. Daraufhin analysieren wir die zentralen Funktionsmerkmale eines Systems flexibler sowie eines Systems fester Wechselkurse. In diesem Zusammenhang richtet sich unser Augenmerk auch auf die Rolle der internationalen Spekulation. Des Weiteren erklären wir das Currency Board, welches eine spezielle Form eines Festkurssystems darstellt. Die nachfolgende Auseinandersetzung mit der Effektivität der nationalen Wirtschaftspolitik im 11. Kapitel mündet in einer vergleichenden Bewertung der beiden genannten Wechselkursregime (12. Kapitel). Das 13. Kapitel widmet sich schließlich den Grundlagen und Kernproblemen der Europäischen Währungsunion.

10 Funktionsmerkmale unterschiedlicher Währungssysteme

10.1 Devisen, Devisenmarkt und Währungssysteme

Die mit grenzüberschreitenden Güter- und Kapitalbewegungen verbundenen Zahlungen können in inländischer Währung oder in ausländischer Währung erfolgen.

10.1.1 Devisen

Bei Zahlung in ausländischer Währung handelt es sich um Devisenzahlungen, das heißt, die verwendeten Zahlungsmittel sind Devisen. Darunter fallen

- täglich fällige Guthaben (Währungskontobestände) bei ausländischen Kreditinstituten (in ausländischer Währung) sowie

- Schecks und Wechsel, die auf ausländische Währungen lauten und im Ausland zahlbar sind. Noten und Münzen in ausländischer Währung werden dagegen als *Sorten* bezeichnet.

Für den internationalen Zahlungsverkehr sind vor allem die von inländischen Kreditinstituten unterhaltenen täglich fälligen (Sicht-) Guthaben bei ausländischen Kreditinstituten bedeutsam. Da diese Bankguthaben an bestimmten Plätzen im Ausland verfügbar sind, das heißt, dort ausgezahlt werden können, spricht man von Auszahlungen, bspw. bei US-$ von „Auszahlung New York", bei Pfund-Sterling von „Auszahlung London".

Nach Art und Umfang der Konvertierbarkeit (Konvertibilität) der Devisen unterscheidet man

- *frei konvertierbare Devisen.*
  Diese auch „Hartwährungen" genannten Devisen werden von der Zentralbank des Währungslandes unbeschränkt in jede andere Währung umgetauscht. Völlig frei konvertierbar sind praktisch nur die führenden internationalen Währungen. Daneben gibt es

- *beschränkt konvertierbare Devisen.*
  Man spricht auch von „Weichwährungen". Sie werden von der Zentralbank des Währungslandes nicht unbeschränkt in andere Währungen umgetauscht. Hierzu zählen einzelne EU-Währungen, die nur für Ausländer konvertierbar sind. Schließlich existieren

- *nicht konvertierbare Devisen.*
  Diese unterliegen der „Devisenbewirtschaftung" (Devisenzwangswirtschaft), welche unter anderem auf mengenmäßigen Ablieferungspflichten und Zuteilungsregelungen basiert. Dadurch wird der internationale Handel offenkundig stark behindert. Die oftmals daraus folgenden Ausweichreaktionen der Ex- und Importeure führen dann zu immer weitergehenden Restriktionsmaßnahmen, so dass am Ende vielfach nur noch Tauschgeschäfte (barter trade bzw. countertrade) stehen. Die Entwicklung der ehemaligen Staatshandelsländer veranschaulicht dies.

10.1.2 Devisenmarkt

Der Austausch von Devisen in heimische Währung bzw. umgekehrt von heimischer Währung in Devisen erfolgt am Devisenmarkt. Wir werden auf die Usancen des Devisenmarktes bzw. Devisenhandels im vierten Teil ausführlicher eingehen. Vorerst beschränken wir uns auf die für die makroökonomische Betrachtung erforderlichen Grundlagen. Nach der Verfügbarkeit der gehandelten Devise unterscheidet man zwischen dem Kassamarkt und dem Terminmarkt.

- *Devisenkassamarkt*
  Auf dem Kassamarkt werden die verkauften bzw. erworbenen Devisen spätestens zwei Tage nach Vertragsabschluss zur Verfügung gestellt.

- *Devisenterminmarkt*
  Auf dem Terminmarkt findet typischerweise die Bereitstellung der Devisen und die Zahlung des Gegenwerts erst zu einem späteren Zeitpunkt statt, häufig erst nach einem oder mehreren Monaten. Der genaue Zahlungstermin sowie der Gegenwert (Kurs) werden allerdings zum Zeitpunkt des Geschäftsabschlusses festgelegt.

Aus dem Angebot an und der Nachfrage nach Devisen ergibt sich der Wechselkurs, der entweder ein Kassakurs oder ein Terminkurs sein kann. Der Wechselkurs kann sowohl in Preisnotierung als auch in Mengennotierung genannt werden (siehe hierzu auch Seite 71). Im Devisenhandel werden Wechselkurse meist als Mengennotierungen angegeben. Mengennotierungen zeigen, wie viel Einheiten (welche Mengen) einer ausländischen Währung für eine Einheit inländischer Währung erhältlich sind. Für die theoretische Analyse werden wir gleichwohl auf den nominalen Wechselkurs in Preisnotierung abstellen. Er bezeichnet den Preis einer Fremdwährung, gemessen in heimischer Währung. Wir sprechen vom Devisenkurs.

10.1.3 Währungssysteme

Der oben angesprochene Devisenhandel vollzieht sich im Rahmen einer internationalen Geldordnung, die man als internationales Währungssystem bezeichnet. Unter dem Begriff des internationalen Währungssystems verstehen wir die Gesamtheit der Regeln, nach denen die Wirtschaftssubjekte eines Landes die Bezahlung ihres internationalen Güter- und Kapitalverkehrs in unterschiedlichen Währungen durchführen können.

Währungssysteme lassen sich hauptsächlich durch zwei Kriterien kennzeichnen. Ein Merkmal ist der *Grad der Freizügigkeit* grenzüberschreitender Zahlungen.

- In einem Währungssystem mit *freier Konvertierbarkeit* können sowohl Inländer die Währung ihres Landes unbeschränkt in jede andere Währung umwechseln (Inländerkonvertibilität) als auch Ausländer die betreffende Devise gegen jede andere Währung eintauschen (Ausländerkonvertibilität). Wie die Unterscheidung der Devisenarten gezeigt hat, gibt es von diesem Ideal völliger Freiheit abgestufte Abweichungen. So kann die Konvertierbarkeit auf bestimmte Verwendungszwecke, Länder oder Personen beschränkt werden.

- In einem System der *Devisenbewirtschaftung* ist die Konvertierbarkeit hingegen völlig aufgehoben. Hier legt der Staat die Preise für die jeweiligen ausländischen Zahlungsmittel fest. Einen Devisenmarkt gibt es praktisch nicht. Vielmehr dürfen An- und Verkauf von Devisen nur über dafür zuständige Behörden zu offiziellen Kursen getätigt werden. Typischerweise sind die Währungen solcher Länder oftmals überbewertet, so dass der Handel regelmäßig auf den „Schwarzmarkt" ausweicht.

Währungssysteme mit (mehr oder weniger) freier Konvertibilität können weiterhin nach dem gewählten *Wechselkursregime* unterschieden werden.

- In einem Währungssystem mit *frei flexiblen Wechselkursen* bilden sich die Devisenkurse völlig ungehindert aus dem Zusammenspiel von Angebot und Nachfrage der Marktteilnehmer am Devisenmarkt. Dieser idealtypische Fall ist in der Realität letztlich so gut wie nie anzutreffen. Wesentlich häufiger wird dem gegenüber

- ein Währungssystem mit flexiblen Wechselkursen und *managed floating* (auch als „schmutziges Floaten" bezeichnet) praktiziert. Es ist durch fallweise Eingriffe der Währungsbehörden gekennzeichnet. Beispielsweise besteht ein solches System faktisch im Verhältnis der weltweit führenden Währungen US-$, Japanischer Yen und Euro. Daneben existiert in mehreren Regionen der Welt

- ein Währungssystem mit *stufenflexiblen Wechselkursen* (anpassungsfähige Festkurse). In diesem System „relativ fester" Devisenkurse wird jeweils ein bestimmtes Austauschverhältnis zu den Währungen anderer Staaten festgelegt. Man spricht hier auch von Leitkursen oder Paritätskursen. Dabei gibt es zwar einen freien Devisenmarkt, auf dem sich die Kurse nach Angebot und Nachfrage bilden. Der Staat setzt indes Höchst- und Niedrigstkurse fest, bis zu denen der Marktkurs vom Leitkurs abweichen darf. Spätestens bei Erreichen des Höchst- oder Niedrigstkurses sind die Zentralbanken der beteiligten Länder dazu verpflichtet einzugreifen. Die Höchst- und Niedrigstkurse heißen daher auch (obere bzw. untere) *Interventionspunkte*. Die Eingriffe (Interventionen) bestehen darin, dass die Zentralbank des Schwachwährungslandes die Währung des Starkwährungslandes verkauft, während umgekehrt die Zentralbank des Starkwährungslandes die Währung des Schwachwährungslandes ankauft. Dadurch kommt es zu einem zusätzlichen Angebot der starken Währung und einer zusätzlichen Nachfrage nach der schwachen Währung. Die Folge ist eine Stabilisierung des Marktkurses, wodurch dieser wieder näher an den Leitkurs gerückt wird.

Die bekanntesten Beispiele für eine solche Vorgehensweise bildeten das Bretton-Woods-System (1944-1973) sowie das zwischen 1979 und 1998 bestehende Europäische Währungssystem (EWS). In beiden Systemen war zwischen den Währungen seiner Mitglieder ein „Paritätengitter" mit einer bestimmten Schwankungsbreite (Bandbreite) der Marktkurse um die jeweiligen bilateralen Leitkurse festgelegt. Genauso ist es im EWS-II, das die Wechselkursbeziehung zwischen den Mitgliedern der Europäischen Währungsunion und anderen EU-Staaten regelt (siehe Kapitel 13). Für den Fall „fundamentaler Ungleichgewichte" kann in derartigen Systemen stufenflexibler Wechselkurse eine Neufestsetzung (Realignment) der Paritäten vorgenommen werden. Eine (noch) stärkere Annäherung an das System flexibler Wechselkurse bietet die Möglichkeit der Bandbreitenerweiterung, bei der die Spanne, innerhalb derer der Wechselkurs schwanken darf, ausgedehnt wird. Man spricht hier auch von limitierter Wechselkursflexibilität. Sowohl im Bretton-Woods-System als auch im EWS wurden beide genannten Möglichkeiten in Anspruch genommen. Schließlich wird gelegentlich die Einführung des crawling peg erwogen, bei dem Leitkursänderungen nicht abrupt und in größerem Ausmaß, sondern häufiger und in kleineren Schritten (graduell) stattfinden.

- In einem System mit absolut *festen Wechselkursen* ist der Wechselkurs grundsätzlich unwiderruflich fixiert. Beispiel hierfür war das vor dem 1. Weltkrieg (und teilweise auch noch bis in die 20er Jahre) praktizierte System der Goldwährung. Eine vor allem in Entwicklungsländern teilweise praktizierte Form des Systems fester Wechselkurse ist das Currency Board. Dabei wird eine bestimmte Währungsparität dadurch aufrecht erhalten, dass die inländische Geldbasis in vollem Umfang durch die betreffende „Ankerwährung" gedeckt ist. Unter den gleichzeitigen Voraussetzungen einer uneingeschränkten Konvertibilität der Währungen sowie völliger Freiheit des Kapitalverkehrs entspricht das System absolut fester Wechselkurse einer *Wechselkursunion*, wie sie zwischen den EWS-Ländern von 1999 bis 2002 bestand. Die Wechselkursunion ist ihrerseits eine Vorstufe zu – bzw. was die ökonomischen Konsequenzen angeht – praktisch gleichzusetzen mit einer *Währungsunion*, in der nur noch eine gemeinsame einheitliche Währung existiert. Wir werden auf dieses System im Zusammenhang mit der seit 2002 existierenden Europäischen Währungsunion (EWU) noch ausführlich eingehen.

10.2 Angebot, Nachfrage und Gleichgewicht auf dem Devisenmarkt

Bei der folgenden Analyse der Anpassungsvorgänge, die auf dem Devisenmarkt stattfinden, beschränken wir uns vorerst auf den Devisenkassamarkt. Den Devisenterminmarkt beziehen wir im vierten Teil mit ein, wo wir eine nähere Devisenmarktanalyse durchführen.

10.2.1 Devisenangebot und -nachfrage

Wie entstehen Devisenangebot und Devisennachfrage? Nehmen wir als Beispiel für den Zwei-Länder-Fall den Handel des US-$ in €, so resultiert das Dollarangebot offensichtlich zum Teil aus den Erlösen deutscher Exporteure von Waren-, Dienst- und Faktorleistungen in die USA. Die Lieferanten aus Deutschland bzw. deren Banken wollen die erhaltenen US-$ in € umtauschen. Auch wenn die Fakturierungswährung nicht auf US-$, sondern – wie es im deutschen Export insgesamt überwiegend der Fall ist – auf heimische Währungseinheiten lautet, kommt es zu einem Dollarangebot. Nur bieten dann nicht die deutschen Exporteure, sondern die amerikanischen Importeure bzw. deren Banken US-$ an, um sich die benötigten € zu beschaffen (siehe hierzu auch Kapitel 3.6).

Die Dollarnachfrage resultiert teilweise aus den Aufwendungen deutscher Importeure von Waren-, Dienst- und Faktorleistungen aus den USA. Die Abnehmer in Deutschland brauchen US-$ zur Bezahlung ihrer Importrechnung. Typischerweise wird auch bei den deutschen Importen insgesamt vielfach in € fakturiert.[1] In diesem Fall fragen nicht die deutschen Importeure, sondern die amerikanischen Exporteure US-$ nach.

Bisher haben wir lediglich die Güterexporte und -importe als Bestimmungsgründe für das Dollarangebot und die Dollarnachfrage herangezogen. Für den weitaus größeren Teil des Devisenaufkommens zeichnen indes die Kapitaldisponenten verantwortlich: Wenn amerikanische Anleger auf € lautende Wertpapiere erwerben, so stellt dies aus deutscher Sicht einen (positiven) Kapitalimport dar. Damit verbunden ist eine Zunahme des Dollarangebots. Denn die US-Anleger werden US-$ anbieten, um sich die zur Anlage benötigten € zu beschaffen. (Zu einem Dollarangebot (bzw. einer €-Nachfrage) kommt es auch, wenn deutsche Wertpapierbesitzer auf US-$ lautende Anlagen verkaufen. Dies entspricht aus deutscher Sicht einem negativen Kapitalexport.)

---

[1] Der Grund für die bei deutschen Ex- und Importen häufig vorkommende Fakturierung in € liegt in der (immer noch) relativ starken Verhandlungsposition deutscher Außenhandelsunternehmen. Eine Fakturierung in heimischer Währung ist aus Sicht der inländischen Ex- bzw. Importeure deshalb günstig, weil dadurch das Wechselkursrisiko (transaction risk) vollständig auf den ausländischen Vertragspartner abgewälzt wird (siehe hierzu Kapitel 20.3).

Umgekehrt bildet der Erwerb von auf US-$ lautenden Wertpapieren durch deutsche Anleger aus deutscher Sicht einen (positiven) Kapitalexport, der zu einer erhöhten Dollarnachfrage führt. Die deutschen Anleger werden € anbieten, um in den Besitz der zur Anlage benötigten US-$ zu gelangen. (Zu einer Dollarnachfrage bzw. einem €-Angebot kommt es auch, wenn amerikanische Wertpapierbesitzer auf € lautende Anlagen verkaufen. Dies entspricht aus deutscher Sicht einem negativen Kapitalimport.)

> Als Antwort auf unsere eingangs gestellte Frage können wir nun festhalten: Das Devisenangebot wird durch den – in Auslandswährung gemessenen – Wert der deutschen Güterexporte und Kapitalimporte bestimmt, während die Devisennachfrage von dem – in Auslandswährung gemessenen – Wert der deutschen Importe und Kapitalexporte abhängt. Die Differenz zwischen dem so definierten marktmäßigen Devisenangebot und der marktmäßigen Devisennachfrage bildet den Saldo der Devisenbilanz. (Devisenangebot und Devisennachfrage, die aus unentgeltlichen Übertragungen resultieren, bleiben hier und in den folgenden Betrachtungen unberücksichtigt.)

Der Devisenbilanzsaldo ist das Ergebnis der Interventionen der Zentralbank zum Ausgleich des Devisenmarktes. Interventionen bestehen mithin aus Devisenan- und -verkäufen, wodurch sich die *Währungsreserven* (Netto-Auslandsaktiva) der Zentralbank verändern. Man kann nun die Güterex- und -importe zum Außenbeitrag saldieren. Kapitalimporte und Kapitalexporte ergeben (saldiert) die Nettokapitalimporte. Dabei bedeutet ein positiver Wert, dass netto Kapital importiert wurde. Entsprechend weist ein negativer Wert auf einen Überhang der Kapitalexporte hin (negative Nettokapitalimporte). Insgesamt ergibt sich dann der Saldo der Devisenbilanz als Summe aus dem Außenbeitrag und den Nettokapitalimporten.

Die o. g. Quellen von Devisenangebot und Devisennachfrage (ohne die Transaktionen der Zentralbank) sowie ihr Zusammenhang mit dem Devisenbilanzsaldo können wie links gezeigt dargestellt werden.

Saldo der Devisenbilanz		
=		
Devisenangebot	−	Devisennachfrage
=		
Exportwert + Kapitalimporte	−	Importwert + Kapitalimporte
=		
Außenbeitrag	+	Nettokapitalimporte

10.2.2 Devisenmarktgleichgewicht ohne Kapitalbewegungen

Wir müssen nun, um das Angebot und die Nachfrage am Devisenmarkt in Abhängigkeit vom Wechselkurs darzustellen, noch analysieren, wie die ermittelten Bestimmungsfaktoren des Devisenangebots und der Devisennachfrage auf Wechselkursänderungen reagieren. Dabei wollen wir uns zunächst auf die Reaktion des Export- und Importwertes beschränken. Wir haben diese bereits im zweiten Teil untersucht, allerdings haben wir dort die Reaktion in Inlandswährung betrachtet (siehe Abb. 8.1, Seite 71). Für die Ableitung der Angebots- und Nachfragefunktion auf dem Devisenmarkt kommt es hingegen auf die Reaktion des Ex- und Importwertes in ausländischen Währungseinheiten (US-$) an.

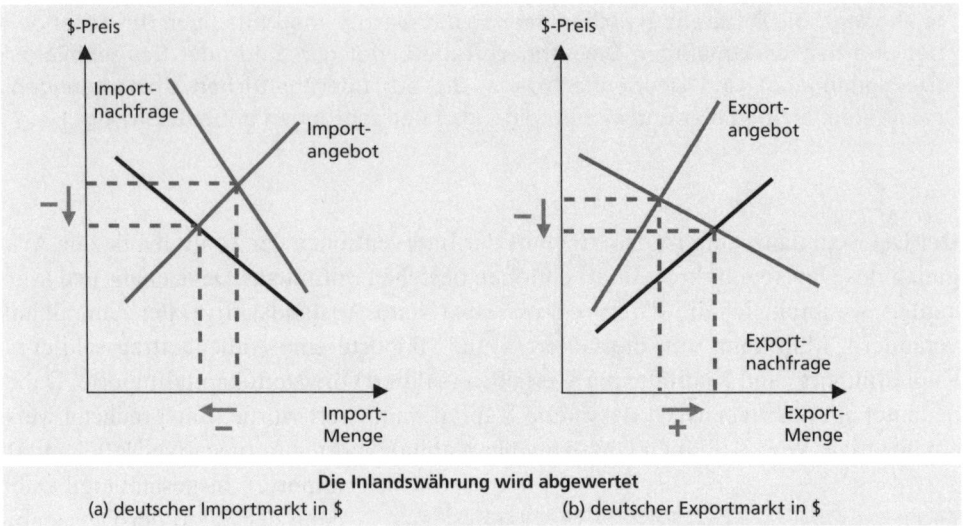

Die Inlandswährung wird abgewertet
(a) deutscher Importmarkt in $ (b) deutscher Exportmarkt in $

Abb. 10.1: Wirkung einer Abwertung der Inlandswährung auf Importwert und Exportwert in Auslandswährung

Wir nehmen an, dass sich der Euro um 20 % abwertet (von 1,25 US-$ pro € auf 1,0 US-$ pro €). Wie Abb. 10.1 (b) zeigt, dreht sich dadurch die Exportangebotskurve nach unten: Die deutschen Güter werden jetzt zu einem um 20 % niedrigeren Dollarpreis angeboten. Dadurch steigt der Exportwert in US-$. Voraussetzung hierfür ist, dass die Exportnachfrage hinreichend elastisch ist. In diesem Fall erhöht sich also das Angebot der Auslandswährung mit steigendem Wechselkurs (in Preisnotierung), d.h. bei einer Euro-Abwertung (= Dollar-Aufwertung). Auf dem Importmarkt kommt es durch die Euro-Abwertung zu einer Drehung der Importnachfragekurve nach unten (siehe Abb. 10.1 (a)): Die in US-$ gemessene Kaufkraft des Euro sinkt (um 20 %). In der Folge geht der Importwert in US-$ zurück. (Nur bei völlig preisunelastischer Importnachfrage bleibt der Importwert konstant.) Dies bedeutet, die Nachfrage nach ausländischer Währung wird mit steigendem Wechselkurs in Preisnotierung sinken. Wir können damit die Konstellation am Devisenmarkt in Abb. 10.2 darstellen.

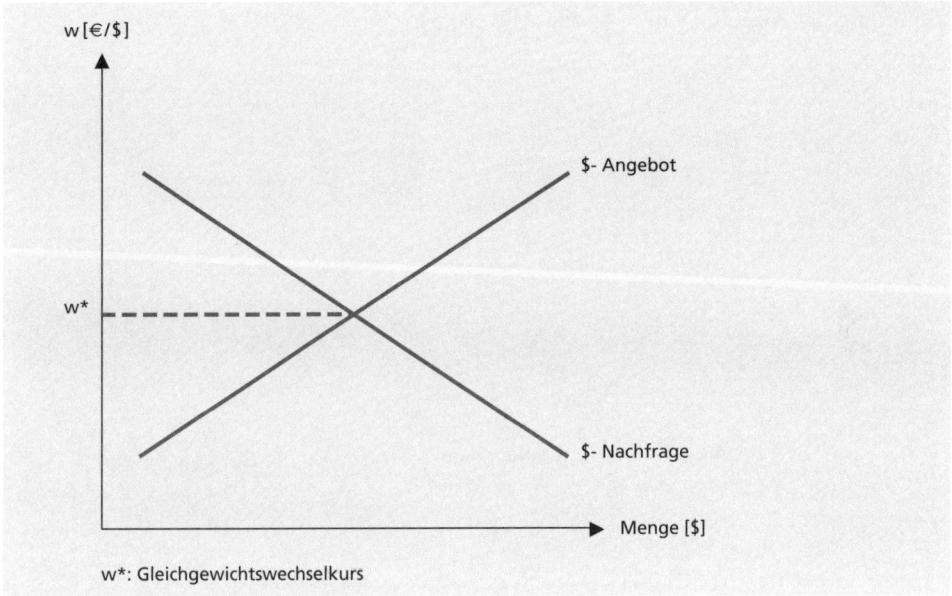

Abb. 10.2: Angebot und Nachfrage auf dem Devisenmarkt

Im Schnittpunkt von Angebot und Nachfrage ergibt sich der *Gleichgewichtswechselkurs*. Bei diesem Kurs sind das Angebot an ausländischer Währung und die Nachfrage nach ausländischer Währung gleich groß. Der Devisenmarkt befindet sich „im Gleichgewicht". Bei der Konstellation, die in Abb. 10.2 dargestellt wird, handelt es sich offensichtlich um ein *stabiles Gleichgewicht*. Abweichungen vom Gleichgewicht lösen einen Anpassungsprozeß aus, der zum Gleichgewicht zurückführt: Liegt der Wechselkurs bspw. oberhalb von w*, so besteht ein Angebotsüberschuss. Dieser bewirkt ein Sinken des Wechselkurses. Umgekehrt existiert bei einem Wechselkurs unterhalb von w* ein Nachfrageüberschuss, der zu einem Anstieg des Wechselkurses führt.

Bei den bisherigen Überlegungen sind wir davon ausgegangen, dass die Exportnachfrage hinreichend elastisch auf eine Wechselkursänderung reagiert (siehe Abb. 10.1). Bekanntlich nimmt die Preiselastizität der Nachfrage entlang der Kurve aber verschiedene Werte an. Im Schnittpunkt mit der Preisachse ist die Elastizität unendlich, und im Schnittpunkt mit der Mengenachse ist die Elastizität 0. In der Mitte der Nachfragekurve ist die Elastizität 1. Das heißt, wenn sich bei einer Euro-Abwertung in Abb. 10.1 (b) die Exportangebotskurve nach unten dreht, dann wandert der Schnittpunkt mit der Nachfragekurve nach unten, und die Preiselastizität geht sukzessive zurück. Ist die Elastizität der Exportnachfrage kleiner als 1, reagiert die Exportnachfrage also *unelastisch*, dann wird der Exportwert in ausländischer Währung bei einer Abwertung der inländischen Währung nicht steigen, sondern sinken. Das heißt, das Angebot an ausländischer Währung geht mit steigendem Wechselkurs zurück. Grafisch äußert sich dies in einer Krümmung der Angebotskurve (siehe Abb. 10.3).

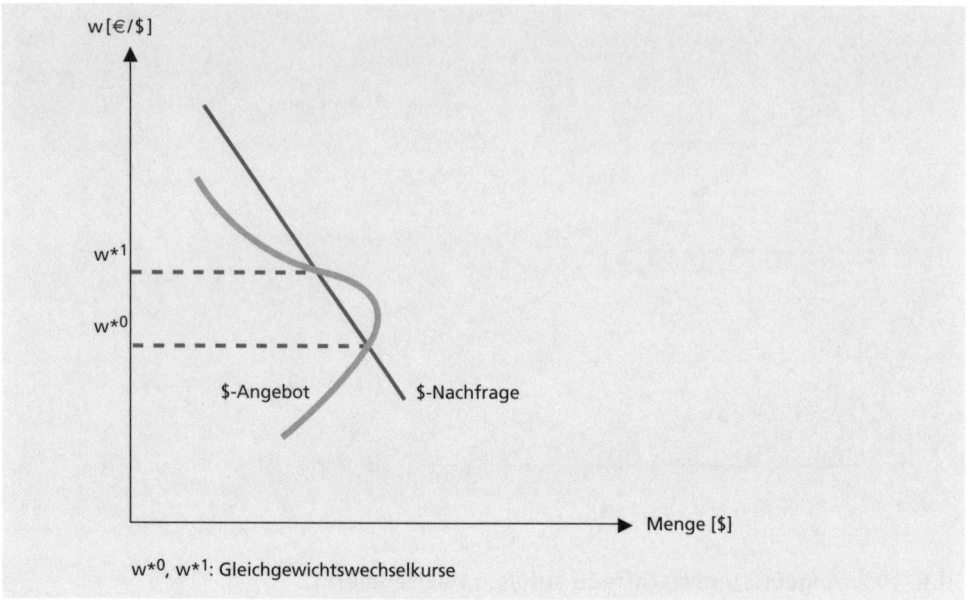

Abb. 10.3: Darstellung eines instabilen Devisenmarkt-Gleichgewichts

Man erkennt, dass in diesem Fall ein entstehendes Devisenmarkt-Gleichgewicht auch *labil* sein kann: Bei einem Wechselkurs oberhalb von w^{*1} besteht ein Nachfrageüberschuss, der den Wechselkurs ansteigen lässt. Zwischen w^{*1} und w^{*0} existiert ein Angebotsüberschuss, und der Wechselkurs sinkt. Abweichungen vom Gleichgewicht w^{*1} führen hier also dazu, dass sich der Kurs noch weiter vom (früheren) Gleichgewichtskurs entfernt und sich das Ungleichgewicht noch verstärkt. Eine Abwertung der inländischen Währung (w steigt) bewirkt, ausgehend vom Gleichgewichtskurs w^{*1}, einen Nachfrageüberschuss nach Devisen. Dieser Nachfrageüberschuss geht auf eine Verschlechterung des (vorher ausgeglichenen) Außenbeitrags zurück. (Der Außenbeitrag ist bei w^{*1} ausgeglichen, da das aus dem Exportwert in ausländischer Währung entstehende Devisenangebot genau der aus dem Importwert in ausländischer Währung resultierenden Devisennachfrage entspricht. Bei dieser Betrachtung sind Kapitalbewegungen als Bestimmungsgründe für Devisenangebot und Devisennachfrage noch nicht berücksichtigt.) Dies bedeutet, dass im Fall des labilen Gleichgewichts offenbar eine *anomale* Reaktion des Außenbeitrags vorliegt.

10.2.3 Berücksichtigung internationaler Kapitalbewegungen

Nachdem wir die Konsequenzen einer anomalen Reaktion des Außenbeitrags für den Devisenmarkt skizziert haben, erweitern wir die Betrachtung. Während wir uns bisher auf das Devisenangebot und die Devisennachfrage beschränkten, die aus Güterein- und -ausfuhren resultierten, berücksichtigen wir nun auch internationale Kapitalbewegungen. Diese haben auf dem Devisenmarkt eine überragende Bedeutung. Ein einfaches Zahlenbeispiel möge die Größenordnung verdeutlichen:

> Der tägliche Umsatz an den Weltdevisenmärkten beläuft sich auf ungefähr 2 Billionen US-$, was einem Jahresumsatz von rund 400 Billionen US-$ entspricht. Der jährliche Weltexport von Waren und Dienstleistungen beträgt demgegenüber nur etwa 8 Billionen US-$ – also ca. 2 % der Devisenbewegungen. Daraus lässt sich folgern, dass vielleicht 2 % aller internationalen Kapitalströme direkt aus Außenhandelsgeschäften resultieren. Ebenso bedeutet dies, dass ca. 98 % auf Finanztransaktionen zurückgehen, die allenfalls indirekt der Finanzierung des Außenhandels dienen. Bedenkt man nun noch, dass von den letztgenannten Kapitalbeträgen der weitaus größte Teil (vermutlich ca. 90 %) allein im Rahmen des kurzfristigen Kapitalverkehrs der Geschäftsbanken bewegt wird, so ist erkennbar, welch dominierende Rolle den von der Finanzierung grenzüberschreitender Handelsgeschäfte wahrscheinlich völlig unabhängigen internationalen Kapitalbewegungen zukommt. Angesichts der hohen Reagibilität dieser Kapitalströme resultiert daraus eine starke gegenseitige Abhängigkeit der jeweiligen nationalen Finanzmärkte.

Grundsätzlich lassen sich internationale Kapitalbewegungen leicht in die Darstellung des Devisenmarkt-Modells in Abb. 10.2 integrieren: Kapitalimporte führen zu einem zusätzlichen Devisenangebot, und Kapitalexporte führen zu einer zusätzlichen Devisennachfrage. In Abb. 10.2 äußert sich also ein Kapitalimport (Kapitalexport) in einer Rechtsverschiebung der Angebotskurve (Nachfragekurve). Es bleibt indes die Frage, ob die Kapitalbewegungen den Devisenmarkt eher stabilisierend oder eher destabilisierend beeinflussen. Diese Frage werden wir später nochmals aufgreifen.

10.3 Der Ausgleichsmechanismus flexibler Wechselkurse

In einem Währungssystem mit völlig flexiblen Wechselkursen, in dem die Zentralbanken am Devisenmarkt nicht intervenieren, muss es zu einem Ausgleich von Devisenangebot und Devisennachfrage unter den Marktteilnehmern kommen. Andernfalls finden keine internationalen Kauf- bzw. Verkaufskontrakte statt. Dies bedeutet, wenn bspw. mehr Güter exportiert (Devisenangebot) als importiert (Devisennachfrage) werden, dann muss mehr Kapital exportiert (Devisennachfrage) als importiert (Devisenangebot) werden. Oder anders: Wenn der Außenbeitrag größer als Null ist, müssen die Nettokapitalimporte kleiner als Null sein (Nettokapitalexporte), und zwar in – absolut gesehen – gleichem Umfang. Der inländische Einnahmeüberschuss aus Leistungstransaktionen muss durch Kapitalexporte im Rahmen von Finanztransaktionen ins Ausland „zurückfließen". Umgekehrt muss ein Importüberschuss im Güterbereich durch Nettokapitalimporte finanziert werden. Das bedeutet, es muss immer gelten:

$$\text{Außenbeitrag} + \text{Nettokapitalimporte} = 0$$

Im Fall flexibler Wechselkurse ist der Devisenbilanzsaldo also gleich Null. Das heißt, die Währungsreserven der Zentralbank bleiben unverändert. Wir können auch sagen: Die Zahlungsbilanz ist ausgeglichen oder von einem *außenwirtschaftlichen (externen) Gleichgewicht* sprechen.

Fragen wir uns nun, was passiert, wenn das Gleichgewicht auf dem Devisenmarkt gestört wird. Wir unterstellen dabei, dass das im Ausgangsstadium bestehende Gleichgewicht stabil und der Wechselkurs voll flexibel sei.

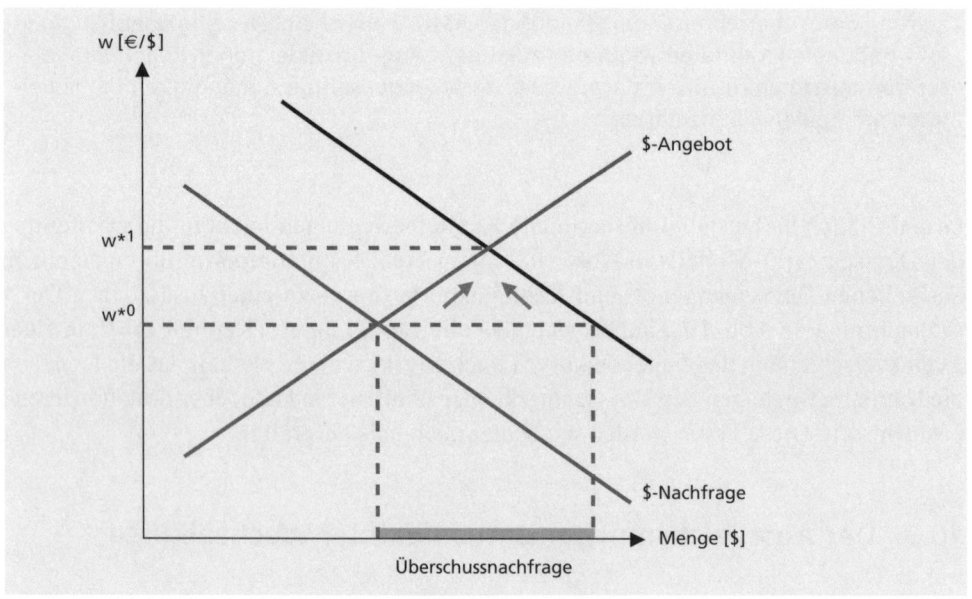

Abb. 10.4: Störung eines Devisenmarkt-Gleichgewichts

Wir nehmen wieder die Handelsbeziehungen zwischen Deutschland und den USA als Beispiel für den Zwei-Länder-Fall und gehen davon aus, dass die deutsche Importgüternachfrage aus den USA steigt. Dieser Anstieg sei annahmegemäß nicht durch den Wechselkurs, sondern exogen bewirkt, also bspw. aufgrund einer erhöhten Vorliebe der Deutschen für amerikanische Pkws oder USA-Reisen. Dadurch steigt die Dollarnachfrage, was sich grafisch in einer Rechtsverschiebung der Nachfragekurve niederschlägt (siehe Abb. 10.4). Beim ursprünglichen Gleichgewichtskurs w^{*0} entsteht eine Überschussnachfrage nach US-$, das heißt ein Devisenbilanzdefizit. Man kann auch sagen: Der in US-$ gemessene Außenbeitrag verschlechtert sich, und bei gegebenen Nettokapitalimporten wird der Devisenbilanzsaldo negativ. Die Folge ist ein Anstieg des Wechselkurses und damit eine €-Abwertung. Nun wissen wir, dass eine €-Abwertung – unter den hier gegebenen Bedingungen – eine Zunahme des US-$-Exportwertes und eine Abnahme des US-$-Importwertes nach sich zieht. Damit steigt das Dollarangebot, während die Dollarnachfrage sinkt.

Die Abwertungstendenz und der damit verbundene Anpassungsprozess dauern so lange an, bis der Devisenmarkt ein neues Gleichgewicht bei dem höheren Kurs w^{*1} erreicht hat: Außenbeitrag und Nettokapitalimporte entsprechen sich wieder, und der Devisenbilanzsaldo ist Null.

> Dieser Vorgang wird als Zahlungsbilanz-Ausgleichsmechanismus flexibler Wechselkurse oder kurz als *Wechselkursmechanismus* bezeichnet. Er besteht offenbar darin, dass Ungleichgewichte auf dem Devisenmarkt -Wechselkursänderungen auslösen; die dadurch bewirkte Anpassung von Exporten und Importen bringt den Devisenmarkt wieder ins Gleichgewicht.

Es wäre allerdings unrealistisch zu glauben, dass die geschilderte automatische Stabilisierung der Zahlungsbilanz immer sofort bspw. am gleichen Tag, an dem das Ungleichgewicht entsteht, stattfindet. Vielmehr haben wir bei der Analyse des Wechselkurseffektes bereits darauf hingewiesen, dass die mengenmäßige Reaktion der Ex- und Importeure eine (je nach Flexibilität) mehr oder weniger lange Zeitspanne in Anspruch nimmt.

Wie also kommt der *kurzfristige Devisenbilanzausgleich* zustande? Die Antwort liegt auf der Hand, wenn man die Existenz internationaler Kapitalbewegungen in die Betrachtung miteinbezieht. Derartige Kapitalbewegungen entstehen schon bei der Bezahlung bzw. Finanzierung der Güterex- und -importe. In dem Bestreben, die Ausgestaltung dieser Kapitalströme, also die terms of payment, zu optimieren, spielen für die Außenhandelsunternehmen u. a. Wechselkurserwartungen eine entscheidende Rolle.

Betrachten wir noch einmal unser Beispiel (siehe Abb. 10.5): Angenommen, es sei eine Überschussnachfrage nach US-$ entstanden, aber aufgrund von „Starrheiten" reagieren die Ex- bzw. Importmengen auf die dadurch ausgelöste Abwertungstendenz des € nicht in nennenswertem Umfang. Es erscheint plausibel, dass sich ab einem bestimmten, niedrigeren €-Kurs die Erwartung einer Umkehrung dieses Abwertungstrends einstellt. Vermuten die Außenhandelsunternehmen entsprechend eine in Zukunft eintretende €-Aufwertung, so wird das Finanzmanagement eine Anpassung der terms of payment anstreben. Und zwar werden bei Fixierung der Exportverträge in € die amerikanischen Abnehmer vermehrt Vorauszahlungen leisten. Bei Fakturierung in US-$ werden die deutschen Lieferanten die von ihnen gewährten Zahlungsziele verkürzen. (Die deutschen Importeure werden hingegen versuchen, Zahlungen „auf Ziel" zu vereinbaren.)

In beiden Fällen kommt es aus deutscher Sicht zu einem zusätzlichen Kapitalimport (bzw. einem sinkenden Kapitalexport). Das damit verbundene zusätzliche US-$-Angebot (die rückläufige US-$-Nachfrage) wirkt tendenziell in Richtung eines Devisenbilanzausgleichs. In Abb. 10.5 verschiebt sich die Angebotskurve nach rechts.

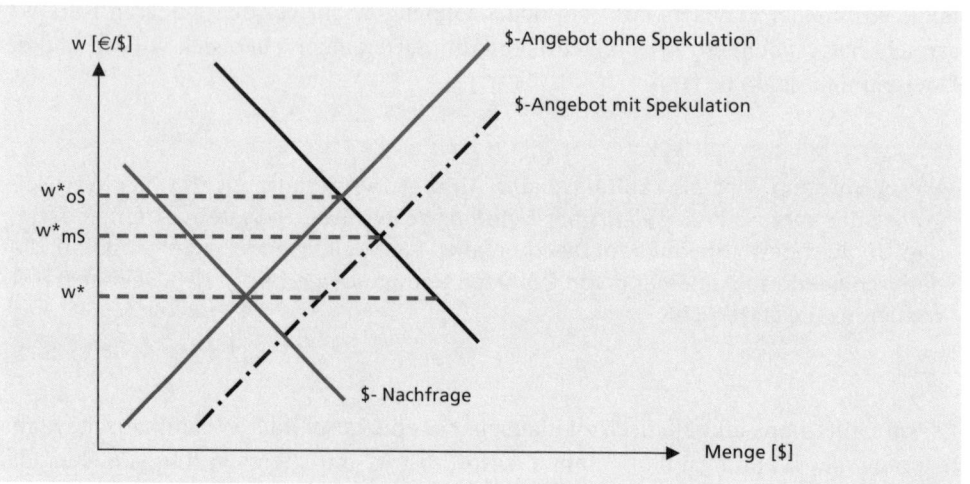

Abb. 10.5: Stabilisierende Spekulation

Neben den direkt an Güterex- und -importe gekoppelten Kapitalströmen haben Kapitalbewegungen im Rahmen „reiner" Finanztransaktionen (Portfolioinvestitionen) auf dem Devisenmarkt immense Bedeutung: Entsteht bspw. eine Aufwertungserwartung für den €, so werden amerikanische – bzw. allgemein: internationale – Kapitaldisponenten heute zum (noch) niedrigen Kurs € (gegen ihre eigene Währung) kaufen, um sie später zu einem höheren Kurs wieder zu verkaufen. Aus deutscher Sicht ergeben sich dadurch heute spekulative Kapitalimporte und damit ein zusätzliches Angebot an ausländischer Währung. Dadurch verkleinert sich das Devisenbilanzdefizit, und die für den Devisenbilanzausgleich notwendige Wechselkursänderung ist geringer als es ohne Spekulation (oS) der Fall gewesen wäre. In Abbildung 10.5 steigt w* nur bis w*mS, wobei mS „mit Spekulation" bedeutet). Man spricht von *stabilisierender Spekulation*.

> Zusammenfassend wollen wir festhalten, dass ein Ausgleich des Devisenmarktes bei flexiblen Wechselkursen längerfristig über den Zahlungsbilanz-Ausgleichsmechanismus erfolgt, während für den kurzfristigen Ausgleich Spekulationsgeschäfte und andere Kapitaltransaktionen entscheidend sind.

Zum Schluss dieses Abschnitts wollen wir, auch im Hinblick auf die späteren Betrachtungen, nochmals betonen:

In einem System flexibler Wechselkurse muss sich der Wechselkurs – ungeachtet der bisher erörterten Probleme – letztlich immer so einstellen, dass Devisenangebot und Devisennachfrage der Marktteilnehmer ohne Eingreifen der Zentralbank zum Ausgleich kommen. Deshalb treten auch keine interventionsbedingten Devisenzu- oder -abflüsse auf. Diese „Isolierung" der Volkswirtschaft gegen Devisenströme bedeutet zwar nicht, dass die heimische Wirtschaft im Fall flexibler Wechselkurse vollkommen immun gegen jede Art von Auslandseinflüssen wäre. Sie begründet allerdings einen gewissen *Abschirmungseffekt*, der sich in drei – noch näher zu analysierenden – Tatbeständen niederschlägt. Und zwar ist bei flexiblen (im Vergleich zu festen) Wechselkursen

- mit einer höheren Effektivität der nationalen Wirtschafts-(insbesondere der Geld-) Politik zu rechnen;

- eine Unterordnung binnenwirtschaftlicher Ziele unter das Ziel des außenwirtschaftlichen Gleichgewichts grundsätzlich nicht notwendig und schließlich

- kein (so starkes) Übergreifen wirtschaftlicher Entwicklungen im Ausland auf die nationale Wirtschaft zu erwarten.

Man spricht in diesem Zusammenhang von einer durch flexible Wechselkurse ermöglichten Autonomie der nationalen Stabilisierungspolitik. Wir werden diese Aspekte im 11. Kapitel einer genaueren Prüfung unterziehen.

10.4 Stabilisierende und destabilisierende Spekulation

Bei den bisher betrachteten Anpassungsprozessen haben wir stillschweigend unterstellt, dass die auf der Basis von Wechselkurserwartungen in Gang gesetzten spekulativen Kapitalbewegungen stabilisierend wirken. Wie unser Beispiel zeigte, dämpfen solche Kapitalströme die Kursschwankungen. Als gravierender Einwand gegen ein Währungssystem mit flexiblen Wechselkursen wird indes oftmals vorgebracht, dass spekulative Kapitalbewegungen die Abwertungs- oder Aufwertungstendenz einer Währung weiter verschärfen können. Eine derartige *destabilisierende Spekulation* würde einer Anpassung an den Gleichgewichtskurs entgegenwirken und so die Kursschwankungen „übertreiben".

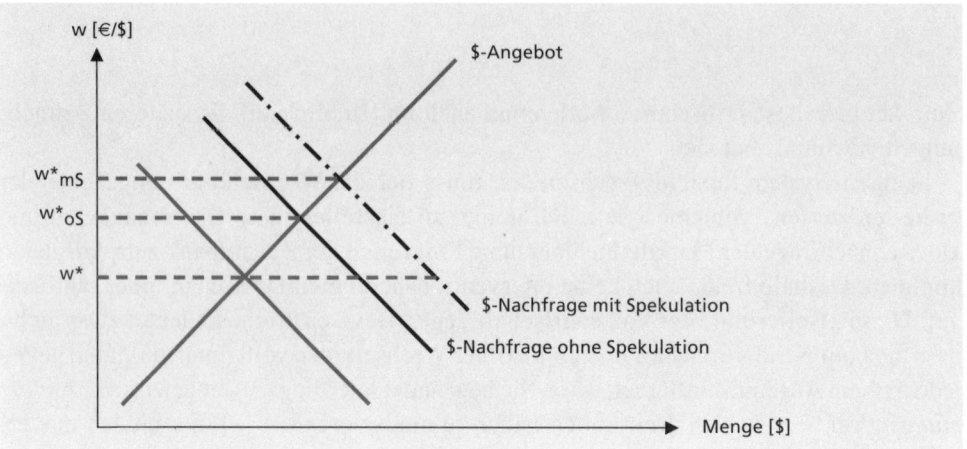

Abb. 10.6: Destabilisierende Spekulation

Wenn die Märkte kein Vertrauen in eine baldige Verbesserung der Zahlungsbilanzsituation eines Landes setzen, kann bspw. eine Abwertung zu der Erwartung weiterer Abwertungen führen. Die Spekulanten werden dann die als stabiler eingeschätzte Währung nachfragen, während sie ihre Bestände an der vermeintlichen Schwachwährung verkaufen, evtl. auch um sie später (zu einem dann noch niedrigeren Kurs) wieder zurückzukaufen. In Abb. 10.6 verschiebt sich die Nachfragekurve nach rechts. Insgesamt entsteht dadurch eine zusätzliche Überschussnachfrage nach Devisen (Überschussangebot an der unter Abwertungsdruck stehenden Währung), die zu einer weiteren Entfernung vom (ursprünglichen) Gleichgewichtskurs führt. Insbesondere von Globalisierungskritikern wird die Möglichkeit der destabilisierenden Spekulation häufig zum Anlass genommen, um eine Eindämmung spekulativer internationaler Kapitalströme zu fordern. Dabei wird immer wieder eine Devisenumsatzsteuer, die sog. *Tobin-Steuer*, ins Spiel gebracht. Wir besprechen die Tobin-Steuer im Zusammenhang mit der Diskussion um eine „Reform der internationalen Finanzarchitektur" im siebten Teil.

Befürworter flexibler Wechselkurse gehen jedoch davon aus, dass die Gefahr gravierender, spekulativ bedingter Kursschwankungen eher gering einzuschätzen ist. Sie begründen diese Ansicht mit der These, dass eine destabilisierende Spekulation in letzter Konsequenz immer verlustbringend sein muss. Insofern könnte destabilisierende Spekulation in der Tat nur vorübergehend auftreten, da die Spekulanten bei Verlusten auf Dauer aus dem Markt ausscheiden.

Anhand von Abb. 10.7 lässt sich zeigen, dass Spekulanten, die destabilisierend wirken, auf Dauer Verluste realisieren. Angenommen, es wäre am Devisenmarkt heute zu destabilisierender Spekulation gekommen: Spekulanten hätten die abwertungsverdächtige heimische Währung verkauft und die Fremdwährung in der Erwartung, diese werde sich aufwerten, gekauft (siehe Abb. 10.7 (a)). Wenn die Spekulanten Recht behalten, so werden sie die Devise in der Zukunft nach eingetretener Aufwertung mit Gewinn verkaufen. Das heißt, am Devisenmarkt morgen kommt es zu einem Zusatzangebot, so dass die Aufwertung geringer ausfällt, als sie ohne spekulative Transaktionen ausgefallen wäre (siehe Abb. 10.7 (b) oben). Die erfolgreichen Spekulanten wirken damit auf Dauer (intertemporal) stabilisierend. Anders ist es, wenn sich die Spekulanten in ihrer Kurseinschätzung geirrt haben, und die Devise wertet ab. Durch den Verkauf der Fremdwährung fällt die Abwertung stärker aus, als sie ohne Spekulation ausgefallen wäre (siehe Abb. 10.7 (b) unten). Das bedeutet, die Spekulation wirkt dann auch intertemporal destabilisierend. Offensichtlich verzeichnen die Spekulanten in diesem Fall aber Verluste.

10.5 Geldangebotseffekte und Neutralisierungspolitik bei festen Wechselkursen

10.5.1 Vorbemerkungen

In den beiden vorangegangenen Abschnitten haben wir ein System völlig flexibler Wechselkurse unterstellt, in dem die Zentralbanken nicht am Devisenmarkt eingreifen. Hier muss es unter den übrigen Marktteilnehmern zu einem Ausgleich von Devisenangebot und Devisennachfrage kommen. Der Devisenbilanzsaldo ist dann gleich Null.

Nun haben wir bereits konstatiert, dass es in der Realität ein System völlig frei beweglicher Wechselkurse kaum gibt. Vielmehr besitzen die Zentralbanken der großen Industrieländer auch in Systemen prinzipiell flexibler Wechselkurse durchaus eine gewisse Vorstellung darüber, wie stark die beteiligten Währungen gegeneinander höchstens schwanken sollten. Teilweise existieren dazu auch mehr oder weniger offizielle Übereinkünfte (accords).

Über- bzw. unterschreiten die Wechselkurse bestimmte als „schädlich" erachtete Marken, so werden die Zentralbanken normalerweise meist in einer gemeinsamen (konzertierten) Aktion intervenieren. Wir haben diese Vorgehensweise als „managed floating" bezeichnet. Auf der anderen Seite wird auch das idealtypische System absolut fester Wechselkurse relativ selten praktiziert. Typischerweise existieren Mischformen, insbesondere das System anpassungsfähiger Festkurse. Offensichtlich beinhalten also die in der Praxis der internationalen Währungspolitik am häufigsten vorkommenden Wechselkurssysteme sowohl Elemente aus dem System völlig flexibler als auch aus dem System völlig fester Wechselkurse. Der Unterschied besteht lediglich in der jewei-

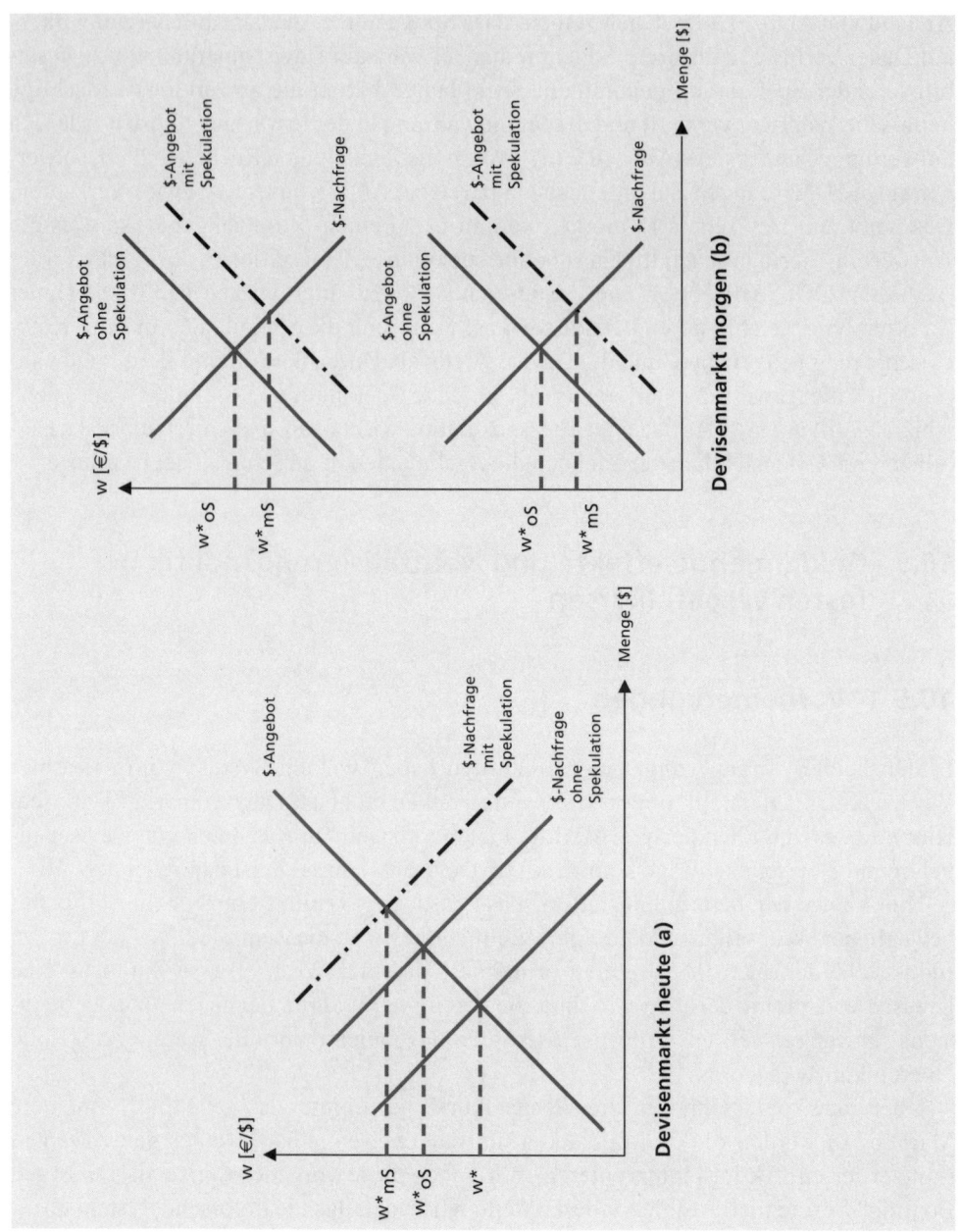

Abb. 10.7: Intertemporale Wirkungen der Spekulation

ligen Gewichtung dieser Elemente. Das bedeutet, dass sich die Funktionsweise der realisierten Systemformen aus den beiden theoretischen Extremformen ableiten lässt. Aus diesem Grund wollen wir auch in der weiteren theoretischen Analyse jeweils auf die genannten idealtypischen Systemalternativen abstellen, die sich sozusagen als „Gegenpole" gegenüber stehen.

10.5.2 Devisenmarktinterventionen

Wenden wir uns jetzt also dem System (völlig) fester Wechselkurse zu. Dieses ist dadurch gekennzeichnet, dass die Zentralbanken am Devisenmarkt intervenieren. In diesem Fall kann bei den übrigen Marktteilnehmern ein Angebots- oder Nachfrage-Überschuss bestehen bleiben. Tritt dieser Fall ein, gleichen sich also Devisenangebot und Devisennachfrage der Außenhändler und Kapitaldisponenten nicht aus, dann gilt

$$\text{Außenbeitrag} + \text{Nettokapitalimporte} \gtreqless 0$$

Das heißt, der Devisenbilanzsaldo ist positiv (Devisenbilanzüberschuss) bzw. negativ (Devisenbilanzdefizit). In Abb. 10.2, Seite 89, treten diese Situationen bei einem Wechselkurs oberhalb bzw. unterhalb von w* auf. Die Zentralbank kauft dann (mit heimischer Währung) die „überschüssigen" Devisen auf bzw. gibt die „fehlenden" Devisen (gegen heimische Währung) an den Markt ab. Dadurch vermeidet sie eine Aufwertung bzw. Abwertung der Inlandswährung. Gleichzeitig kommt es im Umfang der Interventionsmasse zu einer Erhöhung bzw. Verminderung ihrer Währungsreserven.[2]

Die als Transaktionspartner der Zentralbank fungierenden Geschäftsbanken verzeichnen entsprechend eine Zunahme bzw. Abnahme ihrer – auf Zentralbankkonten gehaltenen – Überschussreserven (in heimischer Währung). Sie erhalten damit die Möglichkeit für eine (zusätzliche) Ausdehnung ihres Kreditvolumens bzw. werden ihre Kreditvergabemöglichkeiten eingeschränkt. In der Folge wird die inländische Geldmenge expansiv bzw. kontraktiv beeinflusst.

---

[2] In der Praxis dient für Devisenmarktinterventionen der US-Dollar als *Vehikelwährung*. Das heißt, wenn etwa die Europäische Zentralbank eine Abwertung des Euro gegenüber dem britischen Pfund verhindern will, so verkauft sie US-Dollar gegen Euro. Dadurch wertet sich der Euro gegen den US-Dollar auf. In der Folge kommt es unter anderem zu einem verstärkten Angebot an britischen Pfund durch Arbitrageure, die sich auf dem Umweg über den Euro günstig mit US-Dollar eindecken wollen. Dies schlägt sich in einer Aufwertung des Euro gegenüber dem britischen Pfund nieder (siehe hierzu auch Kapitel 14.3).

> Mit diesen Betrachtungen haben wir bereits die Kernproblematik eines Systems fester Wechselkurse skizziert. Sie liegt darin, dass Interventionen zur Stabilisierung des Wechselkurses – zu denen die Zentralbank in einem solchen System verpflichtet ist – die Entwicklung der inländischen Geldmenge beeinflussen können.

Um dies besser zu verstehen, wollen wir als Erstes nachvollziehen, über welche Stationen die durch grenzüberschreitende Geschäfte ausgelösten Devisenströme die Währungsreserven der Zentralbank bzw. die Überschussreserven des Geschäftsbankensystems erreichen.

Die Vorgänge lassen sich aus den Bilanzen der beteiligten Banken ablesen. Unterstellen wir in einem Beispiel eine Warenlieferung von Deutschland in die USA mit einem Rechnungsbetrag von 100 Mill. US-$. Wenn der deutsche Exporteur über kein eigenes Dollarkonto verfügt, schaltet er seine Bank ein, die ein Konto bei ihrer amerikanischen Korrespondenzbank unterhält. Wir nehmen an, dass die amerikanische Bank gleichzeitig die Hausbank des US-Importeurs ist und bezeichnen sie als Bank A. Die Bank des deutschen Exporteurs sei Bank B. Bei einem Dollarkurs von 0,80 € ergeben sich nach der Überweisung folgende Buchungen:

Ford.	Bank A (USA)	Verb.	Ford.	Bank B (D)	Verb.
		Guthaben des US-Importeurs: − 100 Mill. US-$		Guthaben bei Bank A: + 80 Mill. €	Guthaben des dt. Exporteurs: + 80 Mill. €
		Guthaben von Bank B: + 100 Mill. US-$			

Offenbar schlägt sich der Devisenstrom von 100 Mill. US-$ in einem US-$-Guthaben der deutschen Bank B bei der US-Bank A nieder. Die Gutschrift des in € umgerechneten Betrages erhöht das (Sicht)-Guthaben des deutschen Exporteurs und bedeutet insofern eine Erhöhung der deutschen Geldmenge. Das Girokonto des amerikanischen Importeurs wird dagegen belastet, so dass dadurch – isoliert betrachtet – die Geldmenge in den USA sinkt. Dass die aufgrund dieses Zahlungsstroms bewirkte Zu- bzw. Abnahme der Geldmenge keine fundamentale Änderung der monetären Situation in den beiden Ländern bedeutet, wird unten noch deutlich werden.

Wenn nun die deutsche Bank B keinen Kunden hat, der ihren Dollarbestand für Importe aus den USA oder Kapitalanlagen in US-Dollar benötigt, und die Bank auch selbst keine lukrative Verwendung dafür sieht, wird sie den US-$-Betrag am Devisenmarkt anbieten. Angenommen der Erwerber dieser US-$ sei eine andere deutsche Bank C, so erfolgt die €-Verrechnung in der Weise, dass das Zentralbankkonto von Bank C belastet und der Betrag dem Zentralbankkonto von Bank B gutgeschrieben wird:

Bank A (USA)		Bank B (D)	
	Guthaben von Bank B: - 100 Mill. US-$	Überschussreserven: + 80 Mill. €	
	Guthaben von Bank C: + 100 Mill. US-$	Guthaben bei Bank A: - 80 Mill. €	

Bank C (D)	
Überschussreserven: - 80 Mill. €	
Guthaben bei Bank A: + 80 Mill €	

Der Dollarverkauf führt also bei der US-Bank A lediglich zu einer Umbuchung des US-$-Betrages vom Konto der Bank B auf das Konto der Bank C. In Deutschland kommt es zu einem Austausch von Zentralbankguthaben: Die Überschussreserven der Bank B steigen und die der Bank C sinken.

Führen wir das Beispiel fort und nehmen wir an, die Bank C fände auf dem Devisenmarkt keinen Abnehmer für ihren Dollarbestand. Es drohte dann durch das Überangebot an US-$ ein Absinken des Dollarkurses. Um eine €-Aufwertung zu verhindern, kaufe nun die Europäische Zentralbank (EZB) die „überschüssigen" US-$ an, wodurch ihre Währungsreserven zunehmen:

Bank A (USA)		Bank C (D)	
	Guthaben von Bank C: - 100 Mill. US-$	Überschussreserven: + 80 Mill. €	
	Guthaben der EZB: + 100 Mill. US-$	Guthaben bei Bank A: - 80 Mill. €	

EZB	
Guthaben bei Bank A (Währungsreserven): + 80 Mill. €	Überschussreserven von Bank C: + 80 Mill. €

Durch den US-$-Ankauf der EZB wird die Liquidität des deutschen Geschäftsbankensystems, genauer: die Menge an Zentralbankgeld, über das die deutschen Banken in Form von Überschussreserven verfügen, erhöht. Die deutschen Geschäftsbanken können daraufhin ihr Kreditvolumen ausdehnen, was sich in einem Zuwachs des Geldvolumens niederschlägt. Der Zusammenhang zwischen Überschussreserven und Kreditvergabe erklärt sich dadurch, dass eine Kreditausweitung den Rückgriff auf Zentralbankgeld in Form von Überschussreserven erforderlich macht. Denn nur so kann der mit der Kreditvergabe verbundene Bedarf an Bargeld gedeckt sowie die auf Bankeinlagen bestehende Mindestreservepflicht erfüllt werden.

Bei der amerikanischen Bank hat wiederum lediglich der Inhaber des Dollar-Guthabens gewechselt. Aus Rentabilitätsgründen wird die EZB die ihren Währungsreserven hinzugefügten US-$ vielleicht weiterhin im amerikanischen Geschäftsbankensystem belassen. Es kann aber auch sein, dass sie es vorzieht, ihr Dollar-Guthaben bei der amerikanischen Notenbank zu halten. Die Überweisung des US-$-Betrages löst in diesem Fall die folgenden Buchungen aus:

Bank A (USA)	
Überschussreserven: - 100 Mill. US-$	Guthaben der EZB: - 100 Mill. US-$

Federal Reserve Bank	
	Überschussreserven v. Bank A: - 100 Mill. US-$
	Guthaben der EZB: + 100 Mill. US-$

EZB	
Guthaben bei Bank A: - 80 Mill. €	
Guthaben bei der Federal Reserve Bank: + 80 Mill. €	

Durch die Übertragung des Dollarbestandes der EZB von Bank A auf die Federal Reserve Bank verschlechtert sich die Liquiditätsausstattung des amerikanischen Geschäftsbankensystems: Den Geschäftsbanken wird Zentralbankgeld entzogen, wodurch das Kredit und Geldvolumen in den USA kontraktiv beeinflusst wird.

10.5.3 Geldangebotseffekt einer Devisenmarktintervention

Kommen wir nun auf die Frage zurück, inwieweit die interventionsbedingte Veränderung (hier: Erhöhung) der Währungsreserven im Inland – im Beispiel also: in Deutschland – eine Änderung der Geldmenge (in Händen der inländischen Nichtbanken) bewirken kann. Diese Problematik wird üblicherweise im Rahmen des Geldbasis-Konzepts erörtert.

Unter Vernachlässigung der Kassenbestände der Geschäftsbanken entspricht die Geldbasis oder *monetäre Basis (B)* der Summe aus dem Bargeldumlauf in Händen der Nichtbanken bzw. des „Publikums" (B^P) und den Zentralbankeinlagen der Geschäftsbanken (B^B); letztere umfassen die Mindestreserveguthaben und die Überschussreserven.

1| $B = B^P + B^B$

Die monetäre Basis ist ein Geldaggregat, welches die in einer Volkswirtschaft vorhandenen Menge an *Zentralbankgeld* umfasst. Die „Entstehung" der monetären Basis ist deshalb aus der Aktivseite der Zentralbankbilanz ersichtlich. Als wesentliche Positionen erscheinen hier die Nettoauslandsforderungen der Zentralbank, das heißt, die Währungsreserven (R), weiterhin die Forderungen an die inländischen Geschäftsbanken (F^B) sowie die Forderungen an den öffentlichen Sektor ($F^Ö$). Forderungen an die Geschäftsbanken existieren bspw. aus Wertpapierpensionsgeschäften oder im Rahmen der Spitzenrefinanzierungsfazilität. Forderungen an den öffentlichen Sektor (und sonstige Nichtbanken) sind vor allem Geldmarktpapiere im Besitz der Zentralbank aus definitiven Käufen im Rahmen von Offenmarktgeschäften. Saldiert man die Forderungen der Notenbank an den öffentlichen Sektor mit den Zentralbankeinlagen des Staates ($V^Ö$) so ergibt sich

2| $\quad B = R + F^B + (F^Ö - V^Ö)$.

Die Geldbasis bzw. das durch sie gemessene Zentralbankgeld resultiert also im Wesentlichen aus

- dem Ankauf von Devisen durch die Zentralbank,
- den Zentralbankkrediten an Geschäftsbanken sowie
- der Nettoverschuldung des Staates bei der Zentralbank.

Fasst man die beiden letztgenannten Entstehungsfaktoren zur *heimischen Komponente (H)* der monetären Basis zusammen, so gilt

3| $\quad B = R + H$.

Man sieht, dass die Geldbasis vom Umfang der heimischen, also einer der Kontrolle der Zentralbank unterliegenden, Komponente abhängt. Hinzu tritt aber in offenen Volkswirtschaften in Gestalt der Währungsreserven eine *internationale Komponente*, welche die – bei fest vereinbarten Wechselkursen von der Zentralbank nicht zu kontrollierende – Zahlungsbilanzentwicklung widerspiegelt.

Der Geldbasis kommt nun eine große Bedeutung zu, denn sie ist eine entscheidende Determinante des gesamten Geldangebots in einer Volkswirtschaft. Mit den Überschussreserven der Geschäftsbanken enthält die Geldbasis die „Keimzelle" für die multiple Kredit und Geldschöpfung durch das Geschäftsbankensystem: Steigt die monetäre Basis, bspw. infolge des Ankaufs von Devisen durch die Zentralbank, so erhöht sich aufgrund der verbesserten Liquiditätsposition die Kreditschöpfungsfähigkeit der Geschäftsbanken und damit auch der Spielraum für das *gesamtwirtschaftliche Geldangebot*.[3]

Abschließend sei darauf hingewiesen, dass der beschriebene Geldangebotseffekt erst durch die Devisenmarktintervention der Zentralbank eintritt und nicht etwa bereits,

---

[3] Der Begriff des Geldangebots soll hier als Synonym für das Kreditangebot der Geschäftsbanken an den Nichtbankensektor (bzw. allgemein für das Angebot an Bankengeld zum Ankauf von Aktiva der Nichtbanken) verstanden werden.

wenn die Geschäftsbanken Devisen von Nichtbanken in Geld umtauschen. Der Ankauf von Devisen durch die Geschäftsbanken führt für sich alleine genommen zu einer Erhöhung der Geldmenge. Wir hatten dies schon im Zusammenhang mit dem betrachteten Beispiel eines Warenexports in die USA erkannt, dabei indes darauf hingewiesen, dass damit keine fundamentale Änderung der monetären Gesamtsituation verbunden ist. Der Grund für dieses Urteil liegt darin, dass der Erwerb von Auslandsaktiva durch die Geschäftsbanken genauso wie eine Kreditvergabe einen Bedarf an Zentralbankgeld auslöst. Dieser ergibt sich aus dem zusätzlichen Bargeldumlauf sowie der Mindestreservepflicht auf die Einlagen der Nichtbanken.

Im Ergebnis sinken also die Überschussreserven der Kreditinstitute. Betrachtet man nur den bei der ankaufenden Bank eintretenden Anfangseffekt, so benötigt diese sofort Überschussreserven im vollen Gegenwert des Devisenbetrages. Denn die Bank muss damit rechnen, dass der Verkäufer der Devisen in vollem Umfang über den erhaltenen Gegenwert in inländischer Währung verfügt. Das bedeutet, dass der Ankauf von Devisen durch Kreditinstitute keine zusätzliche Erhöhung der Geldmenge bewirkt. Vielmehr verengt sich dadurch der Liquiditätsspielraum der Geschäftsbanken für alternative Arten der Geldschaffung, bspw. auf dem Wege der Kreditvergabe.

Kreditinstitute können ihrerseits den von ihnen erworbenen Devisenbestand an die Zentralbank verkaufen. Dadurch werden die Überschussreserven wieder „aufgefüllt", und entsprechend steigt ihre Fähigkeit zur Schaffung von Geschäftsbankengeld auf das ursprüngliche Niveau. Das heißt, dass die durch den Devisenankauf der Geschäftsbanken bewirkte Geldmengenexpansion erst durch den anschließenden Devisenverkauf an die Zentralbank zu einer zusätzlichen Geldmengenausweitung führt.

Verallgemeinernd kann man sagen: Transaktionen der Geschäftsbanken mit inländischen Nichtbanken führen zu Änderungen der Geldmenge innerhalb des von der Zentralbank vorgegebenen Geldschöpfungspotenzials. Anders ist es, wenn die Zentralbank als Transaktionspartner der inländischen Geschäftsbanken (und Nichtbanken) auftritt. In diesem Fall ändert sich die Geldbasis und damit das Geldschöpfungspotenzial, also das maximal mögliche Geldvolumen in einer Volkswirtschaft.

10.5.4 Neutralisierungspolitik

Wir können zusammenfassend festhalten: Die beschriebenen Beziehungen führen dazu, dass in einem System fester Wechselkurse die Kontrolle über die inländische Geldmengenentwicklung ständig gefährdet ist. Feste Wechselkurse bedeuten, dass der Zahlungsbilanzausgleichsmechanismus flexibler Wechselkurse außer Kraft gesetzt wird. Das heißt, die Devisenbilanz wird normalerweise einen positiven oder einen negativen Saldo aufweisen. Daraufhin muss die Zentralbank, um den Wechselkurs stabil zu halten, intervenieren: Sie muss ein eventuelles Überangebot an Devisen zu dem festgelegten Kurs ankaufen bzw. eine eventuelle Übernachfrage nach Devisen durch eine entsprechende Devisenabgabe decken. Wie wir gezeigt haben, ändern sich dadurch die Währungsreserven sowie (ceteris paribus) die inländische Geldbasis und damit das Geldangebot.

Um einer solchen außenwirtschaftlich bewirkten Änderung des Geldangebots entgegenzuwirken, bleibt der Zentralbank die Möglichkeit, die heimische Komponente der Geldbasis „anzupassen": Durch den Einsatz ihres geldpolitischen Instrumentariums kann die Zentralbank bspw. versuchen, das durch den Devisenankauf entstandene „Zuviel" an Geld wieder abzuschöpfen und so den Einfluss von Devisenbewegungen auf die Geldbasis zu „neutralisieren". Man spricht deshalb auch von *Neutralisierungs-* oder *Sterilisierungspolitik*. Eine „erfolgreiche" Neutralisierungspolitik bedeutet, dass es der Zentralbank gelingt, die Änderung der Währungsreserven durch eine gegenläufige Änderung der heimischen Komponente genau auszugleichen. Mit steigendem Volumen und zunehmender Volatilität der Devisenbewegungen wird diese Aufgabe indes immer schwieriger.

Die Kontrolle der Geldmengenexpansion wird letztlich auch dadurch erschwert, dass die Neutralisierungspolitik oftmals die Liquiditätsreserven der Geschäftsbanken unverändert lässt. Dies ist bspw. der Fall, wenn die Kreditinstitute dazu veranlasst werden, einen interventionsbedingten Zustrom an Zentralbankgeld dafür zu verwenden, um von der Zentralbank Geldmarktpapiere zu erwerben. Dadurch verringern sich zwar die Überschussreserven der Banken, andererseits steigt jedoch ihr Bestand an zentralbankfähigen Aktiva. Denn ein größerer Bestand an Geldmarktpapieren ist, soweit seitens der Zentralbank eine Ankaufszusage besteht, ebenfalls als potenzielles Zentralbankgeld zu betrachten. Aus dieser Position der Sicherheit heraus kann für die Banken durchaus ein Anreiz zu verstärkter Kreditvergabe bzw. Geldschaffung entstehen.

10.5.5 Geldmengenmechanismus bei festen Wechselkursen

Welche Konsequenzen hat es nun, wenn im System fester Wechselkurse die Neutralisierungspolitik nicht erfolgreich ist oder gar nicht erst versucht wird? Es kommt dann zu Änderungen der monetären Basis. Ausgehend von einem Devisenbilanzüberschuss (Überschussangebot an Devisen) wird das inländische Geldangebot steigen. Als Folge sinken erstens die Zinsen. Davon gehen zweitens expansive Impulse auf das reale Inlandsprodukt (Volkseinkommen) aus. Drittens tendieren dabei auch die Preise nach oben. Alles zusammen führt – wie wir aus dem zweiten Teil wissen – normalerweise zu einer Verminderung des Außenbeitrags ebenso wie zu verstärkten Nettokapitalexporten bzw. rückläufigen Nettokapitalimporten. Auf Dauer wird somit das ursprüngliche Überschussangebot am Devisenmarkt auch ohne gezielte wirtschaftspolitische Maßnahmen beseitigt, indem sich die inländischen Parameter Einkommen, Preise und Zinsen anpassen. Der gleiche Zusammenhang gilt mit umgekehrtem Vorzeichen für den

Fall eines Devisenbilanzdefizits (Überschussnachfrage nach Devisen): Das Geldangebot sinkt und in der Folge steigen die Zinsen; Sozialprodukt und Preise werden kontraktiv beeinflusst. Diesen Zusammenhang bezeichnet man auch als *Geldmengenmechanismus*.

Im *System flexibler Wechselkurse* verlaufen die Anpassungsmechanismen indes genau entgegengesetzt. Bei einem Überschussangebot an Devisen kommt es zu einer Aufwertung der heimischen Währung. Die dadurch im Normalfall bewirkte Verschlechterung des Außenbeitrags führt zum Ausgleich der Devisenbilanz. Gleichzeitig entsteht aber ein kontraktiver Effekt auf das Inlandsprodukt und die Preise des Inlands. Entsprechend bewirkt eine Überschussnachfrage nach Devisen eine Abwertung der heimischen Währung. Davon gehen über eine Verbesserung des Außenbeitrags expansive Impulse auf das Inlandsprodukt und die Preise des Inlands aus, während der Devisenmarkt ins Gleichgewicht gebracht wird.

Anhand dieser Überlegungen können wir jetzt den zentralen Unterschied zwischen einem System fester und einem System flexibler Wechselkurse präzisieren. Er besteht darin, dass der bei flexiblen Kursen automatisch sichergestellte Ausgleich der Devisenbilanz das heimische Geldangebot von Auslandseinflüssen isoliert. Andererseits bewirkt die Wechselkursänderung eine Anpassung des Außenbeitrags und dadurch eine Verschiebung der Güternachfrage. Daraus resultieren normalerweise sowohl Effekte auf das reale Einkommen als auch auf das Preisniveau.

10.6 Currency Board-System

Vor allem weniger entwickelten Ländern wird von ausländischen Experten häufig die Errichtung eines *Curreny Board* empfohlen. Beispiele hierfür waren etwa Argentinien, das vor dem Hintergrund einer erlebten Hyperinflation 1991 ein Currency Board-System einführte, oder Estland und Letland, die nach der Zeit sowjetischer Herrschaft über keine geldpolitische Erfahrung verfügten und sich über Currency Coard-Systeme als Niedriginflationsländer profilieren wollten. Ein Euro-basiertes Currency Board-System existiert zur Zeit in Bosnien-Herzegovina.

Das Currency Board-System ist eine spezielle, mechanistische Form des Systems völlig fester Wechselkurse. Dabei wird von einer Zentralbankgeld emittierenden Behörde (Currency Board) ein Wechselkurs gegenüber einer bestimmten Fremdwährung (*Ankerwährung*) bekannt gegeben. Zu diesem Festkurs verkauft das Currency Board dann heimische Währung (Zentralbankgeld) gegen Hereinnahme der Ankerwährung an die Geschäftsbanken. Das heißt, neues Zentralbankgeld gelangt nur im Austausch gegen die Ankerwährung in die Hände der Geschäftsbanken. Jegliche Geldschaffung über den Erwerb von Inlands-Aktiva ist dem Currency Board gesetzlich untersagt. Die monetäre Basis ist deshalb (bei dieser idealtypischen Form eines Currency Board-Systems) in vollem Umfang durch Währungsreserven gedeckt (siehe Abb. 10.8).

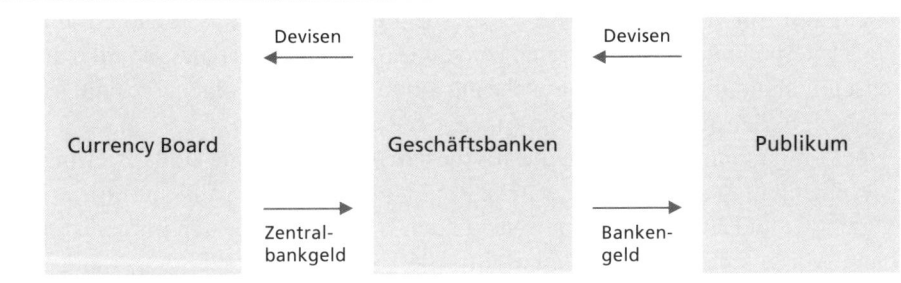

Abb. 10.8: Geldschaffung in einem Currency Board-System

Die Zentralbankgeld ausgebende Behörde muss nicht unbedingt die Zentralbank selbst sein (in der Realität ist sie dies meist auch nicht). Die Hauptfunktion des Currency Board könnte grundsätzlich ebenso gut ein Verkaufsautomat übernehmen.

Worin liegen nun die *Vorteile* dieses Systems? Das mit der Installation eines Currency Board verfolgte Ziel besteht im Kern darin, die Glaubwürdigkeit der Geldwertstabilität aus dem Land der Ankerwährung zu importieren. Denn der Regierung bzw. Notenbank des Curreny Board-Landes steht die Option einer inflationstreibenden expansiven Geld- und Fiskalpolitik nicht mehr offen: Die Geldschöpfung ist auf das Volumen der verfügbaren, von dem Land über Güterexporte verdienten oder als Kapitalimporte angezogenen, Ankerwährung begrenzt. Da das Curreny Board keine Schuldtitel des Staates erwerben kann, ist insbesondere eine Monetisierung staatlicher Budgetdefizite – typischweise eine Hauptursache von Inflation und Abwertung – ausgeschlossen. Neben den Schranken, die der Geld- und Fiskalpolitik dadurch auferlegt sind, besteht ein weiterer großer Vorteil des Currency Board-Systems darin, dass der Zentralbank bzw. dem Curreny Board bei einem spekulativen Angriff auf die Inlandswährung niemals die (Fremd-)Währungsreserven ausgehen können: Wenn Spekulanten die heimische Währung anbieten und Devisen nachfragen, geht die inländische Geldmenge zurück. Die Geschäftsbanken müssen, um das notwendige Zentralbankgeld für den Ankauf der Devisen von dem Currency Board zu generieren, ihre Kreditvergabe einschränken bzw. Kredite kündigen. In Abb. 10.8 kann man sich vorstellen, dass die Devisen und Geldströme in die entgegengesetzte Richtung verlaufen. Aufgrund der hundertprozentigen Devisendeckung der Geldbasis bzw. Zentralbankgeldmenge sind die Devisenreserven des Currency Board erst erschöpft, wenn die inländische Geldmenge auf Null gesunken ist.

Das Currency Board-System hat aber auch *Nachteile*. Die Kehrseite des beschränkten geld- und fiskalpolitischen Handlungsspielraums besteht darin, dass das Currency

Board den Geschäftsbanken in Zeiten einer Finanzpanik – wenn also alle Kunden auf einmal ihr Geld abheben wollen (bank run) – nicht nach Bedarf Zentralbankgeld zur Verfügung stellen kann. Denn dadurch würde ja die Geldbasis zumindest vorübergehend über die von den Währungsreserven gesetzte Grenze hinaus ansteigen. Das Bankensystem von Entwicklungsländern ist diesbezüglich erfahrungsgemäß anfällig, so dass die Regierung unter Druck geraten kann, eine durch das Currency Board realisierte Wechselkursbindung an die Ankerwährung aufzugeben. Die Folge wäre eine Abwertung der heimischen Währung und ein Anstieg der Inlandszinsen.

Es gibt Politiker und Ökonomen, die aus diesem Grunde für eine Dollarisierung oder Euroisierung plädieren. Das bedeutet, dass ein Land vollkommen auf eine eigene Währung verzichtet und stattdessen zum Beispiel den US-Dollar oder den Euro verwendet. Das Land würde sich damit der Geldpolitik des betreffenden Währungsraums vollkommen unterwerfen. Die Geldversorgung dieses Landes erfolgte also dann durch die US-amerikanische oder die Europäische Zentralbank. So haben etwa die Regierungen von Andorra und Montenegro den Euro einseitig zum gesetzlichen Zahlungsmittel erklärt. In Monaco, San Marino sowie im Vatikanstaat ist der Euro aufgrund bilateraler Vereinbarungen offizielle Währung. Ecuador hat während seiner Finanzkrise 1999/2000 die heimische Währung abgeschafft und den US-Dollar als gesetzliches Zahlungsmittel etabliert. Dieser vollständige Verzicht auf geldpolitische Souveränität scheint durchaus geeignet, bei einer Weichwährung auf Stabilität hinzuwirken. Dass dieses Instrument allerdings erhebliche Risiken birgt, zeigt die Argentinien-Krise. Argentinien führte 1991 ein Currency Board mit einem festgelegten Wechselkurs zum US-Dollar von 1 : 1 ein und etablierte später auch den US-Dollar als gesetzliches Zahlungsmittel. Es gelang dadurch, die argentinische Inflationsrate innerhalb von 6 Jahren von 172 % auf 0,2 % zurückzuführen. Gleichzeitig stieg jedoch die Arbeitslosenquote von 6,3 % auf 16,3 %. Gerade in einem politisch instabilen Entwicklungs oder Schwellenland ist ein solcher extrem stabilitätsorientierter Kurs auf die Dauer politisch kaum durchzuhalten.

11 Wirtschaftspolitik bei festen und bei flexiblen Wechselkursen

11.1 Vorbemerkungen

Auf der Basis der bisher behandelten grundlegenden Zusammenhänge können wir uns jetzt einer eingehenderen Analyse wirtschaftspolitischer Maßnahmen in offenen Volkswirtschaften zuwenden. Dabei beschränken wir uns auf den Fall des *kleinen Landes*: Ein kleines Land unterliegt einerseits ganz massiv dem Einfluss der internationalen Wirtschaftsentwicklung. Andererseits gehen von der Binnenwirtschaft des kleinen Landes selbst aber keine fühlbaren Wirkungen auf das Ausland aus. Bei der Analyse wirtschaftspolitischer Maßnahmen des kleinen Landes müssen deshalb auch keine dadurch eventuell ausgelösten Rückwirkungen aus dem Ausland einbezogen werden.

Aus dem Spektrum der Bereiche der Wirtschaftspolitik greifen wir zunächst die *Geld-* und die *Fiskalpolitik* heraus und fragen nach deren Wirksamkeit (Effektivität) im Hinblick auf die Verfolgung der Ziele der konjunkturellen Stabilität und des Wachstums. Die theoretische Basis unserer Betrachtungen bildet das keynesianisch geprägte *Mundell-Fleming-Modell*. Wenn wir die wirtschaftspolitischen Ziele in der Formulierung des Stabilitäts- und Wachstumsgesetzes übernehmen, so sind dies ein hoher Beschäftigungsstand, angemessenes und stetiges Wachstum des realen Inlandsprodukts, Stabilität des Preisniveaus und außenwirtschaftliches Gleichgewicht. Wir werden das Beschäftigungs- und das Wachstumsziel im Folgenden als Synonyme betrachten, da man hier in der Wirtschaftspolitik eine Zielharmonie unterstellen kann. Unter dem Ziel des außenwirtschaftlichen Gleichgewichts verstehen wir eine ausgeglichene Devisenbilanz, das heißt im Idealfall, einen Devisenbilanzsaldo von Null.

Die wirtschaftspolitischen Maßnahmen, die geeignet sind, um die genannten Ziele zu realisieren, werden unter dem Begriff der *Stabilisierungspolitik* (Stabilitätspolitik) zusammengefasst. Es sei nochmals ausdrücklich auf die Darstellung des internationalen Wirtschaftszusammenhangs in Abb. 4.1, Seite 55, verwiesen, die einen Überblick über die ökonomischen Beziehungen zwischen Inland und Ausland gibt. Diese Beziehungen werden wir im Folgenden präzisieren.

Die bisher gewonnenen Erkenntnisse lassen vermuten, dass die Art dieser Beziehungen entscheidend vom jeweiligen Wechselkursregime abhängt. Wir betrachten deshalb die Wirkungsmechanismen der Geld- und der Fiskalpolitik jeweils getrennt für den Fall *fester* sowie für den Fall *flexibler* Wechselkurse. Wenn wir von festen Wechselkursen sprechen, so stellen wir jetzt auf die in der Realität typischerweise praktizierten „anpassungsfähigen" Festkurssysteme ab, deren Wesensmerkmale im 10. Kapitel beschrieben wurden. Da diese Systeme bei fundamentalen Ungleichgewichten der Zahlungsbilanz die Möglichkeit von Paritätsänderungen einschließen, wollen wir ergänzend auch die Auswirkungen *fallweiser Wechselkursänderungen* analysieren.

11.2 Effektivität der Geldpolitik

Expansive geldpolitische Maßnahmen (Erhöhung des Geldangebots) führen tendenziell zu einem Devisenbilanzdefizit (DD). Umgekehrt wirken kontraktive geldpolitische Maßnahmen in Richtung eines Devisenbilanzüberschusses (DÜ). Ausschlaggebend dafür ist der Geldmengenmechanismus. Die entsprechenden Anpassungsreaktionen lassen sich schematisch darstellen. Wir greifen dabei auf die im 9. Kapitel verwendeten Symbole zurück. Ausgangspunkt sei eine Erhöhung der Geldbasis (B), bewirkt bspw.

über den Ankauf von Wertpapieren durch die Zentralbank:[4]

$B\uparrow$ ⇨ $z_i\downarrow$ ⇨ $K\downarrow$ ⇨
⇨ $Y^r\uparrow, P_i\uparrow$ ⇨ $(X-M)\downarrow$ ⇨ DD

Die Geldbasiserhöhung senkt annahmegemäß den Zinssatz, wodurch (im Normalfall) das reale Volkseinkommen und – je nach gesamtwirtschaftlicher Kapazitätsauslastung – das Preisniveau expansiv beeinflusst werden. Die Zinssenkung schmälert ihrerseits die Kapitalimporte und regt Kapitalexporte an; der Anstieg von Einkommen und Preisen verschlechtert den Außenbeitrag. Beides wirkt zusammen in Richtung eines Defizits der Devisenbilanz (Überschussnachfrage nach Devisen). In Abb. 11.1 ist dies dargestellt, wobei wir davon ausgehen, dass sich die Devisenangebotskurve aufgrund sinkender Kapitalimporte und rückläufiger Güterexporte nach links und die Devisennachfragekurve in Folge steigender Güterimporte und zunehmender Kapitalexporte nach rechts verschiebt.

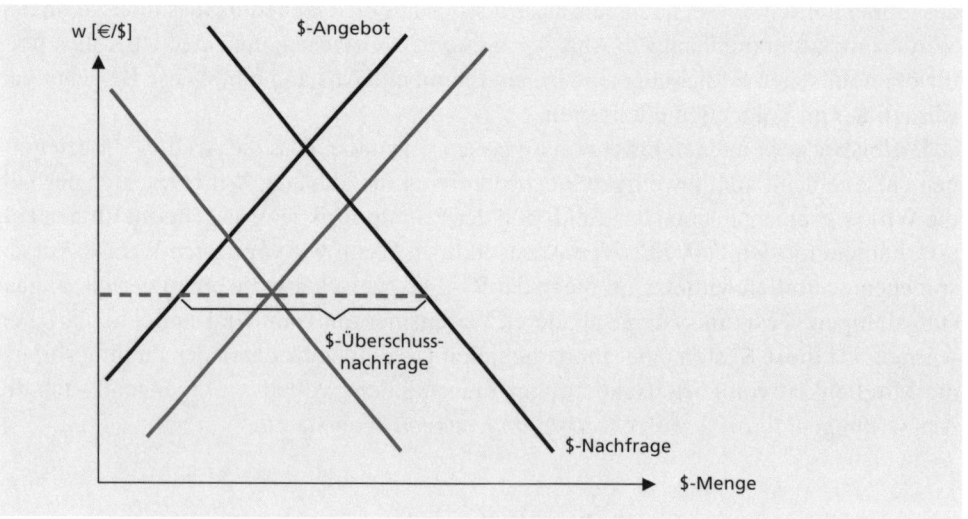

Abb. 11.1: Wirkung einer expansiven Geldpolitik auf dem Devisenmarkt

---

[4] Die Erhöhung von Y^r und P ist dabei als „Nettoeffekt" nach Berücksichtigung der Außenbeitragsverschlechterung zu interpretieren.

Der weitere Verlauf ist nun vom Wechselkurssystem abhängig:

Feste Wechselkurse:
DD ⇨ R↓ ⇨ B↓ ⇨ z_i↑ ⇨ Y^r↓, P_i↓

Flexible Wechselkurse:
DD ⇨ w↑ ⇨ (X − M)↑ ⇨ Y^r↑, P_i↑

Im System *fester* Wechselkurse verkauft die Zentralbank im Rahmen ihrer Interventionspflicht Devisen zur Deckung der Überschussnachfrage, wodurch die Währungsreserven (R) sinken. Im gleichen Umfang vermindert sich die Geldbasis, es sei denn, die Zentralbank neutralisiert diesen Effekt durch eine (nochmalige) Ausweitung der heimischen Komponente. Eine dauerhaft erfolgreiche Neutralisierungspolitik würde indes letztlich zum völligen Verlust der Währungsreserven und damit international zur Illiquidität des Landes führen. Die bei Aufgabe der Neutralisierungspolitik zu verzeichnende Reduktion der Geldbasis lässt nun die Zinsen wieder steigen. Daraufhin geht das reale Inlandsprodukt (Volkseinkommen) zurück und das Preisniveau sinkt. Diese Entwicklung hält an, bis das Defizit in der Devisenbilanz beseitigt ist. Der Rückgang der Geldbasis ist dann genauso groß wie ihr ursprünglicher Anstieg. Vorausgesetzt wird hierbei, dass die Beziehung zwischen der Geldbasis und den Zielgrößen (Zinsen, Inlandsprodukt und Preisniveau) stabil ist. Insgesamt kann man deshalb festhalten, dass geldpolitische Maßnahmen im Falle fester Wechselkurse ohne Neutralisierungspolitik längerfristig ohne Wirkung auf das (nominale) Inlandsprodukt (und das Zinsniveau) bleiben.

Im System *flexibler* Wechselkurse äußert sich die infolge einer expansiven Geldpolitik entstehende Übernachfrage nach Devisen in einem Anstieg des Wechselkurses (Abwertung der Inlandswährung). Daraufhin verbessert sich normalerweise der Außenbeitrag. Wir gehen vereinfachend davon aus, dass die Anpassung des Außenbeitrags unverzögert stattfindet, und dass die Kapitalbewegungen von der Wechselkursänderung unbeeinflusst bleiben. Der Anstieg des Außenbeitrags wird dann das ursprüngliche Devisenbilanzdefizit genau ausgleichen. Wir haben dies als Zahlungsbilanzausgleichsmechanismus flexibler Wechselkurse bezeichnet. Die Zunahme des Außenbeitrags wirkt gleichzeitig expansiv auf das reale Volkseinkommen und das Preisniveau.

Im Falle einer restriktiven Geldpolitik gelten die Zusammenhänge analog, so dass sich das folgende *Fazit* ergibt: Geldpolitische Maßnahmen haben bei flexiblen Wechselkursen im Vergleich zu festen Wechselkursen eine stärkere Durchschlagskraft auf das (nominale) Inlandsprodukt. Denn sie werden durch die ausgelöste Wechselkursänderung (Abwertung bei einer expansiven, Aufwertung bei einer restriktiven Geldpolitik) unterstützt.

Bei festen Wechselkursen (ohne Neutralisierungspolitik) wird die Wirkung der Geldpolitik dagegen durch die interventionsbedingte Änderung der Währungsreserven vollständig kompensiert bzw. „unterlaufen". Allein im Fall einer erfolgreichen Neutralisierung der Reserveänderung kann Geldpolitik die gesamtwirtschaftlichen Ziele hier nachhaltig beeinflussen. Dies ist indes liquiditätsmäßig auf Dauer nur realisierbar, wenn es sich um einen Devisenbilanzüberschuss handelt (bspw. infolge einer restriktiven Geldpolitik).

Zudem ist die exakte Anpassung der heimischen Komponente der Geldbasis nicht ohne weiteres möglich, da die Zentralbank nur indirekt auf die Geldmengenentwicklung einwirken kann. Die Erfahrungen im Europäischen Währungssystem belegen diese Problematik eindrucksvoll. Wie schwierig eine erfolgreiche Neutralisierungspolitik ist, wurde bspw. daran deutlich, dass die Wachstumsrate der deutschen Geldmenge in den Jahren mit großen Interventionen im EWS regelmäßig markant über dem vorher bekannt gegebenen Zielkorridor lag.

> Die Unterlegenheit eines Systems fester Wechselkurse fällt besonders auf, wenn der Transmissionsprozess der Geldpolitik „blockiert" ist. In Rezessionszeiten ist es beispielsweise möglich, dass Zinssenkungen das reale Volkseinkommen und das Preisniveau nicht erhöhen – etwa weil die Investoren aufgrund pessimistischer Erwartungen nicht auf Zinsänderungen reagieren. Im Fall fester Wechselkurse könnte die Geldpolitik dann selbst bei erfolgreicher Neutralisierung des (zinsinduzierten) Geldabflusses keine Konjunkturerholung bewirken. Im Fall flexibler Wechselkurse käme es dagegen über die abwertungsbedingte Verbesserung des Außenbeitrags zu einem „exogenen" Nachfrageanstieg und damit zum konjunkturellen Aufschwung.

11.3 Effektivität der Fiskalpolitik

Expansive fiskalpolitische Maßnahmen wie bspw. eine Erhöhung der Staatsausgaben (G) sind typischerweise von steigenden Zinsen begleitet. Wenn sich der direkte Nachfrageeffekt durchsetzt, nimmt gleichwohl das reale Inlandsprodukt zu und das Preisniveau steigt. Daraus resultieren nun gegenläufige Wirkungen auf die Devisenbilanz: Steigende Zinsen induzieren Nettokapitalimporte und damit ein Überangebot an Devisen. Steigende (Real-)Einkommen und Preise induzieren erhöhte Güterimporte bzw. sinkende -exporte und damit eine Überschussnachfrage nach Devisen. Über den Endeffekt entscheidet die *Zinselastizität der internationalen Kapitalbewegungen*. Bei „großer" Zinselastizität ist per Saldo ein Überschussangebot an Devisen zu erwarten. Genau genommen tritt ein Überschussangebot auf, wenn der durch die Zinserhöhung ausgelöste Kapitalzustrom (absolut) größer ist als die nominelle Außenbeitragsverschlechterung. Wir können diese Zusammenhänge wieder schematisch darstellen, wobei wir von hinreichend elastischen Kapitalströmen ausgehen:[5]

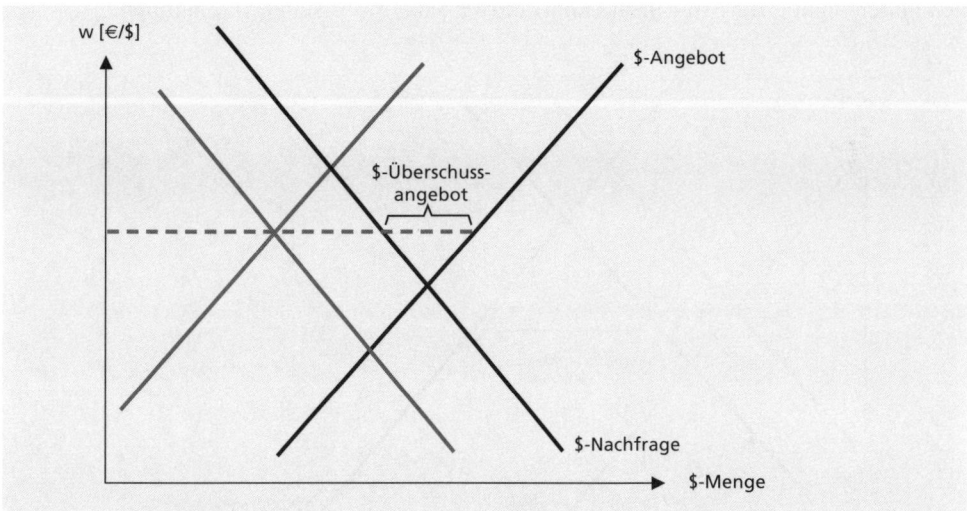

Diese Situation ist in Abb. 11.2 nochmals gezeigt. Wir unterstellen hier eine Rechtsverschiebung der Devisennachfragekurve aufgrund zunehmender Güterimporte sowie eine Rechtsverschiebung der Devisenangebotskurve in Folge steigender Kapitalimporte (Kapitalexporte und Güterexporte seien annahmegemäß konstant).

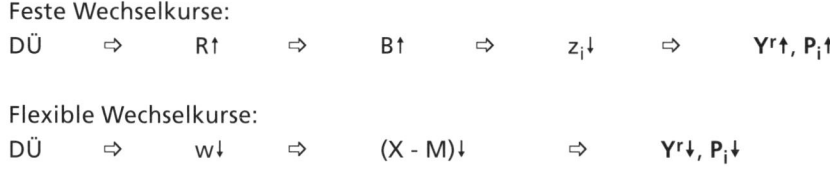

Abb. 11.2: Wirkung einer expansiven Fiskalpolitik auf dem Devisenmarkt bei großer Zinselastizität der Kapitalbewegungen

Für die weitere Analyse des in Gang gesetzten Anpassungsprozesses ist nun erneut eine Unterscheidung nach dem Wechselkursregime erforderlich:

Feste Wechselkurse:
DÜ ⇨ R↑ ⇨ B↑ ⇨ z_i↓ ⇨ Y^r↑, P_i↑

Flexible Wechselkurse:
DÜ ⇨ w↓ ⇨ (X − M)↓ ⇨ Y^r↓, P_i↓

---

[5] Der gezeigte Anstieg von Y^r und P ist als „Nettoeffekt" nach Berücksichtigung der Außenbeitragsverschlechterung zu interpretieren.

Im System *fester* Wechselkurse werden, sofern die Zentralbank keine Neutralisierungspolitik betreibt, expansive Geldangebotseffekte ausgelöst. Im System *flexibler* Wechselkurse kommt es zu einer Aufwertung der Inlandswährung mit kontraktiven Wirkungen.

Wenn die Zinselastizität der Kapitalbewegungen „klein" ist, wird der Rückgang des Außenbeitrags (absolut) größer ausfallen, als die Zunahme der Kapitalimporte (siehe Abb. 11.3). Das heißt, es entsteht eine Überschussnachfrage nach Devisen. Im System fester Wechselkurse resultieren daraus kontraktive, im System flexibler Wechselkurse dagegen expansive Effekte auf das Inlandsprodukt. Die prinzipiell gleichen Überlegungen gelten analog für den Einsatz kontraktiver fiskalpolitischer Maßnahmen.

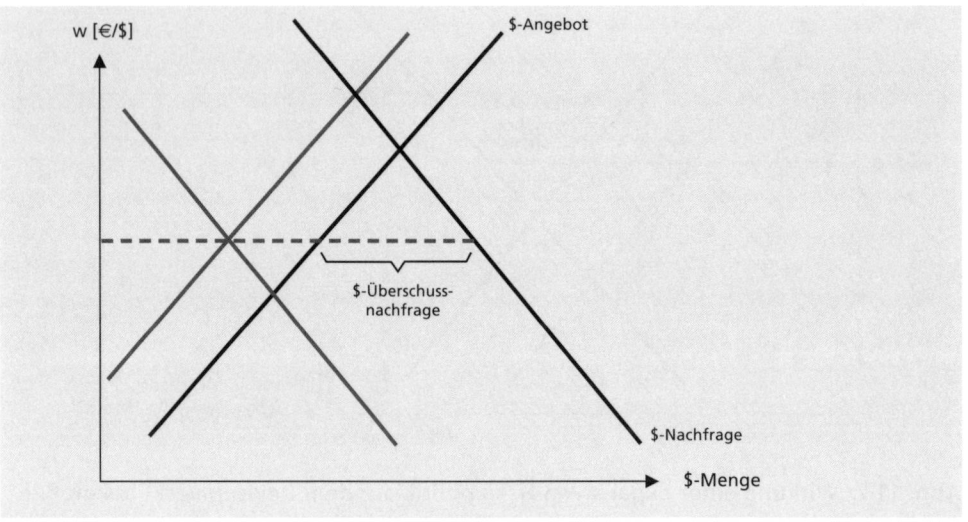

Abb. 11.3: Wirkung einer expansiven Fiskalpolitik auf dem Devisenmarkt bei kleiner Zinselastizität der Kapitalbewegungen

Wechsel-kurse	Zinselastizität der Kapitalbewegungen	
	„groß"	„klein"
fest	hoch	niedrig
flexibel	niedrig	hoch
	Effektivität der Fiskalpolitik	

Man kann diese Ergebnisse im Überblick wie links gezeigt darstellen.

Während sich für die Effektivität geldpolitischer Maßnahmen eindeutig ein System flexibler Wechselkurse als überlegen herausgestellt hatte, ist dies für die Fiskalpolitik offensichtlich differenzierter zu sehen. Hier erweisen sich flexible Wechselkurse nur dann als günstiger im Hinblick auf die Wirksamkeit von Stabilisierungspolitik, wenn die Zinselastizität der Kapitalbewegungen „klein" ist, also bspw., wenn Kapitalverkehrsrestriktionen existieren.

Reagieren die Kapitalströme hingegen vergleichsweise stark auf Zinsänderungen – und das erscheint unter den heutigen Bedingungen auf den internationalen Finanzmärkten eher realistisch, dann ist die Durchschlagskraft der Fiskalpolitik bei festen Wechselkursen höher einzustufen. Derartige Überlegungen sind zweifellos geeignet, die teilweise unterschiedlichen Präferenzen der nationalen Zentralbanken und der Regierungen hinsichtlich der Wahl der geeigneten Wechselkursregimes wie auch ihre nicht immer übereinstimmende Einstellung gegenüber Kapitalverkehrskontrollen zu erklären.

11.4 Effektivität der Wechselkurspolitik

Wir haben gesehen, dass im System fester Wechselkurse die Geldpolitik (ohne Neutralisierung) nicht in der Lage ist, das nominale Inlandsprodukt dauerhaft zu beeinflussen. Bei geringer Kapitalreagibilität bleibt zudem der konjunkturpolitische Effekt der Fiskalpolitik nur schwach. Wenn die Kapitaldisponenten überhaupt nicht auf Zinsänderungen reagieren, ist auch die Wirkung der Fiskalpolitik gleich Null. Man kann sich dies anhand der schematischen Darstellungen in Kapitel 11.3 verdeutlichen: Wenn die Kapitalbewegungen überhaupt nicht auf Zinsänderungen reagieren, kommt es (tendenziell) zu einem Devisenbilanzdefizit in Höhe der Außenbeitragsverschlechterung, und im gleichen Umfang sinkt nun (bei fehlender oder erfolgloser Neutralisierungspolitik) die Geldbasis. Der Rückgang hält so lange an, bis die Ursache der Außenbeitragsreduktion, nämlich der Anstieg des nominalen Inlandsprodukts, beseitigt ist.

Als konjunkturpolitische Maßnahme bietet sich in solchen Fällen eine *Neufestsetzung der Paritäten* in Form einer Abwertung der Inlandswährung an. Dadurch verbessert sich normalerweise der Außenbeitrag. In der Folge steigt das reale Inlandsprodukt und, je nach gesamtwirtschaftlicher Kapazitätsauslastung, auch das Preisniveau. Parallel dazu ergibt sich eine Erhöhung des Zinsniveaus.

Die Abwertung entspricht gewissermaßen einer Reduktion des „kaufkraftmäßigen" Geldangebots (ausländische Güter werden im Inland teurer). In dieser Hinsicht kommt es also zu vergleichbaren Effekten wie bei einer restriktiven Geldpolitik. Durch den Zinsanstieg werden nun Kapitalimporte angezogen. Dabei gehen wir davon aus, dass die Zinssteigerung nicht zu einer nachhaltigen Dämpfung des durch die Außenbeitragsverbesserung in Gang gesetzten Wachstums des Inlandsprodukts führt.

Auch bei nur wenig zinselastischen oder gar völlig zinsunelastischen Kapitalbewegungen verändert sich der Devisenbilanzsaldo insgesamt in Richtung eines Überschusses. Die schematische Darstellung verdeutlicht die Zusammenhänge nochmals:

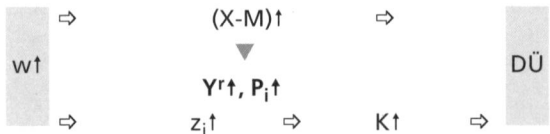

Betreibt die Zentralbank keine (erfolgreiche) Neutralisierungspolitik, so schlägt sich der interventionsbedingte Anstieg der Währungsreserven in einer Zunahme der Geldbasis nieder, wodurch die Zinsen sinken und das nominale Inlandsprodukt weiter expandiert:

$$DÜ \Rightarrow R\uparrow \Rightarrow B\uparrow \Rightarrow z_i\downarrow \Rightarrow Y^r\uparrow, P_i\uparrow$$

Diese Entwicklung hält an, bis das Überangebot an Devisen (durch einen entsprechenden Rückgang des Außenbeitrags) wieder abgebaut ist.

Alles in allem bleibt damit festzuhalten, dass in bestimmten Fällen, in denen geld- und fiskalpolitische Instrumente versagen, offenbar durch eine Abwertung eine Anregung der Wirtschaftsaktivität erreicht werden kann. Allerdings sei an dieser Stelle an drei *Problempunkte* erinnert, die wir im zweiten Teil ausführlich diskutiert haben.

■ Es handelt sich dabei erstens um die nach einer Abwertung zu befürchtenden „Fernwirkungen" in Form des Inflationsimports und der damit verbundenen Erosion der internationalen Wettbewerbsfähigkeit.

■ Zweitens sind wir davon ausgegangen, dass der Außenbeitrag auf eine Wechselkursänderung normal reagiert.

■ Drittens haben wir die Existenz spekulativer internationaler Kapitalbewegungen völlig vernachlässigt.

Der erste Aspekt fällt in den Bereich der mikroökonomischen Analyse und wird deshalb hier nicht weiter berücksichtigt. Die zweite und dritte Annahme haben wir auch den makroökonomischen Betrachtungen zur Effektivität der Geld- und Fiskalpolitik zugrunde gelegt. Grundsätzlich unproblematisch erscheint eine nur vorübergehend anomale Außenbeitragsreaktion, wie wir sie in Gestalt des J-Kurven-Effekts kennengelernt haben. Auch eine auf längere Sicht eintretende Anomalie, die durch Rückkopplungseffekte infolge von Einkommensänderungen zustande kommt, ändert die bisherigen (kürzerfristig gültigen) Analyseergebnisse nicht entscheidend (siehe Kapitel 8.3).

Gravierende Konsequenzen für die Beurteilung der Wirkung von Geld-, Fiskal- und Wechselkurspolitik könnten sich lediglich im Fall einer vergleichsweise raschen und dauerhaft anomalen Reaktion des Außenbeitrags ergeben. Der interessierte Leser kann sich die entsprechenden Zusammenhänge anhand der schematischen Darstellungen dieses Kapitels verdeutlichen.

Ähnlich lässt sich für den Fall spekulativer Kapitalbewegungen argumentieren: Stabilisierende Kapitalbewegungen stören die beobachteten Wirkungsabläufe nicht. Dagegen können destabilisierende Kapitalbewegungen zu grundsätzlich anderen Ergebnissen führen, wenn sie nicht nur das Ausmaß von Wechselkursanpassungen erhöhen, sondern (auch) deren Richtung verändern (siehe Kapitel 10.4).

11.5 Zielkonflikte bei festen Wechselkursen

Bei der Beurteilung wirtschaftspolitischer Maßnahmen im System fester Wechselkurse haben wir bisher unterstellt, dass die beteiligten Zentralbanken eine Neutralisierungspolitik entweder gar nicht versuchen oder nicht erfolgreich durchführen. Die Plausibilität dieser Annahme war im Falle von Devisenbilanz-Defiziten offenkundig: Erfolgreiche Neutralisierungspolitik verhindert einen Abbau des Defizits über den Geldmengenmechanismus. Die dann notwendigen fortgesetzten Interventionen führen zum Verlust der Devisenreserven. Wenn auch die internationalen Kreditlinien erschöpft (sowie etwaige Goldbestände veräußert) sind, ist eine weitere Zahlungsbilanzfinanzierung nicht mehr möglich. Das Land steht dann vor einem „Liquiditätsproblem".

Diese Situation wird in der Praxis noch dadurch verschärft, dass es oft zu massiven spekulativen Kapitalbewegungen gegen die Währung des Defizitlandes kommt. Die mögliche Folge ist eine *Zahlungsbilanzkrise*, die dann eine drastische Änderung der Paritäten erzwingt.

Eine dauerhafte Neutralisierungspolitik stößt indes auch in Ländern mit Devisenbilanz-Überschüssen an Grenzen. Zwar sehen sich Überschussländer keinem Liquiditätsproblem gegenüber, da sie die für den Devisenankauf notwendige eigene Währung prinzipiell unbegrenzt produzieren können. Gemessen am marktmäßig „richtigen" Wechselkurs (im Sinne eines Devisenbilanzausgleichs), kaufen diese Länder aber offenbar zu teuer im Ausland ein, während sie ihre Güter zu billig exportieren. Die so verstandene Unterbewertung der Inlandswährung wirkt auf der Importseite wie ein Schutzzoll und auf der Exportseite wie eine Subvention. Man könnte sagen, sie „verschenken" einen Teil ihres Inlandsprodukts. Des Weiteren sinkt der Wert der erhaltenen bzw. angekauften Devisenreserven bei inflationären Entwicklungen im Heimatland der betreffenden Währung bzw. im Fall einer (letztlichen) Abwertung der Devise. Schließlich müssen Überschussländer noch befürchten, dass im Ausland einschneidende Restriktionsmaßnahmen bspw. in Form von Importkontrollen ergriffen werden, von denen evtl. schmerzhafte Rückwirkungen auf das Inland ausgehen.

Insgesamt können wir festhalten, dass ein Defizitland eine Neutralisierungspolitik auf Dauer nicht durchhalten *kann*, während ein Überschussland dies liquiditätsmäßig zwar könnte, in der Regel aber nicht *will*. Nicht selten scheitert zudem eine Neutralisierung von Devisenzuflüssen gerade bei gesamtwirtschaftlichen Kapazitätsengpässen (und entsprechend großer Kreditnachfrage) an Ausweichreaktionen der Geschäftsbanken. Die Folge können teilweise unkontrollierbare Preissteigerungen sein.

Im System fester Wechselkurse ergibt sich daraus die mehr (für Defizitländer) oder weniger (für Überschussländer) zwingende Notwendigkeit, ein Zahlungsbilanzungleichgewicht mit wirtschaftspolitischen Mitteln zu beseitigen. Man spricht auch vom „Diktat der Zahlungsbilanz": Primäres Ziel der Wirtschaftspolitik ist die *Zahlungsbilanzkorrektur* („Adjustment"). Sie geschieht am konsequentesten dadurch, dass das Defizitland eine kontraktive und das Überschussland eine expansive Geld und Fiskalpolitik verfolgen. Das heißt, dass im Defizitland (Überschussland) das Zinsniveau nach oben (unten) und das Preisniveau sowie das Realeinkommen nach unten (oben) „gedrückt" werden muss. Dadurch sollen im Defizitland (Überschussland) die Nettokapitalimporte und der Außenbeitrag steigen (sinken). Offensichtlich ergibt sich bei einer solchen Politik ein *Zielkonflikt*, wenn im Defizitland Unterbeschäftigung bzw. im Überschussland Vollbeschäftigung (das heißt drohende Kosten und Preissteigerungen) herrschen. Zur Lösung dieses Konflikts zwischen binnen und außenwirtschaftlichen Zielen bietet sich der *koordinierte Einsatz* der Geld- und Fiskalpolitik an („policy mix").

Damit kann versucht werden, den Devisenbilanzausgleich zu erreichen, ohne die binnenwirtschaftlichen Ziele der Stabilisierungspolitik aufzugeben. Beispielsweise könnte das Defizitland eine kontraktive Geldpolitik mit einer expansiven Fiskalpolitik kombinieren. Die Geldpolitik wirkt dann zinserhöhend und zieht so Nettokapitalimporte an. Die Fiskalpolitik könnte den kontraktiven Beschäftigungseffekt der Zinserhöhungen ausgleichen. Es ist indes unwahrscheinlich, dass eine solche Politik – wenn sie überhaupt durchführbar ist – auf Dauer ein Gleichgewicht der Devisenbilanz gewährleistet. Zu befürchten ist vielmehr, dass bei einer fortwährenden Verschlechterung des Außenbeitrags Abwertungserwartungen entstehen, welche die notwendigen Kapitalimporte bremsen bzw. sogar Kapitalabflüsse auslösen. Ähnliche Überlegungen kann man – unter bestimmten Annahmen – für ein Überschussland anstellen. Neben dem koordinierten Einsatz der Geld- und Fiskalpolitik käme auch die gleichzeitige Durchführung geeigneter Maßnahmen der Geld- und Wechselkurspolitik bzw. Fiskal- und Wechselkurspolitik in Frage. Damit verbunden wären indes wiederholte Paritätsänderungen, was mit einem System grundsätzlich fester Wechselkurse kaum zu vereinbaren ist.

> Aus dem oben Gesagten folgt, dass die in ein System (grundsätzlich) fester Wechselkurse eingebundenen Länder typischerweise ihre binnenwirtschaftlichen Ziele außenwirtschaftlichen Erfordernissen unterordnen müssen. Der Zwang zur Unterordnung ist dabei für ein Defizitland naturgemäß größer als für ein Überschussland. Je nach poli-

tischem Gewicht und Durchsetzungsvermögen der beteiligten Staaten kann die Anpassungslast aber auch auf das Überschussland abgewälzt werden. Die einzige innerhalb des Systems verfügbare Alternative besteht in einer fallweisen Paritätsänderung (Realignment). Soll dies vermieden werden und will man auch keine Freigabe der Wechselkurse, so bleibt letztlich nur die Anpassung. Daraus folgt unmittelbar, dass ein System fester Wechselkurse auf Dauer nur unter der Voraussetzung erfolgreich bestehen kann, dass die nationalen Wirtschaftpolitiken aufeinander abgestimmt sind und auf *ökonomische Konvergenz* abzielen.

11.6 Rückblick: Spekulative Attacken im EWS 1992

Die Erfahrungen mit dem Europäischen Währungssystem (EWS) liefern interessantes und wichtiges Anschauungsmaterial zu der Funktionsweise und den möglichen Problemen von Festkurssystemen. Wenn Länder, deren Fundamentaldaten stark voneinander abweichen, ihre Währungen in ein Festkursgefüge einbringen, das nicht flexibel genug ausgestaltet ist, sind Krisen vorprogrammiert.

Das 1979 gegründete EWS durchlief nach einer Serie von Realignments ab 1987 zunächst eine ruhige Phase. Die Leitkurse blieben 5 Jahre lang unverändert. Nach der deutschen Wiedervereinigung machten sich aber wieder Spannungen bemerkbar, als die Deutsche Bundesbank die Inflationsfolgen der Einigung mit einer Hochzinspolitik zu bekämpfen versuchte. Wegen der Anker-Funktion der D-Mark wurde damit auch EWS-Ländern mit schwacher Konjunktur ein restriktiver Kurs aufgezwungen. Dies rief internationale Spekulanten auf den Plan, so dass einzelne EWS-Währungen, insbesondere die italienische Lira und das britische Pfund, unter Druck gerieten. Im Juni 1992 sprachen sich die Dänen in einer Volksabstimmung gegen die geplante Europäische Währungsunion aus, und auch in Frankreich erwartete man ein ablehnendes Votum. Die Spekulation auf eine Änderung der Währungsparitäten oder gar ein Auseinanderbrechen des EWS wurde dadurch noch beflügelt.

Anfang September 1992 spitzte sich die Situation zu. Italien setzte damals 40 Mill. US-Dollar Interventionsmasse ein, um den Kurs der Lira zu stützen. Auch die Deutsche Bundesbank sah sich zu massiven Devisenmarktinterventionen gezwungen. Angesichts des damit verbundenen Inflationspotenzials verlangte die Bundesbank eine Neufestsetzung der Leitkurse im EWS und ersuchte den Bundesfinanzminister, dies bei seinen Kollegen durchzusetzen. Aber nur Italien war zu einer kleine Abwertung der Lira bereit; im Gegenzug senkte die Bundesbank ihre Leitzinsen um einen Viertelprozentpunkt. Die britische Regierung verweigerte indes hartnäckig eine Abwertung des Pfundes.

Ausschlaggebend für die letztliche Krise war dann ein Interview des Handelsblattes und des Wall Street Journal mit dem damaligen Bundesbank-Präsidenten Helmut Schlesinger. In dem auf den ersten Blick harmlosen Artikel machte Schlesinger deutlich, dass ihm das Zugeständnis Roms zu einer geringfügigen Liraabwertung nicht ausreichte und er sich ein umfassenderes Realignment im EWS gewünscht hätte. Die „eine oder andere Währung" könne erneut unter Druck geraten, bis Klarheit über die Haltung der Franzosen zum Maastricht-Vertrag gewonnen werde, sagte er. Händler und Spekulanten an den Finanzmärkten schlossen daraus, dass die Bundesbank eine Abwertung der britischen Valuta für unumgänglich hielt.

Es ist bekannt, dass sich damals der Milliardär George Soros besonders aktiv am Devisenmarkt engagierte. Er setzte darauf, dass die britische Regierung schon bald aus dem Festkurssystem des EWS ausscheiden würde. Die britische Konjunktur verlief damals recht schleppend, und steigende Zinsen hätten sich zusätzlich konjunkturdämpfend ausgewirkt. Am 16. September 1992 mussten die Regierungen in Rom und London die Lira und das Pfund Sterling aus dem EWS herausnehmen, da sie den gewaltigen Flutwellen der Spekulation gegen ihre Währungen nicht mehr standhalten konnten. Dieser Tag ist als „Schwarzer Mittwoch" in die Währungsgeschichte eingegangen, als „der Tag, an dem das Pfund starb" – so damals die Schlagzeile im Wochenblatt „Sunday Times" und der Titel einer britischen Fernsehsendung. In der Folge sank der Wechselkurs der beiden Währungen stark. Des Weiteren wurden die spanische Peseta und der portugiesische Escudo in den folgenden Monaten mehrmals kräftig abgewertet. Auch die Schweden-Krone, die sich einseitig an die D-Mark gebunden hatte, wurde wieder dem freien Spiel von Angebot und Nachfrage auf dem Devisenmarkt überlassen. Eine zweite große Spekulationswelle folgte im Juli 1993. Sie führte dazu, dass die Bandbreiten für Wechselkursschwankungen innerhalb des EWS von +/-2,25 % auf +/-15 % ausgeweitet wurden. Italien kehrte nach einigen Jahren in das EWS zurück, während Großbritannien dem EWS nicht mehr beitrat und entsprechend auch nicht der Europäischen Währungsunion.

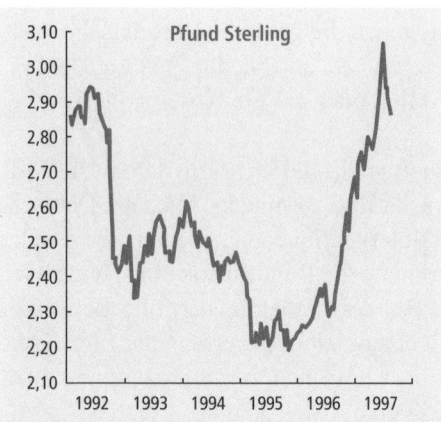 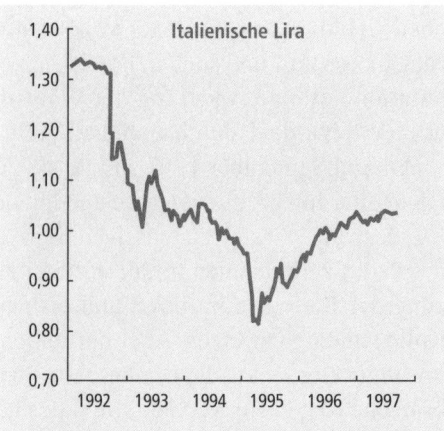

Abb. 11.4: Entwicklung von Pfund Sterling und italienischer Lira ab September 1992

Anhand der damaligen Situation im EWS sei im Folgenden nochmals ein konkretes Beispiel beschrieben, das zeigt, wie ein Spekulant von einer erwarteten Wechselkursänderung profitieren kann:

> Ein Spekulant, der, wie George Soros, davon überzeugt war, dass das Pfund Sterling gegenüber der D-Mark abwerten würde, nahm in England einen kurzfristigen Pfund Sterling-Kredit z. B. über eine Million Pfund auf. Die Pfund, die er auf diese Weise erhielt, konnte er am Devisenmarkt in D-Mark tauschen. Im August 1992 lag der Wechselkurs der Pfundes bei 2,81 D-Mark, unser Spekulant bekam also 2,81 Mill. D-Mark dafür. Jetzt musste er nur noch warten. George Soros hatte damals richtig gelegen, das Pfund Sterling wurde am 14. September 1992 zunächst um 3,5 % gegenüber der D-Mark abgewertet, und am 16. September schied Großbritannien ganz aus dem EWS aus. Der Kurs des Pfundes zur D-Mark wurde daraufhin ganz dem Markt überlassen, was zu einer Abwertung der britischen Währung auf 2,45 D-Mark führte. Damit war das Geschäft perfekt. Um eine Million Pfund zurückzuzahlen, benötigte George Soros nur noch 2,45 Mill. D-Mark. Der Gewinn belief sich also auf 360.000 D-Mark für jede aufgenommene eine Million Pfund, und das in nur zwei Monaten. Streng genommen müsste man bei dieser Rechnung noch die Zinsen für den Kredit in Großbritannien und die D-Mark-Anlage in Deutschland berücksichtigen. Bei einer so kurzfristigen Betrachtung kann dies aber vernachlässigt werden.

Die Problematik derartiger spekulativer Attacken liegt darin, dass sie ein starkes Element der Selbstverstärkung aufweisen. Wenn viele Spekulanten ähnlich denken und sich in gleicher Weise verhalten, kommt es am Devisenmarkt zunächst zu einem starken Druck auf die unter Abwertungsverdacht stehende Währung: Im Beispiel wollen alle ihre Pfundbeträge gegen D-Mark tauschen. Im Festkurssystem des EWS bedeutete dies, dass die Bank of England sich einer steigenden Nachfrage nach D-Mark gegenüber sah. Da sie jedoch nur über begrenzte D-Mark-Reserven verfügte, musste sie früher oder später kapitulieren.

12 Währungspolitische Alternativen im Vergleich

Nachdem wir die Effektivität der Stabilisierungspolitik erörtert und insbesondere die Bedingungen von Festkurssystemen hinterfragt haben, wollen wir nun die Stärken und Schwächen eines Systems grundsätzlich fester bzw. (völlig) flexibler Wechselkurse gegeneinander abwägen. Ein solcher Vergleich kann anhand von *zwei Kriterien* angestellt werden. Erstens lässt sich fragen, inwieweit ein Wechselkursregime die aus nationaler Sicht angestrebten Zielsetzungen unterstützt. Hierbei steht die Autonomie der Stabilisierungspolitik im Vordergrund. Zweitens ist von Bedeutung, inwieweit ein Wechselkursregime der Funktionsfähigkeit des internationalen Handels zuträglich ist.

12.1 Autonomie der Stabilisierungspolitik

Die Zielsetzung einer möglichst autonomen nationalen Stabilisierungspolitik ist grundsätzlich in einem System *flexibler* Wechselkurse am besten realisierbar. Denn freie Wechselkurse entheben die Wirtschaftspolitik der Notwendigkeit einer Zahlungsbilanzkorrektur mit eventuell unerwünschten binnenwirtschaftlichen Folgen. Der „Abschirmungseffekt" gegenüber Auslandseinflüssen ist indes keineswegs vollständig: Es entstehen Nachfrageeffekte durch wechselkursbedingte Änderungen des Außenbeitrags, wobei hier auch die Möglichkeit anomaler Reaktionen des Außenbeitrags zu bedenken ist. Zudem werden – wenn auch in abgeschwächtem Umfang – „direkte" grenzüberschreitende Einkommens-, Preis- und Zinszusammenhänge wirksam.

Schließlich existiert die Gefahr der „Abwertungs-Inflations-Spirale": Eine Übernachfrage nach Devisen löst eine Abwertung der Inlandswährung aus. Dadurch steigen im Inland die Kosten und Preise, was sich wiederum (tendenziell) in einem Devisenbilanzdefizit niederschlägt und so eine weitere Abwertung induziert. Das bedeutet, es kommt zu einer anhaltenden Aufwärtsbewegung von Devisenkurs und Preisen. Dieser Prozess kann noch durch Kapitalexporte verstärkt werden, die aufgrund des Wertverlustes der heimischen Währung getätigt werden.

Hierzu ist anzumerken, dass ein fortdauernder Inflationsprozess grundsätzlich nur bei zunehmendem Geldangebot möglich ist. Gerade im System flexibler Wechselkurse liegt jedoch die Kontrolle der Geldschöpfung ausschließlich in Händen der nationalen Währungsbehörde. Der oben beschriebene Kaufkraftverlust wäre damit nicht der Wechselkursflexibilität, sondern in erster Linie einer inflatorischen nationalen Geldpolitik anzulasten. Ähnlich lässt sich auch bezüglich des Außenbeitragseffekts sowie der Möglichkeit direkter Auslandseinflüsse im System flexibler Wechselkurse argumentieren: Sofern sich aus diesen Gründen „Störungen" der binnenwirtschaftlichen Zielrealisierung ergeben, bieten flexible Wechselkurse die besten Voraussetzungen für einen Ausgleich durch die nationale Stabilisierungspolitik.

In einem System *fester* Wechselkurse ist eine autonome nationale Stabilisierungspolitik letztlich nicht möglich. Bei Unterschieden zwischen der geld- und fiskalpolitischen Ausrichtung in den beteiligten Staaten entstehen Devisenmarktungleichgewichte. Diese erzwingen eine Zahlungsbilanzkorrektur, welche in der Regel nur durch eine Anpassung der einzelstaatlichen Wirtschaftspolitiken gelingt.

Wird die Anpassung allein von dem Land mit Devisenbilanzdefiziten vollzogen, so wäre dies als positiver „Erziehungseffekt" fester Wechselkurse zu werten. Denkbar ist jedoch auch der umgekehrte Fall, in dem bspw. ein preisstabiles Land vor der Inflationspolitik seiner Nachbarn „kapituliert".

Demgegenüber können *flexible* Wechselkurse im günstigsten Fall einen „Währungswettbewerb" bewirken: Die Währung des preisstabilen Landes wird aufgewertet und gewinnt so international als Reservewährung, Zahlungsmittel und Recheneinheit an Bedeutung. Teilweise verdrängt sie sogar nationale Währungen. Die Dominanz der wertstabilen Währung wird schließlich so groß, dass andere Länder ihre Stabilisierungspolitik dauerhaft an der Politik des preisstabilen Landes ausrichten.

Es ist andererseits zu bedenken, dass eine Aufwertung die gesamtwirtschaftliche Nachfrage im aufwertenden Land tendenziell dämpft. Allgemein können starke Wechselkursschwankungen gravierende Beschäftigungsschwankungen hauptsächlich in den Exportindustrien der betroffenen Länder hervorrufen. Die Erfahrungen zeigen zudem, dass der Wechselkurs in der Realität keinesfalls ein perfektes Anpassungsinstrument darstellt. Empirische Studien haben erbracht, dass fundamentale ökonomische Daten auf kurze und mittlere Sicht vielfach keinen Einfluss auf die Wechselkursentwicklung ausüben.

Ungleichgewichte in der Devisenbilanz können im Fall *anpassungsfähiger Festkurssysteme* auch durch Paritätsänderungen beseitigt werden. Allzu häufige Realignments widersprechen indes dem Grundgedanken fester Wechselkurse. Erfolgt die Wechselkursanpassung zudem noch „zu spät", so werden spekulative Kapitalströme von immensen Ausmaßen in Gang gesetzt. Dies verstärkt bestehende Devisenmarktungleichgewichte. Die dann unausweichliche Änderung der Paritäten gibt der Spekulation Recht und „belohnt" sie mit Gewinnen.

Dagegen werden Außenhändler und Kapitaldisponenten, die systemkonform auf der Basis fester Wechselkurse kalkulierten, teilweise mit Kursverlusten „bestraft". Fallweise Anpassungen der Leitkurse können weiterhin – ebenso wie im System flexibler Wechselkurse – Beschäftigungsschwankungen erzeugen. Sprunghafte, markante Kursverschiebungen wirken sich sogar besonders negativ aus.

12.2 Funktionsfähigkeit des internationalen Handels

Hinsichtlich der Funktionsfähigkeit des internationalen Handels erscheint ein System flexibler Wechselkurs insofern vorteilhaft, als hier – zumindest unter dem Liquiditätsaspekt – keine Veranlassung zu dirigistischen Eingriffen in den grenzüberschreitenden Güter- und Kapitalverkehr besteht. Die Gefahr derartiger Eingriffe erscheint in einem System fester Kurse wesentlich größer.

Andererseits können sich die bei flexiblen Wechselkursen eventuell beträchtlichen Kursschwankungen bremsend auf den Außenhandel auswirken, da sie die Kalkulation für Exporteure und Importeure erheblich erschweren. Dieses Problem ist nicht zu unterschätzen. Wie wir bereits dargestellt haben, haben die reinen Finanztransaktionen am Devisenmarkt ein starkes Übergewicht gegenüber den Warenhandelsströmen. Bedeutsam sind insbesondere die kurzfristigen, spekulativ motivierten Kapitalbewegungen, die

– über Erwartungsänderungen – sehr sensibel auf kleinste Änderungen der wirtschaftlichen Rahmendaten reagieren. Dadurch kann es zu völlig „untypischen" Wechselkursreaktionen kommen. Bspw. ist es durchaus denkbar, dass sich bei einer Ausweitung des amerikanischen Außenbeitragsdefizits, verursacht durch einen starken, von Inflation begleiteten Anstieg der US-Konjunktur, der US-Dollar nicht, wie im Modell vorgegeben, abwertet, sondern ganz im Gegenteil aufwertet. Der Grund hierfür könnte bspw. sein, dass internationale Kapitalanleger hohe Dividenden-Ausschüttungen von US-Unternehmen erwarten. Wir hätten es dann mit einem Sonderfall „destabilisierender" Kapitalbewegungen zu tun, wie wir ihn bereits bei der Analyse geld-, fiskal- und wechselkurspolitischer Maßnahmen als problematisch erkannt hatten.[6]

Wie ebenfalls schon erwähnt, gibt es indes gute Argumente dafür, dass der Fall destabilisierender Spekulation lediglich vorübergehend relevant sein dürfte. Zur Absicherung von Wechselkursrisiken können die Außenhändler zudem auf eine breite Palette von Kurssicherungsinstrumenten zurückgreifen. Damit sind jedoch teilweise erhebliche Kosten verbunden.

Systeme grundsätzlich fester Wechselkurse bieten in dieser Hinsicht eine größere Sicherheit, die allerdings nur in währungspolitisch einigermaßen ruhigen Zeiten vollständig gewährleistet ist. Die Gefahr fallweiser Paritätsänderungen kann allein durch die Schaffung einer Währungsunion gebannt werden. Prinzipiell kann sich eine Währungsunion sehr positiv auf die Entwicklung des Handels unter ihren Mitgliedsländern auswirken. So kommen Studien amerikanischer Wissenschaftler zu dem Ergebnis, dass die potenzielle Zunahme des innereuropäischen Handels infolge des Euro ungefähr 50 % beträgt.

12.3 Beurteilung einer Währungsunion

Eine Währungsunion bildet die höchste Stufe der Währungsintegration. Der Prozess der währungspolitischen Integration beginnt mit der Schaffung eines *Währungsverbundes*, wie wir ihn unter der Bezeichnung „anpassungsfähiges Festkurssystem" behandelt haben. Ein Beispiel hierfür war das Europäische Währungssystem und ist das heutige EWS II.

---

[6] Die beschriebene Entwicklung könnte auch die normalerweise wirksamen Auslandseinflüsse gravierend verändern: Der Nachfrageeffekt durch wechselkursbedingte Außenbeitragsänderungen würde sich „umdrehen". Ein auch bei flexiblen Wechselkusen existenter gleichgerichteter internationaler Konjunktur- und Preiszusammenhang würde durch die Wechselkursänderung verstärkt. Beim internationalen Zinszusammenhang ergäbe sich entsprechend bei destabilisierenden Kapitalbewegungen ein gegenläufiger Effekt: Steigende Auslandszinsen induzieren Kapitalimporte des Inlands, infolgedessen die Auslandswährung abwertet, während die Inlandszinsen sinken.

Die nächste, intensivere Form der monetären Integration ist die *Wechselkursunion*. Hier gibt es keine Bandbreiten mehr, die Wechselkurse sind völlig starr. Typischerweise sind die Währungen der beteiligten Länder uneingeschränkt konvertibel, und es herrscht völlige Freiheit des Kapital- und Zahlungsverkehrs. Wechselkursunionen existieren formal zwischen Hongkong und den USA und auch innerhalb der so genannten Franc-Zone zwischen der Europäischen Währungsunion und 14 afrikanischen sowie einigen anderen Übersee-Staaten. Verschiedene Länder haben sich zwar nicht formal, so doch faktisch zu Wechselkursunionen zusammengeschlossen. Beispielsweise hielt die Schweiz die Euro-Parität ihrer Währung jahrelang praktisch unverändert.

Eine Wechselkursunion kann man auch als „Quasi-Währungsunion" bezeichnen. Es handelt sich um die Vorstufe einer mehr oder weniger unwiderruflichen Währungsunion, in der es nur noch eine gemeinsame Währung für alle beteiligten Länder gibt, so wie es in der EWU der Fall ist.

Eine Währungsunion hat sowohl aus einzelwirtschaftlicher als auch aus gesamtwirtschaftlicher Sicht einige *Vorteile*.

- Aus *einzelwirtschaftlicher Sicht* ist zunächst die sichere Kalkulationsbasis von Bedeutung. Ferner reduzieren sich die Transaktionskosten. Letzteres ist die Folge des Wegfalls von Kurssicherungs- und Umtauschkosten sowie eventuell verminderter Kosten der grenzüberschreitenden Zahlungsverkehrsabwicklung. Ebenso dürften sich die Emissionskosten bei der Begebung internationaler Anleihen verringern. Generell verbreitet der bessere Zugang zu den verschiedenen nationalen Finanzmärkten des einheitlichen Währungsraums sowohl die Finanzierungs- als auch die Geldanlagemöglichkeiten.

- Der vergrößerte Finanzraum hat auch aus *gesamtwirtschaftlicher Sicht* Vorteile. Sie äußern sich in einer (vermuteten) erhöhten Resistenz gegenüber exogenen währungspolitischen Schockeinwirkungen. Bspw. dürfte ein aus welchen Gründen auch immer auftretender Kapitalzustrom den gegenüber Drittländern gültigen Wechselkurs eines großen Währungsraums nur relativ wenig verändern. Innerhalb des Währungsraums wird die Allokation des zugeströmten Kapitals erleichtert. Damit werden sich die Bewegungen der nationalen Finanzmarktpreise (Kurse bzw. Zinsen) in Grenzen halten. Dies wiederum erhöht die Sicherheit für Kapitalgeber und -nehmer, was sich (wegen der verminderten Risikoprämie) tendenziell zinsermäßigend und damit wachstumsfördernd auswirkt.

Andererseits sind die ökonomischen *Konsequenzen* einer Währungsunion erheblich. Sie resultieren aus dem „Diktat der Zahlungsbilanz", wie wir es bei der Diskussion anpassungsfähiger Festkurse kennengelernt haben. Im Fall einer Währungsunion (und auch schon in einer Wechselkursunion) akzentuiert sich dieses Diktat noch. Denn der Weg einer Wechselkursanpassung steht nicht mehr offen.

Es kommt hinzu, dass bei einer einheitlichen Währung (oder auch schon bei unabänderlichen Paritäten) Unterschiede in dem Niveau und der Entwicklung der nationalen ökonomischen Parameter (das heißt vor allem des Einkommens, der Preise und des Zinsniveaus) stärker hervortreten. Die Markttransparenz nimmt zu, und damit erhöht sich die Wettbewerbsintensität zwischen den beteiligten Länder.

Diese Problematik sei an einem Beispiel erläutert. Nehmen wir an, es ergäben sich zwischen zwei Ländern, bspw. aufgrund unterschiedlicher stabilitätspolitischer Ausrichtung, Diskrepanzen in den Inflationsraten. Die Folge wären steigende Exporte des preisstabilen in das inflationäre Land. Die Beschäftigung des preisstabilen Landes würde zu- und die des inflationären Landes würde abnehmen.

Daraus ergäbe sich im Fall einer Wechselkursunion die Notwendigkeit von Devisenmarktinterventionen, in einer Währungsunion müssten an die Stelle von Interventionen direkte Nettozahlungen des preisstabilen (beschäftigungsstarken) an das inflationäre (beschäftigungsschwache) Land treten. Die Ungleichgewichtssituation wäre allerdings aus mehreren Gründen auf Dauer nicht durchzuhalten. In einer Wechselkursunion bekäme das inflationäre Land Liquiditätsprobleme. Dem ließe sich durch Vereinbarung unbegrenzter Kreditmöglichkeiten entgegenwirken. Das preisstabile Land müsste dann Teile seiner Produktion an das inflationäre Land quasi „verschenken". Im Fall einer Währungsunion würde das preisstabile Land über den Finanzmitteltransfer den Anspruch auf Teile seines Inlandsprodukts an das inflationäre Land abgeben.

Alles in allem wird es deshalb längerfristig zu einer Angleichung der Wirtschaftsentwicklung kommen müssen. Dies kann erstens durch eine Annäherung der vorher unterschiedlichen nationalen Stabilisierungspolitik erfolgen. (In einer Währungsunion betrifft dies in erster Linie die Fiskalpolitik, da die Geldpolitik hier typischerweise schon vereinheitlicht ist, aber auch die Lohnpolitik). Zweitens wirken die Marktkräfte ausgleichend. In Folge der sinkenden Beschäftigung bzw. Nachfrage müssten die Preise und Löhne in dem inflationären Land zurückgehen.

Diese Überlegungen zeigen, dass eine Währungs- (oder Wechselkurs-)union nur unter *bestimmten Voraussetzungen* mit den stabilisierungspolitischen Zielsetzungen der beteiligten Länder vereinbar ist. Diese Voraussetzungen bestehen darin, dass

- entweder die Wettbewerbsfähigkeit der Partnerstaaten sich soweit entspricht, dass ein Ausgleich durch Wechselkursanpassungen nicht erforderlich ist,

- oder andere marktmäßige Ausgleichsmechanismen existieren, die an die Stelle einer Wechselkursanpassung treten.

Man sagt, dass Länder, bei denen diese Voraussetzungen gegeben sind, einen *optimalen Währungsraum* bilden. Die Theorie des optimalen Währungsraums wurde erstmals 1961 von dem kanadischen Wirtschaftsnobelpreisträger Robert A. Mundell vorgestellt (siehe Kapitel 13.7).

Nun wissen wir, dass die (preisliche) Wettbewerbsfähigkeit eines Landes maßgeblich durch die Lohnstückkosten bestimmt wird. Hinzu treten weitere Einflussfaktoren der Wirtschafts-, vor allem der Geld- und Fiskalpolitik (Zinsen, Steuern, Sozialabgaben, Subventionen usw.). Länder mit einer ähnlichen Entwicklung auf diesen Feldern sind deshalb für eine Währungs- (oder Wechselkurs-)union besonders gut geeignet.

Nach Mundell können Diskrepanzen in der nationalen Wettbewerbsposition bei hinreichender *Mobilität der Produktionsfaktoren* Arbeit und Kapital bewältigt werden. In unserem Beispiel würden dann unter gegebenen sonstigen Bedingungen die im inflationären Land freigesetzten Arbeitskräfte in das preisstabile Land wandern. Grundsätzlich werden sich die Produktionsfaktoren dorthin bewegen, wo sie die für sich jeweils günstigsten ökonomischen Konstellationen vorfinden.

Währungspolitische Integration führt damit zu einem intensivierten Standortwettbewerb, in dessen Verlauf die Konkurrenzfähigkeit des Währungsraumes gegenüber Drittländern insgesamt zunimmt.

Die geschilderte Entwicklung setzt eine hinreichende Faktormobilität voraus. Diese ist beim Faktor Arbeit nicht unbedingt gegeben. Dagegen ist der Faktor Kapital weitaus beweglicher. Dies gilt für Sachkapital (ausländische Direktinvestitionen), in geradezu perfekter Weise jedoch für Finanzkapital. Insbesondere in einer Währungsunion also bei nur einer gemeinsamen Währung ist mit einer hohen Elastizität der Kapitalbewegungen zu rechnen, die faktisch gleiche Zinsniveaus in den beteiligten Ländern erzwingt.

Das bedeutet, dass es in einer Währungsunion keine nationale Zuständigkeit mehr für die Geldpolitik (und ebenso nicht für die Wechselkurspolitik gegenüber Drittländern) geben kann.

13 Europäische Währungsunion

Am 1. Januar 2002 wurde in elf EU-Ländern der Euro als alleiniges gesetzliches Zahlungsmittel eingeführt. Mittlerweile kamen zwei weitere Länder, Griechenland und Slowenien, hinzu. Die Vorteile einer europäischen Währungsunion liegen auf der Hand (siehe auch Kapitel 12.3): Es entfallen Zeitaufwand und Kosten des Währungsumtausches zwischen den beteiligten Ländern. Im Nicht-Banken-Bereich kommt es damit zu einer deutlichen Reduzierung von Transaktionskosten. Bei Exporten und Importen zwischen den Währungsunion-Staaten entfällt das Wechselkursrisiko. Das heißt: Zumindest beim Handel zwischen den Staaten, deren Wechselkurse früher eher volatil waren, so bspw. zwischen Deutschland und Spanien oder Deutschland und Italien, haben sich die Risikokosten für die Unternehmen reduziert. Beim Handel zwischen den Staaten, deren Wechselkurse ohnehin kaum Veränderungen zeigten, wie bspw. Deutschland und Österreich oder Deutschland und die Benelux-Staaten, bringt die Währungsunion in der Hinsicht keine weiteren Vorteile. Für die Unternehmen, die in den Dollarraum oder andere Währungsräume exportieren oder von dort importieren, hat die Einführung des Euro ebenfalls keine Auswirkungen auf die Wechselkursrisiken. Insofern kann man die Einheitswährung als ergänzende Maßnahme zur Einrichtung des Europäischen Binnenmarktes im Jahre 1992 sehen. Ob der Euro gegenüber anderen Währungen wie dem US-Dollar oder dem japanischen Yen stabiler ist als es bspw. die D-Mark war, lässt sich noch nicht abschließend beurteilen.

Allerdings gibt es auch eine gehörige Portion Skepsis. Diese betrifft zum einen die Frage, ob sich die neue Europäische Zentralbank bzw. die in ihr handelnden Personen auf Dauer ebenso der Geldwertstabilität verpflichtet fühlen, wie dies die Deutsche Bundesbank bewiesen hat. Tendenzen zur Einflussnahme auf Entscheidungen des Zentralbankrates durch verschiedene EWU-Länder sind jedenfalls zu beobachten. Zum anderen ist es nach wie vor unklar, ob die beteiligten Länder überhaupt die ökonomischen Voraussetzungen für eine funktionsfähige Währungsunion erfüllen. Gerade wenn man hervorhebt, dass im Binnenhandel Wechselkursrisiken durch die Einheitswährung beseitigt wurden, impliziert dies, dass Wechselkursschwankungen bislang notwendig waren, um unterschiedliche Wirtschaftsentwicklungen in den beteiligten Ländern auszugleichen. Sehr deutlich wird dies beim jüngsten EWU-Mitglied Slowenien. Die EU gesteht zur Zeit den slowenischen Arbeitnehmern, obwohl sie zum Währungsraum gehören, nur eine eingeschränkte Freizügigkeit zu. Der amerikanische Ökonom Paul Krugmann bezeichnet die Einführung der europäischen Einheitswährung dementsprechend als ein Experiment und den „bislang kühnsten Versuch, einer großen und heterogenen Gruppe souveräner Staaten zu den Effizienzgewinnen einer gemeinsamen Währung zu verhelfen".

13.1 Maastricht-Kriterien

Laut dem Vertrag von Maastricht (Vertrag über die Europäische Union) aus dem Jahr 1991 mussten bzw. müssen die Mitgliedsländer der EU bestimmte Konvergenzkriterien erfüllen, um in die Europäische Währungsunion (EWU) aufgenommen zu werden:

- Die *Inflationsrate* eines Mitgliedstaates sollte um nicht mehr als 1,5 Prozentpunkte über der Inflationsrate jener – höchstens drei – Mitgliedstaaten liegen, die das beste Ergebnis auf dem Gebiet der Preisstabilität erreicht haben.

- Die *Neuverschuldung* eines Mitgliedstaates darf nicht mehr als 3 % seines Bruttoinlandsproduktes zu Marktpreisen betragen, wobei dieser Wert ausnahmsweise und vorübergehend überschritten werden darf.

- Der *Schuldenstand* der öffentlichen Haushalte darf 60 % des Bruttoinlandproduktes nicht überschreiten bzw. muss sich diesem Wert rasch annähern.

- Der *langfristige Zinssatz* soll nicht mehr als 2 Prozentpunkte über dem entsprechenden Satz derjenigen drei Länder liegen, die auf dem Gebiet der Preisstabilität das beste Ergebnis erzielt haben.

Als weitere Anforderung kam bzw. kommt hinzu, dass das beitretende Land mindestens zwei Jahre lang innerhalb des vormaligen EWS bzw. des heutigen EWS II (siehe unten) einen stabilen Wechselkurs aufrecht erhalten muss.

Das mit der Vorgabe der Maastricht-Kriterien verfolgte politische Ziel besteht letztlich darin, eine Schwächung des Wertes des Euro im Inneren (Inflation) und nach außen (Abwertung) zu vermeiden.

13.2 Stablitäts- und Wachstumspakt

Mit dem 1996 geschlossenen Stabilitäts- und Wachstumspakt (SWP) wollten die EU-Staaten gewährleisten, dass die fiskalischen Vorgaben des Maastricht-Vertrages auch nach der Aufnahme eines Landes in die EWU eingehalten werden. Der SWP sieht Sanktionen für diejenigen Teilnehmerländer der EWU vor, bei denen das Finanzierungsdefizit der öffentlichen Haushalte die Obergrenze von 3 % des Bruttoinlandsprodukts (BIP) übersteigt. Allerdings entfallen die Sanktionen bei einem Rückgang des realen BIP in dem betreffenden Land um mehr als 2 %. Sinkt das reale BIP um 0,75 % bis 2 %, so können die Sanktionen vorübergehend ausgesetzt werden. Die vor dem Hintergrund des wiederholten Verstoßes mehrerer EWU-Länder gegen das Defizitkriterium vereinbarte Reform des SWP im Jahr 2005 hat dazu geführt, dass der Sanktionsmechanismus nicht mehr nach den vorherigen strikten Regeln abläuft. Vielmehr besitzen nun Kommission und Finanzminister der EU einen größeren Ermessensspielraum in der Beurteilung der nationalen Finanzpolitik sowie der Anwendung des Sanktionsverfahrens.

13.3 ESZB, Eurosystem und EWS II

Seit dem 1. Januar 1999 ist die Europäische Zentralbank (EZB) zuständig für die Geldpolitik im Euro-Währungsgebiet. Die Deutsche Bundesbank existiert weiterhin. Sie ist jetzt eine der nationalen Zentralbanken des Eurosystems und als solche nur noch ausführendes Organ. Ähnlich wie die anderen nationalen Zentralbanken in ihren Ländern ist die Bundesbank in Deutschland unter anderem dafür zuständig, die geldpolitischen Beschlüsse des EZB-Rates regional umzusetzen, für einen reibungslosen Zahlungsverkehr zu sorgen, Banknoten und Münzen in Umlauf zu bringen, die offiziellen Währungsreserven nach Vorgabe der EZB zu verwalten und dem Bund als „Hausbank" bei der Kreditaufnahme am Kapitalmarkt zu helfen.

Die EZB ist der Kopf des *Europäischen Systems der Zentralbanken (ESZB)*. Neben der EZB umfasst das ESZB alle nationalen Zentralbanken (NZBen) der Mitgliedstaaten der Europäischen Union (siehe Abb. 13.1). Dabei ist zu beachten, dass 14 EU-Mitgliedsländer der Europäischen Währungsunion (noch) nicht angehören, nämlich Dänemark, Großbritannien und Schweden sowie die 2004 und 2007 neu in die EU gekommenen 12 Staaten mit Ausnahme Sloweniens. Die NZBen dieser Länder (so genannte „outs") sind an den geldpolitischen Entscheidungen der EZB nicht beteiligt. Die NZBen der 13 Länder, in denen der Euro gesetzliches Zahlungsmittel ist, bilden zusammen mit der EZB das *Eurosystem*. Das Eurosystem trägt die alleinige Verantwortung für die Geldpolitik in der Währungsunion.

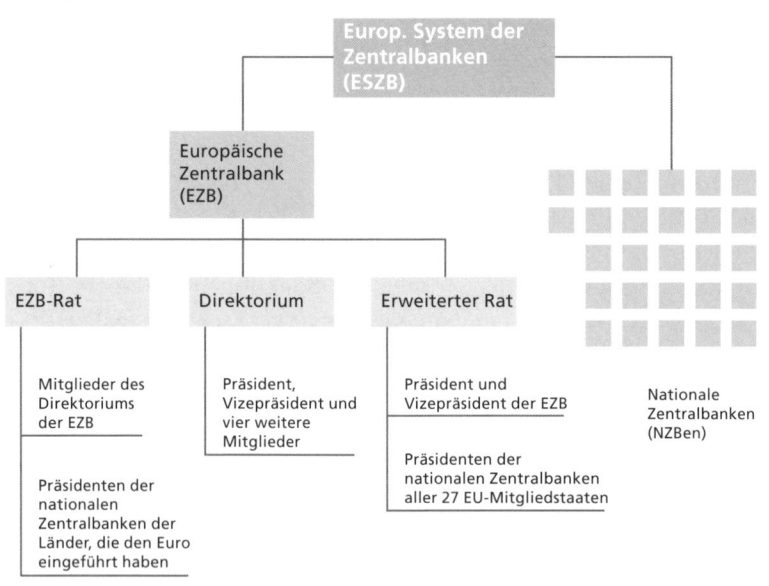

Abb. 13.1: Das Europäische System der Zentralbanken

Dänemark, Estland, Lettland, Litauen, Slowakei, Malta und Zypern gehören dem *Europäischen Währungssystem II* (EWS II) an. Es handelt sich hierbei praktisch um das „Wartezimmer" für die Europäische Währungsunion. Zwischen dem Euro und den Währungen dieser Länder bestehen Leitkurse, um die der jeweilige Wechselkurs nur innerhalb einer Bandbreite schwanken darf. Im Falle der dänischen Krone beträgt diese Bandbreite +/-2,25 %, bei den anderen Währungen +/-15 %. Voraussetzung für eine Aufnahme in die EWU ist neben der Erfüllung bestimmter Stabilitätskriterien („Maastricht-Kriterien") eine mindestens zweijährige spannungsfreie Teilnahme am Wechselkursmechanismus des EWS II.

Höchstes Beschlussorgan der EZB ist der *EZB-Rat*. Seine Hauptaufgaben sind: Die Festlegung der Geldpolitik des Euro-Währungsgebietes, also die Bestimmung der Geldmengenziele, der Leitzinssätze und der Versorgung der Geschäftsbanken mit Zentralbankgeld, die Entscheidung über Interventionen am Devisenmarkt (dabei geht es darum, ausländische Währungen zu kaufen bzw. zu verkaufen, um dadurch deren Wechselkurs bzw. den Kurs des Euro zu stützen) sowie die Genehmigung der Ausgabe von Euro-Banknoten und Münzen. Das ESZB hat das ausschließliche Recht, Banknoten auszugeben. Das Recht zur Emission von Münzen, das so genannte „Münzregal" steht den nationalen Regierungen zu. Diese haben daran großes Interesse. Denn der Nennwert wird ihnen auf dem Zentralbankkonto gut geschrieben, und da die Herstellungskosten meist viel niedriger sind, erzielen die Regierungen einen Münzgewinn.

Das *Direktorium der EZB* ist verantwortlich für die Ausführung der Geldpolitik und die Führung der laufenden Geschäfte gemäß den Entscheidungen des EZB-Rates. Das Direktorium ist damit das zentrale Exekutiv-Organ der EZB. Solange nicht alle EU-Mitgliedstaaten den Euro eingeführt haben, besteht als drittes Organ der Erweiterte Rat. Er hat in erster Linie beratende Funktion. Außerdem soll er die Wechselkursbeziehungen zwischen dem Eurosystem und den anderen EU-Mitgliedern überwachen.

Oberstes Ziel der Europäischen Zentralbank ist die Sicherung der Preisstabilität. Es wird durch Artikel 105 Absatz 1 EG-Vertrag klar festgelegt. Dort heißt es:

> „Das vorrangige Ziel des ESZB ist es, die Preisstabilität zu gewährleisten. Soweit dies ohne Beeinträchtigung des Zieles der Preisstabilität möglich ist, unterstützt das ESZB die allgemeine Wirtschaftspolitik in der Gemeinschaft."

Bei der Verfolgung ihrer vorrangigen Zielsetzung ist die Europäische Zentralbank von politischen Weisungen der nationalen Regierungen unabhängig. Gemäß Artikel 108 des EG-Vertrages

> „... darf weder die EZB noch eine nationale Zentralbank noch ein Mitglied ihrer Beschlussorgane Weisungen von Organen oder Einrichtungen der Gemeinschaft, Regierungen oder Mitgliedstaaten oder anderer Stellen einholen oder entgegennehmen."

Der gesetzlich verankerten Unabhängigkeit der Zentralbank kommt eine überaus hohe Bedeutung zu. Denn Regierungen sind erfahrungsgemäß an der Finanzierung von Staatsausgaben durch Notenbankkredite oder der Verfolgung einer expansiven Geldpolitik unter Inkaufnahme von Inflation interessiert. Die Kompetenz für die Wechselkurspolitik liegt indes grundsätzlich beim *ECOFIN-Rat* (Rat der Wirtschafts und Finanzminister der EU-Mitgliedstaaten). Dies kann zu Konflikten mit dem Ziel der Preisstabilität führen. Denn falls die Zentralbank verpflichtet würde, zum Zweck der Wechselkursstabilisierung eine ausländische Währung (gegen Euro) zu kaufen oder zu verkaufen, könnte sie die Geldmenge nicht mehr autonom kontrollieren.

13.4 Die Instrumente der Europäischen Zentralbank

Im Kern besteht die Aufgabe einer Notenbank darin, die Wirtschaft optimal mit Geld zu versorgen. Die Europäische Zentralbank verfügt zu diesem Zweck über ein breites Arsenal von Instrumenten (siehe Tab. 13.1). Diese sind darauf ausgerichtet, die Bankenliquidität, den Bestand an Zentralbankgeld in Händen der Geschäftsbanken, zu steuern. Denn Geschäftsbanken benötigen für ihre Kredit und Geldschaffung Zentralbankgeld. Für dessen Produktion wiederum besitzt die Zentralbank das Monopol und genau hier setzt die Geldpolitik deshalb an. Ihr Operationsfeld ist der *Geldmarkt*. Das ist der Markt für kurzfristige Kredite, auf dem sich die Geschäftsbanken im Bedarfsfall untereinander Zentralbankgeld ausleihen. Auf diesem Markt tritt nun die Zentralbank als zusätzlicher Anbieter bzw. Nachfrager auf. Durch die Bereitstellung bzw. die Abschöpfung von Zentralbankgeld ändert sie die Refinanzierungsbedingungen der Kreditinstitute und beeinflusst damit den Geldmarktzins.

Im Mittelpunkt der EZB-Politik steht die *Offenmarktpolitik*. Darunter versteht man den An- bzw. Verkauf bestimmter Wertpapiere durch die Zentralbank. Offenmarktgeschäfte werden sehr oft zeitlich befristet abgeschlossen. Man spricht dann von „Wertpapierpensionsgeschäften". Dabei müssen die Geschäftsbanken die Wertpapiere, durch deren Verkauf sie sich (annahmegemäß) Zentralbankgeld beschafft haben, am Ende der Laufzeit wieder zurückkaufen. Dadurch sinkt (im betrachteten Fall) der Bestand an Zentralbankgeld automatisch wieder. Auf diese Weise lässt sich die Entwicklung der Zentralbankgeldmenge gut kontrollieren. Wichtigstes Instrument der Offenmarktpolitik sind die *Hauptrefinanzierungsgeschäfte*. Sie werden wöchentlich mit einer Laufzeit von einer Woche angeboten.

Eine Senkung des Refi-Satzes signalisiert eine expansive, eine Anhebung signalisiert eine kontraktive Geldpolitik. *Ständige Fazilitäten* bieten darüber hinaus die Möglichkeit des jederzeitigen kurzfristigen Liquiditätsausgleichs in unbegrenzter Höhe. Die Spitzenrefinanzierungsfazilität erlaubt den Banken, sich über Nacht gegen Verpfändung von Wertpapieren oder deren befristeten Verkauf Zentralbankgeld zu beschaffen. Der dafür zu zahlende Zins liegt über dem Refi-Satz und bildet die absolute Obergrenze des Geldmarktzinses. Die Untergrenze bildet der Zins, den Banken im Rahmen der Einlagefazilität für über Nacht bei der EZB angelegte Überschussreserven erhalten. Mit den beiden Zinssätzen für die ständigen Fazilitäten wird ein Zinskanal festgelegt, der im Grunde vom Tagesgeldsatz auf dem Geldmarkt (EONIA = Euro Overnight Index Average) nicht verlassen werden kann (siehe Abb. 13.2). Schließlich müssen die Banken bei der EZB ein Guthaben in Höhe eines bestimmten Prozentsatzes ihrer kurzfristigen Verbindlichkeiten (täglich fällige Einlagen, Einlagen und Schuldverschreibungen mit vereinbarter Laufzeit bzw. Kündigungsfrist von bis zu zwei Jahren, Geldmarktpapiere) als *Mindestreserve* halten. Durch die Veränderung des Mindestreservesatzes könnte die EZB ebenfalls die Geldschöpfung der Kreditinstitute beeinflussen.

Instrumente	Transaktionsart	Laufzeit	Rhythmus	Verfahren
1. Offenmarktgeschäfte zur Liquiditätsbereitstellung				
Hauptrefinanzierungsinstrument	befristete Transaktionen	1 Woche	1 x wöchentlich	Standardtender
längerfristige Refinanzierungsgeschäfte	befristete Transaktionen	3 Monate	1 x wöchentlich	Standardtender
Feinsteuerungsoperationen	befristete Transaktionen, Devisenswaps, definitive Käufe	nicht standardisiert	unregelmäßig	Schnelltender / bilateral
strukturelle Operationen	befristete Transaktionen, definitive Käufe	standardisiert / nicht standardisiert	regelmäßig / unregelmäßig	Standardtender / bilateral
2. Offenmarktgeschäfte zur Liquiditätsabschöpfung				
Feinsteuerungsoperationen	befristete Transaktionen, Hereinnahme von Termineinlagen, Devisenswaps, definitive Verkäufe	nicht standardisiert	unregelmäßig	Schnelltender / bilateral
strukturelle Operationen	Emission v. Schuldverschreibungen, definitive Verkäufe	standardisiert / nicht standardisiert	regelmäßig / unregelmäßig	Standardtender / bilateral
3. ständige Fazilität zur Liquiditätsbereitstellung				
Spitzenrefinanzierungsfazilität	befristete Transaktionen	über Nacht		Inanspruchnahme auf Initiative der Geschäftspartner
4. ständige Fazilität zur Liquiditätsabschöpfung				
Einlagefazilität	Einlagenannahme	über Nacht		Inanspruchnahme auf Initiative der Geschäftspartner
5. Mindestreserve				
Mindestreserveeinlage	Einlageverpflichtung in Abhängigkeit von der Höhe der Kundeneinlagen	monatliche Sollerfüllung		

Tab. 13.1: Instrumente der Europäischen Zentralbank

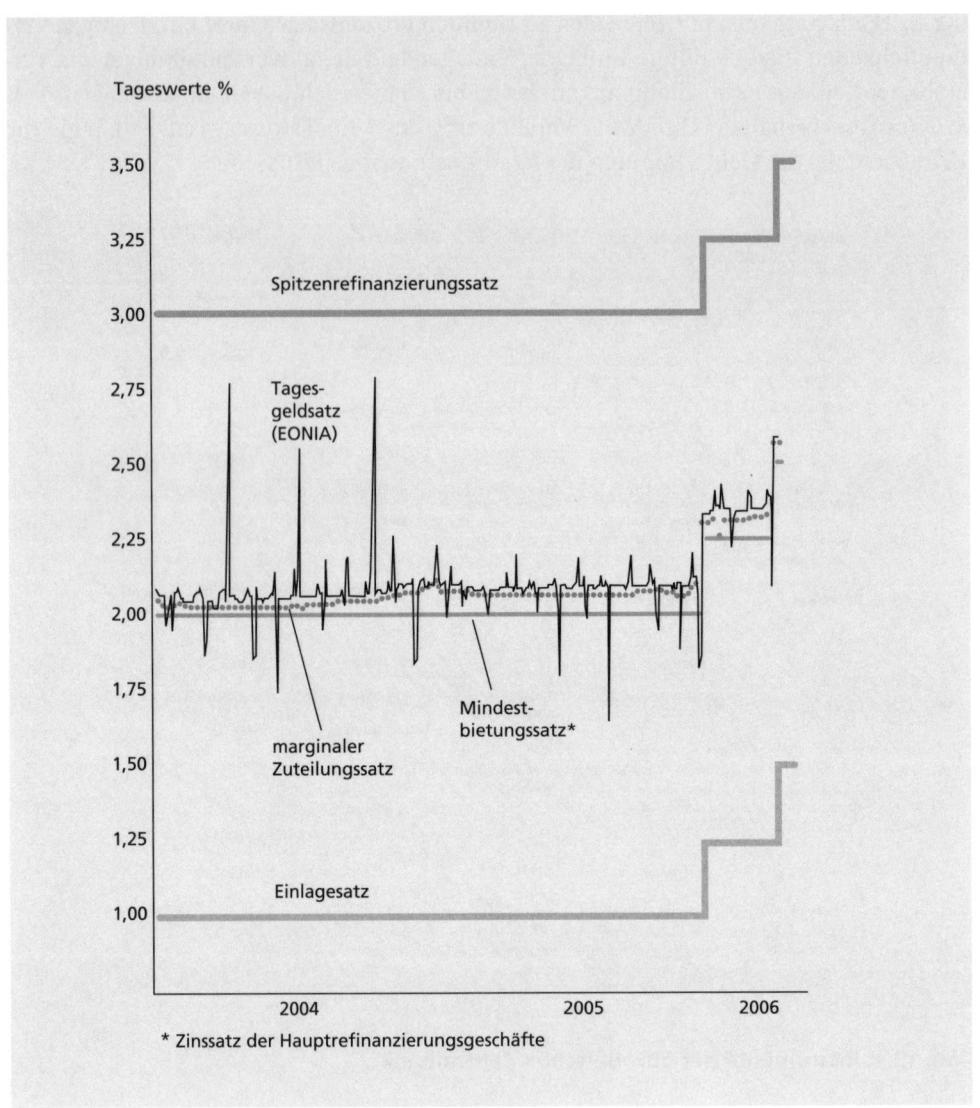

Abb. 13.2: Notenbankzinsen und Tagesgeldsatz

13.5 Die Praxis der Liquiditätssteuerung

Die Offenmarktgeschäfte der EZB werden in der Regel im Tenderverfahren (engl. Tender = Bieter), das heißt, auf dem Wege der Ausschreibung angeboten. Bei einem *Mengentender* gibt die EZB den Zinssatz vor und die Geschäftsbanken nennen den Betrag an Wertpapieren, den sie an die EZB abgeben wollen. Überschreitet die Liquiditätsnachfrage („Bietungsvolumen") der Banken den von der EZB vorgesehenen Zuteilungsbetrag, so werden die Gebote anteilig erfüllt („Repartierung"). Beim *Zinstender* müssen die Geschäftsbanken nicht nur Gebote über die Beträge an Wertpapieren abgeben, sondern auch den Zinssatz nennen, zu dem sie das Refinanzierungsgeschäft abschließen möchten. Ausgangspunkt ist ein von der EZB gesetzter „Mindestbietungssatz", der evtl. durch die Nachfrage der Geschäftsbanken nach oben gezogen wird. Die Zuteilung erfolgt dann nach den individuellen Bietungssätzen, wobei die Gebote mit den höchsten Zinssätzen vorrangig bedient werden (siehe das Beispiel unten). Die EZB praktiziert insofern das „amerikanische Zuteilungsverfahren". (Die mögliche Alternative hierzu, nämlich eine Liquiditätszuteilung zu einem für alle Banken einheitlichen Zinssatz, wird als „holländisches Verfahren" bezeichnet.) Standardtender werden innerhalb von 24 Stunden, Schnelltender innerhalb einer Stunde durchgeführt. Bilaterale Geschäfte sind Transaktionen zwischen EZB und wenigen Geschäftspartnern. Hier wird auf das Tenderverfahren verzichtet.

Bei den Feinsteuerungsoperationen, mit denen unerwartete Liquiditätsschwankungen kompensiert werden sollen, spielen Devisenswaps eine gewisse Rolle. Um Liquidität bereitzustellen, kauft hier die EZB von den Geschäftsbanken Fremdwährungen per Kasse gegen Euro und verkauft sie gleichzeitig per Termin. Umgekehrt geht sie vor, wenn sie Liquidität abschöpfen will.

Bei liquiditätszuführenden Zinstendern werden, beginnend mit dem höchsten Zinsgebot, in absteigender Reihenfolge alle Gebote zugeteilt, bis der für die Zuführung vorgesehene Gesamtbetrag erreicht ist. Beim marginalen Zinssatz kommt es ggf. zu einer Repartierung. Dies sei anhand eines einfachen Beispiels erläutert: Die EZB beabsichtigt, dem Markt Liquidität über Hauptrefinanzierungsgeschäfte in Form eines Zinstenders zuzuführen. Der Mindestbietungssatz beträgt 3,00 %. Drei Geschäftspartner geben folgende Gebote ab:

Zinssatz (%)	Bank 1	Bank 2	Bank 3	Gebote insgesamt (je Zinssatz)	kumulative Gebote
3,15				0	0
3,10		5	5	10	10
3,09		5	5	10	20
3,08		5	5	10	30
3,07	5	5	10	20	50
3,06	5	10	15	30	80
3,05	10	10	15	35	115
3,04	5	5	5	15	130
3,03	5		10	15	145
Insgesamt	30	45	70	145	

Die EZB beschließt, 94 Mill. Euro zuzuteilen, sodass sich ein marginaler Zinssatz von 3,05 % ergibt.

Alle Gebote über 3,05 Prozent (bis zu einem kumulativen Betrag von 80 Millionen Euro) werden voll zugeteilt. Bei 3,05 Prozent ergibt sich folgende prozentuale Zuteilung (Zuteilungs oder Repartierungssatz):

$$\frac{94 - 80}{115 - 80} = 40\,\%$$

Die Zuteilung an Bank 1 zum marginalen Zinssatz beträgt zum Beispiel:

$$0{,}4 \cdot 10 = 4$$

Insgesamt ergibt sich für Bank 1 folgende Zuteilung:

$$5 + 5 + 4 = 14$$

Die Zuteilungsergebnisse lassen sich wie folgt zusammenfassen:

Geschäftspartner	Beträge in Mill. €			
	Bank 1	Bank 2	Bank 3	Insgesamt
Gebote insgesamt	30,0	45,0	70,0	145
Zuteilung insgesamt	14,0	34,0	46,0	94

Wenn die Zuteilung nach dem holländischen Zuteilungsverfahren erfolgt, beträgt der Zinssatz für die den Geschäftspartnern zugeteilten Beträge 3,05 Prozent.

Erfolgt die Zuteilung nach dem amerikanischen Zuteilungsverfahren, wird gemäß den individuellen Bietungssätzen abgerechnet: Bank 1 erhält zum Beispiel 5 Millionen Euro zu 3,07 Prozent, 5 Millionen Euro zu 3,06 Prozent und 4 Millionen Euro zu 3,05 Prozent.

13.6 Die geldpolitische Strategie der EZB

Die Verpflichtung der EZB auf Geldwertstabilität gilt, da gesetzlich verankert, als „in Stein gemeißelt". Die EZB folgt im Prinzip der Linie der *Monetaristen*, die den fallweisen Einsatz der Geld- (und Fiskal-)politik zum Zweck der Konjunkturbeeinflussung für schädlich halten. Ursache von Inflation ist nach ihrer Ansicht letztlich immer ein übermäßiges Geldmengenwachstum. Deshalb versucht die EZB, die Preisstabilität durch eine gezielte Steuerung der Geldmenge sicherzustellen: Grob gesagt, ist sie bestrebt, die Geldmenge M3 im Vergleich zur Gütermenge angemessen wachsen zu lassen und gleichzeitig knapp zu halten. Dieses Konzept wird auch als Geldmengensteuerung bzw. potenzialorientierte Geldpolitik bezeichnet.

Grundlage der Geldmengensteuerung ist die *Quantitätsgleichung*. Sie besagt, dass das Produkt aus Geldmenge und Umlaufgeschwindigkeit des Geldes dem Produkt aus Preisniveau und realem Bruttoinlandsprodukt entspricht: Es handelt sich hierbei um eine Identitätsbeziehung, die immer erfüllt ist. Ein Anstieg der Geldmenge muss sich in einer Änderung der drei anderen Größen niederschlagen: Entweder steigt das Preisniveau oder die Produktion nimmt zu oder die Umlaufgeschwindigkeit des Geldes sinkt. Aus der Quantitätsgleichung ergibt sich die Quantitätstheorie, wenn man für die Umlaufgeschwindigkeit und das Bruttoinlandsprodukt bestimmte Annahmen trifft. Die monetaristische Theorie (*Neoquantitätstheorie*) geht in diesem Zusammenhang davon aus, dass erstens die Umlaufgeschwindigkeit des Geldes einigermaßen stabil ist und dass zweitens die Entwicklung des realen Bruttoinlandsprodukts nur kurzfristig von der Geldmenge abhängt (langfristig sind der Reallohn, das Bevölkerungswachstum und der technische Fortschritt entscheidend). Unter diesen Annahmen ist es klar, dass eine Änderung der Geldmenge letztlich eine Änderung des Preisniveaus bewirkt.

Bei ihrer Geldmengensteuerung geht die EZB wie folgt vor: Zunächst definiert sie das Ziel der Preisstabilität. Preisstabilität ist demnach gegeben, wenn die Zunahme des „Harmonisierten Verbraucherpreisindex (HVPI)", also der durchschnittliche Preisanstieg in den Ländern des Eurosystems, maximal zwei Prozent gegenüber dem Vorjahr beträgt. Daraufhin formuliert die EZB ihre Erwartungen für das Wachstum des realen Bruttoinlandsprodukts und der (mittelfristigen) Änderung der Umlaufgeschwindigkeit des Geldes. Hieraus lässt sich nach der Quantitätsgleichung die angestrebte Expansion der Geldmenge ableiten:

| angestrebtes Wachstum der Geldmenge M3 (Beispiel: + 4,5 %) | = | maximal tolerierter Preisniveauanstieg (Beispiel: + 2 %) | + | erwartetes Wachstum des realen Bruttoinlandsprodukts (Beispiel: + 1,5 %) | − | geschätzte Veränderung der Umlaufgeschwindigkeit (Beispiel: − 1 %) |

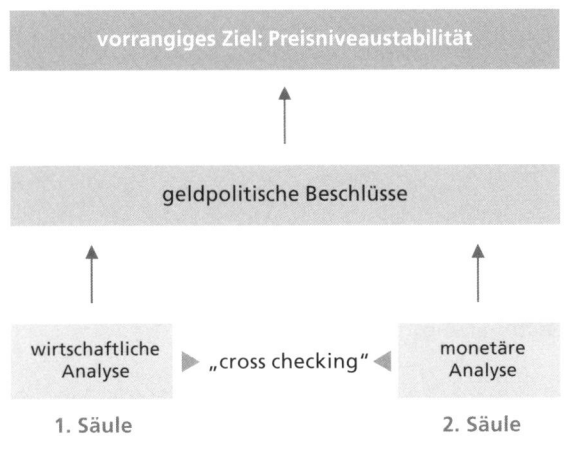

Abb. 13.3: Die Zwei-Säulen-Strategie der EZB

Die von der EZB vorgegebene Zielmarke für die jahresdurchschnittliche Expansion der Geldmenge M3 beträgt seit 1999 unverändert 4,5 Prozent. Dabei handelt es sich um einen *Referenzwert*. Diese Bezeichnung rührt daher, dass diese Größe keinen bindenden Charakter hat. Die EZB braucht etwa gegen eine zu starke Zunahme der Geldmenge nicht einzuschreiten, wenn sie die Preisstabilität nicht gefährdet sieht. Die Geldmengenentwicklung bildet insofern nur eine, wenn auch nach wie vor als sehr wesentlich erachtete Orientierungsgröße der europäischen Geldpolitik. Anders als früher die Deutsche Bundesbank verfolgt die EZB nämlich eine so genannte *Zwei-Säulen-Strategie*. Sie besteht erstens aus einer wirtschaftlichen und zweitens einer monetären Analyse-Säule (siehe Abb. 13.3).

Die *wirtschaftliche Analyse* berücksichtigt kurz- bis mittelfristige Einflussfaktoren auf die Inflationsrate. Hier stehen realwirtschaftliche Größen, etwa die Entwicklung der Löhne, Ölpreise, Wechselkurse oder der allgemeinen konjunkturellen Situation sowie der Finanzmärkte im Vordergrund. Die *monetäre Analyse* hingegen hat die mittel- bis langfristigen Risiken für die Preisstabilität im Blick. Sie basiert im Kern auf den Vorlaufeigenschaften monetärer Variablen für die Preisentwicklung, wie sie von der oben beschriebenen Neoquantitätstheorie angenommen werden. Neben der Entwicklung des Geldvolumens werden in der monetären Analyse unter anderem auch die Zusammensetzung der Geldmenge und die Ursachen der Geldmengenexpansion näher untersucht. Schließlich folgt eine wechselseitige Abgleichung („cross checking") beider Analysen, bevor ein geldpolitischer Beschluss – beispielsweise in Form einer Anhebung des Refi-Satzes – gefasst wird.

Geldpolitische Maßnahmen der Zentralbank benötigen – wie andere wirtschaftspolitische Instrumente auch – eine gewisse Zeit, bis sie wirken. Dabei ist zu unterscheiden, ob es sich um Auswirkungen auf die gesamtwirtschaftliche Produktion (das reale Bruttoinlandsprodukt) oder um Effekte auf das gesamtwirtschaftliche Preisniveau handelt (siehe Abb. 13.4).

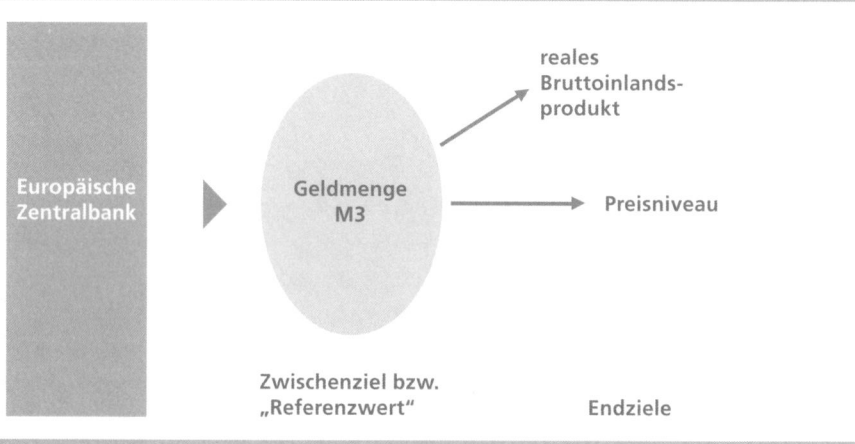

Abb. 13.4: Das Prinzip der Geldmengensteuerung

In empirischen Untersuchungen für verschiedene Länder hat man festgestellt, dass die *Wirkungen*, die von einer Zinssatzänderung durch die Zentralbank auf die Realwirtschaft ausgehen, nach rund einem Jahr ihren Höhepunkt erreichen. Natürlich hängt dies im Einzelfall auch von der konjunkturellen Situation ab: In Zeiten der Unterauslastung wird die reale Produktion kurzfristig vermutlich spürbar zunehmen. Hingegen dürfte eine expansive Geldpolitik bei ausgelasteten Kapazitäten rasch in höhere Inflationsraten münden.

Der Zeitraum zwischen einer Veränderung der Geldmenge und der Änderung des Preisniveaus wird von Wissenschaftlern mit durchschnittlich etwa zwei Jahren angegeben. Nach Analysen der Deutschen Bundesbank – bezogen auf Deutschland – ist der Zusammenhang zwischen Geldmenge und Preisniveau dann aber sehr eng. Dies und die Existenz der doch erheblichen Wirkungsverzögerungen sprechen dafür, dass sich die Geldmenge stetig entwickeln soll.

13.7 Ist die EWU ein optimaler Währungsraum?

Nach Robert A. Mundell gilt ein Währungsraum als optimal, wenn entweder der Konjunkturverlauf und die Wirtschaftsstrukturen sowie die Wettbewerbsfähigkeit in den Partnerstaaten sich so ähnlich sind, dass ein Ausgleich durch Wechselkursanpassungen nicht erforderlich ist, oder die Preise und Löhne nach unten flexibel sind. Wenn das nicht zutrifft, so ist zumindest eine hohe Mobilität der Produktionsfaktoren, insbesondere des Faktors Arbeit, notwendig.

1999 hat Mundell unter anderem dafür den Nobelpreis für Ökonomie erhalten. Seine Argumentation lautete etwa folgendermaßen: Angenommen, die Nachfrage verlagere sich von den Erzeugnissen zum Beispiel Deutschlands auf solche Frankreichs. Man nennt das einen „asymmetrischen Schock" (weil er die Länder unterschiedlich trifft). Dann steigt doch die Beschäftigung in Frankreich, während sie in Deutschland sinkt. Bei Existenz nationaler Währungen und flexiblen Wechselkursen käme es zu einer Abwertung der deutschen Währung. Dies würde dann die Wettbewerbsfähigkeit deutscher Produkte im Vergleich zu französischen verbessern. Der Nachfrageausfall würde dadurch rückgängig gemacht und ebenso die eingetretene Arbeitslosigkeit. In einer Währungsunion gibt es aber keinen Wechselkurs mehr und deshalb auch keine Möglichkeit der Wechselkursänderung. An ihre Stelle müssen deshalb andere Anpassungsmechanismen treten. Erstens müssten eigentlich in Deutschland die Preise und Löhne sinken. Das Land könnte so wieder konkurrenzfähig werden. Gegen Lohnkürzungen wehren sich aber aller Erfahrung nach die Gewerkschaften, sodass auch Preissenkungen eher unwahrscheinlich sind. Nach Mundell gibt es nun aber noch einen zweiten Weg, um die Beschäftigung in den betroffenen Ländern zu sichern: Es müssten deutsche Arbeitnehmer nach Frankreich auswandern. Dies würde dafür sorgen, dass in dem Land mit dem Nachfragerückgang keine dauerhafte Unterbeschäftigung entsteht. Die erweiterte Produktionskapazität im Land mit dem Nachfrageanstieg würde dort gleichzeitig den Inflationsdruck verringern.

Um regional ungleich verteilte Wirkungen wirtschaftlicher Schocks auszugleichen, wird für eine Währungsunion des Weiteren häufig die Existenz einer zentralen Steuer und Budgetgewalt gefordert, die in konjunkturell negativ betroffenen Ländern antizyklisch eingreift und gegebenenfalls auch Transferleistungen organisiert.

Gemessen an den genannten Bedingungen gelten die USA unter dem Regime des Dollar im Allgemeinen als ein „optimaler Währungsraum". Wie ist diesbezüglich nun die Europäische Währungsunion zu beurteilen?

- Es erscheint plausibel, dass sich ein Land an Gütermarktstörungen, die es selbst anders betreffen als seine Partner in der Währungsunion, um so besser anpassen kann, je umfangreicher sein *Handel* mit den übrigen Teilnehmern der Währungsunion ist. Die meisten EU-Mitglieder exportieren 10 bis 20 % ihrer Produktion in andere EU-Länder. Dieser Anteil übersteigt die entsprechenden Werte für den Handel zwischen der EU und den USA, dessen Anteil weniger als 2 % des BIP der EU beträgt. Er bleibt allerdings weit hinter dem Handel zwischen den verschiedenen Regionen der USA zurück.

  Die negativen Wirkungen asymetrischer Schocks fallen typischerweise umso geringer aus, je größer die Ähnlichkeit der *Wirtschaftsstrukturen*, insbesondere im Hinblick auf die hergestellten Produkte, ist. Wie der außerordentlich große Umfang des brancheninternen bzw. intrasektoralen Handels innerhalb von Europa zeigt, weisen die Länder des Euroraums in ihrer Industriestruktur durchaus eine gewissen Ähnlichkeit auf. Dennoch bestehen wichtige Unterschiede. Die Länder Nordeuropas verfügen über eine bessere Ausstattung mit Kapital und qualifizierter Arbeit als die Länder im Süden. Und diejenigen Produkte der EU, bei deren Herstellung im hohen Maße gering qualifizierte Arbeit eingesetzt wird, stammen mit einiger Wahrscheinlichkeit aus Süd- oder Osteuropa.

- Die notwendige *Flexibilität von Preisen und Märkten*, einschließlich der Löhne und Arbeitsmärkte, ist im Gegensatz zu Amerika in Europa nicht gegeben. Dies könnte sich evtl. in der Zukunft ändern (siehe unten).

- Das *Kapital* ist in Europa beweglich. Grenzüberschreitende Investitionen und multinational zusammen gestellte Portefeuilles der Anleger gehören zum europäischen Alltag. Die Kapitalmärkte sind in der Integration zweifellos am weitesten vorangeschritten. Die Wanderung des Faktors Arbeit dagegen spielt grenzüberschreitend in Europa als Massenerscheinung keine Rolle. Die Gründe dafür liegen hauptsächlich in Sprachbarrieren, fehlender Anerkennung von Bildungszertifikaten, Traditionen, etc. Wie ökonometrische Studien zur strukturellen Arbeitslosigkeit zeigen, sind die regionalen Unterschiede in den USA weniger ausgeprägt und weniger beständig als in der Europäischen Union.

■ Als weiteres Kriterium zur Beurteilung der Europäischen Währungsunion lässt sich schließlich die Fiskalpolitik heranziehen. Wie groß ist in der EWU die Fähigkeit und der politische Wille, ökonomische Ressourcen von Ländern mit prosperierenden in diejeniger Länder zu transferieren, deren Volkswirtschaft einen Rückschlag erleidet? In den USA wird dies praktiziert. In der Europäischen Währungsunion ist die Fiskalpolitik eine rein nationale Angelegenheit. Eine europäische Steuer und ein zentrales europäisches Budget von Gewicht existieren nicht. Zudem fehlt (aus guten Gründen) der politische Wille, die Währungsunion durch *Transferleistungen* abzufedern.

13.8 Wirtschaftspolitische Herausforderungen

13.8.1 Geldpolitik

Die einheitliche Geldpolitik in der EWU sieht sich gravierenden Problemen gegenüber, wenn es darum geht, welche geldpolitische Strategie für die Währungsunion zu verfolgen ist und welche geldpolitischen Instrumente eingesetzt werden sollen. Schwierigkeiten bereiten die typischerweise oftmals heterogenen Finanzmarktstrukturen und -kulturen, was sich in nationalen Unterschieden bei der Geldnachfrage niederschlägt. Damit verbunden sind Abweichungen in der Funktionsfähigkeit des geldpolitischen Transmissionsmechanismus. Das heißt, ein und dieselbe geldpolitische Maßnahme kann regional ganz verschiedene Auswirkungen haben. Bspw. werden in manchen Ländern überwiegend kurzfristige oder variabel verzinsliche Schuldbeziehungen vereinbart. Zinspolitische Maßnahmen greifen deshalb, anders als etwa in Deutschland, vielfach direkt in bestehende Kreditbeziehungen ein. Folglich wirkt Geldpolitik in solchen Ländern sehr viel unmittelbarer auf die Ausgabenentscheidungen der Wirtschaftsteilnehmer.

> Neben derartigen eher technischen Aspekten besteht eine wesentliche Schwierigkeit darin, dass die einheitliche Geldpolitik naturgemäß nicht den spezifischen ökonomischen Erfordernissen jedes einzelnen Mitgliedslandes genügen kann. Insbesondere stellen nationale Wachstumsunterschiede sowie Unterschiede in den Inflationserwartungen die Europäische Zentralbank vor Probleme.

So ist denkbar, dass in einem Teil der Mitgliedstaaten die Konjunktur schwach ist und die erwartete Inflation niedrig, während andere Teilnehmerländer ein kräftiges Wirtschaftswachstum bei hoher erwarteter Inflation aufweisen. In diesem Zusammenhang kommt der Höhe des Realzinses große Bedeutung zu. Der Realzins, definiert als Nominalzins minus erwartete Inflationsrate, gilt als entscheidender Bestimmungsfaktor der

Investitionstätigkeit. In der Europäischen Währungsunion richtet die Zentralbank aber ihre Zinspolitik am Durchschnitt der Inflationserwartungen aus. Der für alle einheitliche Zinssatz würde deshalb für die oben erwähnte erste Gruppe von Ländern einen hohen Realzins bedeuten, woraus sich eine zusätzliche restriktive konjunkturelle bzw. deflationäre Wirkung ergibt. In der anderen Ländergruppe würde der niedrige Realzins expansiv wirken und die Konjunktur sowie die Inflation weiter anheizen. Im Jahr 2005 verzeichneten beispielsweise Italien eine Rezession und Deutschland sowie die Niederlande eine Wachstumsschwäche, während andere Euro-Staaten, etwa Irland, überaus kräftige Wachstumsraten auswiesen.

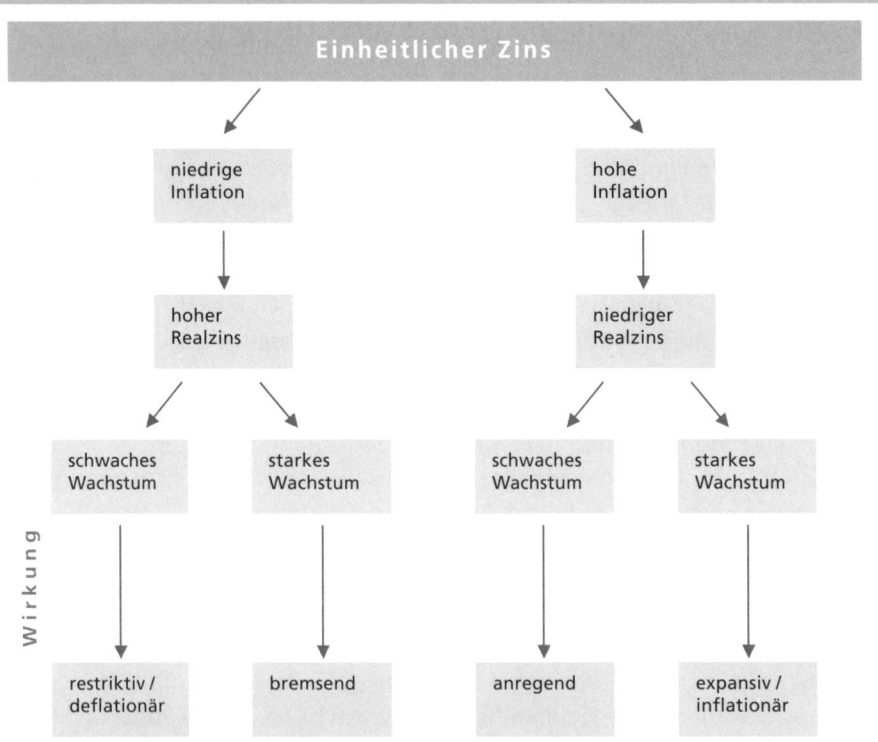

Abb. 13.5: Wirkungen der einheitlichen Geldpolitik in der Europäischen Währungsunion

In Abb. 13.5 sind die grundsätzlich möglichen Wirkungen der einheitlichen Geldpolitik dargestellt. Wie zu ersehen, ist in den gegebenen Konstellationen die Wirkung der Geldpolitik nur in zwei Fällen als positiv, d. h. erwünscht, einzuschätzen. In den beiden anderen Fällen wirkt die Geldpolitik negativ bzw. prozyklisch. Der einheitliche Zinssatz in der EWU kann demnach zu Verzerrungen führen und bestehende konjunkturelle Divergenzen verstärken.

Befürworter der EWU argumentieren demgegenüber, dass Niedriginflationsländer den dämpfenden Effekt hoher Realzinsen durch Wettbewerbsvorteile ausgleichen würden. Des Weiteren komme es durch die fortschreitende Marktintegration im EU-Binnenmarkt zu einer Konvergenz der nationalen Preise. Letzteres bedingt allerdings das Vorhandensein flexibler Güter- und Arbeitsmärkte.

13.8.2 Fiskalpolitik

Die Fiskalpolitik liegt in der Europäischen Währungsunion nach wie vor in der Zuständigkeit der Nationalstaaten. Grundsätzlich besteht damit die Möglichkeit des fiskalischen Gegensteuern, wenn ein Land sich im Konjunkturabschwung befindet. Die Effektivität der Fiskalpolitik ist dabei als hoch einzuschätzen (siehe Kapitel 11.3): Eine Ausweitung der Staatsausgaben (G) oder eine Steuersenkung hat stark expansive Effekte auf das reale Inlandsprodukt (Y^r) und führt eventuell längerfristig zu einem Anstieg des Preisniveaus (P). Der expansive Effekt der Fiskalpolitik wird in der Währungsunion nicht durch einen aufgrund der notwendigen staatlichen Kreditaufnahme zu erwartenden Anstieg der Zinsen (z) gebremst. Denn unter der realistischen Annahme sehr elastischer Kapitalbewegungen (K) dürfte eine tendenzielle Zinserhöhung sofort kräftige Kapitalzuflüsse aus den europäischen Partnerländern auslösen, was die Zinsen dämpft bzw. die Wertpapierkurse steigen lässt:

G
$\Rightarrow z_i \uparrow \Rightarrow K \uparrow\uparrow \Rightarrow z_i \downarrow\downarrow \Rightarrow Y^r \uparrow, P_i \uparrow$
$\Rightarrow Y^r \uparrow, P_i \uparrow$

Verglichen mit der Situation fester Wechselkurse, wie wir sie in Kapitel 11 unter anderem beschrieben haben, wirkt das zusätzliche Kapitalangebot genauso, wie das bei festen Wechselkursen durch die Devisenmarktintervention erhöhte Geldangebot im Inland.

Die vermutete Effektivität der nationalen Fiskalpolitik in der EWU könnte die Neigung der Regierungen, dieses Instrument einzusetzen, verstärken. Ein expansiver fiskalpolitischer Kurs, der mit steigenden Inflationserwartungen einhergeht, wirkt zudem (bei einer gegebenen einheitlichen Geldpolitik) in Richtung eines sinkenden Realzinsniveaus und kann so kurzfristig die private Investitionstätigkeit stimulieren. Damit verbunden ist aber die Gefahr, dass die Stabilitätspolitik der Europäischen Zentralbank unterlaufen wird – mit all den bekannten negativen Folgen. Dies unterstreicht die Bedeutung des Europäischen Stabilitäts- und Wachstumspaktes bzw. legt es dessen strenge Handhabung als ökonomisch sinnvoll nahe.

13.8.3 Allgemeine Wirtschaftspolitik

Das Beispiel der USA zeigt, dass ein großer Währungsraum, der ganz unterschiedliche Wirtschaftsregionen umfasst, recht gut funktionieren kann. Der langfristige Erfolg der EWU ist wesentlich davon abhängig, ob es der europäischen Wirtschaftspolitik gelingt, die öffentlichen Haushalte der Teilnehmerstaaten zu disziplinieren sowie die Anpassungsfähigkeit auf den nationalen Güter und Arbeitsmärkten zu verbessern. Die hierzu unter dem Stichwort der „Angebotspolitik" empfohlenen Maßnahmen beinhalten insbesondere

- eine Reform des Arbeitsmarktes für mehr Flexibilität, Betriebsnähe und individuelle Entscheidungsräume,

- eine Deregulierung der unternehmerischen Aktivitäten,

- eine Steuerreform zur Förderung der Leistungsbereitschaft sowie

- eine Sozialreform, die Absicherung ermöglicht, ohne die Kosten nach oben zu treiben und Fehlanreize zu vermitteln.

Übungsfragen

1. Charakterisieren Sie die verschiedenen Typen von Währungssystemen. Differenzieren Sie nach dem Wechselkursregime.

2. Aus welchen Quellen entstehen Devisenangebot und Devisennachfrage? Erläutern Sie grafisch und verbal die möglichen Konstellationen in diesem Markt.

3. Was versteht man unter dem Zahlungsbilanzausgleichsmechanismus flexibler Wechselkurse? Welche Rolle spielen dabei internationale Kapitalbewegungen?

4. Was versteht man unter stabilisierender, was unter destabilisierender Spekulation?

5. Beschreiben Sie, wie eine interventionsbedingte Erhöhung der Währungsreserven eine Expansion der Geldmenge bewirken kann.

6. Wann spricht man von einer erfolgreichen Neutralisierungspolitik? Welche

Folgen hat es, wenn im System fester Wechselkurse keine Neutralisierungspolitik betrieben wird?

7. *Diskutieren Sie die Chancen und Risiken, die die Einrichtung eines Currency Boards für die Wirtschaft eines Schwellenlandes beinhaltet.*

8. *Analysieren Sie die Wirkungsmechanismen der Geldpolitik bei festen und bei flexiblen Wechselkursen.*

9. *Wie ist die gesamtwirtschaftliche Effektivität der Fiskalpolitik bei festen und bei flexiblen Wechselkursen zu beurteilen?*

10. *Was versteht man unter dem Diktat der Zahlungsbilanz? Erläutern Sie, in welcher Weise einerseits Länder mit Devisenbilanzdefiziten und andererseits Länder mit Devisenbilanzüberschüssen im System fester Wechselkurse diesem Diktat unterliegen.*

11. *Wodurch können sich im System fester Wechselkurse bei einer auf die Zahlungsbilanzkorrektur gerichteten Wirtschaftspolitik Konflikte zwischen binnenwirtschaftlichen und außenwirtschaftlichen Zielen ergeben?*

12. *Schildern Sie ein Beispiel, wie mit Hilfe eines policy mix versucht werden kann, einen Devisenbilanzausgleich zu erreichen, ohne die binnenwirtschaftlichen Ziele der Stabilisierungspolitik aufzugeben. Welche Probleme können dabei auftreten?*

13. *Warum müssen die zu einer Währungsunion zusammengeschlossenen Länder letztlich nicht nur auf eine autonome Geldpolitik, sondern sollten auch auf eine eigenständige nationale Fiskalpolitik verzichten? Erläutern Sie die Problematik anhand eines Beispiels.*

14. *Unter welchen Voraussetzungen ist eine Währungsunion, auch bezüglich der stabilisierungspolitischen Ziele der beteiligten Staaten, positiv zu beurteilen?*

15. *Nennen Sie die geldpolitischen Instrumente der EZB. Beschreiben Sie die Praxis der Liquiditätssteuerung.*

16. *Erläutern Sie die zentralen Probleme, denen sich die einheitliche Geldpolitik in einer Währungsunion gegenübersieht.*

Literatur zum dritten Teil

BELKE, ANGAR u. a.: Geldpolitik und Geldtheorie in Europa, 6. Aufl. Köln 2006
GÖRGENS, EGON u. a.: Europäische Geldpolitik, 4. Aufl. Stuttgart 2004
JARCHOW, HANS-JOACHIM; RÜHMANN, PETER: Monetäre Außenwirtschaft, Bd. I: Monetäre Außenwirtschaftstheorie, 5. Aufl. Göttingen 2000
JARCHOW, HANS-JOACHIM; RÜHMANN, PETER: Monetäre Außenwirtschaft, Bd.II: Internationale Währungspolitik, 5. Aufl. Göttingen 2002
ROSE, KLAUS; SAUERNHEIMER, KARLHANS: Theorie der Außenwirtschaft, 14. Aufl. München 2006
SIEBERT, HORST; LORZ, OLIVER: Außenwirtschaft, 8. Aufl. Stuttgart 2006

4 | Devisenhandel, Devisenmarktgeschäfte und Wechselkursbildung

> **Lernziele**
>
> Im 14. Kapitel soll der Leser die Fachbegriffe, Motive und Teilnehmer des Devisenhandels sowie die verschiedenen Arten von Devisenmarktgeschäften kennen lernen. Das 15. und 16. Kapitel befassen sich daraufhin mit der Frage, welche Faktoren den Wechselkurs maßgeblich beeinflussen. Das Konzept des effizienten Marktes, das wir zunächst vorstellen, ist in diesem Zusammenhang als Hilfsmittel zur Beurteilung von Märkten zu sehen. Anschließend diskutieren wir den Einfluss fundamentaler ökonomischer Parameter auf die Wechselkursentwicklung. Der Leser hat bei der Besprechung des internationalen Wirtschaftszusammenhangs bereits die Bedeutung von Einkommen, Preisen und Zinsen erfahren. Das 16. Kapitel geht der Frage nach, inwieweit diese Größen geeignet sind, tatsächlich beobachtbare Wechselkursschwankungen zu erklären. Ferner werden neuere Ansätze vorgestellt, die die Erwartungen der Marktteilnehmer als zentral ansehen.

14 Devisenhandel und Devisenmarktgeschäfte

14.1 Fachbegriffe im Devisenhandel

Devisenhändler stellen für einen Währungskurs üblicherweise zwei Preise – einen (niedrigeren) Ankaufs- sowie einen (höheren) Verkaufskurs (auch *Geld-/Briefkurs* genannt). Dabei ist zu beachten, dass die Kursstellung in *Mengennotierung* erfolgt. Wenn also ein Händler beispielsweise für den US-Dollar 0,9288-0,9348 angibt, so bedeutet dies, dass er bereit ist, einen Euro für 0,9288 Dollar zu kaufen bzw. für 0,9348 Dollar zu verkaufen. Ein Unternehmen, das 100.000 Dollar gegen Euro erwerben will, müsste entsprechend 107.665,81 Euro (100.000 Dollar : 0,9288 Dollar/Euro) aufwenden.

Am Devisenkassamarkt erfolgt die Erfüllung eines Geschäfts, das heißt, Lieferung und Bezahlung des Währungsbetrags, innerhalb von zwei Werktagen nach Abschluss. Für solche Geschäfte gilt der *Kassakurs* (Spot-Rate). Man kann Kurs und Menge einer Währung aber auch heute fest vereinbaren, das Geschäft indes erst zu einem späteren Zeitpunkt (z. B in drei oder sechs Monaten) erfüllen. Der für derartige Termingeschäfte vereinbarte Kurs heißt *Terminkurs* (Forward-Rate). Die Differenz zwischen dem Termin- und dem Kassakurs einer Währung nennt man *Swapsatz*. Einen positiven Swapsatz (Terminkurs ist größer als Kassakurs) bezeichnet man als Aufschlag bzw. *Report* (Premium), ein negativer Swapsatz heißt Abschlag bzw. *Deport* (Discount). Ob ein Auf- oder Abschlag verlangt wird und wie hoch dieser ist, hängt von dem Zinsniveau in den betroffenen Ländern ab.

14.2 Motive und Teilnehmer des Devisenhandels

Auf dem Devisenmarkt werden weltweit täglich Devisen im Gegenwert von eins bis zwei Billionen US-Dollar gehandelt. Devisenangebot und -nachfrage resultieren zum einen aus dem Währungsraum übergreifenden Zahlungsverkehr. Wenn Unternehmen im- oder exportieren, ist es notwendig, Devisen zu beschaffen bzw. in heimische Währung umzutauschen. Hinzu treten Geldbewegungen im Zusammenhang mit internationalen Finanztransaktionen. Sie machen schätzungsweise 95 bis 98 % des globalen Devisenumsatzes aus. Zum Kauf ausländischer Wertpapiere werden fremde Währungen benötigt. Umgekehrt zieht eine Kreditaufnahme im Ausland vielfach den Umtausch der fremden in die eigene Währung nach sich.

Als Ursache für Finanztransaktionen lassen sich im Wesentlichen drei Motive erkennen:

- Die Ausnutzung von Marktunvollkommenheiten (*Devisen-* und *Zinsarbitrage*).

- Ein weiteres Motiv ist die *Devisenspekulation* (zusätzlich zu der Devisenspekulation kann noch auf Kursgewinne bei den gekauften Wertpapieren spekuliert werden).

- Schließlich resultieren Devisentransaktionen daraus, dass Marktteilnehmer versuchen, Währungsrisiken *abzusichern*.

Die genannten drei Motive bzw. die damit verbundenen Transaktionen werden unten näher erläutert.

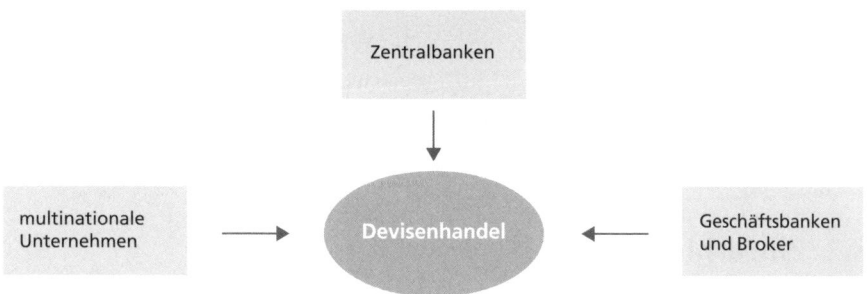

Abb. 14.1: Teilnehmer des Devisenhandels

Die bei weitem wichtigsten Akteure am Devisenmarkt sind die *Geschäftsbanken*. Sie betreiben den Handel sowohl im Kundenauftrag als auch im Eigengeschäft. Zur Gruppe der Geschäftsbanken kann man auch die *Broker* (Makler) zählen. Sie treten als Vermittler zwischen den Banken auf.

Zahlreiche große *multinationale Unternehmen* haben eigene Devisenhandelsabteilungen. Kleinere Firmen und Privatleute brauchen dagegen Banken, da sie keinen direkten Marktzugang haben. Als weiterer Teilnehmer am Devisenmarkt sind schließlich die Notenbanken zu nennen. Anders als Unternehmen und Geschäftsbanken agieren sie aus gesamtwirtschaftlichen, das heißt, geld- und währungspolitischen Motiven.

14.3 Devisenmarktgeschäfte

14.3.1 Devisenarbitrage

Unter den Marktbedingungen des Devisenmarktes (Homogenität des Handelsobjektes, Transparenz bezüglich der Marktdaten) kann es zu einem Zeitpunkt für jede Währung letztlich nur einen Kurs geben. Sobald Abweichungen entstehen, setzt sofort *Platz*- bzw. *Quotierungsarbitrage* ein, die den Kursausgleich herbeiführt. Man spricht auch von „Differenzarbitrage".

Beispiel
Kostet ein Euro (Briefkurs) bei Bank A in London weniger als eine Bank B in New York dafür zu zahlen bereit ist (Geldkurs), so werden die Händler sofort versuchen, davon zu profitieren. Die erhöhte Nachfrage in London wird dort sehr rasch den Kurs steigen lassen, während das erhöhte Angebot in New York hier den Kurs dämpft.

Ähnlich verhält es sich bei der Ausgleichsarbitrage.

Beispiel
Angenommen, man kann kurzzeitig japanische Yen auf den Umweg über eine andere, dritte Währung (etwa den US-Dollar) billiger erwerben als auf direktem Wege. Durch Arbitrage wird sich die *Cross-Rate* (US-Dollar/Euro dividiert durch US-Dollar/Yen) schnell dem direkten Kurs (Yen/Euro) angleichen.

14.3.2 Zinsarbitrage

Eine weitere Möglichkeit der risikolosen Gewinnerzielung bildet die Zinsarbitrage. Darunter versteht man das Erzielen von risikolosen Gewinnen durch die Kombination von Devisengeschäften mit Geld- und Kapitalmarktanlagen. Die Zinsarbitrage kann wiederum in Differenz- und Ausgleichsarbitrage getrennt werden. Betrachten wir zunächst die *Zinsausgleichsarbitrage*: Wenn die Zinsen im Ausland höher sind als im Inland, besteht für Investoren ein Anreiz, ihr Geld im Ausland anzulegen. Dazu müssen sie es zunächst zum aktuellen Kassakurs in die ausländische Währung umtauschen. Um das Risiko einer Abwertung der Auslandswährung während des Anlagezeitraumes abzusichern, werden die Investoren gleichzeitig den Anlagebetrag plus Zinsen am Devisenterminmarkt – zum geltenden Terminkurs – gegen heimische Währung verkaufen. Die Zinsarbitrage lohnt sich so lange, wie der Zinsvorteil der Auslandsanlage größer ist als die Kurssicherungskosten in Höhe des Swapsatzes (= Terminkurs-Kassakurs). Zinsarbitrage bewirkt, dass sich der Swapsatz der Zinsdifferenz angleicht. Man nennt dies die *Zinsparität*.

Beispiel
Ein Investor möchte 100 Millionen Euro für ein Jahr anlegen. Es besteht die Möglichkeit, den Betrag direkt in Euro zu investieren. In diesem Fall sind die im Euroraum gültigen Zinsen maßgeblich. Wir nehmen an, der Ein-Jahres-Zinssatz liege bei 5%.

Die direkte Anlage in Euro erbringt nach einem Jahr:

100 Mill. € · (1 + 0,05) = 105 Mill. €

Anstatt sein Geld in Euro anzulegen, könnte der Investor den Betrag auch in US-Dollar tauschen und dann zum in den USA gültigen Zins anlegen. Der Dollarzins sei 6%. Der Kassakurs Euro gegen Dollar sei 0,9288 $/€. Der Umtausch des Euro-Betrages in Dollar führt zu

100 Mill. € · 0,9288 $/€ = 92,88 Mill. $

Die Anlage des Dollarbetrages am US-Finanzmarkt erbringt:

92,88 Mill. $ · (1 + 0,06) = 98,4528 Mill. $

Diese Summe muss der Investor in einem Jahr wieder in Euro zurücktauschen. Da die Entwicklung des Wechselkurses aber unsicher ist, weiß der Investor heute noch nicht, wie viel Euro er bei diesem Tausch erzielen wird. Allerdings gibt es die Möglichkeit, den zukünftigen Dollarkurs durch den Abschluss eines Termingeschäftes bereits heute fest zu vereinbaren. Der Investor kann also den Dollarbetrag, dessen Höhe er schon kennt (98,4528 Mill. $), „per Termin 12 Monate" verkaufen. In diesem Fall wäre ihm das in Euro umgerechnete Ergebnis der Dollaranlage bekannt.

Grundsätzlich gilt, dass die Geldanlage in Dollar, umgerechnet in Euro, zu dem gleichen Ergebnis führen muss wie die Direktanlage in Euro. Das bedeutet in unserem Beispiel, dass der Zinsvorteil der US-Anlage durch den Unterschied zwischen dem für den Kauf des Dollarbetrages gültigen Kassakurs und dem für den Rücktausch in Euro gültigen Terminkurs genau kompensiert wird. Der Terminkurs muss also so bemessen sein, dass ein Wert von 105 Millionen Euro herauskommt, wenn man den Dollarbetrag damit umrechnet. Entsprechend wird der Investor folgende Rechnung aufstellen:

98,4528 Mill. $: Terminkurs = 105 Mill. €

Der gesuchte Terminkurs ist 0,9376 $/€. Er liegt über dem Kassakurs von 0,9288 $/€. Der Swap-Satz ist also positiv (Report). Er beträgt 0,0088 $/€. Bezogen auf den Terminkurs entspricht dies circa 1 Prozentpunkt und damit der Zinsdifferenz zwischen den USA und Deutschland (zur genauen Bestimmung siehe unten).

Abweichungen zwischen dem Swapsatz und der Zinsdifferenz lösen sofort Zinsarbitrage aus, die wieder zum Gleichgewicht zurückführt. Im Beispiel würden, falls sich die Dollaranlage als günstiger erweise, sämtliche Investoren ihr Geld kursgesichert in Dollar anlegen. Der damit verbundene Erwerb von Kassadollar und Verkauf von Termindollar würde den Terminkurs (Dollar/Euro) steigen und den Kassakurs (Dollar/Euro) sinken lassen, bis die Zinsparität wieder erfüllt ist.

Allgemein und unter Verzicht auf Geld- und Briefspannen lässt sich die *Zinsparität* folgendermaßen *berechnen*. Bei Mengennotierung gilt (siehe Beispiel oben):

1| $\quad 1 + z_i = (1 + z_a) \cdot \dfrac{w_{1K}}{w_{1T}}$

mit: z_i = Zins im Inland
z_a = Zins im Ausland
w_{1K} = Kassakurs $/€
w_{1T} = Terminkurs $/€

Umformung von 1| ergibt

2| $\quad z_i = (1 + z_a) \cdot \dfrac{w_{1K}}{w_{1T}} - 1$

bzw.

3| $\quad z_i = z_a \cdot \dfrac{w_{1K}}{w_{1T}} + \dfrac{w_{1K} - w_{1T}}{w_{1T}}$

Unter der vereinfachenden Annahme, dass der Zinsertrag zum Kassakurs zurückgetauscht wird, wenn also gilt: $w_{1T} = w_{1K}$, ergibt sich für didaktische Zwecke folgende Formel:

4| $\quad z_i - z_a = \dfrac{w_{1K} - w_{1T}}{w_{1T}}$

bzw. gilt (um zu der gängigen Swapsatz-Formel zu kommen)

5| $\quad z_a - z_i = \dfrac{w_{1T} - w_{1K}}{w_{1T}}$

und damit

6| $\quad w_{1T} - w_{1K} = w_{1T} (z_a - z_i)$

wobei: $w_{1T} - w_{1K}$ = Swapsatz (gemessen in Währungseinheiten).

Unter Einbeziehung des unterjährigen Bereichs lässt sich damit vereinfacht schreiben:

7| $\quad \text{Swapsatz} = \dfrac{\text{Terminkurs} \cdot \text{Zinsdifferenz} \cdot \text{Zeit (in Tagen)}}{\text{Tagesbasis (z.B. 360 Tage)}}$

In prozentualer Betrachtung entspricht also der Swapsatz (bezogen auf den Terminkurs) der Zinsdifferenz zwischen dem Ausland und dem Inland. Diese Bedingung gilt für das

Arbitragegleichgewicht, das heißt, wenn die Zinsparität erfüllt ist. Um im Bankgeschäft korrekt zu rechnen, sollte indes die *kompliziertere, vollständige Formel* verwendet werden. Auch hier bildet Gleichung 1| den Ausgangspunkt. Umformung von 1| ergibt:

2| $\quad \dfrac{1 + z_i}{1 + z_a} \cdot w_{1T} = w_{1K}$

bzw.

3| $\quad \dfrac{1 + z_i}{1 + z_a} \cdot w_{1T} - \dfrac{1 + z_a}{1 + z_a} \cdot w_{1T} = w_{1K} - w_{1T}$

bzw.

4| $\quad w_{1T} \cdot \dfrac{z_i - z_a}{1 + z_a} = w_{1K} - w_{1T}$

bzw.

5| $\quad \dfrac{z_i - z_a}{1 + z_a} = \dfrac{w_{1K} - w_{1T}}{w_{1T}}$

bzw.

6| $\quad \dfrac{z_a - z_i}{1 + z_a} = \dfrac{w_{1T} - w_{1K}}{w_{1T}}$

Bezieht man die unterschiedlichen Usancen der Tageszählweise auf den verschiedenen Geldmärkten mit ein, so ergibt sich als allgemeine Formel zur genauen Errechnung des Swapsatzes:

7| $\quad \text{Swapsatz} \, (= w_{1T} - w_{1K}) = w_{1T} \cdot \dfrac{\dfrac{z_a \cdot n}{\text{Basis}_a} - \dfrac{z_i \cdot n}{\text{Basis}_i}}{1 + \dfrac{z_a \cdot n}{\text{Basis}_a}}$

mit: n = Laufzeit in Tagen (1 Jahr = 365 Tage)
Basis = Usance der Zinstage (z.B. 360)

Bei gleicher Basis resultiert:

8| Swapsatz $(= w_{1T} - w_{1K}) = w_{1T} \cdot \dfrac{(z_a - z_i)\dfrac{n}{\text{Basis}}}{1 + \dfrac{z_a \cdot n}{\text{Basis}}}$

(Die Formeln gelten nur im unterjährigen Bereich, da keine Zinseszinseffekte berücksichtigt werden.)

Bei dem beschriebenen Fall der Zinsarbitrage handelt es sich – wie gesagt – um Zinsausgleichsarbitrage, bei der ein Marktteilnehmer eine offene Position am Geldmarkt der Anlagewährung eingeht. Davon zu unterscheiden ist die *Zinsdifferenzarbitrage*. Hier leiht sich der Arbitrageur den entsprechenden Betrag in einer A-Währung, um ihn am Kassamarkt in eine B-Währung umzutauschen und am Geldmarkt dieser Währung anzulegen. Der Arbitrageur hat also Forderungen *und* Verbindlichkeiten (geschlossene Position). Die Wirkung der Transaktionen auf den Swapsatz ist indes in beiden Fällen dieselbe.

14.3.3 Devisenspekulation

Im Gegensatz zur Arbitrage ist die Devisenspekulation immer mit Risiken verbunden. Man versteht darunter das Eingehen offener, das heißt, nicht kursgesicherter Positionen am Devisenmarkt. Spekulationsgeschäfte – Banken sprechen von *Trading* – können sowohl auf dem Termin- wie auf dem Kassamarkt durchgeführt werden. In beiden Fällen bildet der *erwartete Kassakurs* die Grundlage für das Spekulationsgeschäft.

Beispiel
Erwartet ein Spekulant eine Aufwertung etwa des US-Dollar im Laufe des nächsten Vierteljahres, so kann er Dollar per Termin drei Monate kaufen, um sie zu diesem Zeitpunkt zu dem dann – gemessen in Preisnotierung – (erwartungsgemäß) höheren Kassakurs wieder verkaufen zu können. Umgekehrt besteht ein Anreiz zum Verkauf der Termindevise, sobald der erwartete Kassakurs (in Preisnotierung) unter dem Terminkurs liegt.

Termingeschäfte erfordern keinen Kapitaleinsatz. Sie bewirken, dass der Terminkurs die Markterwartungen der Spekulanten widerspiegelt. Ein Spekulationsgeschäft kann auch auf dem *Kassamarkt* durchgeführt werden. Beispielsweise kann man Kassadevisen in der Erwartung erwerben, sie später zu einem höheren Kassakurs (in Preisnotierung) wieder verkaufen zu können. Dabei ist wegen der Möglichkeit, die Devisenbestände zum Auslandszinssatz anzulegen, auch die Differenz zwischen Inlands- und Auslandszinsniveau zu berücksichtigen.

Voraussetzung einer erfolgreichen Spekulation ist in jedem Fall eine eigene Prognose. Der Spekulant muss besser als andere Marktteilnehmer prognostizieren. Es gibt an den Devisenmärkten vielfältige Nachrichtenquellen und eine Vielzahl von Möglichkeiten, zu Prognosen über zukünftige Wechselkursentwicklungen zu gelangen. Der Spekulant muss berücksichtigen, dass die notwendige Informationsbeschaffung normalerweise Kosten verursacht, und dass er, um erfolgreich zu sein, schneller handeln muss als die übrigen Marktteilnehmer.

> Gesamtwirtschaftlich liegt die Funktion des Spekulanten darin, dass er sich auf die Übernahme von Preisrisiken spezialisiert. Von seiner Bereitschaft, offene Währungspositionen einzugehen, profitieren – im Falle der Terminspekulation – die Marktteilnehmer, die versuchen, Wechselkursrisiken durch Termingeschäfte abzusichern.

14.3.4 Zusammenfassung

Abb. 14.2 zeigt abschließend nochmals die wichtigsten Motive und Entscheidungsfaktoren für Vermögensanlagen im Ausland. Neben den erwähnten Zinsdifferenzen und Wechselkurserwartungen haben auch Zinserwartungen großes Gewicht, da die Zinsentwicklung die Kurse der Finanztitel beeinflusst.

Sehr bedeutsam sind darüber hinaus Transaktionen, die auf den Wunsch nach Diversifikation zurückzuführen sind. Ob ein Portfolio optimal diversifiziert ist, hängt insbesondere von der (Risiko-)Einschätzung der zukünftigen Zahlungsströme der einzelnen Finanzaktiva dieses Portfolios ab. Jede neue Information über diese Werte kann die optimalen Portfolios verändern und somit Devisenmarkttransaktionen auslösen. Dabei gilt, dass die Reaktion auf erwartete Datenänderungen um so schneller erfolgen muss, je kurzfristiger der Beurteilungshorizont der Marktteilnehmer ist. Dies trifft vor allem für Finanztitel mit kurzfristig hohen Kursrisiken zu. Es ist deshalb offensichtlich, dass die Reaktion der Devisenmärkte auf neue Informationen oder neue Rahmendaten nicht nur durch die reinen Devisenmarktarbitrageure oder durch Spekulanten bestimmt wird, sondern ganz wesentlich auch durch risikopolitisch motivierte Umstrukturierungen der Finanzportfolios großer institutioneller Anleger.

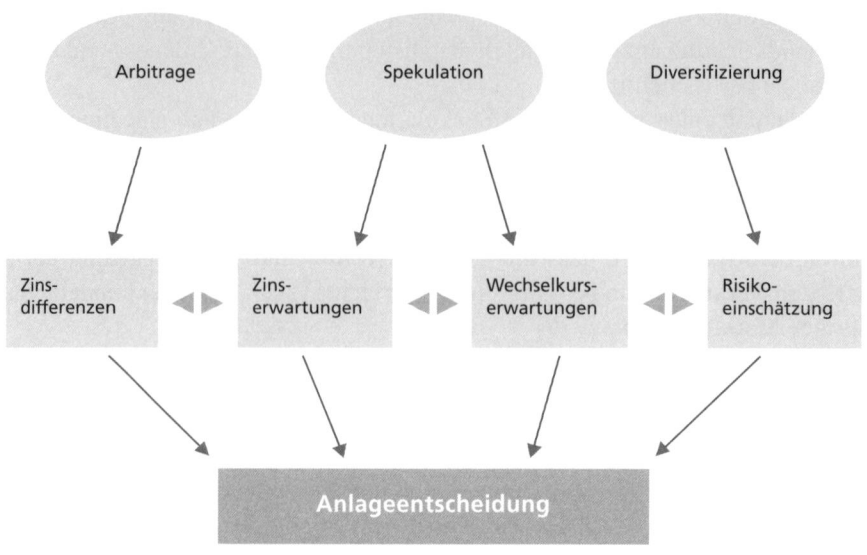

Abb. 14.2: Motive und Entscheidungsfaktoren der Auslandsanlage

15 Effizienz von Devisenmärkten

Die bei flexiblen Wechselkursen immer wieder vorkommenden heftigen Kursausschläge haben zu einer Vielzahl von Untersuchungen über die Preisbildung an Devisenmärkten geführt. Im Vordergrund steht hierbei die Frage, ob Devisenmärkte als effiziente Märkte angesehen werden können.

Aus wettbewerbstheoretischer Sicht erscheinen Devisenmärkte zunächst gleichsam als Ebenbild des Idealtyps der vollständigen Konkurrenz. Am Handel nehmen sehr viele Anbieter und sehr viele Nachfrager teil, es herrscht vollständige Markttransparenz durch ein gut ausgebautes Kommunikationssystem, das gehandelte Gut ist homogen und es existieren auch keine persönlichen Präferenzen.

Der Begriff der Markteffizienz ist indes mit dem eines vollkommenen Marktes nicht zu verwechseln. Die Markteffizienz bezieht sich ausschließlich auf die Informationsverarbeitung. Man spricht daher auch von Informationseffizienz. Da die Voraussetzungen für einen vollkommenen Markt umfassender sind als die der Informationseffizienz, handelt es sich bei diesem Effizienzaspekt um einen Bestandteil des vollkommenen Marktes. Man spricht von einem effizienten Finanzmarkt, wenn die Kurse zu jeder Zeit alle verfügbaren Informationen vollständig wiedergeben.

Der Gedanke der Markteffizienz beruht auf der Überlegung, dass ein Wechselkurs sich auf der Basis bestimmter ökonomischer Makrodaten zweier Länder ergibt. Des Weiteren liegen der Bildung dieses Wechselkurses Erwartungen der Marktteilnehmer über die weitere Entwicklung der ökonomischen Rahmendaten dieser Länder zugrunde. Markteffizienz liegt dann vor, wenn neue Informationen bezüglich der zukünftigen Entwicklung relevanter Daten unverzüglich im Wechselkurs berücksichtigt werden.

Über den Grad der Informationseffizienz lassen sich nach Fama verschiedene Abstufungen vornehmen, die schwache, die halbstrenge und die strenge Informationseffizienz. Diese Abstufungen differieren je nach dem Umfang der vom Kurs reflektierten Informationen.

Inhaltlich besagt die Annahme der *schwachen Informationseffizienz*, dass in den Kursen alle Informationen über vergangene Kursentwicklungen vollständig berücksichtigt sind. Bei der Hypothese der halbstrengen Informationseffizienz wird die vollständige Berücksichtigung aller öffentlich verfügbaren Informationen in den Kursen unterstellt. Als streng informationseffizient gilt ein Markt, falls sämtliche Informationen, also auch nichtöffentliche, in den Kursen vollständig Berücksichtigung finden. Die jeweils höhere Form von Informationseffizienz schließt die jeweils niedrigere Form mit ein.

Effizienz-Untersuchungen der Devisenmärkte widmen sich daher der Frage, ob die Informationen, die den Marktteilnehmern zur Verfügung stehen, bzw. stehen könnten, effizient ausgenutzt werden. In diesem Fall bieten sich keine außergewöhnlichen Gewinnchancen mehr, die etwa aus der Nutzung von Informationsvorsprüngen resultieren könnten. Aus den einzelnen Abstufungen der Informationseffizienz ergeben sich unterschiedliche Konsequenzen.

Sind Finanzmärkte schwach informationseffizient, so lassen sich durch die Anwendung der technischen Wechselkursanalyse keine Gewinne erzielen. Nur die Kenntnis darüber hinausgehender Informationen (fundamentale Informationen), vermag bei schwacher Informationseffizienz einen Spekulationsgewinn zu ermöglichen. Das Kursbild der Vergangenheit (Chart) ist bei einem schwach informationseffizienten Markt bereits im Kurs berücksichtigt. Jede von Marktteilnehmern vermeintlich erkannte Chartkonstellation wird im Kurs bereits reflektiert, da sich ein veränderter Chart unverzüglich auf den Wechselkurs ausgewirkt hat. Folglich erbringt die technische Analyse keinen gewinnbringenden Nutzen mehr.

Die *halbstrenge Informationseffizienz*, die die schwache Informationseffizienz einschließt, geht von der unverzüglichen Berücksichtigung aller öffentlich verfügbaren Informationen in den Kursen aus. Trifft dies zu, so erübrigt sich die fundamentale Auswertung von Daten, über bspw. die Inlandsproduktentwicklung von Ländern oder die Inflationsraten oder Geldmengenzahlen. Denn sobald eine Information öffentlich wird, wird sie im Kurs berücksichtigt. Daraus folgt, dass die fundamentale Informationsauswertung zwecklos ist, da sie sich nicht zu spekulativen Gewinnen nutzen lässt. Lediglich die Kenntnis nichtöffentlicher Informationen kann bei halbstreng informationseffizienten Finanzmärkten zu einer erfolgreichen Spekulation führen.

Auf einem Markt mit strenger Informationseffizienz werden die Erwartungen der Marktteilnehmer homogen sein. Dies bedeutet, dass alle Marktteilnehmer das Ertrags- und Risikopotential des jeweiligen Finanztitels gleich einschätzen. Im Ergebnis verhindert dies die Realisierung systematischer Spekulationsgewinne. Für die Marktteilnehmer entstehen zwar möglicherweise unerwartete Gewinne oder Verluste; es treten indes keine fortdauernden Gewinne oder Verluste auf. Wenn es keine Insiderinformationen oder sonstige speziellen Kenntnisse einzelner Marktteilnehmer gibt, reicht auch die halbstrenge Informationseffizienz aus, um systematische Spekulationsgewinne unmöglich zu machen.

Die Homogenität der Erwartungen der Marktteilnehmer impliziert, dass Anbieter und Nachfrager eine Vorstellung vom „gleichgewichtigen" Wechselkurs haben. Die Preise an den Devisenmärkten spiegeln also dann die verfügbaren Informationen vollständig wider, wenn die Marktteilnehmer ihre Erwartungen rational bilden. Die Annahme *rationaler Erwartungen*[1] beinhaltet im wesentlichen zwei Bedingungen:

- Die Devisenmarktteilnehmer nutzen alle verfügbaren Informationen.

- Die Marktteilnehmer kennen den jeweiligen Gleichgewichtswert für das Austauschverhältnis der Währung. Sie legen also zur Erklärung der realen Abläufe das Modell zugrunde, das die Realität am besten beschreibt.

Fehlprognosen, die auf einen unzureichenden Informationsstand der Marktteilnehmer zurückzuführen sind oder darauf, dass die Akteure falsche Vorstellungen von ökonomischen Zusammenhängen haben, sind mit diesen Annahmen ausgeschlossen. Es treten keine systematischen Prognosefehler auf. Wenn beide Bedingungen erfüllt sind, beschreiben die tatsächlichen Wechselkurse Zufallsschwankungen um den Gleichgewichtspfad.

Die empirischen Untersuchungen zur Effizienzeigenschaft von Devisenmärkten testen in der Regel beide genannten Bedingungen gleichzeitig. Man kann daher, wenn die Effizienzhypothese durch empirische Untersuchungen zurückgewiesen wurde, nicht folgern, welche der beiden Bedingungen nicht erfüllt war. Wenn ein Devisenmarkt sich in Tests als nicht effizient dargestellt hat, kann dies daran liegen, dass nicht alle Marktteilnehmer über alle Informationen verfügen (asymmetrische Informationen). Der Grund kann aber auch sein, dass die Marktteilnehmer modelltheoretisch Zusammenhänge zugrunde legen, die die Realität nicht korrekt abbilden.

Die in Kapitel 16.4 dargestellten neueren Ansätze zur Erklärung der Wechselkursbildung stellen die Bildung von Erwartungen bei den Marktteilnehmern in den Mittelpunkt. Eine Gruppe von Ansätzen geht davon aus, dass die Hypothese der rationalen Erwartungen gültig ist, und untersucht, wie es trotz dieser Annahme zu heftigen Wechselkursschwankungen und zur *Verzerrung von Terminkursen*[2] kommen kann. Die andere Gruppe von Ansätzen stellt die Annahme der rationalen Erwartungen in Frage und zeigt, wie sich die daraus folgende Zurückweisung der Devisenmarkteffizienz erklären lässt.

Diese neueren Wechselkurstheorien können als Reaktion auf die mitunter zu hörende und durchaus ernst zu nehmende Hypothese angesehen werden, der Wechselkurs folge einem *random walk*.[3] Dies ist dann der Fall, wenn alle verfügbaren Informationen im heutigen Kurs verarbeitet sind, so dass jede neue Information aus heutiger Sicht ein Zufallsereignis ist. Falls dies zutrifft, ist der heutige Wechselkurs die beste Prognosegröße für den morgigen Wechselkurs. Die Prognosequalität des random-walk-Modells war in Tests nicht selten besser als die anderer Modelle, in denen der Wechselkurs durch gesamtwirtschaftliche Variable erklärt wird.

Es gibt Untersuchungen, in denen schon die schwache Effizienz von Devisenmärkten nicht bestätigt werden konnte. Wenn dies zutrifft, kann man folgern, dass man an Devisenmärkten mit „richtigen" Prognosemodellen systematische (Spekulations-)Gewinne erzielen kann. Da diesen Gewinnen die Verluste anderer Marktteilnehmer gegenüberstehen müssten, wäre das allerdings nur so lange möglich, wie nicht alle bzw. die meisten Marktteilnehmer über das richtige Prognosemodell verfügen. Sobald dieses Modell bzw. seine Ergebnisse öffentlich verfügbar wären (ohne dass dabei Transaktionskosten entstehen), wären keine systematischen Gewinne, also Gewinne, die dauerhaft über die durchschnittliche Kursentwicklung hinausgehen, mehr möglich.

---

[1] Die Hypothese rationaler Erwartungen geht auf Muth zurück, der argumentiert, dass bei ökonomischen Prognosen die Theorie und die notwendigen Daten verfügbar sind. Daher sei anzunehmen, dass die Akteure sich dieses Wissen zunutze machen. Anstelle rationaler Erwartungen könnte man etwa auch *statische* Erwartungen annehmen. Bei einer solchen Erwartungsbildung geht man davon aus, dass der gegenwärtige Zustand fortbesteht. Auch *adaptive* Erwartungen sind denkbar, bei denen Prognosen jeweils um den vorangegangenen Prognosefehler korrigiert werden. *Extrapolative* Erwartungen, wie sie bspw. der Chartanalyse zugrunde liegen, unterstellen schließlich, dass sich aus den Daten der Vergangenheit die der Zukunft ablesen lassen. Unter allen möglichen Annahmen zur Erwartungsbildung ist die rationaler Erwartungen diejenige, die nicht zu systematischen (durchaus aber zu zufälligen) Prognosefehlern führt.

[2] Auf effizienten Devisenmärkten ist der Terminkurs einer Währung eine unverzerrte Schätzgröße für den zukünftigen Kassakurs. Hier spiegeln sowohl der Terminkurs als auch der Kassakurs alle relevanten Informationen wider. Beide Kurse müssen in diesem Fall Gleichgewichtskurse sein. Denn läge ein Terminkurs über der Kassakurserwartung für den betreffenden Fälligkeitszeitpunkt, würden Spekulanten diese Devise solange auf Termin verkaufen, bis der Terminkurs wieder den Kassakurserwartungen entspricht.

[3] Damit ist gemeint, dass der Unterschied zwischen dem heutigen und dem morgigen Wechselkurs durch eine Zufallsvariable beschrieben werden kann, die einen Erwartungswert von Null hat und standardnormalverteilt ist.

> Nur monopolisierte Prognosemodelle lassen dauerhaft überdurchschnittliche Gewinne erwarten. Kursprognosen, die unentgeltlich veröffentlicht werden, sind zur Spekulation ungeeignet. Dies gilt für die Devisenmärkte ebenso wie für andere Finanzmärkte, an denen sich die (realisierten) Gewinne und Verluste der Marktteilnehmer ausgleichen.

16 Bestimmungsfaktoren der Wechselkursentwicklung

Als Bestimmungsgründe für Außenwirtschaftstransaktionen und damit verbundene Devisenbewegungen haben wir Einkommens-, Preis- und Zinseffekte erörtert (siehe Abb. 4.1, S. 55). Diese Effekte beziehen sich auf die Entwicklung der Leistungsbilanzen und der Kapitalbilanzen verschiedener Länder. Eine grundlegende Aussage war dabei, dass die internationale Arbitrage auf eine Annäherung unterschiedlicher ökonomischer Entwicklungen im In- und Ausland hinwirkt. Die mittlerweile über dreißigjährige Erfahrung mit flexiblen Wechselkursen zeigt jedoch, dass sich tatsächliche Wechselkursschwankungen auf diese Weise im Allgemeinen nicht zufriedenstellend erklären lassen.

Wenn wir beurteilen wollen, welche Faktoren die Wechselkurse maßgeblich bewegen, ist es zunächst wichtig zu wissen, ob Warenströme oder internationale Umschichtungen von Portfolios größere Bedeutung haben. Wir haben bereits darauf hingewiesen, dass – zumindest kurzfristig – die Bedingungen auf den internationalen Finanzmärkten die Wechselkurse dominieren. Dies folgt im Wesentlichen aus der Tatsache, dass sich das Volumen der internationalen Kapitalbewegungen in den letzten Jahrzehnten außerordentlich stark ausgeweitet hat. Wir müssen bei der Erklärung von Wechselkursentwicklungen daher auch festlegen, ob wir kurzfristige Schwankungen oder langfristige Trends analysieren wollen.

Es lassen sich zum einen Erklärungsansätze unterscheiden, die die Wechselkursentwicklung kurzfristig oder langfristig auf der Basis von Gegenwarts- oder Vergangenheitswerten gesamtwirtschaftlicher Größen erklären. Solche Modelle, die fundamentale Größen als erklärende Variable nutzen, bezeichnen wir als *traditionelle Wechselkursmodelle*. Zum anderen gibt es *neuere Wechselkurstheorien*, die die Erwartungen der Marktteilnehmer in den Mittelpunkt stellen.

Die traditionellen Modelle lassen sich in drei Gruppen gliedern. Es gibt rein güterwirtschaftliche Erklärungen der Wechselkursbildung ebenso wie rein finanzwirtschaftliche sowie die Verbindung realer und monetärer Größen als Determinanten der Wechselkursentwicklung. Die neueren Ansätze lassen sich danach unterscheiden, ob sie bei den Akteuren rationale oder nicht rationale Erwartungen unterstellen.

16.1 Güterwirtschaftliche Erklärungen

Bei den reinen Gütermarktansätzen ergibt sich das gleichgewichtige Wechselkursniveau ausschließlich durch Größen, die auf den Gütermärkten bestimmt werden. Hierzu zählen die Kaufkraftparitätentheorie sowie die Einkommenstheorie des Wechselkurses.

16.1.1 Kaufkraftparitätentheorie

Die Kaufkraftparitätentheorie ist einer der ältesten und demzufolge auch am häufigsten diskutierten Ansätze zur Wechselkursbildung. Die Theorie besagt zunächst, dass der Kassakurs einer Währung durch das Verhältnis des Inlandspreisniveaus in Inlandswährung und des Auslandspreisniveaus in Auslandswährung bestimmt wird. Bei Preisnotierung gilt also:

1| $$w_K = \frac{P_i}{P_a} \quad \text{bzw.} \quad P_a \cdot w_K = P_i$$

Gleichung 1| besagt, dass die Kaufkraft des Geldes im Inland und im Ausland gleich ist, weil der Wechselkurs für Übereinstimmung sorgt. Die Kaufkraftparitätentheorie basiert somit auf der Idee der Güterarbitrage. Sie setzt voraus, dass für die gehandelten Güter ein vollkommener Weltmarkt existiert. Dazu müssen die Güter handelbar sein und die Kosten der Raumüberwindung (wie bspw. Transportkosten, Zölle usw.) müssen an allen Angebotsorten gleich sein. In diesem Fall gilt das *Gesetz der Unterschiedslosigkeit der Preise*. Einheitliche Preise werden durch die Ausnutzung räumlicher Preisdifferenzen erzwungen. Steigt bspw. das Preisniveau im Inland, werden inländische Güter durch ausländische ersetzt. Diese Substitution erhöht den Importwert und reduziert (normalerweise) den Exportwert. Dies bewirkt eine Aufwertung der Auslandswährung, bis die Preisdifferenz wieder ausgeglichen ist.[4]

Die Kritik gegen diesen Erklärungsansatz, den man als *absolute Kaufkraftparitätentheorie* bezeichnet, liegt auf der Hand. Die Existenz heterogener, nicht handelbarer oder nationaler Güter verhindert den Ausgleich von Preisniveauunterschieden durch den Wechselkurs zwischen Ländern ebenso wie unterschiedliche Transaktionskosten. Die zunehmende Bedeutung räumlich gebundener Dienstleistungen veranschaulicht allein, dass nationale Preisniveauerhöhungen in diesen Bereichen (bspw. Immobilien- oder Mietpreise) nicht durch Wechselkursänderungen international ausgeglichen werden können.

---

[4] Davon unbenommen ist die Existenz des im zweiten Teil diskutierten „direkten" internationalen Preiszusammenhangs.

Man akzeptiert daher die Kaufkraftparitätentheorie heute nur noch in modifizierter Form. Die *relative Kaufkraftparitätentheorie* schwächt die Aussage der Gleichung 1| ab und besagt demgegenüber nur noch, dass eine relative Veränderung des Preisniveaus zweier Länder mit einer gleich großen Veränderung des Wechselkurses zwischen den Währungen dieser Länder einhergehe:

2| $\quad w_K = k \cdot \dfrac{P_i}{P_a}$

Der Unterschied zwischen den beiden Varianten der Kaufkraftparitätentheorie lässt sich anhand der Gleichungen 1| und 2| ablesen. In der absoluten Variante lässt sich aus Gleichung 1| die absolut richtige Höhe des Wechselkurses bestimmen. Demgegenüber enthält Gleichung 2| die Größe k (k > 0), die als Proportionalitätskonstante zu sehen ist. Damit besagt die relative Version der Kaufkraftparitätentheorie nur noch, dass Änderungen des Preisniveauverhältnisses P_i / P_a zu Änderungen des Wechselkurses führen werden. Ferner wird die Relation von Preisniveauverhältnisänderungen und Wechselkursänderungen im Zeitablauf als gleichbleibend unterstellt. Die Annahme, dass k weitgehend konstant bleibe, wird dadurch begründet, dass Veränderungen der Preise international handelbarer Güter langfristig auch die nationalen Gesamt-Preisniveaus berühren.

Die Kaufkraftparitätentheorie ist ein Gleichgewichtsansatz, der nur unter recht restriktiven Annahmen gilt. Sie setzt neben den erwähnten – in der Realität nicht zu erwartenden Marktstrukturfaktoren – voraus, dass die Nachfrageelastizitäten für Import- und Exportgüter groß genug sind, damit die Leistungsbilanz elastisch auf kleinste Kursänderungen reagiert. Auch die relative Variante gibt lediglich eine eher grobe Erklärung für Wechselkursänderungen. Zur Erklärung kurz- oder mittelfristiger Wechselkursschwankungen ist die Kaufkraftparitätentheorie sicher nicht geeignet. Wenngleich die tendenzielle Aussage der relativen Fassung – zumindest bei deutlichen Preisniveaudivergenzen – langfristig plausibel erscheint, da in diesem Fall der Einfluss der Preisunterschiede andere wechselkursbestimmende Faktoren dominieren wird, gibt es durchaus auch Zweifel an der Gültigkeit dieser Theorie zur Erklärung langfristiger Entwicklungen.

16.1.2 Einkommenstheorie

Während die Kaufkraftparitätentheorie in den Preisniveauveränderungen die wesentliche Bestimmungsgröße für Wechselkursänderungen sieht, stellt die Einkommenstheorie die Entwicklung der Realeinkommen in den Mittelpunkt. Wir haben die Auswirkungen von Einkommensänderungen im zweiten Teil analysiert. Demzufolge bewirkt eine Einkommenserhöhung im Inland eine Reduzierung des Außenbeitrags durch eine

Zunahme der Importe. Bei vorher ausgeglichener Leistungsbilanz kommt es zu einem Leistungsbilanzdefizit. Die Importzunahme führt damit zu einer Abwertung der Inlandswährung, die das Leistungsbilanzdefizit kompensiert, denn bei stabilen Devisenmärkten sorgt der Wechselkurs – wenn wir von internationalen Kapitalbewegungen absehen – für eine ausgeglichene Leistungsbilanz.

Die Einkommenstheorie der Wechselkursentwicklung besagt damit, dass eine Zunahme des inländischen Realeinkommens durch Erhöhung der Inlandsnachfrage zu einer Abwertung der inländischen Währung führen wird. Demgegenüber bewirkt eine zusätzliche Auslandsnachfrage nach inländischen Gütern eine Aufwertung der Inlandswährung.

Einschränkend müssen wir an dieser Stelle festhalten, dass zum einen Kapitalbewegungen, die die güterwirtschaftlich verursachten Wechselkursänderungen ausgleichen könnten, auch bei diesem Erklärungsansatz unberücksichtigt bleiben. Zum anderen wird unterstellt, dass das Land, in dem die Nachfrageerhöhung auftritt, über hinreichend freie Kapazitäten verfügt, so dass es nicht zu Preiserhöhungen, die eine reale Aufwertung bewirkten, kommt.

16.2 Finanzwirtschaftliche Erklärungen

Bei den reinen Finanzmarktansätzen spielen die Güterströme für die Wechselkursbestimmung keine Rolle. Diese Erklärungen analysieren kurzfristige Kapitalbewegungen und sind daher im Gegensatz zu den güterwirtschaftlichen Ansätzen zur Betrachtung kurzfristiger Wechselkursänderungen geeignet. Im 14. Kapitel haben wir mit Arbitrage und Spekulation die Prozesse betrachtet, die Angebot und Nachfrage auf den Devisenmärkten ausgleichen. Bei einem solchen Devisenmarktgleichgewicht handelt es sich um ein Stromgleichgewicht. Die finanzwirtschaftlichen Wechselkurserklärungen beziehen Bestandsgrößen mit in die Betrachtung ein (*asset market approach*).

16.2.1 Zinsparitätentheorie

Die Zinsparität ist die Arbitrage-Gleichgewichtsbedingung für verzinsliche Aktiva. Sie beschreibt, analog zur Kaufkraftparität, ein durch Arbitrage herbeigeführtes Gleichgewicht. Investoren in Finanzaktiva entscheiden über die Anlage in inländischer oder in ausländischer Währung und wählen jeweils die Alternative, die Ertragsvorteile bietet. Dadurch gleichen sich Zinsdifferenzen und Wechselkurse an. Da die Transaktionen gleichzeitig kursgesichert werden, finden die Anpassungen sowohl am Devisenkassa- als auch am Devisenterminmarkt statt (siehe Kapitel 14.3).

Dies impliziert, dass internationale Renditedifferenzen durch gegenläufige Wechselkursanpassungen kompensiert werden. Hierin liegt die zentrale Aussage der Zinsparitätentheorie. Bringt bspw. die inländische Anlage einen Zins von 6 %, und verzinst sich eine Anlage im Ausland mit 10 %, so muss sich zwischen dem Terminkurs und dem Kassakurs der ausländischen Währung eine Differenz von 4 % ergeben, damit die Anleger indifferent zwischen den Anlagealternativen sind.[5] Eine Verletzung dieser Gleichgewichtsbedingung würde bedeuten, dass potenzielle Gewinnmöglichkeiten ungenutzt bleiben. Diese Gewinnmöglichkeiten würden keinem Währungsrisiko unterliegen, da eine Kurssicherung über den Terminmarkt erfolgen kann.

Man kann also davon ausgehen, dass Anleger an den internationalen Finanzmärkten solche Preisdifferenzen, die die Mitnahme risikoloser Gewinne ermöglichen, ausnutzen. In unserem Beispiel würden sie also kursgesichert Kapital exportieren. Dadurch stiegen die Nachfrage und der Kurs am Kassamarkt (w_K) – gemessen in Preisnotierung – solange, bis die Ertragsraten inländischer und ausländischer Vermögenstitel einander entsprechen. Dies besagt Gleichung 3l.

$$3l \qquad z_i = z_a + \frac{w_e - w_K}{w_K}$$

w_e gibt den erwarteten Wechselkurs der Auslandswährung wieder, so dass wir, falls $w_e > w_K$, den Term ($w_e - w_K$) / w_K als die heute erwartete Aufwertungsrate bezeichnen können (bzw., falls $w_e < w_K$, als erwartete Abwertungsrate). Aus Gleichung 3l ergibt sich damit, dass die Inlandsrendite gleich der Auslandsrendite ist, falls der Inlandszins z_i über dem Auslandszins z_a liegt, und gleichzeitig eine entsprechende Aufwertung für die Auslandswährung erwartet wird.

Häufig wird – wie auch in unserem obigen Beispiel – der Terminkurs mit dem erwarteten Wechselkurs gleichgesetzt. Wir haben bereits erklärt, dass dies einen effizienten Devisenmarkt unterstellt. Man bezeichnet diese Version auch als *erweiterte* oder *gedeckte Zinsparität*. Sie lautet:

$$4l \qquad z_i = z_a + \frac{w_T - w_K}{w_K}$$

Wie gesagt, gehen wir hier von einer Kursstellung in Preisnotierung aus. Im Falle der Mengennotierung ändert sich Gleichung 4l entsprechend in

$$4'l \qquad z_a = z_i + \frac{w_{1T} - w_{1K}}{w_{1T}}$$

Wir haben dies in Kapitel 14 anhand eines Beispiels gezeigt (siehe Seite 150 ff.).

Wenn wir in der kurzfristigen Betrachtung das Auslandszinsniveau und den erwarteten Wechselkurs als konstant ansehen, ergibt sich ein (entgegengesetzter) Zusammenhang zwischen Inlandszinsniveau und Wechselkurs. Wenn das Zinsniveau im Inland steigt, kommt es zu einem Renditevorteil inländischer Finanztitel. Die Nachfrage nach inländischen Anlagen steigt und führt zu einer Aufwertung der Inlandswährung (dies entspricht einer Abwertung der Auslandswährung), mithin sinkt w_K bzw. steigt w_{1K}, bis die Zinsparität wieder hergestellt ist.

Entsprechend lässt sich eine Änderung der Wechselkurserwartung darstellen. Bei konstanten Zinsniveaus führt eine Aufwertungserwartung für die Auslandswährung zu einem Anstieg (Sinken) des Kassakurses in Preisnotierung (Mengennotierung). Man bezeichnet dies auch als *self-fulfilling prophecy*.

16.2.2 Portfoliomodelle

Die Zinsparitäten-Relation, die erstmals von Keynes erwähnt wurde, dient als Grundbaustein der Finanzmarktansätze unter den traditionellen Wechselkurstheorien. Während bei der Zinsparitätentheorie die vollständige Substituierbarkeit in- und ausländischer Aktiva angenommen wird, gehen die Portfoliomodelle von unvollkommener Substituierbarkeit zwischen verschiedenen Finanzaktiva aus. Diese Modelle sind deshalb allgemeiner als die Zinsparitätentheorie. Sie unterstellen nicht, dass Anleger völlig indifferent zwischen Alternativen internationaler Finanzaktiva sind, sofern die Erträge übereinstimmen, sondern sie beziehen die Möglichkeit mit ein, dass alternative Anlagen mit unterschiedlichen Risiken behaftet sind, die zusammen mit Ertragsüberlegungen die Anlageentscheidung beeinflussen.

Portfoliomodelle beziehen sich auf die Zusammensetzung des Vermögens aus *Beständen* verschiedener (Finanz-)Aktiva.[6] Die Änderung relativer Ertragsraten oder veränderte Risikoeinschätzungen beeinflussen somit das als optimal angesehene Portfolio und lösen als Reaktion *Portfolioumschichtungen* aus.

Für den Verlauf kurzfristiger Wechselkurse sind Anpassungsprozesse maßgeblich, die unmittelbar nach Datenänderungen auftreten. Es ist damit für das Zustandekommen von Wechselkursänderungen auch nicht erforderlich, dass geld- oder fiskalpolitische

---

[5] Den relativen Unterschied zwischen Termin- und Kassakurs haben wir in Kapitel 14.1 als Swap-Satz bezeichnet. Er bildet den Preis für die Kurssicherung der Kapitalanlage.

[6] Die Portfolio Selection-Theorie analysiert Investitionsentscheidungen unter Unsicherheit. Im Bereich der Geldtheorie lässt sich dieser Ansatz letztlich auf Keynes' Liquiditätspräferenztheorie zurückführen. Weitere maßgebliche Beiträge zur Entwicklung dieses Ansatzes stammen von Hicks, Markowitz und Tobin.

Maßnahmen sich bereits in irgendeiner Weise auf die gesamtwirtschaftlichen Daten ausgewirkt haben, sondern es reicht aus, dass sich die Erwartungen oder die Risikoeinschätzungen bei den international agierenden Investoren bezüglich der Finanztitel geändert haben. Wechselkursbewegungen treten hiernach also schon ein, bevor etwa eine Geldmengenausweitung sich in einer Preisniveauänderung niedergeschlagen hat. Unter der – realistischen – Annahme, dass die internationalen Märkte für Finanzaktiva schneller reagieren als die Gütermärkte, ist die zentrale Aussage der finanzwirtschaftlichen Ansätze also, dass Wechselkursbewegungen auf kurze Sicht durch die Vorgänge auf den Märkten für Vermögenstitel verursacht werden.

16.3 Verbindungen realer und finanzwirtschaftlicher Erklärungen

Neben den beschriebenen „monokausalen" Erklärungsansätzen existieren mehrschichtige Theorien zur Wechselkursentwicklung. Diese ziehen sowohl reale als auch monetäre Größen zur Erklärung heran.

16.3.1 Monetaristische Wechselkurstheorie

Die monetaristische Wechselkurstheorie erklärt die Höhe des Wechselkurses durch die Geldbestände im In- und Ausland. Bausteine dieses Ansatzes sind die Quantitätstheorie und die Kaufkraftparitätentheorie. Wenn im Inland die Geldmenge zunimmt (oder die Geldnachfrage sinkt), muss sich nach der Quantitätstheorie, die ein allgemeines Gleichgewicht im realwirtschaftlichen Bereich, also auch Vollbeschäftigung, unterstellt, das inländische Preisniveau erhöhen. Gemäß der Kaufkraftparitätentheorie führt ein Anstieg des inländischen Preisniveaus bei Konstanz des ausländischen Preisniveaus zu einer Abwertung der heimischen Währung.

Aus dem monetaristischen Ansatz folgt, dass eine (im Vergleich zum Ausland) expansive Geldpolitik zur Abwertung führt. Bei langsamen Preisreaktionen kann dieser Schluss indes unzutreffend sein.

16.3.2 Dornbusch-Modell

Im Dornbusch-Modell wird das monetaristische Modell erweitert. Diese Weiterentwicklung der Theorie war in den Siebzigerjahren der erste Schritt zur Erklärung realer Wechselkursbewegungen. Zum einen wird hier die unrealistische Annahme völliger Preisflexibilität durch die Annahme „träger" Preisanpassungen ersetzt, und zum anderen wird die Zinsparität berücksichtigt.

Nehmen wir an, dass ein ursprüngliches Gleichgewicht durch eine Geldmengenerhöhung im Inland gestört wird. Langfristig wird sich nach der Kaufkraftparitäten-Theorie die inländische Währung abwerten, weil sich langfristig das „träge" inländische Preisniveau erhöht. Kurzfristig reagieren nur die Finanzmärkte. Die expansive Geldpolitik senkt den heimischen Zinssatz. Nach der Zinsparitäten-Relation führt das niedrigere Zinsniveau im Inland nun dazu, dass der Terminkurs der ausländischen Währung unter dem Kassakurs liegt. Bei rationalen Erwartungen werden die Devisenhändler nun für die Zukunft eine Aufwertung der heimischen Währung prognostizieren. Diese Erwartung steht scheinbar im Widerspruch zur langfristigen Abwertung, die sich aus der Kaufkraftparitäten-Relation ergibt. Die Erklärung liegt darin, dass der Wechselkurs sofort nach der Geldmengenausweitung über seinen langfristigen Gleichgewichtskurs hinausschießt und sich dann allmählich durch Aufwertung an den höheren Gleichgewichtskurs annähert, während sich das Preisniveau „gemächlich" erhöht.

16.3.3 Dynamischen Portfoliomodelle

Die dynamischen Portfoliomodelle erweitern schließlich die im vorangegangenen Abschnitt besprochenen kurzfristigen Portfolioansätze um Gütermarkt- und Leistungsbilanzeffekte, die Folge des Wechselkurses sind und auf diesen über Veränderungen der Auslandsvermögensbestände zurückwirken. Portfolio-Modelle erlauben es, Zahlungsbilanzmechanismen in die Wechselkurstheorie zu integrieren. Jeder Leistungsbilanzüberschuss ist mit einer Zunahme der Forderungen gegenüber dem Ausland verbunden, ein bestehendes Porfoliogleichgewicht wird dadurch gestört.

Eine Aufwertung der heimischen Währung wird nun in doppelter Weise auf eine Wiederherstellung des Gleichgewichts hinwirken. Die Aufwertung reduziert den Wert der bestehenden Auslandsforderungen und führt gleichzeitig zur Verringerung bzw. Beseitigung des Leistungsbilanzüberschusses. Es ist allerdings zu bedenken, dass die Vermögenseffekte von Leistungsbilanzungleichgewichten als recht gering veranschlagt werden müssen. Portfolioeffekte der Leistungsbilanz werden erst dann empirisch nachweisbar, wenn es zur Kumulation beträchtlicher Überschüsse oder Defizite gekommen ist.

16.3.4 Bewertung der traditionellen Wechselkursmodelle

Allen traditionellen Wechselkursmodellen ist gemeinsam, dass der empirische Befund relativ unbefriedigend ist. Wenn ihre Hypothesen mit empirischen Daten konfrontiert werden, versagen sie durchweg. Auch der Einwand, dass ein Zeitraum von zwanzig Jahren flexibler Wechselkurse zu kurz sei, um die Hypothesen zu testen, vermag letztlich nicht zu überzeugen. Hier liegt der Verdacht nahe, dass eine Theorie mit dem Hinweis, sie sei nur „in the long run" gültig, gegen ihre empirische Widerlegung immunisiert werden soll.

Dieses Versagen der traditionellen Wechselkursmodelle ist nicht etwa darin begründet, dass diese Modelle noch nicht ausgereift wären oder dass die entscheidenden Determinanten und ihre Wirkungsmechanismen noch nicht entdeckt worden wären. Das Problem besteht vielmehr darin, dass es nahezu unmöglich erscheint, die Daten zu gewinnen, mit denen sich die Theorien adäquat testen lassen. Wie auf anderen Finanzmärkten auch, bestimmen sich Preissetzungen auf den Devisenmärkten vor allem durch kaum messbare Erwartungen, die hinsichtlich der künftigen Entwicklung von Wechselkursdeterminanten getroffen werden. Die Prognosen über die zukünftigen Zinssätze, Preisniveaus, Zahlungsbilanzsalden usw. werden gleichsam diskontiert im gegenwärtigen Kurs berücksichtigt.

Eine ökonomische oder politische Größe kann den Wechselkurs dann nur noch beeinflussen, wenn der tatsächlich eintretende Wert vom erwarteten Wert abweicht. Dadurch hängt die Wechselkursentwicklung wesentlich von Erwartungen und Neuigkeiten ab.

Diese Überlegung führt zu der oben bereits diskutierten Frage, ob es sich beim Devisenmarkt um einen *effizienten Markt* handelt. Vieles spricht dafür, denn wenn die Arbitrage funktioniert, ist die Zinsparität erfüllt, und Spekulation lässt den Terminkurs zu einem – wenn auch relativ ungenauen – Indikator des künftigen Kassakurses werden. Handelsregeln, wie die sog. Filterregeln,[7] versprechen dann keine außerordentlichen Gewinne, und selbst die Analyse der Kursgeschichte ermöglicht es nicht, den künftigen Kurs besser zu schätzen als die anderen Marktteilnehmer.

16.4 Neuere Ansätze mit rationalen Erwartungen

Seit den achtziger Jahren setzte in der Wechselkurstheorie verstärkt die Entwicklung einer Reihe von Ansätzen ein, die sich von den zuvor dargestellten Theorien in einem Punkt deutlich abheben. Diese Erklärungsansätze versuchen nicht mehr, die Wechselkursentwicklung durch die Entwicklung von ökonomischen Einflussfaktoren (Fundamentalvariablen) in der Vergangenheit oder durch deren aktuelle Werte zu erklären, sondern sie weisen auf die Bedeutung von Unsicherheit und von Erwartungen über die Entwicklung fundamentaler Variablen hin.

Die traditionellen Wechselkursmodelle messen Erwartungen nur eine untergeordnete Rolle für die Bestimmung von Wechselkursen zu. Neuere Ansätze sehen demgegenüber Wechselkursänderungserwartungen als zentrale Größe an. Man kann die neueren Wechselkurstheorien nach ihren Annahmen zur Erwartungsbildung unterteilen. Eine Gruppe von Ansätzen geht von der Gültigkeit der Hypothese der rationalen Erwartungen aus und zeigt, wie es trotzdem zu Wechselkursschwankungen und zur Verzerrung von Terminkursen kommen kann. Die andere Gruppe von Ansätzen stellt die Annahme rationaler Erwartungen in Frage. Die meisten Ansätze gehen indes von der Hypothese rationaler Erwartungen aus.

16.4.1 Risikoprämienmodell

Das Risikoprämienmodell begründet, warum Terminkurs- und Wechselkurserwartung auseinanderfallen können. Risikounterschiede zwischen alternativen Vermögensanlagen führen dazu, dass die verschiedenen Finanztitel nicht vollständig substituierbar sind. Diese Überlegungen liegen zwar auch den Portfoliomodellen zugrunde, doch wird die Risikokomponente in den traditionellen Formulierungen nicht näher betrachtet und somit in der Regel als konstant angenommen.

Anlagen in unterschiedlichen Währungen können mit unterschiedlichen Risiken behaftet sein. Entscheidend ist, ob die Marktteilnehmer die Risiken der Realisierung erwarteter Erträge unterschiedlich einschätzen. Eine Auslandsanlage kann sich hierbei von einer inländischen etwa dadurch unterscheiden, dass Erwartungen hinsichtlich institutioneller Regelungen, wie Besteuerung oder Transfermöglichkeiten, in das Kalkül der Anleger eingehen müssen.

Berücksichtigt man solche Risikoüberlegungen, so ist eine Risikoprämie miteinzubeziehen. Die Anleger sind dann zwischen in- und ausländischer Anlage indifferent, wenn der Inlandszins der Summe aus Auslandszins, Aufwertungserwartung für die Auslandswährung und Risikoprämie für das Halten ausländischer Zinstitel entspricht.

Eine Risikoprämie, die quantitativ ins Gewicht fällt, kann somit die Ursache sein, warum der Terminkurs von der Wechselkurserwartung abweicht. In diesem Fall ist der Terminkurs selbst bei rationalen Erwartungen nicht zur Vorhersage der Kassakursentwicklung geeignet. Es können dann von Terminkursänderungen nicht einmal Hinweise auf die Änderung von Kassakurserwartungen abgeleitet werden, da die Terminkursänderung auch Folge einer Änderung der Risikoprämie sein kann.

Neben der Erklärung von Terminkursverzerrungen gibt es einen weiteren Grund für die Betrachtung von Risikoprämien in der Wechselkurstheorie. Führen Schwankungen in der Risikoprämie zu Änderungen der optimalen Portfoliostruktur, können hiervon starke Wirkungen auf den Kassakurs ausgehen. Die Variabilität der Risikoprämie kann daher eine mögliche Ursache einer höheren Wechselkursvolatilität[8] sein.

---

[7] Als Filter bezeichnet man in der technischen Analyse Nebenbedingungen, die erfüllt sein müssen, damit ein Aktionssignal gültig ist.

[8] Die Volatilität ist ein Maß für die Kursschwankungsintensität eines Vermögenswertes. Man drückt dies entweder als Prozentsatz oder als Indexzahl aus. Eine (auf ein Jahr bezogene) Volatilität von 10 % bedeutet bspw., dass sich der Kurs innerhalb eines Jahres zwischen 90 % und 110 % des aktuellen Kurses bewegt hat.

16.4.2 News-Ansatz

Der News-Ansatz stellt Erwartungsirrtümer in den Mittelpunkt. Solche Erwartungsirrtümer entstehen immer dann, wenn die Entwicklung der Fundamentalvariablen falsch prognostiziert wurde. Zwar schließt die Annahme rationaler Erwartungen systematische Prognosefehler aus, dass die Prognosen der Marktteilnehmer im Einzelfall falsch sind, ist aber durchaus möglich. Die unvorhergesehene Entwicklung einer fundamentalen Größe, also die Abweichung zwischen einer realen Größe und deren Erwartungswert, kann dann die gleichen Wechselkursschwankungen bewirken wie die Änderung realer Größen in den traditionellen Wechselkursmodellen.

Es wird bei diesem Ansatz unterstellt, dass die Marktteilnehmer den Zusammenhang zwischen den fundamentalen Variablen und dem Wechselkurs kennen. Daraus wird abgeleitet, dass eine Wechselkursänderung, die für die Marktteilnehmer unerwartet eintrat, nicht prognostizierbar war, sondern zufälligen Charakter hatte. Wenn häufig Neuigkeiten (News) veröffentlicht werden, die für die Wechselkursentwicklung relevant sind (wie bspw. Daten zum Leistungsbilanzsaldo, zum Staatshaushalt oder zur Geldmengenentwicklung), kann dies unerwartete Wechselkursschwankungen verursachen, da es den Marktteilnehmern auch bei sachverständiger Berücksichtigung makroökonomischer Zusammenhänge kaum gelingen wird, all diese Daten richtig zu prognostizieren. Je nach Inhalt der Neuigkeiten kann es sein, dass diese für die Volatilität von Wechselkursen verantwortlich sind.

Will man solche theoretischen Ansätze überprüfen, ergeben sich verschiedene Probleme. Insbesondere stellt sich die Frage, welches die relevanten neuen Informationen sind und wie diese, sofern sie nicht aus Daten, sondern etwa aus Ankündigungen oder Ereignissen bestehen, quantifiziert werden können. Empirische Überprüfungen des News-Ansatzes erfordern daher in der Regel starke Vereinfachungen, etwa durch Beschränkung auf neue Handelsbilanz- oder Geldmengendaten. Verschiedene Untersuchungen liefern Hinweise dafür, dass neue Informationen durchaus einen maßgeblichen Einfluss auf die Wechselkursentwicklung haben, jedoch bei weitem nicht alle Änderungen der wichtigsten Wechselkurse erklären können.

16.4.3 Rationale spekulative Blasen

Als rationale spekulative Blasen (Bubbles) bezeichnet man Wechselkursentwicklungen, die über einen bestimmten Zeitraum hinweg zunehmende Abweichungen des Kassakurses von dem durch fundamentale Variable erklärten Niveau aufweisen. Ausgelöst wird eine solche Entwicklung durch bestimmte Fakten oder Ereignisse. Da die Akteure rationale Erwartungen haben, verstärken sie die einmal eingesetzte Entwicklung.

Betrachten wir die Entscheidungssituation eines Anlegers, so läßt sich verdeutlichen, warum sich spekulative Blasen während ihres Bestehens exponentiell entwickeln. Wenn wir unterstellen, dass sich die ausländische Währung während einer Spekulationsphase aufwertet, besteht für einen Anleger bei einem Engagement in ausländischer Währung jederzeit das Risiko, dass die Spekulation „platzt" wie eine Seifenblase. Der Anleger wird nur dann an der Auslandsanlage festhalten, wenn die Risikoprämie, die ihm die Spekulation seiner Ansicht nach verspricht, ausreichend erscheint, sein Risiko also durch erwartete zusätzliche Kursgewinne kompensiert wird.

Aus dieser Überlegung folgt der typische Verlauf von Bubbles. Je weiter der Wechselkurs vom Fundamentalwert entfernt ist, desto stärker muss er steigen, um das Risiko des höheren Kursverfalls zu kompensieren.

Zu jedem Zeitpunkt der Spekulationsphase gibt es zwei grundsätzliche Möglichkeiten für den Fortgang der Wechselkursentwicklung: Die Spekulation kann sich fortsetzen, oder sie kann in sich zusammenbrechen. Je länger sie sich fortsetzt, desto riskanter wird sie. Da beide möglichen Kursentwicklungen in die Erwartungsbildung eingehen, aber jeweils nur eine der beiden alternativen Möglichkeiten realisiert werden kann, ergeben sich während der gesamten Spekulationsphase – gemessen am erwarteten Mittelwert – Erwartungsirrtümer.

Diese Fehlprognosen sind dennoch konsistent mit rationalen Erwartungen. Solange die rationale spekulative Blase anhält, werden Erwartungsirrtümer in die gleiche Richtung entstehen, das heißt, der Kassakurs wird höher sein als der Erwartungswert. Während dieser Zeit wird daher auch der durch die Erwartungen gebildete Terminkurs verzerrt erscheinen, da er immer in der gleichen Richtung von dem späteren Kassakurs abweicht.

Die empirische Relevanz der Theorie rationaler spekulativer Blasen ist umstritten. Das beschriebene Phänomen ist nicht messbar, zudem lässt es sich auch nicht zweifelsfrei von anderen Bestimmungsgründen für Kursbewegungen, wie etwa nicht rationalen Verhaltensweisen, unterscheiden. Es sind zwar von Zeit zu Zeit Wechselkursentwicklungen zu beobachten, die der theoretischen Erklärung des Entstehungsprozesses rationaler spekulativer Blasen entsprechen, das Platzen solcher Blasen wird hingegen kaum einmal identifiziert.

16.5 Neuere Ansätze mit nicht rationalen Erwartungen

Die Gültigkeit der Hypothese rationaler Erwartungen für den Devisenmarkt wird seit Ende der achtziger Jahre häufiger angezweifelt. Als Ursachen hierfür werden im Wesentlichen genannt, dass Überprüfungen der These der Devisenmarkteffizienz nicht bestätigt werden konnten. Des Weiteren sind die Erklärungsansätze, die wir im vorangegangenen Abschnitt vorgestellt haben, nicht empirisch testbar. Schließlich nahm aufgrund der stärkeren Betonung mikroökonomischer Aspekte zur Erklärung gesamtwirtschaftlicher Abläufe auch in der Wechselkurstheorie das Interesse an einzelwirtschaftlichen Verhaltensweisen zu.

Wenn wir das letztgenannte Argument betrachten und fragen, wie die Akteure am Devisenmarkt ihre Kauf- bzw. Verkaufsentscheidungen treffen, werden wir feststellen, dass die Marktteilnehmer für kürzerfristige Prognosen vor allem Techniken der Chartanalyse verwenden, während sie sich für die Betrachtung längerer Fristen stärker von der Entwicklung fundamentaler Variablen leiten lassen. Auch wenn sehr unterschiedliche Techniken der Chartanalyse existieren, so laufen sie in den meisten Fällen doch auf eine Form von Extrapolation der unmittelbar zurückliegenden Wechselkursbewegungen hinaus. Es gibt verschiedene Erhebungen, die bestätigen, dass die Marktteilnehmer in der kürzeren Frist ihre Erwartungen durch Fortschreiten der zurückliegenden Wechselkursentwicklung bilden, so dass systematische Prognosefehler durchaus möglich sind.

Hieraus lässt sich folgern, dass zumindest kurzfristig für die Erwartungsbildung am Devisenmarkt keine rationalen Erwartungen unterstellt werden können. Zwar spricht einiges dafür, dass die Spekulanten am Devisenmarkt, die sich an fundamentalen Variablen ausrichten, längerfristig ein Korrektiv für die Einflüsse der Marktteilnehmer bilden, die ihren Entscheidungen Charts zugrunde legen (Chartisten). In kürzeren Fristen wird aber die Wechselkursbewegung von den Chartisten dominiert. Unter Umständen kann der Einfluss der aufgrund von Chartanalyse handelnden Akteure dazu führen, dass ein Abweichen des Wechselkurses von seinem fundamentalen Wert längere Zeit anhält. Auch gibt es Hinweise dafür, dass das Verhalten von Chartisten zu zyklischen Wechselkursbewegungen mit längerfristigen Abweichungen vom fundamentalen Niveau führt. Alles in allem entstehen also Wechselkursschwankungen, die nicht mehr durch fundamental ökonomische Variable erklärt werden können.

Die Bedeutung der Chartanalyse bei der kurzfristig orientierten Kursanalyse ist beträchtlich. Dies kann somit als eine Ursache für die Zurückweisung der Hypothese der Devisenmarkteffizienz in empirischen Tests gelten. Bei der Erklärung kurzfristiger Schwankungen ist es also durchaus plausibel, wenn für die Gesamtheit der Marktteilnehmer nicht rationale Erwartungen unterstellt werden.

16.6 Zusammenfassung

Die „Quintessenz" unserer Betrachtung wird anhand von Abb. 16.1 deutlich. Sie fasst die Determinanten der Wechselkursentwicklung, die in den verschiedenen Erklärungsansätzen mit unterschiedlicher Gewichtung auftreten, zusammen. Als makroökonomische (fundamentale) Bestimmungsgrößen sind Einkommens-, Preis- und Zinseffekte anzusehen. Diese Größen, die ihrerseits durch die jeweiligen nationalen Geld- und Fiskalpolitiken beeinflusst werden, wirken über die Leistungsbilanzsalden oder über die Kapitalbilanzsalden auf den Wechselkurs.

Zentrale Bedeutung für die Wechselkursentwicklung haben indes die Erwartungen der Marktteilnehmer. Die Akteure am Devisenmarkt erwarten bestimmte Ausprägungen bei den Makrodaten der verschiedenen Länder. Hieraus leiten sie ihre Wechselkurserwartungen ab, vor deren Hintergrund sie Devisentransaktionen durchführen. Dies sei an einem Beispiel erläutert:

Beispiel
Angenommen, es wird erwartet, dass die amerikanische Notenbank die Zinsen anhebt. Die Devisenmarktakteure erwarten deshalb, dass Geldanleger in der Zukunft verstärkt (hochverzinsliche) amerikanische Wertpapiere kaufen, was zu einer erhöhten Nachfrage nach US-Dollar und damit zu einer Dollaraufwertung führen würde. Angesichts dieser Erwartung decken sich die Spekulanten heute mit US-Dollar ein, wodurch sich der Dollar aufwertet. Über derartige erwartungsgesteuerte Dispositionen ist auch der Einfluss der Politik sowie weiterer ökonomischer oder psychologischer Aspekte auf den Wechselkurs gut erklärbar.

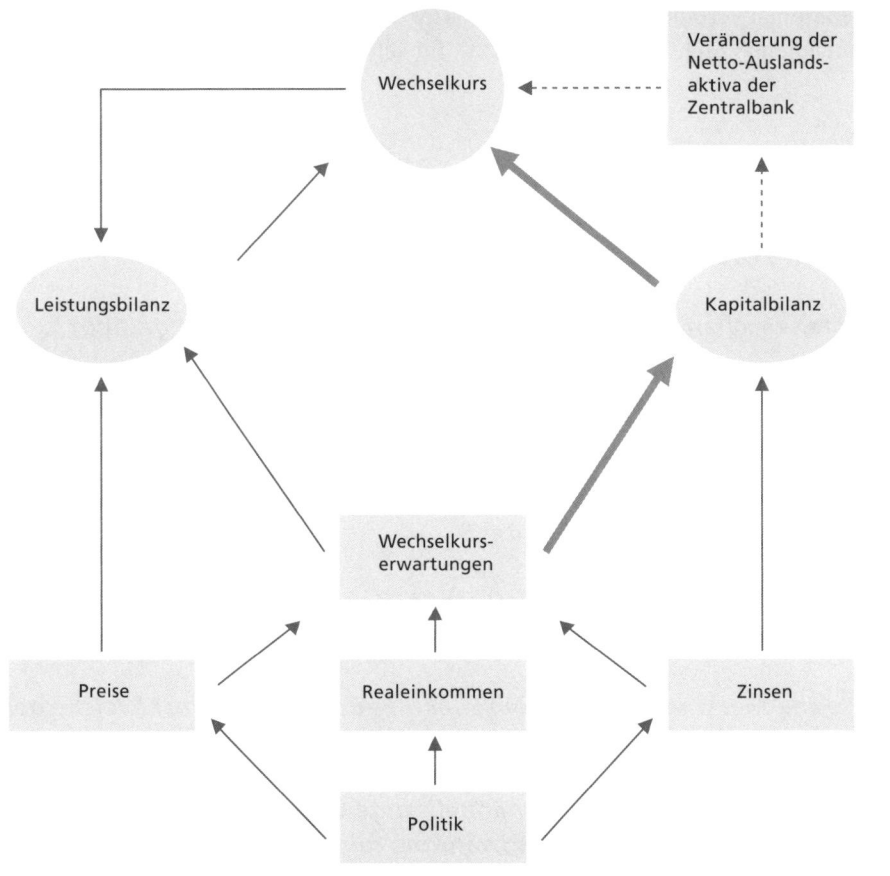

Abb. 16.1: Bestimmungsfaktoren der Wechselkursbildung

Die jeweiligen Wechselkurse kommen folglich auf der Grundlage bestimmter Erwartungen zustande. Je kürzer die Zeiträume sind, die man bei der Betrachtung (bzw. bei der Prognose) der Wechselkursentwicklung zugrunde legt, desto größer ist die Bedeutung von Erwartungen und desto mehr treten aktuelle fundamentale Daten in den Hintergrund. Weichen die tatsächlich eintretenden Daten nun von den erwarteten ab, wirkt sich dies ebenfalls auf Angebot und Nachfrage am Devisenmarkt aus. Wenn also in unserem Beispiel die Zinsabhebung der US-Notenbank kleiner ausfällt als erwartet, so ist die von den Spekulanten vorweggenommene Dollaraufwertung offenbar größer als fundamental gerechtfertigt. Deshalb werden die Marktakteure – in Erwartung eines schwächeren Dollars – ihr Dollarinvestment reduzieren, was sich in einer Abwertung der US-Währung niederschlägt.

Neben den Transaktionen der kommerziellen Marktakteure beeinflussen die Zentralbanken den Wechselkurs durch Käufe oder Verkäufe von Devisen. Dadurch ändert sich ihr Bestand an Netto-Auslandsaktiva. Dies kann der Fall sein, wenn bestimmte Wechselkursrelationen vereinbart wurden oder wenn eine Zentralbank Kursausschläge, die sie für fundamental nicht gerechtfertigt bzw. für schädlich hält, ausgleichen will.

Übungsfragen

1. *Nennen und systematisieren Sie die Märkte, die normalerweise unter dem Begriff „Devisenmarkt" zusammengefasst werden.*

2. *Unter welchen Motiven werden Devisenmarktgeschäfte getätigt?*

3. *Was versteht man unter Arbitrage? Welche gesamtwirtschaftliche Funktion haben Arbitrageure?*

4. *Erläutern Sie die Zinsausgleichsarbitrage anhand eines Beispiels. Was versteht man unter der Zinsparität?*

5. *Erklären Sie, was ein Swap-Satz ist. Leiten Sie die Höhe des Swap-Satzes aus den Zinsdifferenzen zwischen den Währungen ab.*

6. *Welche Merkmale machen ein Spekulationsgeschäft aus? Welche gesamtwirtschaftliche Funktion haben Trader (Spekulanten)?*

7. *Warum schließen im Außenhandel tätige Unternehmen Devisentermingeschäfte ab, wenn sie in Fremdwährung fakturieren?*

8. *Erklären Sie den Begriff der „Informationseffizienz". Warum wird es auf*

informationseffizienten Märkten keine auf Dauer erfolgreiche Spekulation geben?

9. *Warum wird es nicht möglich sein, mit Wechselkursprognosen, die Wirtschaftsforschungsinstitute oder Banken veröffentlichen, systematische Spekulationsgewinne zu erzielen?*

10. *Welche Bedeutung haben die verschiedenen Varianten der Kaufkraftparitätentheorie für die Erklärung in der Realität auftretender Wechselkursschwankungen?*

11. *Inwieweit kann man den Terminkurs einer Währung als Prognose für den Kassakurs nutzen?*

12. *Wie kann man die Ansicht begründen, dass die Entwicklung von Devisenkursen einem Zufallspfad (Random Walk) folgt?*

13. *Wie entstehen spekulative Blasen (Bubbles), und wann platzen sie?*

14. *Was versteht man unter „verzerrten" Terminkursen? Welche Begründungen kann es hierfür geben?*

Literatur zum vierten Teil

EITEMAN, DAVID K. u. a.: Multinational Business Finance, 11. Aufl. Boston 2007
LEVICH, RICHARD: International Financial Markets. Prices and Policies, 2. Aufl. Boston 2001
OBSTFELD, MAURICE; ROGOFF, KENNETH: Foundations of International Macroeconomics, Cambridge (Mass.) 1996
ROSE, KLAUS; SAUERNHEIMER, KARLHANS: Theorie der Außenwirtschaft, 14. Aufl. München 2006
WILLMS, MANFRED: Internationale Währungspolitik, 2. Aufl. München 2006

5 | Internationale Finanzierung

> **Lernziele**
>
> Das 17. Kapitel erläutert die Lieferungs- und Zahlungsbedingungen im Ex- und Importgeschäft und erklärt die verschiedenen Finanzierungsformen, die speziell im Außenhandel gebräuchlich sind. Im 18. Kapitel erweitern wir die Betrachtung und wenden uns der internationalen Unternehmensfinanzierung zu. Als erstes stellen wir die internationalen Finanzmärkte dar. Sie bilden die Drehscheibe der Kredit- und Kapitalvermittlung und damit das zentrale Operationsfeld des Finanzmanagements. Große Bedeutung haben insbesondere die so genannten Euromärkte. Der Leser sei darauf hingewiesen, dass es sich hierbei nicht um die Märkte für auf die europäische Währung „Euro" lautende Kredite handelt. Vielmehr werden an diesen monetären Märkten Finanzbeziehungen außerhalb des Ursprungslandes der jeweiligen Währung geknüpft bzw. gehandelt. Wir beschreiben die wichtigsten auf den Euromärkten existierenden Geld- und Kapitalmarktprodukte. Mit Blick auf den sechsten Teil werden schließlich kurz die im Risikomanagement eingesetzten derivativen Finanzinstrumente vorgestellt.

17 Außenhandel und Finanzierung

17.1 Lieferbedingungen

Die Vereinbarung von Lieferklauseln bietet den Vertragspartnern im Außenhandel eine erste Möglichkeit der einzelwirtschaftlichen Risikobegrenzung. Ein gutes Hilfsmittel für die Praxis sind die seit 1936 bekannten internationalen Regeln für die Auslegung der handelsüblichen Vertragsformeln (International commercial terms, *Incoterms*), die weltweit anerkannt sind und heute in einer Fassung von 2000 gelten. Diese Incoterms regeln vor allem Fragen zum Kostenübergang, Gefahrenübergang sowie zum Übergang der Sorgfaltspflicht auf den Käufer (siehe Tab. 17.1).

Die Incoterms stellen kein allgemein gültiges Recht dar, sondern sie erhalten ihre Rechtsgültigkeit für das jeweilige Handelsgeschäft erst durch die Bezugnahme im Kaufvertrag. Die Wahl der Lieferbedingungen wirkt sich wegen der unterschiedlichen Leistungen, die der Verkäufer bzw. der Käufer je nach vereinbarter Vertragsformel zu erbringen hat, ebenso wie die Wahl der Zahlungsbedingung auf den Preis der Ware aus. Jedem der Geschäftspartner wird daran gelegen sein, eine möglichst günstige Lieferbedingung auszuhandeln. Welche der zur Verfügung stehenden Incoterms-Klauseln letztlich vereinbart wird, hängt von der Markt- und Verhandlungsposition der Vertragspartner ab. Es gibt dabei oft starke Interessengegensätze zwischen Exporteuren und Importeuren.

Die Incoterms 2000 definieren 13 Lieferbedingungen, die in insgesamt vier Gruppen – E, F, C, D – eingeteilt sind. Die Pflichten des Verkäufers steigern sich von einem Minimum bei den E-Klauseln (EXW) bis zum Maximum bei den D-Klauseln (DDP).

Im deutschen Außenhandel ist *CIF* die Lieferbedingung, die von den Importeuren bevorzugt wird, im Export wird meist *FOB* geliefert. Welche Lieferbedingung vereinbart wurde, ist nicht nur für die Unternehmen, die exportieren oder importieren, von Bedeutung. Bei dokumentären Zahlungen müssen die beteiligten Kreditinstitute die vertragsgemäße Einhaltung der Vereinbarungen überwachen.

Bei dokumentären Zahlungen werden *Dokumente*, das sind neben der Handelsrechnung alle über eine Warenlieferung ausgestellten Papiere und Urkunden, zur Lieferungs- und Zahlungssicherung eingesetzt. Diese Dokumente sind für die Abwicklung der Zahlungen bei Außenhandelsgeschäften von besonderer Bedeutung. Durch die Transportdokumente weist bspw. der Exporteur nach, dass er seiner Lieferpflicht vertragsgemäß nachgekommen ist. Wenn dem Käufer die Dokumente ausgehändigt werden, erhält dieser normalerweise die Verfügungsmacht über die Ware. Gleichzeitig wird mit der Übergabe der Dokumente in den meisten Fällen die Zahlungspflicht des Käufers ausgelöst.

Die sog. Traditionspapiere ermöglichen es, im Auslandsgeschäft Zug-um-Zug-Geschäfte durchzuführen. Traditionspapiere verbriefen das Eigentum an der Ware und werden anstelle der Ware übergeben. Der Wechsel des Eigentums wird durch Indossament dokumentiert. Das wichtigste Traditionspapier ist das Konnossement (siehe Tab. 17.2).

Ein Teil der Dokumente ist auch für die Verzollung der Ware im Importland notwendig. Letztlich kann der Importeur erst dann über die Ware verfügen, wenn die Zollformalitäten erledigt sind. Die *Einheitlichen Richtlinien für Inkassi* unterscheiden Zahlungspapiere und Handelspapiere. Die Handelspapiere werden wiederum in vier Gruppen unterteilt.

17.2 Zahlungsbedingungen

Im Laufe der Zeit haben sich für die Bezahlung von Außenhandelsgeschäften verschiedene Formen entwickelt, bei denen die Sicherheit für den Verkäufer unterschiedlich stark gestaltet ist. Welche dieser Zahlungsbedingungen (*terms of payment*) gewählt

Incoterms-Klauseln	Übergang der Gefahren Verkäufer → Käufer	Übergang der Kostenlast Verkäufer → Käufer
* „Ab Werk" (ex-works - EXW)	mit Bereitstellung der Ware im Werk des Verkäufers	
* „Frei Frachtführer" (free carrier – FCA)	mit Übergabe der Ware an den Frachtführer am benannten Ort	
* „Frei Längsseite Seeschiff" (free alongside ship – FAS)	wenn die Ware übernahmebereit längsseits des Seeschiffes (z. B. auf dem Kai) im Verschiffungshafen liegt	
* „Frei an Bord" (free on board – FOB)	wenn die Ware die Reling des Schiffes im Verschiffungshafen tatsächlich überschritten hat	
** „Kosten und Fracht" (cost and freight – CFR)	wenn die Ware die Reling des Schiffes im Verschiffungshafen tatsächlich überschritten hat	nach Ankunft des Schiffes im Bestimmungshafen (FOB-Verschiffung einschl. Seefracht)
** „Kosten, Versicherung, Fracht" (cost, insurance and freight – CIF)	wenn die Ware die Reling des Schiffes im Verschiffungshafen tatsächlich überschritten hat	nach Ankunft des Schiffes im Bestimmungshafen (FOB-Verschiffung einschl. Seefracht und –versicherung)
** „Frachtfrei" (freight or carriage paid to – CPT)	mit Übergabe der Ware an den ersten Frachtführer am Abgangsort	nach Ankunft der Ware am Bestimmungsort
** „Frachtfrei versichert" (freight or carriage and insurance paid to – CIP)	mit Übergabe der Ware an den ersten Frachtführer am Abgangsort	nach Ankunft der Ware am Bestimmungsort (frachtfrei) einschl. Transportversicherung
* „Geliefert Grenze" (delivered at frontier – DAF)	wenn die Ware am Lieferort der Grenze zur Verfügung steht	
* „Geliefert ab Schiff" (delivered ex ship – DES)	wenn das Schiff löschbereit im Bestimmungshafen liegt	
* „Geliefert ab Kai (verzollt)" (delivered ex quai – DEQ)	wenn die Ware auf dem Kai des Bestimmungshafens verzollt zur Verfügung steht	
* „Geliefert unverzollt" (delivered duty unpaid – DDU)	wenn die Ware am Bestimmungsort unverzollt zur Verfügung steht	
* „Geliefert verzollt" (delivered duty paid – DDP)	wenn die Ware am Bestimmungsort im Einfuhrland verzollt zur Verfügung steht	

* = Einpunktklausel (Kosten- und Gefahrenübergang im gleichen Zeitpunkt)
** = Zweipunktklausel (Kosten- und Gefahrenübergang in verschiedenen Zeitpunkten)

Tab. 17.1: International commercial terms (Incoterms 2000)

wird, ist Ergebnis der Verhandlungen zwischen Exporteur und Importeur. Neben der Verhandlungsposition der Vertragsparteien ergeben sich die Zahlungsbedingungen aus der Branchenüblichkeit und aus etwaigen Besonderheiten der Ware (siehe Tab. 17.3).

Zahlungspapiere
Wechsel · Scheck · Quittung

Handelspapiere
- Handelsrechnung
- Transportdokumente
  - Traditionspapiere
    Seekonnossement · Charter-Party-Konnossement · Ladeschein · Lagerschein
  - Sonstige
    Mate's Receipt · Multimodales Transportdokument · Duplikatfrachtbrief · CMR-Frachtbrief · Luftfrachtbrief · Postquittung · Spediteur-Übernahmebescheinigung
- Versicherungsdokumente
  - Versicherungspolice · Versicherungszertifikat
- andere Dokumente
  - Konsulatsfaktura · Zollfaktura · Packliste · Ursprungszeugnis · Qualitätszeugnis · Analysenzertifikat

Tab. 17.2: Dokumente im Außenhandel

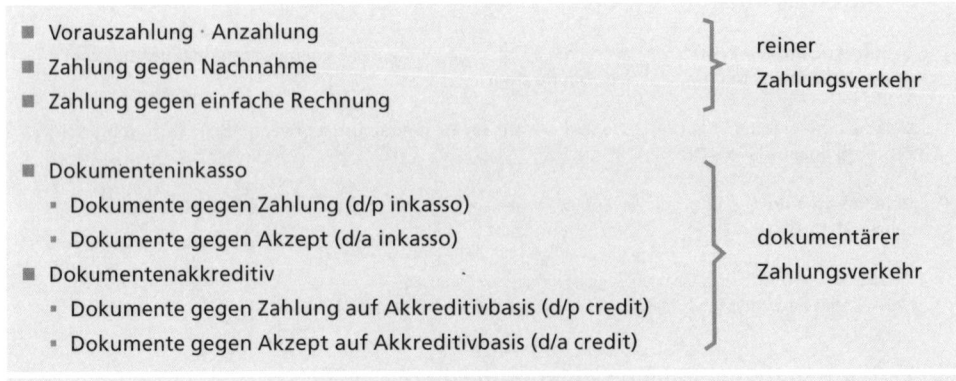

Tab. 17.3: Die wesentlichen Zahlungsbedingungen

Wenn man von den übrigen Risiken im Außenhandel absieht, lassen sich die folgenden gegensätzlichen Standpunkte charakterisieren: Der *Exporteur* ist an einer möglichst frühzeitigen Zahlung des Importeurs interessiert. Er kann damit seine Beschaffung und seine Produktion vorfinanzieren. Er hat damit geringere Finanzierungskosten und nur ein sehr geringes Abnahmerisiko für seine Waren. Für ihn ist eine Anzahlung oder eine Vorauszahlung des Importeurs am günstigsten. Der *Importeur* möchte demgegenüber die Ware möglichst spät bezahlen. Für ihn ist eine Bezahlung nach dem Verkauf der importierten Waren am günstigsten, also ein möglichst langes Zahlungsziel. Zwischen diesen Extrempositionen gibt es Vereinbarungen, bei denen der Exporteur die Ware versendet, aber noch keine Zahlung erhalten hat bzw. der Importeur bezahlen muss, obwohl er die Ware noch nicht erhalten hat und ihre vertragsgemäße Lieferung und Qualität noch nicht überprüfen konnte.

17.2.1 Reiner Zahlungsverkehr

Wenn nicht nur Geldbeträge transferiert werden, sondern die Zahlung zur Waren- und Zahlungssicherung an die Übergabe spezieller Dokumente gekoppelt wird, spricht man vom dokumentären Zahlungsverkehr. Durch die zunehmende weltwirtschaftliche Verflechtung hat indes der reine Zahlungsverkehr, wie er auch im Inland üblich ist, an Bedeutung gewonnen.

Beim reinen Zahlungsverkehr handelt es sich um eine ungesicherte Zahlungsabwicklung (*clean payment*), da entweder der Käufer der Ware keine Sicherheit erhält, dass der Verkäufer durch vertragskonforme Lieferung seine Kaufvertragspflicht erfüllt oder der Verkäufer beim Versand der Ware keine Sicherheit dafür hat, dass der Käufer seiner Zahlungsverpflichtung auch nachkommen wird. Folgende *Formen* des reinen Zahlungsverkehrs sind zu unterscheiden:

- Eine *Vorauszahlung* oder *Anzahlung* wird für den Exporteur vor allem dann erreichbar sein, wenn er eine starke Marktposition hat oder wenn lange Produktions- oder Lieferzeiten vorliegen. Aus der Sicht des Exporteurs stellen Voraus- oder Anzahlung einen Beschaffungskredit dar, bei dem der Kunde die Herstellungskosten mitfinanziert und die Abnahme sichert. Unter Umständen verlangt der Kunde zur Gewährleistung seiner Zahlungen eine Anzahlungsgarantie durch ein Kreditinstitut. Aus der Sicht des Importeurs müssen Voraus- oder Anzahlungen durch einen niedrigeren Gesamtpreis kompensiert werden, da für den Produzenten der Zinsaufwand durch Kapitalbindung wegfällt oder zumindest geringer wird.

- Die Vereinbarung von *Nachnahmezahlungen* ist üblich, wenn der Exporteur nur geringes Vertrauen in seinen Kunden hat. Nachnahmezahlungen sind im Außenhandel auf Land- und Lufttransporte beschränkt, bei denen meist ein Frachtbrief ausgestellt wird. Die Ware wird dann dem Empfänger am Bestimmungsort zugestellt. Die Nachnahmezahlung wird bei Auslieferung vom Spediteur eingezogen. Auf diese Weise kann der Exporteur den Zahlungseingang sicherstellen, wenn er seinen Kunden noch nicht kennt. Anstelle des direkten Nachnahmeverfahrens kann auch die Auslieferung der Ware gegen Bankbestätigung vereinbart werden. Hierbei darf der Spediteur nur abladen, wenn ihm eine bankbestätigte Zahlungsanweisung vom Importeur vorgelegt wird. Auch das Frachtbrief-Inkasso ist eine Alternative zum direkten Nachnahmeverfahren. Hierbei wird im Frachtbrief festgelegt, dass die Ware erst nach Bezahlung zugestellt werden darf.

- Die einfachste Form des Außenhandelsgeschäfts ist der Verkauf gegen *einfache Rechnung*. Keine Seite erhält innerhalb dieses Geschäfts eine Sicherheit, die über die Haftung der Vertragspartner hinausgeht. Der Verkäufer liefert aufgrund des Kaufvertrages. Der Käufer zahlt innerhalb der vereinbarten Zahlungsfrist. Der Verkäufer hat somit keine spezielle Sicherung dafür, dass er für seine Lieferung auch bezahlt wird. Für den Käufer ergibt sich insofern ein Vorteil, als er in der Regel die ihm gelieferte Ware vor der Bezahlung besichtigen kann, wodurch er die Möglichkeit erhält, falls erforderlich, vor der Bezahlung Mängelrüge zu erheben und die sich aus Mängeln ergebenden Rechte geltend zu machen. Der Exporteur wird diese Zahlungsbedingung nur dann akzeptieren, wenn er die Vertrauenswürdigkeit des Importeurs hoch einschätzt, da er nicht nur das Kreditrisiko und die Kreditkosten trägt, sondern auch die Verfügungsgewalt über die Ware vollständig aufgibt. In noch stärkerem Maße gilt das für die Vereinbarung eines *Zahlungsziels*, was einem ungesicherten Kredit gleichkommt.

17.2.2 Dokumentärer Zahlungsverkehr

Größere Sicherheit als der reine Zahlungsverkehr bietet den Vertragsparteien der Einsatz dokumentärer Formen des Zahlungsverkehrs.

- Beim *Dokumenteninkasso* (siehe Abb. 17.1) sendet der Verkäufer die Ware ab und übergibt die vereinbarten Dokumente – insbesondere handelt es sich bei diesen Dokumenten um Transportpapiere, die die Absendung nachweisen – seiner Bank mit dem Auftrag, diese Dokumente dem Käufer oder dessen Bank Zug um Zug gegen Zahlung des vereinbarten Gegenwerts (Dokumente gegen Zahlung) oder gegen Leistung eines vereinbarten Akzepts (Dokumente gegen Akzept) auszuhändigen. Das mit dem Einzug beauftragte Kreditinstitut handelt im Rahmen eines Geschäftsbesorgungsvertrages als Treuhänder des Exporteurs. Der Käufer ist nach dem Kaufvertrag gegenüber dem Exporteur verpflichtet, die Dokumente bei Präsentation – je nach

Vertragsinhalt – mit Zahlung oder mit Akzeptleistung einzulösen. Die Zahlung kann auch „hinausgeschoben" vereinbart werden (*deferred payment*). Der Käufer kann nur durch Benutzung der Dokumente in den Besitz der Ware gelangen. Er ist verpflichtet, die Dokumente vor Besichtigung der Ware einzulösen.

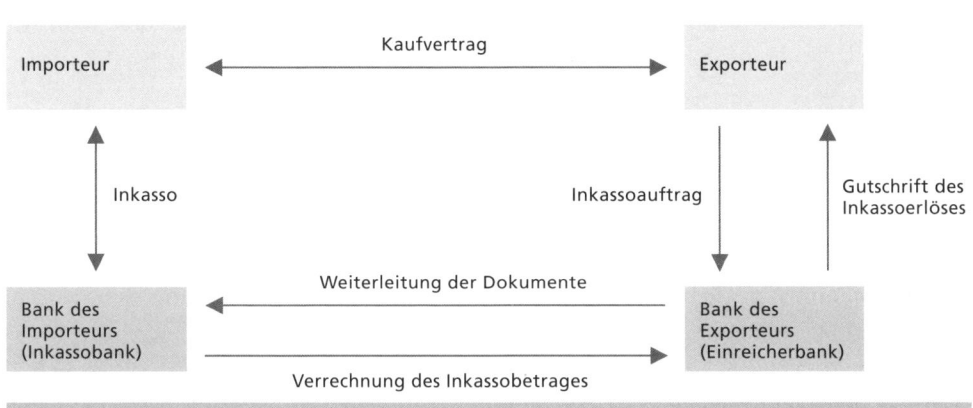

Abb. 17.1: Ablauf einer dokumentären Zahlung „Dokumente gegen Zahlung (d/p inkasso)"

Die Dokumente sind je nach Vereinbarung „bei erster Präsentation" oder „bei Ankunft des Schiffes" durch Zahlung oder durch Akzeptleistung zu honorieren. Der Verkäufer muss das Vertrauen haben, dass der Käufer bei Vorlage der Dokumente willens und imstande ist, diese zu bezahlen. Er trägt also das Risiko, dass der Käufer die Waren nicht annimmt. Das Dokumentenrisiko gibt ihm aber die Sicherheit, soweit es sich bei den Dokumenten um Traditionspapiere handelt, dass er die Waren nicht aus der Hand gibt, ehe der Käufer bzw. dessen Bank den Kaufpreis entrichtet oder das versprochene Akzept geleistet haben. Im schlechtesten Fall wird ihm also die Ware nicht abgenommen, es kann ihm aber nicht passieren, dass er weder Waren noch Geld in Händen hat. Der Käufer muss demgegenüber das Vertrauen haben, dass der Verkäufer auch tatsächlich die vereinbare Ware abgeschickt hat. Er kann die Ware nämlich vor Einlösung der Dokumente grundsätzlich nicht besichtigen. Ist „deferred payment" vereinbart, besichtigt der Käufer die Ware natürlich vor der effektiven Zahlung. Bei Aufnahme der Dokumente, die jedoch vor der Besichtigung der Ware liegt, entsteht aber schon die abstrakte unbedingte Zahlungspflicht zum hinausgeschobenen Zeitpunkt. Will der Käufer den ordnungsgemäßen Versand oder den vereinbarten Zustand der Ware durch unabhängige Prüfer oder sonstige Vertrauenspersonen überwachen lassen, muss dies im Kaufvertrag ausdrücklich zuvor vereinbart werden. Das Zeugnis des Prüfers kann bzw. muss in solchen Fällen als vorzulegendes Dokument in die Inkassovereinbarung aufgenommen werden.

- Unter den Abwicklungsformen für den Zahlungsverkehr bietet das *Dokumentenakkreditiv* dem Verkäufer die größte Sicherheit dafür, dass er den Kaufpreis auch erhält (siehe Abb. 17.2). Zu dem auch beim Dokumenteninkasso gegebenen Umstand, dass er die Ware (bzw. die die Ware verkörpernden Traditionspapiere) nur Zug um Zug gegen Zahlung des Kaufpreises (bzw. gegen Akzeptleistung) aus den Händen gibt, kommt noch das ihm vorher abgegebene Versprechen eines Kreditinstituts, dass dieses die Dokumente bei Präsentation aus eigener Haftung auch einlösen wird.

Für den Käufer ist die Risikosituation beim Akkreditiv ähnlich wie beim Inkasso. Nach Maßgabe des Kaufvertrages muss er die Dokumente bei Präsentation einlösen lassen, er muss aber außerdem noch zuvor dem Verkäufer das Versprechen einer Bank beschaffen, dass sie die Dokumente nur bei Präsentation auch einlösen wird. Diese Zusage des Kreditinstituts wird als Akkreditiv bezeichnet. Damit gewinnt der Verkäufer die beim Dokumenteninkasso nicht vorhandene Gewissheit, dass die Dokumente, wenn sie in Ordnung sind, auch honoriert werden.

Die überwiegend verwendete Form des unwiderruflichen Akkreditivs stellt sicher, dass der Importeur sich nicht einseitig seiner Zahlungsverpflichtung entziehen kann. Eine zusätzliche Sicherheit bietet das bestätigte Akkreditiv; hierbei übernimmt die bestätigende Bank (das ist die Bank des Exporteurs) neben der eröffnenden Bank eine eigene Verpflichtung.

Beispiel

Der Käufer (Importeur) hat mit einem Verkäufer (Exporteur) einen Kaufvertrag abgeschlossen und als Zahlungsbedingung die Stellung eines Akkreditivs, benutzbar bei einer Bank im Lande des Exporteurs, vereinbart.

Der Käufer beauftragt seine Bank, ein Akkreditiv zu eröffnen. Die Bank des Käufers teilt die Eröffnung des Akkreditivs einer Bank im Land des Verkäufers mit, die auftragsgemäß den Exporteur entsprechend benachrichtigt. Dieser sendet nunmehr die Waren ab und übergibt seiner Bank die vorgeschriebenen Versanddokumente. Die Bank gibt die Dokumente an die Bank des Importeurs weiter, die nach erneuter Prüfung der Bank des Exporteurs den Gegenwert gutschreibt. Die Bank des Importeurs leitet die Dokumente gegen Zahlung oder aufgrund einer Kreditvereinbarung an den Importeur weiter.

17.3 Formen der Außenhandelsfinanzierung

Attraktive Finanzierungsangebote entscheiden häufig über die Auftragsvergabe. Diese Tendenz hat sich durch die Intensivierung des internationalen Wettbewerbs verstärkt, insbesondere im Handel mit Ländern, die unter Devisenknappheit leiden.

Normalerweise refinanzieren Exporteure ein längeres Zahlungsziel, das sie ihrem ausländischen Kunden gewähren, durch ein Kreditinstitut. Als Sicherheit tritt der

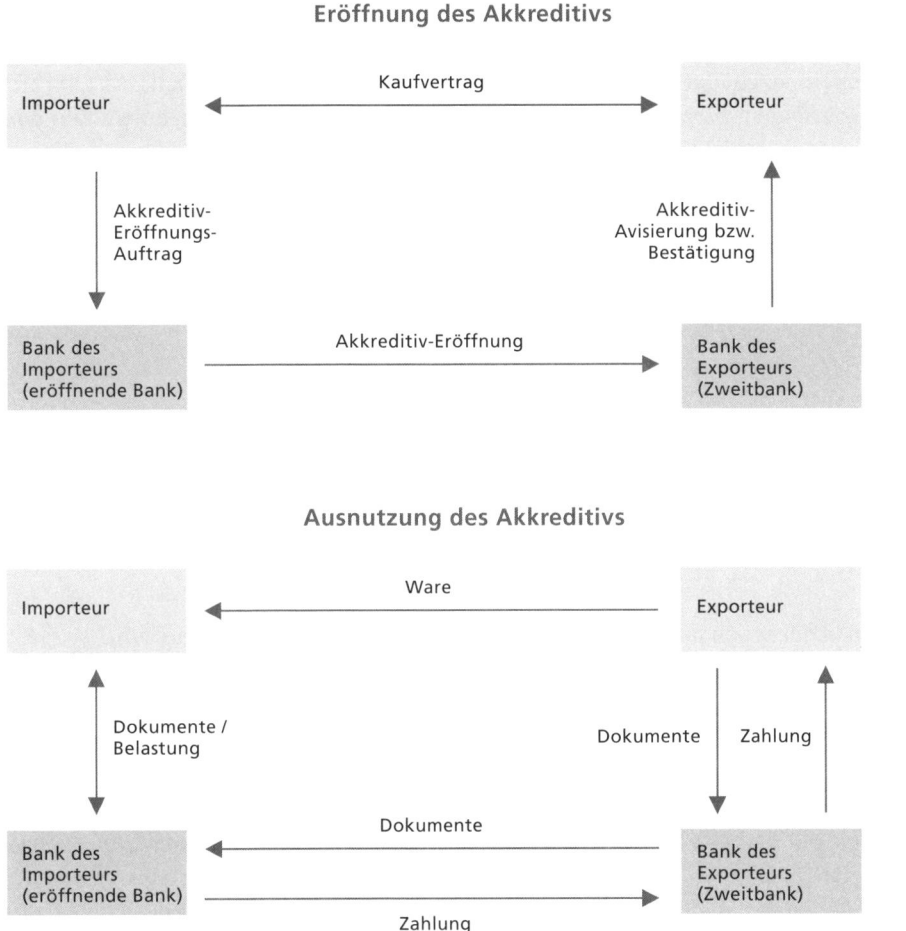

Abb. 17.2: Ablauf einer dokumentären Zahlung: „Dokumente gegen Zahlung auf Akkreditivbasis (d/p credit)"

Exporteur seine Kaufpreisforderung gegen den ausländischen Besteller an die Bank ab. Der Exporteur ist somit beim *Lieferantenkredit* der Primärschuldner und der Importeur durch die Forderungsabtretung Sekundärschuldner. Beim *Bestellerkredit* ist dagegen der ausländische Importeur (Besteller) Primärschuldner. Die kreditgebende Bank schließt mit ihm einen Kreditvertrag ab. Bei dieser Finanzierungsform trägt der Exporteur meist nur noch ein begrenztes oder gar kein Risiko mehr.

Neben dieser Einteilung nach den Nachfragern von Finanzierungsmitteln (Lieferanten- oder Bestellerkredit) sind bei der Darstellung der Außenhandelsfinanzierung verschiedene *weitere Systematisierungen* möglich. Man kann die Finanzierungen nach ihrem Zweck (Vor-, Zwischen-, Export-, Import- oder Projektfinanzierung), nach der

Bindung an das Warengeschäft (gebundene oder ungebundene Finanzierungen) oder auch nach der Fristigkeit der Finanzierung (kurz-, mittel- oder langfristig) gliedern. Es ist üblich, nach der letztgenannten Systematisierung vorzugehen. Als kurzfristige Finanzierungen werden hierbei meist Kredite mit Laufzeiten bis zu einem Jahr bezeichnet, unter mittelfristige Finanzierungen werden solche mit Laufzeiten von über einem Jahr bis zu fünf Jahren gefasst, als langfristig werden diejenigen bezeichnet, deren Laufzeiten darüber hinausgehen. Zum Bereich der *kurzfristigen Außenhandelsfinanzierung* zählen unter anderem

- die Finanzierung einer Akkreditiveröffnung,
- die Gewährung von Export- oder Importvorschüssen,
- verschiedene Finanzierungen auf Wechselbasis und
- das Factoring.

Zum Bereich der *mittel- und langfristigen Außenhandelsfinanzierung* gehören unter anderem

- Finanzierungen aus Mitteln der AKA Ausfuhrkredit-Gesellschaft mbH sowie
- Forfaitierungen.

Hinzu treten Finanzierungen durch *Kreditaufnahme am Euromarkt* (mit unterschiedlichen Laufzeiten) sowie das Leasing, das wir im Folgenden zusammen mit dem Factoring und der Forfaitierung als *Sonderformen* der internationalen Finanzierung behandeln. In engem Zusammenhang mit der Außenhandelsfinanzierung stehen des Weiteren *Sicherungsfazilitäten* in Form von Bankbürgschaften und Bankgarantien bzw. staatlichen Bürgschaften und Garantien (in Deutschland sind dies die sog. Hermes-Deckungen). Bei Finanzierungen durch staatliche Kreditinstitute oder andere staatliche Institutionen handelt es sich, ebenso wie bei staatlichen Bürgschaften oder Garantien, um Exportförderungsmaßnahmen. In allen Industrieländern gibt es solche Angebote, die sich meist auf Dienstleistungen beziehen, die am Markt privatwirtschaftlich nicht bereit gestellt werden.

17.4 Kurzfristige Außenhandelsfinanzierung

Bei der kurzfristigen Außenhandelsfinanzierung geht es vor allem um die Finanzierung des Warenversands oder kurzfristiger Zahlungsziele. Charakteristisch ist dabei die Forderung zusätzlicher Sicherheiten durch den Kreditgeber. Bei der Exportfinanzierung wird normalerweise die Exportforderung an die Bank abgetreten. Aufgrund dieser Sicherstellung des Kredits spricht man hier auch vom *Zessionskredit*.

17.4.1 Finanzierung einer Akkreditiveröffnung

Es kommt häufig vor, dass ein Importeur ein Kreditinstitut beauftragt, ein Akkreditiv zu eröffnen, ohne dass bereits zu diesem Zeitpunkt der Gegenwert des Akkreditivs – das heißt die Akkreditivsumme – als Sicherheit bei der Bank vorhanden ist. Der Importeur möchte in diesem Fall die Akkreditivsumme erst dann bereitstellen, wenn auch das Kreditinstitut durch Vorlage der entsprechenden Dokumente zur Zahlung verpflichtet ist. Da es sich insbesondere bei einer unwiderruflichen Akkreditiveröffnung um ein Zahlungsversprechen der Akkreditivbank handelt, das nur mit der Zustimmung aller Beteiligten widerrufen werden kann, geht die Akkreditivbank hierbei also ein Kreditrisiko ein. Daraus ergibt sich für sie die Notwendigkeit zu überprüfen, ob der Importeur auch tatsächlich in der Lage ist, die Akkreditivsumme bereitzustellen, wenn sie aus dem Akkreditiv zahlen muss. Dieses Kreditrisiko entsteht zum Zeitpunkt der Akkreditiveröffnung und endet mit der Bereitstellung des Deckungsbetrages durch den Auftraggeber (den Importeur).

17.4.2 Export- und Importvorschüsse

Oftmals wird sowohl beim Import als auch beim Export ein Finanzierungsbedarf verursacht, wenn die Zahlungsbedingungen von hintereinander geschalteten Geschäften den Zahlungsfluss unterbrechen. So kann es beispielsweise vorkommen, dass der Exporteur in seinem (inländischen) Beschaffungsbereich die Waren bei Erhalt der Rechnung oder kurz danach bezahlen muss, während er auf der Absatzseite erst bei Vorlage der Versanddokumente einen Zahlungseingang erhält. In solchen Fällen muss die Liquidität ausreichen, um den Zeitraum von der Zahlung an den inländischen Lieferanten bis zum Eingang des Erlöses aus dem Exportgeschäft zu überbrücken. Immer dann, wenn dies nicht der Fall ist, wird der Exporteur eine Zwischenfinanzierung (*Exportvorschuss*) mit einem Kreditinstitut vereinbaren. Genauso wie beim Exporteur kann es auch beim Importeur notwendig werden, durch eine *Importvorschuss* eine längere Kapitalbindungsdauer auszugleichen.

17.4.3 Wechselkredite

■ Der *Wechsel-* oder *Diskontkredit* ist ein Kredit, der einem Wechselinhaber durch den Ankauf eines Wechsels vor Fälligkeit der Wechselsumme eingeräumt wird. Da der Wechselinhaber Geld erhält, spricht man von Geldleihe. Die Kreditlaufzeit endet mit der Einlösung des angekauften Wechsels. Der Ankaufspreis ergibt sich aus der Wechselsumme abzüglich eines Abschlages, dem Diskont.

Der durch einen Wechsel verbriefte Anspruch kann nur unter Vorlage des Wechsels geltend gemacht werden. Ein Wechsel wird durch Indossament und Übergabe übertragen. Er beinhaltet ein abstraktes Zahlungsversprechen und ist somit vom jeweiligen Grundgeschäft losgelöst. Die Gepflogenheiten der Wechselfinanzierung sind weltweit anerkannt. Deshalb ist der Wechsel als Zahlungs-, Finanzierungs- und Sicherungsinstrument im Auslandsgeschäft sehr geeignet.

Da es für die Haftung wichtig sein kann, wer den Wechsel ausgestellt hat, unterscheidet man zwischen dem gezogenen Wechsel und dem Solawechsel. Der *gezogene Wechsel* ist ein an bestimmte Formerfordernisse gebundenes, schuldrechtliches Wertpapier, in dem der Gläubiger (Aussteller) den Schuldner (Bezogener) anweist, eine bestimmte Geldsumme an einem bestimmten Tag an den Aussteller selbst oder an eine dritte Person (Wechselnehmer) zu zahlen. Der Bezogene geht jedoch erst dann eine Zahlungsverpflichtung ein und wird zum Wechselschuldner, wenn er den Wechsel durch seine Unterschrift angenommen (akzeptiert) hat. Der vom Schuldner noch nicht akzeptierte Wechsel wird *Tratte* genannt; unterschreibt der Bezogene die Tratte, so bezeichnet man den Wechsel auch als *Akzept*. Vom gezogenen Wechsel ist der eigene Wechsel (Solawechsel) zu unterscheiden. Der *Solawechsel* ist ein an bestimmte Formerfordernisse gebundenes, unbedingtes Zahlungsversprechen, durch das der Schuldner (Aussteller) sich selbst verpflichtet, eine bestimmte Wechselsumme an einem bestimmten Tag an eine andere Person (Wechselnehmer) zu zahlen.

- Die *promissory note* ist ein Solawechsel, häufig auch nur ein einfaches Zahlungsversprechen (Schuldschein). In Deutschland versteht man unter einer promissory note einen Solawechsel, der von einer ausländischen Bank gezeichnet und an die Order eines deutschen Importeurs oder Exporteurs ausgestellt wurde, zahlbar im Ausland. Der Wortlaut dieser Zahlungsverpflichtung richtet sich nach den gesetzlichen Bestimmungen des Landes, in dem sie ausgestellt wurde. Charakteristisch für dieses kurzfristige Finanzierungsinstrument ist die Kreditgewährung an den Importeur durch eine ausländische Bank. Häufig wird dies abgewickelt, indem die Hausbank des Importeurs ihrer ausländischen Niederlassung (bzw. Tochtergesellschaft) einen Kreditauftrag gibt, so dass die ausländische Bank den entsprechenden Solawechsel (bzw. Schuldschein) zeichnet, ihn an den Importeur sendet und dieser ihn dann bei der Hausbank diskontiert.

- Beim *Akzeptkredit* verpflichtet sich eine Bank, einen auf sie gezogenen Wechsel zu akzeptieren. Im Gegensatz zur Diskontierung, bei der der Einreicher eines Wechsels Geld erhält, leiht beim Akzeptkredit die Hausbank des Ausstellers (hier: des Importeurs oder des Exporteurs) diesem ihre Bonität. Diese Kreditform wird daher als Kreditleihe bezeichnet. Ein solches Akzept kann bei jeder Bank diskontiert werden. In der Regel reicht der Aussteller einen Wechsel bei seiner Hausbank zum Akzept ein. Das Bankakzept übergibt er anschließend dem Lieferanten, der nunmehr die

Wahl hat, den Wechsel zu diskontieren oder bei Fälligkeit zur Einlösung vorzulegen. Wenn ein Akzeptkredit an ein Grundgeschäft gekoppelt ist, spricht man von einem Handelswechsel; es kann sich aber auch um einen reinen Finanzwechsel handeln.

- Beim *Rembourskredit* (siehe Abb. 17.3) akzeptiert eine Bank, Remboursbank genannt, im Auftrag und für Rechnung eines Importeurs eine auf sie gezogene Nach-Sicht-Tratte (das ist ein Wechsel, der erst nach einer festgelegten Frist fällig ist) und übergibt dieses Akzept gegen vorgeschriebene Transportdokumente dem Exporteur. Der Rembourskredit unterscheidet sich vom Akzeptkredit zum einen dadurch, dass ihm stets ein Warengeschäft zugrunde liegt, zum anderen sind beim Rembourskredit Kreditnehmer (Importeur) und Wechselaussteller (Exporteur) nicht identisch, was beim Akzeptkredit der Fall ist. Man differenziert weiter in den direkten Remboursskredit mit vier Beteiligten und den indirekten Remboursskredit mit mindestens fünf Beteiligten, bei dem eine spezielle Remboursbank eingeschaltet wird. Beim Remboursakkreditiv wird der Remboursskredit um ein Dokumentenakkreditiv erweitert, so dass neben die Finanzierungsfunktion die Zahlungssicherung tritt.

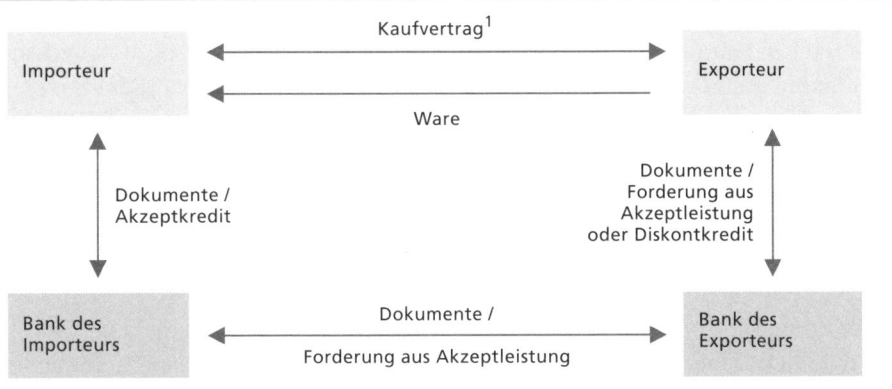

[1] Zahlungsbedingung bspw.: Zahlung aus unwiderruflichem Akkreditiv ("Dokumente gegen Akzept auf Akkreditivbasis (d/a credit)"); Ziehung eines Nach-Sicht-Wechsels auf die Bank des Exporteurs

Abb. 17.3: Ablauf eines Remboursskredits

- Der *Negoziationskredit* (siehe Abb. 17.4) ist ein kurzfristiger Kredit, den der Exporteur von seiner Bank erhält. Der Exporteur verkauft die Exportdokumente an seine Bank. Diese kauft (negoziiert) die Dokumente sowie eine vom Exporteur ausgestellte Tratte. Der Exporteur kann somit über den Gegenwert der Tratte verfügen. Die Bank des Exporteurs präsentiert dann dem Importeur die Dokumente auf eigenes Risiko. Es wird heute auch häufig auf die Tratte verzichtet, so dass nur die Dokumente angekauft werden.

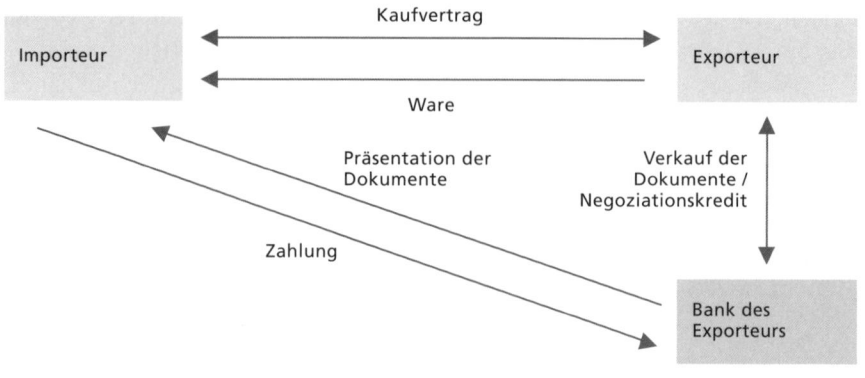

Abb. 17.4: Ablauf eines Negoziationskredits

17.5 Mittel- und langfristige Finanzierungen (AKA-Kredite)

Die AKA Ausfuhrkredit-Gesellschaft mbH, gegründet 1952, ist ein von über 20 deutschen Banken getragenes Institut mit Sitz in Frankfurt/Main. Die AKA stellt deutschen Exporteuren mittel- und langfristige Kredite zur Finanzierung der Produktionszeit und zur Gewährung von Zahlungszielen bei Exportgeschäften (Lieferantenkredite) zur Verfügung. Auch gibt sie Kredite an ausländische Kunden deutscher Exporteure zur Finanzierung ihrer Importe (Bestellerkredite). Des Weiteren kauft die AKA Exportforderungen deutscher Exporteure an, sofern eine Bundesdeckung vorliegt, und bestätigt Akkreditive.

Der Exporteur muss als Grundlage für die Berechnung des Kreditbedarfs einen Finanzierungsplan einreichen. Bei Krediten mit einer Laufzeit von mehr als zwei Jahren wird eine Bundesbürgschaft oder -garantie (*Hermes-Deckung*) verlangt. Voraussetzung für die Kreditgewährung ist der Nachweis fest abgeschlossener Exportverträge, eine einwandfreie Bonität von Exporteur und Importeur sowie handelsübliche Zahlungsbedingungen auf Wechselbasis. Die AKA-Kredite sind stets zweckgebunden und sollen aus den Exporterlösen getilgt werden. Die zur Finanzierung erforderlichen Mittel werden durch die Gesellschafterbanken der AKA zur Verfügung gestellt. Es stehen zur Kreditvergabe verschiedene Plafonds zur Verfügung.

Bei den Plafonds C, D und E handelt es sich um Bestellerkredite. Diese machen den größten Teil der AKA-Kredite aus. Hier wird die Kreditsumme an den ausländischen Importeur oder dessen Bank ausgezahlt. Die drei Plafonds unterscheiden sich durch die Refinanzierung der Kredite. Falls kein Bestellerkredit möglich ist, kann der deutsche Exporteur die Finanzierung direkt in Anspruch nehmen. Hierzu gibt es den Plafond A. Einen Plafond B gibt es nicht mehr. Dabei handelte es sich um eine Refinanzierungslinie der Deutschen Bundesbank, die inzwischen eingestellt wurde.

Wenn die Bestellerkredite Investitionsgüterexporte in Entwicklungsländer finanzieren sollen, können sie auch als CIRR-Kredite gewährt werden. CIRR (Commercial Interest Reference Rate) ist ein Referenzzinssatz der OECD, der als Mindestzinssatz für öffentlich geförderte Finanzierungen festgelegt ist. Diese Mittel werden aus dem ERP-Vermögen finanziert. Bei den ERP-Krediten handelt es sich um Kredite aus einem Sondervermögen, dem früheren European Recovery Program. Diese Mittel entstammen finanziellen Hilfeleistungen der USA, dem sog. Marshall-Plan, die von 1947 bis 1953 an Deutschland und andere europäische Länder gegeben wurden; sie werden ergänzt durch andere Kapitalquellen. Das ERP-Vermögen ist heute ein Sondervermögen des Bundes mit eigener Rechtspersönlichkeit und wird auf der Basis des Bundeshaushaltsgesetzes immer wieder zur Neukreditgewährung eingesetzt.

17.6 Euromarktkredite

Der Euromarkt bildet den Markt für internationale Einlagen- und Kreditgeschäfte in den wichtigsten Währungen außerhalb der Länder, in denen diese Währungen gesetzliches Zahlungsmittel sind (siehe Kapitel 18). Wegen der günstigeren Kostenstruktur werden für Einlagen am Euromarkt höhere und für Ausleihungen niedrigere Zinssätze vereinbart als auf den nationalen Märkten.

17.6.1 Festsatzkredite

Eurokredite mit kurzen unterjährigen Laufzeiten werden als Festsatzkredite gewährt. Dem Vorteil des niedrigeren Euro-Zinsniveaus steht als Nachteil die volle Inanspruchnahme während der gesamten Laufzeit gegenüber. Dadurch sind Eurokredite nicht so flexibel wie inländische Kontokorrentkredite.

Die häufigsten Laufzeiten betragen drei und sechs Monate. Es kommen allerdings auch Laufzeiten von ein, zwei oder zwölf Monaten, Tagesgelder oder gebrochene Laufzeiten vor. Als unterste Finanzierungsgrenze kann man hier ca. 50.000 Euro ansetzen. Die Zinskosten für den Kreditnehmer setzen sich aus dem Einstandszinssatz der Bank am Euromarkt und einer Marge zusammen. Als Einstandszinssatz werden meist der *LIBOR* (London Inter Bank Offered Rate) oder der *EURIBOR* (European Inter Bank Offered Rate) verwendet. Es handelt sich hierbei jeweils um einen Interbanken-Brief-Zinssatz, der sich nach Angebot und Nachfrage zwischen den Eurobanken bildet. Die Höhe der Marge richtet sich nach der Bonität des Kreditnehmers, der Kreditlaufzeit und der jeweiligen Wettbewerbssituation unter den Kreditinstituten.

17.6.2 Roll over-Kredite

Der Roll-Over-Kredit ist formal ein mittel- bis langfristiger Kredit in Größenordnungen ab 500.000 Euro, bei dem der Zinssatz meist alle drei oder sechs Monate an die Refinanzierungskosten angepasst wird. Der Kreditgeber muss jeweils die Finanzierung für die nächste Roll-Over-Periode sicherstellen. Durch diese Fristentransformation trägt der Kreditgeber das damit verbundene Refinanzierungsrisiko. Der Kreditnehmer erhält einen Kredit auf der Basis des Geldmarktzinses, die Kosten liegen also meist deutlich unter dem Kapitalmarktniveau. Er trägt allerdings auch das Zinsänderungsrisiko, folglich kann er die Zinskosten für die gesamte Kreditlaufzeit nicht sicher kalkulieren (zu möglichen Absicherungsinstrumenten siehe Kapitel 21.3). Der Endzinssatz für den Kreditnehmer setzt sich aus dem Refinanzierungssatz der Bank und einer Marge zusammen. Die Marge ist meist für die gesamte Laufzeit fixiert und gilt als laufende Vergütung des Kreditgebers. Ihre Höhe wird durch die Bonität des Schuldners, durch Laufzeit, Betragshöhe, Rückzahlungsmodalitäten und die Marktlage bestimmt. Basiszinssatz ist bei den meisten Eurokrediten der LIBOR oder der EURIBOR.

Wenn große Kredite ausgereicht werden, geschieht dies über *Kreditkonsortien*, die je nach Kredithöhe und Schuldnerbonität mehr als 100 Kreditinstitute umfassen können. Eine Bank fungiert dann als Konsortialführer (Lead Manager). Dieses Kreditinstitut erstellt die Vertragsdokumentation, gibt die Kreditunterlagen weiter, verfasst ein Platzierungsmemorandum und syndiziert den Kredit. Die Konsortialbanken übernehmen den von ihnen gezeichneten Kreditbetrag fest zu den vereinbarten Konditionen. Während der Kreditlaufzeit übernimmt der Konsortialführer die technische Abwicklung. Als weiterer Kostenfaktor für den Kreditnehmer kommt dadurch noch eine Provision für das Konsortium hinzu.

17.7 Sonderformen der Außenhandelsfinanzierung

17.7.1 Forfaitierung

In der längerfristigen Außenhandelsfinanzierung hat die Forfaitierung an Bedeutung gewonnen. Unter Forfaitierung wird ursprünglich der regresslose Ankauf von Wechseln verstanden, die der Exporteur im Rahmen eines Lieferantenkredites auf den Importeur gezogen hat und die von einer Bank im Land des Importeurs durch ein Aval abgesichert sind. In der Praxis hat sich jedoch immer mehr die Forfaitierung von Sola-Wechseln durchgesetzt, die der Importeur an die Order des Exporteurs ausstellt. Diese Konstruktion schließt die Haftung des Exporteurs von vornherein aus.

Kreditinstitute kaufen diese Wechsel zur eigenen Verwendung an. Selbst wenn die Finanzierung durch Forfaitierung teurer ist als eine der konventionellen Finanzierungen, so sind den höheren Kosten doch einige *Vorteile* für den Exporteur gegenüberzustellen: Es entstehen keine Kreditversicherungskosten, da eine Kreditversicherung nicht notwendig ist. Der Exporteur braucht keinen Selbstbehalt zu übernehmen, so dass seine Kreditlinie nicht belastet wird, er vermeidet somit Eventualverbindlichkeiten. Des Weiteren verbessert sich durch den Verkauf des Wechsels die Liquidität des Exporteurs. Beim Verkauf einer Forderung in Fremdwährung wird vom Zeitpunkt des Verkaufs an das Wechselkursrisiko ausgeglichen.

Das Schuldnerland spielt bei der Beurteilung der Forderungen eine große Rolle und bestimmt im Wesentlichen die Forfaitierungssätze, also die Kosten sowie die Laufzeit der Forderungen, die zur Forfaitierung akzeptiert werden. Mit der Einschätzung des Länderrisikos ändern sich die akzeptierten Höchstlaufzeiten. Sie liegen zwischen ein und sieben Jahren. Bspw. betragen die maximalen Laufzeiten für forfaitierbare Forderungen z. Zt. nach Bolivien ein Jahr, nach Argentinien drei Jahre, nach Marokko fünf Jahre oder in die USA sieben Jahre. Auch bei gleichen Laufzeiten gibt es erhebliche Unterschiede im Diskontsatz, die ebenfalls durch die Risikoeinschätzung bedingt sind.

17.7.2 Factoring

Unter Factoring versteht man den Ankauf von später fällig werdenden kurzfristigen Forderungen aus Warenlieferungen oder Dienstleistungen, die im Wesentlichen einen gleichbleibenden Kreis von Abnehmern betreffen. Zwischen dem Klienten und dem Factor wird ein Factoring-Vertrag mit einer Laufzeit von ein bis vier Jahren abgeschlossen. Danach ist der Klient verpflichtet, sämtliche kurzfristigen Forderungen aus Warenlieferungen und Dienstleistungen dem Factor anzubieten.

Grundsätzlich umfasst das Factoring die Dienstleistungsfunktion, die Finanzierungsfunktion und die Delkrederefunktion. Es ist im Factoring-Vertrag zu vereinbaren, welche Funktionen der Factor jeweils zu übernehmen hat. Wenn der Factor die Forderung des Klienten ankauft, geht die Forderung vom Betriebsvermögen des Klienten in das des Factors über. Dem Factor obliegt nunmehr die weitere Verwaltung der angekauften Forderungen. Für den Klienten entfällt die Debitorenbuchhaltung, er hat nur noch ein Konto gegenüber dem Factor zu führen. Alle Funktionen, die der Factor in diesem Zusammenhang übernimmt, werden unter dem Begriff der *Dienstleistungsfunktion* zusammengefasst.

Die *Finanzierungsfunktion* des Factoring besteht in der Bevorschussung der Forderungen des Klienten, wobei unterschiedliche Vereinbarungen hinsichtlich der Zahlung durch den Factor möglich sind. In jedem Fall zahlt der Factor zunächst unter Berechnung eines Abschlags, womit er sich gegen Mängelrügen und Warenrücklieferungen absichert.

Die *Delkrederefunktion* betrifft schließlich das Ausfallrisiko der Warenforderung. Beim echten Factoring erwirbt der Factor die Forderungen endgültig, d. h. er übernimmt auch das Ausfallrisiko, wobei politische Risiken stets ausgenommen sind. Der Exporteur haftet dann nur dafür, dass die verkaufte Exportforderung wirklich entstanden ist; er haftet nicht dafür, wie sich etwa die Zahlungsfähigkeit seines Kunden oder die Fakturierungswährung entwickeln. Der Klient muss sich, wenn die Übernahme der Delkrederefunktion durch den Factor vereinbart wird, stets verpflichten, seine sämtlichen Forderungen aus Lieferungen und Leistungen dem Factor zum Kauf anzubieten. Außerdem setzt der Factor für jeden Schuldner, manchmal auch für bestimmte Waren oder Märkte, ein Limit fest. Innerhalb dieser Limits ist der Factor dann allerdings auch verpflichtet, Forderungen anzukaufen, ohne den Klienten in Regress zu nehmen.

Beim unechten Factoring trägt der Factor das Ausfallrisiko nicht. Er übernimmt in diesem Fall das Inkasso sowie alle mit der Vorfinanzierung verbundenen Dienstleistungen. In jedem Fall kauft der Factor die Exportforderungen unter dem Nennwert an. Der Abschlag bemisst sich nach der Laufzeit und nach dem auszuhandelnden Risikoabschlag.

Das *internationale Factoring* ist dadurch gekennzeichnet, dass es im Zwei-Factor-System eine Arbeitsteilung zwischen Export- und Import-Factor gibt. Der Exporteur schließt mit einer Factoring-Gesellschaft in seinem Land einen Factoring-Vertrag ab und verpflichtet sich darin, alle offenen kurzfristigen Warenforderungen aus Außenhandelsgeschäften an die Factoring-Gesellschaft zu verkaufen. Der Export-Factor wiederum schließt mit Factoring-Gesellschaften in den Ländern der Importeure Rahmenbedingungen über den Weiterverkauf der Außenhandelsforderungen des Exporteurs ab. Der Vorteil des Zwei-Factor-Systems liegt darin, dass die Factoring-Gesellschaft im Land des Importeurs die nationalen rechtlichen Besonderheiten kompetent beurteilen kann, der Nachteil sind die relativ hohen Kosten.

17.7.3 Leasing

Unter Leasing versteht man die entgeltliche Gebrauchsüberlassung von Investitionsgütern, seltener auch von langlebigen Konsumgütern, die wirtschaftlich selbstständig nutzbar und verwertbar sind. Bei Leasing-Transaktionen stellt demnach ein Leasinggeber einem Leasingnehmer das Leasingobjekt für einen bestimmten Zeitraum zur Verfügung. Man spricht von *internationalem Leasing*, wenn nicht alle Beteiligten (Leasinggeber, Leasingnehmer und der Hersteller des Leasingobjekts) im gleichen Land ansässig sind. Beim internationalen Leasing handelt es sich meist um Einzelobjekte mit hohem Investitionsvolumen. Dies können bspw. Flugzeuge, Schiffe, Satelliten, Ölplattformen oder Fertigungsstraßen sein.

Für den Exporteur ist mit dem Verkauf seiner Produkte an eine Leasinggesellschaft der *Vorteil* verbunden, dass er keinen Lieferantenkredit in Anspruch nehmen muss. Darüber hinaus kann auch beim Verkauf der Produkte an eine ausländische Leasinggesellschaft das Wechselkursrisiko durch die sofortige Kaufpreisleistung weitgehend ausgeschlossen werden. Von großer Bedeutung für den Exporteur ist weiterhin, dass das Risiko des Forderungsausfalls sowie politische Risiken auf die Leasinggesellschaft übertragen werden. Der Exporteur hat demnach nur noch das Gewährleistungsrisiko für seine Produkte zu tragen.

17.8 Sicherungsfazilitäten

Die im Folgenden beschriebenen Instrumente haben für den Außenhandel eine wichtige Vorleistungsfunktion. Es handelt sich um Dienstleistungen von Kreditinstituten oder Versicherungen, durch die Unternehmen im Außenhandel die spezifischen Risiken des Auslandsgeschäfts ganz oder teilweise absichern können.

17.8.1 Bankgarantien

Eine Bankgarantie ist eine Erklärung, die eine abstrakte, unwiderrufliche selbstschuldnerische Verpflichtung eines Kreditinstituts beinhaltet, eine bestimmte Geldsumme zu zahlen. Eventuell ist diese Auszahlung an Voraussetzungen geknüpft, die in der Garantie genannt sein müssen. Es handelt sich hierbei um eine abstrakte Verpflichtung, weil sie selbstständig, d.h. völlig losgelöst von einer möglichen Hauptschuld, bspw. aus einem Kaufvertrag, abgegeben wird. Die Inanspruchnahme aus der Garantie ist für den Fall vorgesehen, dass der ursprünglich dazu Verpflichtete eine Zahlung oder eine Leistung nicht oder nicht rechtzeitig oder nicht in der vereinbarten Qualität erbringt.

Garantien werden häufig bei der Abwicklung von Auslandsgeschäften eingesetzt. Vor allem bei der Lieferung von Investitionsgütern und bei Beteiligungen von Unternehmen an ausländischen Ausschreibungen werden Kreditinstitute mit der Erstellung von Garantien beauftragt. Es handelt sich in den meisten Fällen um Bietungs-, Anzahlungs-, Lieferungs-, Leistungs- oder Gewährleistungsgarantien. Bankgarantien sollen sicherstellen, dass der vertraglich vereinbarte Betrag durch die Garantiebank ausgezahlt wird, falls die Leistung nicht korrekt erbracht wurde. Die Garantie zwingt damit den Vertragspartner zur vertragsgerechten Erfüllung des Auftrags, da er andernfalls mit dem Verlust der Garantiesumme rechnen muss.

Es wir nicht immer ganz deutlich zwischen Bankgarantie und *Bürgschaft* unterschieden. Beiden ist gemeinsam, dass ein Dritter anstelle eines ursprünglich dazu Verpflichteten die Zahlung einer Geldsumme verspricht, falls dieser nicht leistet. Der Hauptunterschied zwischen Garantie und Bürgschaft besteht darin, dass die Garantie ein abstraktes Zahlungsversprechen beinhaltet, während das der Bürgschaft akzessorisch ist, d. h., es besteht nicht losgelöst von der Hauptschuld. Voraussetzung für die Zahlung aus der Bürgschaft ist demnach, dass die Hauptschuld – noch – zu Recht besteht. Ein weiterer Unterschied zwischen Bürgschaft und Bankgarantie ist darin zu sehen, dass die Bürgschaft sowohl im BGB als auch im HGB geregelt ist, während die Garantie im deutschen Recht nicht geregelt ist.

Vom *Akkreditiv* unterscheidet sich die Bankgarantie unter anderem dadurch, dass sie grundsätzlich nur in unwiderruflicher Form vorkommt, während ein Akkreditiv auch widerruflich sein kann. Weiterhin wird beim Akkreditiv der Antrag auf Eröffnung vom Importeur gestellt wird, während bei der Mehrzahl der Garantien der Exporteur den Auftrag zur Erstellung gibt.

Bei der Abwicklung von Akkreditiven sind die *Einheitlichen Richtlinien und Gebräuche für Dokumentenakkreditive* anzuwenden; bei Garantien sind die von der internationalen Handelskammer erarbeiteten *Einheitlichen Richtlinien für auf Anfordern zahlbare Garantien (ERG)* zugrunde zu legen. Allerdings sind neben diesen Richtlinien auch die von der internationalen Handelskammer veröffentlichten *Einheitlichen Richtlinien für Vertragsgarantien* in Kraft, so dass gleichzeitig zwei unterschiedliche Regelwerke für Garantien existieren. Eine Sonderstellung unter den Garantien nimmt der „Stand by Letter of Credit" ein, der in den ERA ausdrücklich geregelt ist.

Der Stand by Letter of Credit wurde ursprünglich aus rechtlichen Gründen durch amerikanische Banken als Garantieersatzinstrument entwickelt. Inzwischen wird dieses garantieähnliche Sicherungsinstrument auch in anderen Ländern angewendet. In den USA und in Kanada dürfen Kreditinstitute keine Garantien erstellen. Dies bleibt Versicherungsgesellschaften vorbehalten. Anstelle von Garantien wird dort der Stand by Letter of Credit eröffnet. Er ist auf erstes Anfordern gegen Vorlage bestimmter Dokumente zahlbar.

17.8.2 Hermes-Deckungen

Hermes-Deckungen erfüllen die gleiche Funktion wie Bankgarantien. Sie gehören zum Bereich der staatlichen Exportförderung und werden gegeben, wenn eine privatwirtschaftliche Absicherung über Bankgarantien nicht möglich ist. Auch bei Hermes-Deckungen wird zwischen Garantien und Bürgschaften unterschieden. *Hermes-Garantien* werden erstellt, wenn der ausländische Geschäftspartner des deutschen Exporteurs ein privater Abnehmer ist. Die Garantien decken sowohl das wirtschaftliche als auch das politische Risiko ab. *Hermes-Bürgschaften* decken hingegen nur das politische Risiko ab. Sie werden eingesetzt, wenn der ausländische Vertragspartner eine staatliche Stelle ist.

Die Euler Hermes Kreditversicherungs-AG gehört zur Allianzgruppe. Als Marktführer im Bereich Kreditversicherungen wickelt sie in Deutschland die staatlichen Absicherungen von Exportgeschäften ab. Die sog. „Hermes-Bürgschaften" sind das Synonym für das in Deutschland gebräuchliche System der staatlichen Absicherung von Exportgeschäften, mit denen der Staat das Geschäftsrisiko (einschließlich politischer Risiken) von privaten Unternehmen absichert. Welche Geschäfte förderungswürdig sind, wird von einem Ausschuss entschieden, der von mehreren Bundesministerien besetzt wird. Es handelt sich bei den staatlichen Ausfuhrgewährleistungen um eine Vielzahl von Versicherungsleistungen. Die Versicherungsleistung besteht in der Übernahme einer Bürgschaft oder Garantie. Abgesichert werden können

- das Kreditrisiko nach Lieferung an einen ausländischen Besteller (*Lieferantenkreditversicherung*),

- das Ausfallrisiko während der Produktionszeit, das bspw. darin besteht, dass der Besteller einer Spezialanfertigung vor Lieferung in Konkurs geht (*Fabrikationsrisikodeckung*),

- das Ausfallrisiko der Bank, die für den Exporteur einen Bestellerkredit gewährt (*Finanzkreditdeckung*).

- Darüber hinaus sind *Sonderdeckungen* möglich, die sich bspw. auf Zahlungen aus Leasing-Verträgen beziehen oder auf die verschiedenen Risiken, die Bauunternehmen tragen, wenn sie Leistungen im Ausland erbringen.

Der von Firmen zu tragende Selbstbehalt im Schadensfall beläuft sich auf 5-15 % des gedeckten Auftragswertes.

18 Internationale Unternehmensfinanzierung

Im Finanzmanagement haben die *internationalen Finanzmärkte* besondere Bedeutung. Sie zeichnen sich grundsätzlich dadurch aus, dass an ihnen entweder die Marktteilnehmer aus unterschiedlichen Ländern stammen oder in verschiedenen anderen Währungen neben der Inlandswährung gehandelt wird. An nationalen Finanzmärkten wird dagegen ausschließlich von Inländern allein in der Währung des betreffenden Landes gehandelt.

18.1 Einteilung der internationalen Finanzmärkte

18.1.1 Internationale Geld-, Kredit- und Einlagenmärkte

Eine genaue Abgrenzung der Finanzmärkte sowie insbesondere der einzelnen Segmente des internationalen Finanzmarktes (als Ganzes) ist nicht einfach. Am wenigsten problematisch erscheint die Abgrenzung und Differenzierung des internationalen Marktes für Geld- und Kredit- (bzw. Einlagen-) geschäfte, d.h. für die (meist) kürzerfristige Aufbringung bzw. Vermittlung finanzieller Ressourcen durch Banken. Hier sind zunächst die so genannten *traditionellen Außenmärkte* zu nennen, an denen bspw. eine deutsche Bank einem englischen Unternehmen einen Kredit in Euro (also in aus Gläubigersicht heimischer Währung) vergibt (siehe Abb. 18.1).

Wesentlich expansiver haben sich daneben seit Mitte der fünfziger Jahre die *Euromärkte* entwickelt. Es ist darauf hinzuweisen, dass es sich hierbei nicht um die Märkte für auf die neue europäische Währung „Euro" lautende Kreditbeziehungen handelt. Vielmehr bildet der Euromarkt den Markt für internationale Einlagen- und Kreditgeschäfte in den wichtigsten Währungen außerhalb der Länder, in denen diese Währungen gesetzliches Zahlungsmittel sind.

Beispiel
Eine Luxemburger Bank vergibt einen US-Dollar-Kredit an ein deutsches Unternehmen.

Hinweis
Die Nationalität des Kreditnehmers ist unerheblich. Entscheidendes Merkmal eines Eurokredits ist, dass die Kreditgewährung in einer aus Sicht der Gläubigerbank fremden Währung stattfindet.

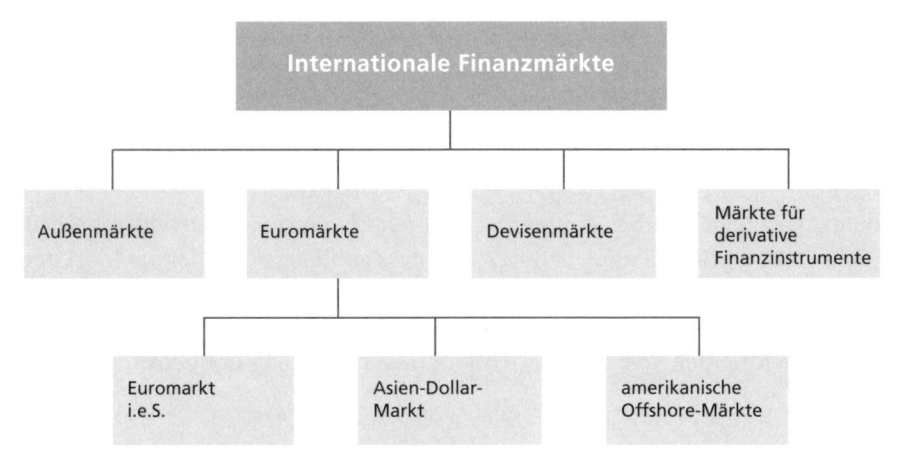

Abb. 18.1: Struktur internationaler monetärer Märkte

Die Euromarkt-Transaktionen selbst unterliegen keiner unmittelbaren geldpolitischen Steuerung oder bankaufsichtsrechtlichen Kontrolle. Euroeinlagen sind typischerweise von Mindestreserveverpflichtungen, ebenso wie von Quellenbesteuerung, befreit. Deshalb und aufgrund der hohen Volumina sind die Zinssätze an den Euromärkten im Allgemeinen sowohl für Anleger als auch für Kreditnehmer günstiger als auf nationalen Märkten.

Der oben definierte Euromarkt umfasst seinerseits mehrere Teilmärkte. Hierzu zählen neben dem geografisch auf europäische Finanzplätze wie London, Luxemburg, Paris, Frankfurt, Amsterdam oder Brüssel konzentrierten *Euromarkt im engeren Sinne* der Asien-Dollar-Markt sowie die amerikanischen Offshore-Märkte. *Offshore-Märkte* sind dadurch gekennzeichnet, dass sowohl Kapitalgeber als auch Kapitalnehmer nicht gebietsansässig sind, dass die abgeschlossenen Geschäfte von denen der Gebietsansässigen getrennt sind (so dass die inländische Geldversorgung dafür unberührt bleibt) und dass solche Geschäfte von staatlichen Kontrollen weitgehend befreit sind. Zentren des *Asien-Dollar-Marktes* sind die Offshore-Plätze Tokio, Hongkong und Singapur, wobei

Tokio insgesamt einer der führenden internationalen Finanzmärkte ist. Amerikanische Offshore-Plätze sind zum einen die International Banking Facilities (IBF) in New York, weiterhin die Bahamas (allen voran die Hauptstadt Nassau), die Cayman Islands und Panama. Letztere werden oft auch als Karibik-Dollar-Markt bezeichnet. Außerdem betreiben zahlreiche Banken in Kanada Fremdwährungsgeschäfte, primär in US-Dollar, die ebenfalls zu den Eurogeschäften gerechnet werden können.

18.1.2 Internationale Kapitalmärkte

Die vorgenommene Abgrenzung der Finanzmärkte gilt zunächst lediglich für die Geld- und Kreditmärkte. Geschäfte am Kapitalmarkt, bei denen die Finanzmittel längerfristig und in der Regel von Nichtbanken zur Verfügung gestellt werden, sind schwieriger zu erfassen und einzuordnen. Als Kriterien für die Spezifikation von (Kapitalmarkt-)Anleihen gelten gemeinhin

- die Transaktionsorte,
- die Emissionswährungen und
- das Land, in dem der jeweilige Emittent ansässig ist.

Beziehen sich die genannten drei Kriterien alle auf ein und dasselbe Währungsgebiet, dann handelt es sich entsprechend um eine *nationale (Inlands-)Anleihe*. Demgegenüber wird eine von Gebietsfremden begebene Anleihe in Landeswährung als (traditionelle) *Auslandsanleihe* bezeichnet.

Beispiel
Ein englisches Unternehmen emittiert eine in der europäischen Währung Euro denominierte Anleihe in Deutschland und anderen Ländern der Europäischen Währungsunion (etwa über eine Luxemburger Bank).

Lautet die Emission indes auf eine Währung, die von der Währung des Staates, in dem die Geschäfte abgewickelt werden, abweicht, so spricht man von einer Euro-Anleihe bzw. einem *Euro-Bond*. Euro-Anleihen werden durch internationale Bankenkonsortien emittiert und weltweit gehandelt.

Beispiel
Eine Luxemburger Bank platziert (auf eigene oder fremde Rechnung) eine in englischen Pfund denominierte Anleihe unter anderem in Deutschland. Ein weiteres Beispiel ist eine in der europäischen Gemeinschaftswährung „Euro" denominierte Anleihe, die von einer (oder unter Führung einer) Tokyoter Bank platziert wird. Es handelt sich dann um eine „Euro-Euro-Anleihe".

Allerdings richten sich die Länder nicht durchgängig nach diesem Einteilungsschema. Teilweise werden bestimmte Anleihen von den sonst üblichen Vorschriften und Beschränkungen befreit und daraufhin zu Euro-Bonds „deklariert". Es kommt hinzu, dass sich die gängigen Eurousancen für die Abwicklung von Käufen und Verkäufen immer mehr auf alle Anleihearten ausgebreitet haben. Bei den wichtigsten Währungen der Welt ist deshalb eine systematische Unterscheidung der Märkte heute kaum mehr möglich.

18.1.3 Weitere Marktsegmente

Vielfach werden auch die *Devisenmärkte* unter die internationalen Finanzmärkte gefasst (siehe Kapitel 14). Devisengeschäfte beinhalten im Kern immer einen Tausch von Währungen. Sie sind oft anderen Finanztransaktionen (Kreditgewährungen bzw. -aufnahmen) vor- oder nachgelagert.

Die Preise, die sich auf den genannten Finanzmärkten bilden (wie Zinssätze, Aktien- oder Devisenkurse), sind ihrerseits die Grundlage der Preisbildung auf den Märkten für *derivative Finanzinstrumente*. Hierbei handelt es sich um Termingeschäfte im weitesten Sinne, die sich auf Basiswerte, wie Anleihen, Aktien, Devisen oder Rohstoffe beziehen. Diese können unter anderem genutzt werden, um Preisänderungsrisiken bei den Basiswerten zu kompensieren. Wir werden darauf unten in diesem Kapitel noch eingehen.

18.2 Geld- und Kapitalmarktinstrumente

Die Abgrenzung zwischen dem Eurokapitalmarkt und dem Eurokreditmarkt geschieht üblicherweise nach der Herkunft der Gelder. Während bei den Kreditfinanzierungen Banken die Liquidität zur Verfügung stellen, führen bei Kapitalmarktfinanzierungen in der Regel Nichtbanken die Mittel zu. Das Gleiche gilt für Geldmarktfinanzierungen. Die Kapitalbeschaffung geschieht hier dadurch, dass Unternehmen Wertpapiere mit sehr kurzen Laufzeiten bei den Anlegern platzieren.

Auf den Eurokapitalmärkten werden *internationale Anleihen (Eurobonds)* gehandelt. Ein Eurobond ist typischerweise eine Anleihe eines ausländischen Schuldners, die von einem internationalen Konsortium gleichzeitig auf mehreren nationalen Märkten emittiert wird. Die führenden Emissions-Währungen sind der US-Dollar und der Euro.

Der *Aufbau der Emissionskonsortien* bei der Begebung von Euroanleihen unterscheidet sich nur geringfügig von dem bereits bei Eurokrediten erwähnten (siehe Kapitel 17.6). Neben der Konsortialführung (Lead Manager und evtl. Co-Lead Manager) gibt es das Übernahmekonsortium (Underwriters) und die Platzierungsgruppe (Selling Group). Die Konsortialführung stimmt mit dem Kapitalnehmer die Anleihebedingungen ab, bereitet die Verträge vor und stellt das Übernahmekonsortium und die Platzierungsgruppe zusammen. Die Konsortialführer und die Banken des Übernahmekonsortiums übernehmen jeweils eine bestimmte Quote der Emission. Die Mitglieder der Platzierungsgruppe versuchen, die vom Übernahmekonsortium gezeichneten Titel beim eigentlichen Anleger unterzubringen. Die Konsortialführung teilt den Kreditinstituten die jeweiligen Quoten zu. Bei Überzeichnungen wird repartiert (d.h. „neu aufgeteilt"), bei Unterzeichnungen müssen die Mitglieder der Übernahmegruppe die von ihnen garantierten Quoten übernehmen. Die Laufzeiten von Eurobond-Emissionen liegen meist zwischen fünf und 15 Jahren. Emissionsvolumina von mehreren Hundert Millionen US-Dollar (sog. Jumbo-Anleihen) sind keine Seltenheit am Euromarkt.

18.2.1 Festverzinsliche Anleihen

Inhaberschuldverschreibungen mit einem festen Zinssatz für die gesamte Laufzeit und planmäßiger Tilgung werden als *Straight Bonds* bezeichnet. Straight Bonds, man kann diese Papiere als Grundtyp der Euromarktpapiere ansehen, sind nur durch die Kreditwürdigkeit des Emittenten gesichert. Zum Eurokapitalmarkt haben allerdings auch nur Emittenten mit einwandfreier Bonität Zugang. Straight Bonds werden durch öffentliche oder durch private Platzierungen begeben. Die *öffentliche Emission* erfolgt stets durch einen Prospekt und eine Notierung an einer oder mehreren Börsen. Man versucht in diesem Fall meist, eine breitgestreute Syndizierung zu erreichen. Bei einer *privaten Platzierung* ist die Stückelung der Papiere größer, die Zahl der angesprochenen Anleger geringer, und eine Börsennotierung erfolgt nicht.

Es gibt zahlreiche Variationen der einfachen festverzinslichen Anleihe, die sich in ihrer Ausgestaltung unter anderem hinsichtlich Zinszahlungsterminen und Währungen unterscheiden.

- Erwähnenswert ist hier die *Null-Kupon-Anleihe* (*Zero Bond*). Diese Anleihe wird mit einem Diskont begeben, weswegen während der Laufzeit keine Zinsen gezahlt werden. Die Verzinsung ergibt sich aus der Differenz zwischen Ausgabepreis und Rückzahlungswert. Der Vorteil des Emittenten liegt darin, dass während der Laufzeit die periodischen Zinszahlungen entfallen und auch die damit normalerweise verbundene Verwaltungsarbeit nicht anfällt.

- *Wandelanleihen* (*Convertible Bonds*) sind Schuldverschreibungen, die dem Anleger ein Umtauschrecht in Aktien zu festgelegten Konditionen innerhalb der Laufzeit einräumen. *Optionsanleihen* (*Warrant Bonds*) geben dem Anleger neben der Verzinsung das Recht, ein weiteres Wertpapier zu einem vorher festgelegten Preis zu beziehen. Diese Form wird meist bei schwierigen Marktsituationen gewählt, wenn dem Anleger durch die Option ein zusätzlicher Kaufanreiz geboten werden soll.

- Bei *Doppelwährungsanleihen* (*Dual Currency Bonds*) erfolgen Einzahlungen der Anleger und Zinszahlungen in einer anderen Währung als die Rückzahlung bei Fälligkeit. Man benutzt einen Mischzins aus den Zinsniveaus der verwendeten Währungen. Dadurch hat der Emittent eine günstige Finanzierung, und das Wechselkursrisiko für die Rückzahlung geht, falls die Rückzahlung in der Heimatwährung des Emittenten erfolgt, auf den Anleger über. Dieser erhält dann als Ausgleich eine höhere Verzinsung, die das zusätzliche Risiko kompensieren soll.

18.2.2 Variabel verzinsliche Anleihen

Seit den siebziger Jahren sind *Floating Rate Notes* (*Floater*) am Eurokapitalmarkt das Instrument, das den Roll-Over-Krediten am Eurokreditmarkt entspricht. Bei Floatern werden die Zinssätze mehrmals im Jahr zu bestimmten Terminen angepasst. Man bezieht sich dabei normalerweise alle drei oder sechs Monate auf den LIBOR oder EURIBOR. Floater sind langfristige Anlagen mit Laufzeiten von fünf bis zwanzig Jahren, die durch den variablen Zinssatz eine Verzinsung auf Geldmarktbasis bieten. Je nach Bonität des Schuldners gibt es einen mehr oder weniger großen Aufschlag (*Spread*) auf den Referenzzinssatz.

Der Emittent kann in diesem Fall keine genaue Kostenkalkulation für die Laufzeit durchführen, da er die Entwicklung des Zinsniveaus nicht kennt. Er trägt das Zinsänderungsrisiko für steigende Zinsen, das indes durch verschiedene Konstruktionen begrenzt werden kann (siehe Kapitel 21.3). Um verschiedenen Anlegergruppen mit unterschiedlichen Interessen geeignete Floater anbieten zu können, sind im Laufe der Zeit zahlreiche Varianten entstanden.

- Anleiheemissionen in Verbindung mit *Swapgeschäften* werden eingesetzt, um komparative Kostenunterschiede, die verschiedene Emittenten bspw. bei Festzins- und variabel verzinslichen Krediten oder bei verschiedenen Währungen haben, auszunutzen. Bei Swapgeschäften werden Zahlungsströme getauscht. Bspw. bedient Unternehmen B einen straight bond, den Unternehmen A in US-Dollar begeben hat, und Unternehmen A leistet den Kapitaldienst für einen zinsvariablen Kredit in Euro, den Unternehmen B aufgenommen hat (*Zins-Währungs-Swap*, siehe hierzu die Ausführungen des sechsten Teils).

- Bei *Indexanleihen* hängen die laufende Verzinsung oder auch der Rückzahlungsbetrag von der Entwicklung eines Marktindexes ab. So steigt der Rückzahlungskurs einer *Bull-Anleihe* mit steigendem Index, während bei der *Bear-Anleihe* der Rückzahlungskurs bei steigendem Index sinkt. Emittiert ein Unternehmen einen dieser Anleihetypen, kann es eine ungünstige Zinsentwicklung ausgleichen (hedgen). Begibt es beide Anleihetypen gleichzeitig, trägt es aus der Emission kein Risiko. Der

Vorteil besteht dann vor allem darin, dass andere Anlegerkreise angesprochen werden, da die Anleihen für den Käufer als Spekulations- oder Hedginginstrument geeignet sind.

18.2.3 Asset Backed Securities

Bei Asset Backed Securities (ABS) handelt es sich um Wertpapiere (*Securities*), mit denen Zahlungsansprüche verbrieft werden, die von Forderungen (*Assets*) gedeckt (*backed*) sind. Der Markt für solche Papiere ist vor allem in den Vereinigten Staaten seit der Einführung Mitte der achtziger Jahre überaus kräftig gewachsen. Der größte Teil der ABS ist in Amerika mit Forderungen aus Hypotheken, Automobilkrediten und Kreditkartengeschäften unterlegt. Auch in Europa - vor allem in Großbritannien und Frankreich - nehmen solche Verbriefungen von Forderungen zu. Die meisten Emissionen lauten auf US-Dollar, doch werden verstärkt auch ABS in Euro aufgelegt.

Die Grundidee von ABS-Transaktionen ist einfach: An eine für ABS gesondert zu gründende unabhängige Zweckgesellschaft (Special Purpose Vehicle) werden Forderungen verkauft. Die Zweckgesellschaft begibt dann eine Anleihe, die eben mit jenen Forderungen gedeckt ist und am Ende ihrer Laufzeit aus den Rückflüssen der fällig werdenden Forderungen getilgt wird. Kapitalsuchende Unternehmen können sich auf diese Weise kostengünstig finanzieren. Der Vorteil für Banken liegt darin, dass sie einen Teil ihrer Aktiva außerhalb der Bilanz (nämlich bei der Zweckgesellschaft) platzieren und so das Eigenkapital schonen können.

18.2.4 Geldmarktfinanzierungen

- *Euronote-Fazilitäten* sind mittel- bis langfristige Vereinbarungen zwischen einer (oder mehreren) Banken und einem Kapitalnehmer. Dieser erhält durch die Vereinbarung die Möglichkeit, sich über die revolvierende Platzierung von Geldmarktpapieren (Euronotes) bis zu einem festgelegten Höchstvolumen zu finanzieren. Grundformen aller Euronote-Fazilitäten sind die Revolving Unterwriting Facilities (RUF) und die Note Issuance Facilities (NIF). Es hat sich eine Vielzahl von Varianten entwickelt, die sich aber meist nur geringfügig unterscheiden.

  Die *Euronotes* sind kurzfristige (ein bis sechs Monate), fungible, aber meist nicht börsennotierte, ungesicherte Inhaberschuldverschreibungen in Stückelungen ab 500.000 US-Dollar. Falls die Notes am Markt nicht untergebracht werden können, verpflichten sich die „Underwriter", die Euronotes zu einem vertraglich vereinbarten Zinssatz zu übernehmen oder alternativ Kredite zur Verfügung zu stellen (*Back up-Linie*). Auch bei der Begebung von Euronotes ist die Funktionsteilung, die für das internationale Anleihen-Emissionsgeschäft beschrieben wurde, üblich.

- Erstklassige Emittenten können im Rahmen eines *Euro-Commercial-Paper-Programms* kurzfristige Papiere begeben. Es handelt sich auch hierbei um Geldmarktpapiere. Bei Euro-Commercial-Papers fungieren Banken nur als Vermittler zwischen Emittent und Anleger. Multinationale Unternehmen bieten teilweise ihre Emissionen direkt den Investoren an. Da die Euro-Comercial-Papers „non-unterwritten" sind, also ohne Übernahmegarantie begeben werden, verbleibt das Platzierungsrisiko beim Emittenten. Die Laufzeiten dieser Papiere liegen zwischen einem und sechs Monaten, aber auch längere Fristen bis zu einem Jahr sind möglich. Üblich ist eine Mindeststückelung von 500.000 US-Dollar.

18.3 Terminmarktinstrumente

Im Rahmen des Risikomanagements haben *derivative (= abgeleitete) Finanzinstrumente* eine enorme Bedeutung gewonnen (siehe Abb. 18.2). Es handelt sich dabei allgemein um Termingeschäfte bzw. -kontrakte, deren Preis jeweils durch den Preis eines anderen originären Finanzprodukts bestimmt wird.

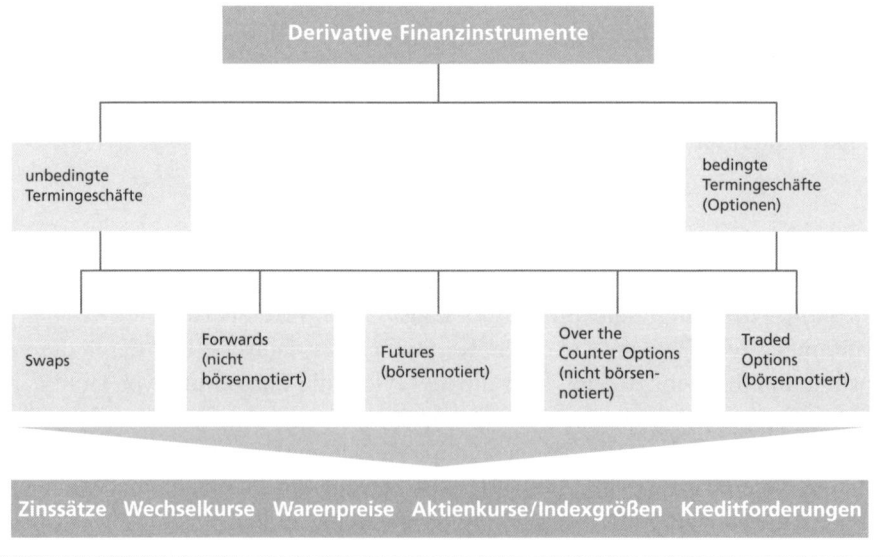

Abb. 18.2: Systematik derivativer Finanzinstrumente

Die zentrale *ökonomische Funktion* von derivativen Finanztiteln liegt darin, Marktpreisrisiken getrennt zu bewerten. Damit wird es möglich, diese Risiken zusammenzufassen und zu handeln. Die Kontraktarten bei derivativen Finanzinstrumenten lassen sich nach verschiedenen Aspekten einteilen. Zum einen kann man diese Instrumente danach systematisieren, auf welche Marktpreise (*Basiswerte*) sie sich beziehen. Hier kommen Zinssätze, Wechselkurse, Aktienkurse oder Warenpreise in Betracht.

Neben den klassischen Instrumenten hat sich in jüngerer Zeit eine umfangreiche Kategorie so genannter Kreditderivate entwickelt. *Kreditderivate* ermöglichen das Heraustrennen und separate Handeln des mit einem Finanztitel verbundenen Bonitätsrisikos. Gegenwärtig werden Kreditderivate vornehmlich von Finanzinstituten eingesetzt, die dadurch bestimmte Bonitätsrisiken aus ihren Portfolios eliminieren. Banken ist es so möglich, sich von zunächst übernommenen Kreditrisiken zu trennen.

Ein weiteres Unterscheidungsmerkmal betrifft die Frage, ob die Verträge für beide Vertragspartner verpflichtend sind (*unbedingte Terminkontrakte*) oder ob eine von beiden Seiten ein Wahlrecht hat (*Optionen*). Ferner sind die Termingeschäfte danach zu unterscheiden, ob die Verträge an einer Terminbörse gehandelt werden. In Deutschland ist dies die EUREX. Der Handel an einer *Terminbörse* erfordert die Standardisierung der Konditionen. So wird es möglich, dass die Terminbörse eine Clearing-Funktion übernimmt und jeweils als Vertragspartner der Marktteilnehmer auftritt. Individuell vereinbarte Kontrakte werden als *Over-the-Counter-Kontrakte* bezeichnet.

Als Einsatzgebiete von Derivaten lassen sich drei Bereiche abgrenzen:

- *Spekulation:* das Eingehen einer offenen Position, um von Marktpreisänderungen zu profitieren.

- *Arbitrage:* die Realisierung risikoloser Gewinne durch die gleichzeitige Ausführung mehrerer Geschäfte zwischen verschiedenen Marktsegmenten.

- *Absicherung:* das Schließen einer offenen Position. Durch den Kauf oder Verkauf derivativer Titel wird eine Gegenposition zu einer schon bestehenden offenen Position aufgebaut, so dass beide Positionen möglich genau entgegengesetzt auf Marktpreisänderungen reagieren, diese sich also möglichst kompensieren.

Im Finanzmanagement internationaler Unternehmen wird es in erster Linie um die Absicherung gegenüber Marktpreisrisiken gehen. Derivative Finanzinstrumente werden also vor allem eingesetzt, um sich gegen Wechselkursänderungen oder auch Zinsänderungen abzusichern. Man bezeichnet dies als Hedging.

Übungsfragen

1. Begründen Sie, warum die Risiken im Auslandsgeschäft erheblich schwerwiegender sind als bei Geschäften im Inland.

2. Welche Aspekte werden durch die Incoterms geregelt?

3. Erläutern Sie, in welche Gruppen sich die Incoterms einteilen lassen und wodurch sich diese Gruppen unterscheiden.

4. Was macht ein Traditionspapier aus? Wozu werden Traditionspapiere im Rahmen der Außenhandelsfinanzierung benötigt?

5. Welche Lieferbedingungen sind im deutschen Außenhandel üblich? Erläutern Sie positive und negative Aspekte dieser Bedingungen für den Exporteur.

6. Nennen Sie die Beteiligten eines dokumentären Inkassos und erläutern Sie den Inhalt des Inkassoauftrages.

7. Welche Risiken trägt der Exporteur, obwohl bei einem Inkasso die Dokumente nur gegen Erfüllung der Bedingungen ausgehändigt werden, bei der Zahlungsbedingung „documents against payment" bzw. „documents against acceptance"?

8. Welche Risiken kann ein Exporteur mit einem bestätigten Akkreditiv ausschalten?

9. Erklären Sie die Gemeinsamkeiten und Unterschiede von Garantie und Akkreditiv. Welche weiteren Sicherheiten werden im Außenhandel eingesetzt?

10. Skizzieren Sie die wesentlichen kurzfristigen Finanzierungsformen im Außenhandel und beurteilen Sie diese Kreditformen aus der Sicht von Exporteuren und Importeuren.

11. Was versteht man unter Fortaitierung, Factoring und internationalem Leasing?

12. Erläutern Sie die unterschiedlichen Segmente des internationalen Geld- und Kreditmarktes und beschreiben Sie die typischen Merkmale von Geschäften am Euromarkt. Wodurch ist ein typischer Euro Bond gekennzeichnet?

13. Stellen Sie drei der wesentlichen Elemente des Eurokapitalmarktes dar.

14. Erklären Sie die Struktur einer Asset Backed Securities-Finanzierung. Für welche Art von Projekten werden ABS-Finanzierungen eingesetzt?

15. Worin liegt die ökonomische Funktion derivativer Finanzinstrumente?

16. Erklären Sie den wesentlichen Unterschied zwischen (unbedingten) Termingeschäften und Optionsgeschäften.

Literatur zum fünften Teil

ALTMANN, JÖRN: Außenwirtschaft für Unternehmen, 2. Aufl. Stuttgart 2001
DORTSCHY JOCHEN W. u. a.: Auslandsgeschäfte – Banktechnik und Finanzierung, 3. Aufl. Stuttgart 2005
EHRLICH, DIETMAR u. a.: Zahlung und Zahlungssicherung im Außenhandel, 7. Aufl. Berlin 2001
EITEMAN, DAVID K. u. a.: Multinational Business Finance, 11. Aufl. Boston 2007
GRAF VON BERNSTORFF, CHRISTOPH: Rechtsprobleme im Auslandsgeschäft, 5. Aufl. Stuttgart 2006
HÄBERLE, SIEGFRIED G.: Einführung in die Exportfinanzierung, 2. Aufl. München 2002
PUTNOKI, HANS: Grundlagen der Außenhandeslfinanzierung, München 2000
VENEDIKIAN, HARRY M.; WARFIELD, GERALD A.: Export-Import Financing, 4. Aufl. New York 1996
VOIGT, H.; MÜLLER, D.: Handbuch der Exportfinanzierung, 4. Aufl. Frankfurt/M. 1996
ZAHN, J. C. D.; DAHLMANN, F.: Banktechnik des Außenhandels, 9. Aufl. Wiesbaden 1993

6 | Internationales Risikomanagement

> **Lernziele**
>
> Im sechsten Teil setzen wir uns mit dem Risikomanagement auseinander. Die Entwicklung des Welthandels und die Volatilität von Finanzmarktpreisen, das sind in unserem Zusammenhang insbesondere Zinsen und Wechselkurse, machen das Management von Zins- und Wechselkursrisiken zu einer zentralen Herausforderung für international tätige Unternehmen. Nach einer kurzen Einführung im 19. Kapitel geht das 20. Kapitel zunächst auf die verschiedenen Ausprägungen des Wechselkursrisikos ein und rekapituliert nochmals kurz die Einflussfaktoren der Kursentwicklung einer Währung. Daran anschließend erläutern wir die Instrumente, die zur Absicherung des Währungsrisikos eingesetzt werden. Entsprechend verfahren wir im 21. Kapitel bei der Behandlung des Zinsänderungsrisikos. Das 22. Kapitel erörtert dann die politischen und wirtschaftlichen Länderrisiken und zeigt die Kriterien und Konzepte auf, anhand derer solche Risiken beurteilt werden können.

19 Vorbemerkungen

Wesentliches Kennzeichen grenzüberschreitender Transaktionen ist der Wechsel der Hoheitsgebiete. Das internationale Finanzmanagement bewegt sich deshalb bei seiner Tätigkeit in einem ausgesprochen heterogenen Umfeld. Die Akteure müssen länderspezifische Besonderheiten – also Unterschiede in Sprache, Kultur, Handelsbräuchen, Rechtsordnungen, Wirtschaftssystemen, etc. – beachten. Hinzu tritt erschwerend die typischerweise große geografische Entfernung. Bei Währungsraum übergreifenden Geschäften entsteht außerdem das Problem unterschiedlicher Landeswährungen. Ebenso rücken global gestreute Finanzierungs- und Anlagebeziehungen die jeweiligen Änderungen auf den nationalen und internationalen Finanzmärkten verstärkt in das Blickfeld.

Ganz allgemein gibt es Unterschiede zwischen den politischen und ökonomischen Bedingungen auf den jeweiligen nationalen Märkten. Daraus resultiert für das Unternehmen zweifellos ein erhöhter Anpassungsbedarf. So unterliegen ausländische Tochtergesellschaften der Rechts- und Wirtschaftsordnung ihres lokalen Standorts. Das jeweils geltende Gesellschaftsrecht hat Einfluss bspw. auf die Höhe und Struktur der Eigenkapitalausstattung, die Art der Rechnungslegung und die Rechte der Anteilseigner. Die nationale Steuergesetzgebung oder die Existenz von Kapitalverkehrsrestriktionen beeinflussen maßgeblich die Gewinnverwendung sowie den Kapitaltransfer im internationalen Unternehmen. Bei der Kapitalbeschaffung sind zudem voneinander abweichende lokale Finanzierungsvorschriften sowie Unterschiede in der Marktkapitalisierung zwischen den nationalen Finanzmärkten zu beachten.

Die Heterogenität des globalen Umfelds bedingt ein Managementsystem, das dieser Komplexität entspricht. Der Anpassungsbedarf ist indes keineswegs pauschal als negativ zu beurteilen. Vielmehr ergibt sich die *Chance*, bestehende Unterschiede im Sinne der Unternehmensziele zu nutzen. Das Finanzmanagement hat erweiterte Möglichkeiten, beispielsweise

- Risiken zu diversifizieren,

- Währungs- und Zinsgefälle auszunutzen oder

- nationale Steuervorteile und Subventionen bzw. ganz allgemein Kostenvorteil wahrzunehmen.[1]

Auf der anderen Seite stehen aber zweifellos eine Verschärfung der auch im nationalen Wirtschaftsverkehr vorhandenen betrieblichen Risiken sowie zum anderen das Entstehen von neuen, spezifischen *Risiken*.

Aufgabe des Finanzmanagements ist es, diese Risiken entsprechend den unternehmerischen Vorgaben zu steuern. Die Entwicklung des Welthandels und die hohe Volatilität (Schwankungsintensität) der Finanzmarktpreise machen dabei insbesondere das Management von Zins- und Wechselkursrisiken zu einer zentralen Herausforderung für international tätige Unternehmen.

---

[1] Ein Beispiel hierfür ist die so genannte *Gewinnverlagerung*. Einer solchen liegt oft das Motiv der Steuerminimierung zugrunde. Wenn etwa eine Muttergesellschaft die Verkaufspreise bei Warenlieferungen an ein Tochterunternehmen sehr niedrig ansetzt, erhöht sich dessen Gewinn, während sich der Gewinn bei dem Mutterunternehmen verringert. Unter der Annahme, dass das Tochterunternehmen in einem Niedrigsteuerland angesiedelt ist, sinkt dadurch die Konzernsteuerlast. Neben der Gestaltung der Transfer- bzw. Verrechnungspreise verfügen multinationale Konzerne über weitere Möglichkeiten, die Entstehung von Gewinnen innerhalb des Konzernverbundes zielorientiert zu steuern. Insbesondere lässt sich dies durch die Installation einer Holdingstruktur erreichen, wobei die Holdinggesellschaft (als Managementfirma, die die ökonomische Verantwortung für die Konzernaktivitäten trägt) ihren Sitz typischerweise in einem Land mit niedriger Steuerquote hat.

20 Wechselkursrisiken und ihre Absicherung

Ein herausstechendes Merkmal internationaler Handels- und Finanztransaktionen ist der Wechsel von Währungsräumen. Daraus folgt, dass zumindest für einen der Vertragspartner die Zahlung nicht in der eigenen Währung stattfindet. Für diesen ergibt sich ein zusätzliches Risiko, das Währungsrisiko. Der in die eigene Währung umgewandelte Fremdwährungsbetrag kann von dem erwarteten Betrag abweichen. Da der erwartete Betrag Kalkulationsgrundlage der Preisvereinbarung war, kann sich diese Abweichung positiv auswirken, wenn der Zahlungsempfänger nach Umrechnung des Währungsbetrages mehr erhält, als er erwartet hatte, oder negativ, wenn der umgerechneter Betrag niedriger liegt als der erwartete. Wenn der zur Zahlung Verpflichtete das Währungsrisiko trägt, verhält es sich entsprechend umgekehrt.

Dieses Risiko kann zwischen den einzelnen Währungen unterschiedlich stark auftreten. Am geringsten ist es in einer Wechselkursunion. Hier entsteht ein Währungsrisiko nur dann, wenn die zwischen den Ländern vereinbarte Union auseinander bricht. Schon höher ist das Währungsrisiko in Systemen stufenflexibler Wechselkurse einzuschätzen, wie auch die Erfahrungen der 1990er Jahre im Europäischen Währungssystem zeigen. Das größte Risiko ist naturgemäß in Systemen mit frei flexiblen Wechselkursen gegeben (siehe Kapitel 10.1).

20.1 Risikoarten

Eine genauere Auseinandersetzung mit Wechselkursrisiken erfordert eine detaillierte Analyse ihrer Komponenten. Es haben sich *drei verschiedene Konzepte* zur Bestimmung der Wechselkursrisikoposition von Unternehmungen herauskristallisiert (s. Abb. 20.1).

20.1.1 Translation Risk

Die vergangenheitsorientierte, bilanzbezogene Betrachtung des Wechselkursrisikos wird als Translation Exposure oder auch als bilanzielles Risiko (Währungsumrechnungsrisiko oder Translation Risk) bezeichnet. Es bezieht sich auf die Umrechnung von Bilanzen ausländischer Tochtergesellschaften im Rahmen der Erstellung einer Konzerngesamt- bzw. Weltbilanz und betrifft überwiegend weltumspannende multinationale Unternehmen, die solch einen Abschluss erstellen. Es umfasst somit die Bilanz-, Gewinn- und Verlustpositionen, die aus Sicht der Mutterunternehmung von ausländischen Tochtergesellschaften stammen und dann in die Währung umzurechnen sind, die dem Jahresabschluss der Muttergesellschaft zugrunde liegt. Ein Währungsumrechnungsrisiko liegt folglich nicht vor, solange der angesetzte Umrechnungskurs gegenüber demjenigen, der beim Abschluss der Vorperiode zur Anwendung gelangte, unverändert bleibt.

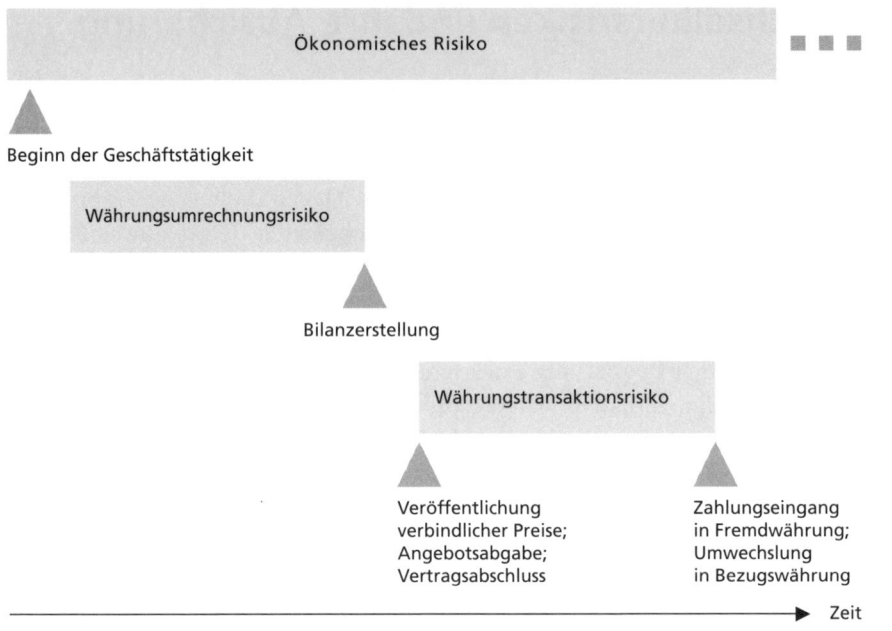

Abb. 20.1: Wechselkursrisiko: Ausprägungen und Zeitbezug

Das Translation Exposure wird ermittelt, indem man die Differenz aus den Aktiv- und Passivpositionen errechnet, die zu korrigieren sind, wenn der Wechselkurs vom bisherigen Wertansatz abweicht. Dieser Exposure-Betrag gibt an, in welchem Ausmaß Wechselkursänderungen auf den konsolidierten Jahresabschluss eines Unternehmens einwirken können. Die Höhe der eventuellen Umrechnungsgewinne oder -verluste hängt dabei nicht nur von der Volatilität der Wechselkurse ab, sondern auch von der gewählten *Umrechnungsmethode* (Stichtagsverfahren; Umrechnung nach dem Bezugszeitpunkt, nach der Fristigkeit, zu historischen Kursen oder zu Durchschnittskursen etc.).

Eine bei Devisenkursänderungen aus der Umrechnung resultierende Veränderung des bilanziellen Erfolgsausweises deutet nicht zwingend auf eine entsprechende Veränderung der finanziellen Situation der Unternehmung hin; die Liquidität bleibt zunächst unberührt. Folglich spielt dieses Konzept für Entscheidungen des Währungsmanagements eine untergeordnete Rolle.

20.1.2 Transaction Risk

Im Gegensatz zum Translation Exposure bezieht sich das Transaction Exposure auf einzelne Zahlungsströme, bei denen ein tatsächlicher Umtausch einer Währung in eine andere erfolgt. Die Ursache für das Währungsumtauschrisiko (Transction Risk) besteht in der zeitlichen Differenz zwischen der Entstehung von Fremdwährungsforderungen oder -verbindlichkeiten und den dazugehörigen Ein- bzw. Auszahlungen. Innerhalb dieser Zeitspanne kann sich der in Heimatwährung ausgedrückte Wert der Position durch Wechselkursschwankungen verändern. Während vom Währungsumrechnungsrisiko hauptsächlich multinationale Unternehmen betroffen sind, betrifft das Währungsumtauschrisiko auch das Risikomanagement von Import- und Exportunternehmen.

Das Errechnen des *Exposure-Betrages* ist unproblematisch, solange Betragshöhe und Fälligkeitszeitpunkte bekannt sind. Grundlage für seine Bestimmung sind Liquiditätspläne der Unternehmen, in denen die Zahlungsbewegungen nach den unterschiedlichen Währungen aufgeschlüsselt sind. Vorab ist eine Risikokompensation möglich, indem für jede einzelne Währung Forderungen und Verbindlichkeiten gleicher Fälligkeit aufgerechnet werden können. Nur die Restgröße ist dem Währungstransaktionsrisiko ausgesetzt. Der wesentliche Unterschied zum Translation Exposure besteht darin, dass beim Transaction Exposure nicht die Bilanzwerte betroffen sind, sondern die aus den Positionen resultierenden Zahlungsströme. Das Transaction Exposure wirkt somit unmittelbar auf die Liquidität und auf das Ergebnis des Unternehmens. Man spricht deshalb auch von einem *kurzfristigen Cashflow-Risiko*. In der Praxis ist das Transaction Exposure Hauptgegenstand des Devisenmanagements.

20.1.3 Economic Risk

Neben dem vergangenheitsbezogenen Umrechnungsrisiko und dem eher gegenwartsbezogenen Transaktionsrisiko kann als dritte und umfassendste Ausprägung des Wechselkursrisikos das zukunftorientierte Economic Exposure bzw. Economic Risk angesehen werden. Es bezieht sich auf einen längeren Zeithorizont als das Transaktionsrisiko und betrifft die langfristige Wettbewerbsfähigkeit eines Unternehmens. Im Gegensatz zum Währungstransaktionsrisiko, das sich auf zahlungswirksame, zeitlich und betragsmäßig fixierte Vorgänge beschränkt, betrachtet das ökonomische Risiko sämtliche erwarteten zukünftigen Ein- und Auszahlungen und deren Veränderungen bei Wechselkursschwankungen. Das ökonomische Risiko kann entsprechend als *langfristiges Cashflow-Risiko* angesehen werden. Seine Beurteilung ist damit ein strategischer Faktor, der im strategischen Management des Unternehmens berücksichtigt werden muss.

Die Veränderung realer Wechselkurse kann Auswirkungen auf die Vorteilhaftigkeit eines Produktionsstandortes unter Rentabilitätsgesichtspunkten haben. Auch ist es möglich, dass die Kostenrelationen zwischen konkurrierenden Unternehmen betroffen sein können, sofern Importkonkurrenz besteht. Dem ökonomischen Risiko ist nur mit geeigneten Beschaffungs-, Produktions-, Finanz- und Absatzstrategien zu begegnen. Hauptziel des strategischen Devisenmanagements im Finanzbereich ist es, eine Kongruenz zwischen den Währungsstrukturen der Ein- und Auszahlungen herzustellen und außerdem Wechselkursrisiken durch internationale Diversifizierung zu reduzieren.

20.2 Einflüsse auf die Wechselkursentwicklung

Die Erwartungen über den zukünftigen Kursverlauf von Währungen haben großen Einfluss auf die Entscheidungen des Devisenmanagements. Wechselkursprognosen sind indes, ebenso wie Zinsprognosen, mit erheblichen Unsicherheitsfaktoren behaftet. Erschwerend tritt hinzu, dass bei der Analyse mindestens zwei Volkswirtschaften einbezogen werden müssen. Neben realwirtschaftlichen und monetären Faktoren bestimmen oft auch politische Entscheidungen die Wechselkursentwicklung. Die Haupteinflussgrößen der Wechselkurse sind: Zinsdifferenzen, Inflationsdifferenzen, Leistungsbilanzsalden, Wachstumsdifferenzen und politische Entwicklungen (siehe hierzu auch Kapitel 16).

- Die Wechselkursentwicklung wird in besonderem Maße durch die *Zinsniveaus* in den beiden Währungsgebieten beeinflusst. Höhere Nominalzinsen ziehen tendenziell ausländisches Kapital an und lassen den Wechselkurs, zumindest kurzfristig, steigen (Aufwertung).

- Höhere *Inflationsraten* schwächen langfristig die Währung des betreffenden Landes. Erfolgt eine glaubwürdige Antiinflationspolitik durch die Notenbank, kann über hohe Geldmarktzinsen jedoch kurzfristig Kapital angezogen werden, was zu höheren Kursen führt.

- Permanente *Exportüberschüsse* stärken langfristig die Währung des Überschusslandes, Defizite belasten die betreffende Währung.

- Ein kräftiges *Wirtschaftswachstum* wirkt einerseits über zunehmende Importe in Richtung einer Verschlechterung der außenwirtschaftlichen Position dieses Landes. Andererseits ziehen die an die Expansion geknüpften günstigen Gewinnaussichten Kapital an, wodurch sich die heimische Währung aufwerten kann.

- *Politische* oder wirtschaftliche *Unsicherheiten* führen zur Flucht in als relativ krisensicher geltende Währungen wie den US-Dollar oder den Schweizer Franken.

20.3 Absicherungsinstrumente

Die finanzwirtschaftlichen Instrumente, die geeignet sind, mit dem Wechselkursrisiko umzugehen, werden häufig in risikovermeidende, risikokompensierende und risikoreduzierende Maßnahmen eingeteilt. Dabei geht es in erster Linie um das *Management des Transaktionsrisikos*.

20.3.1 Wahl der Fakturierungswährung

Für international tätige Unternehmung besteht die wohl einfachste Möglichkeit zur Vermeidung des Wechselkursrisikos darin, sowohl bei Importen als auch bei Exporten in ihrer jeweiligen Heimatwährung zu fakturieren. Indem sich ein Unternehmen dem Wechselkursrisiko in dieser Weise entzieht, wird es auf den ausländischen Geschäftspartner abgewälzt.

Ob sich eine Fakturierung in der eigenen Landeswährung durchsetzen lässt, hängt vor allem von zwei Voraussetzungen ab. Hier ist einerseits die Einschätzung der Kursentwicklung der relevanten Währung durch den ausländischen Geschäftspartner zu nennen. Der zweite und wichtigere Faktor ist die Marktmacht und somit die Verhandlungsposition jedes einzelnen Geschäftspartners.

Bestellerkredite, auch gebundene Finanzkredite genannt, sind Kredite an ausländische Besteller inländischer Lieferungen und Leistungen. Sie bieten dem Exporteur die Möglichkeit, in Inlandswährung zu fakturieren. Die Wechselkurssicherung entspricht damit der oben dargestellten. Vor allem beim Export von Investitionsgütern in devisenschwache Länder und zur Vermeidung von Erfüllungs- und Leistungsrisiken bietet sich diese Form der Risikoabsicherung an.

20.3.2 Währungsklauseln und Währungsoptionsrechte

Eine weitere Möglichkeit zur Vermeidung von Kursrisiken bietet die vertragliche Vereinbarung von *Währungsklauseln*, auch Kurssicherungsklauseln genannt. Zum Schutz vor Kursverlusten wird die Höhe eines in einer bestimmten Währung geschuldeten Betrages durch einen künftigen Kurs der Vertragswährung gegenüber einer oder mehreren anderen Währungen (Bezugswährungen) bestimmt. Währungsklauseln sind also auf die Bedürfnisse der Wechselkurssicherung zugeschnittene Geldwertsicherungsklauseln. Eine vollständige Abwälzung des Wechselkursrisikos auf den Vertragspartner ist hiermit nur dann realisierbar, wenn die Klausel den Vertragspreis an die Entwicklung der inländischen Währung bindet.

Durch die vertragliche Vereinbarung eines *Währungsoptionsrechtes* hat der Gläubiger das Recht, die Kredit- oder Darlehenstilgung sowohl in der Kreditwährung als auch in einer oder in mehreren anderen im voraus vereinbarten Währungen zu verlangen. Die Umrechnungskurse werden für die Optionswährungen schon bei Abschluss des Vertrages festgelegt und orientieren sich meist an den Devisenkursen am Tag des Vertragsabschlusses.

Die kurssichernde Wirkung ergibt sich daraus, dass der Gläubiger die Wahl hat, die Zahlung in der Währung zu verlangen, die sich am Markt für ihn am besten entwickelt hat. Obwohl das Hauptanwendungsgebiet der Währungsoptionen bei internationalen Anleihen liegt, kommt dieses Instrument grundsätzlich auch für langfristige Lieferanten- und Finanzkredite in Betracht.

20.3.3 Leading und Lagging

Exporteure und Importeure können sich durch *Leading* (das Vorziehen von Zahlungen) oder *Lagging* (Zahlungsverzögerung) vor erwarteten ungünstigen Entwicklungen der Devisenkurse schützen. Die Einsatzmöglichkeiten dieses Instruments sind aus Sicht des Zahlungsempfängers, des Exporteurs, sehr eingeschränkt. Erwartet er bspw. eine Kursverschlechterung, kann er versuchen, den Kontrahenten durch Anreize wie Skonti oder Rabatte zur Zahlung vor Ablauf der Frist zu bewegen. Erwartet er jedoch eine Kurssteigerung, kann er auf Zugeständnis verzichten (und die Fremdwährung ggf. nach Zahlungseingang im Ausland anlegen). Ein Importeur verfährt entsprechend umgekehrt.

20.3.4 Netting und Matching

Netting und Matching sind Instrumente des Cash Managements, die in internationalen Unternehmen auch zur internen Kurssicherung angewendet werden. Unter *Netting* wird hier die konzerninterne Saldierung wechselseitiger Forderungen mit dem Ziel, Zahlungen nur in Höhe des errechneten Saldos zu leisten, verstanden.

Mit dem Begriff des Matching bezeichnet man allgemein die Identifikation und Zuordnung von Verrechnungsmöglichkeiten im konzerninternen Zahlungsverkehr. Mit dem Ziel der Absicherung des Währungsrisikos geht das Matching noch einen Schritt weiter.

Unter *Matching* wird hier das Management der Valuta-Tagesposition in der Weise verstanden, dass Unternehmen, die sowohl Export- als auch Importumsätze in Fremdwährungen haben, diese so gestalten, dass der kurszusichernde Netto-Exposure-Betrag möglichst klein ist. Matching bedeutet also die bewusste Bildung von Währungsgegenpositionen innerhalb des Konzerns mit dem Ziel, ein Netto-Exposure von Null zu erreichen. Das Unternehmen wird dadurch, als Einheit betrachtet, immun gegenüber Kursrisiken.

20.3.5 Devisenkassageschäfte

Eine Möglichkeit zur Absicherung des Wechselkursrisikos besteht darin, die Fremdwährung schon früher über den Devisenkassahandel zu beschaffen oder abzustoßen. Ein Unternehmen, das in der Zukunft einen Zahlungsausgang erwartet, kann den in der Zukunft benötigten Fremdwährungsbetrag bereits früher am Devisenmarkt beschaffen und diesen bis zum Zahlungstermin verzinslich *anlegen*.

Der umgekehrte Fall tritt ein, wenn ein Zahlungseingang erwartet wird. In diesem Fall kann ein Unternehmen einen *Fremdwährungskredit* in Höhe des erwarteten Eingangs aufnehmen und den Betrag in heimische Währung umtauschen. Die Tilgung des Kredits erfolgt bei Zahlungseingang.

Fremdwährungskredite und -anlagen eignen sich insbesondere dann zur Ausschaltung des Wechselkursrisikos, wenn für bestimmte Währungen keine Devisenterminmärkte existieren oder die Laufzeit des Kontrakts die Devisentermingeschäftslaufzeiten übertrifft. Fremdwährungskredite sind vorteilhaft, wenn das ausländische Zinsniveau für eine Kreditaufnahme das inländische Zinsniveau für eine Geldanlage nicht zu deutlich übersteigt. Fremdwährungsanlagen sind sinnvoll, wenn das Zinsniveau für eine Geldaufnahme im Inland die Renditen für ausländische Geldanlagen nicht zu stark übertrifft.

20.3.6 Devisentermingeschäfte

Das Devisentermingeschäft, auch *Forward Contract* genannt, ist das bei deutschen Außenhändlern am häufigsten eingesetzte Sicherungsinstrument. Es wirkt, ebenso wie die Absicherung über den Devisenkassahandel, risikokompensierend. Diese Termingeschäfte werden individuell (over the counter) vereinbart und beinhalten die vertragliche Festlegung über den Kauf oder Verkauf eines vereinbarten Währungsbetrages an einem späteren Zeitpunkt zu einem bereits heute festgelegten Kurs.

Devisentermingeschäfte werden von den Kreditinstituten aufgrund des vorhandenen Risikos der Nichterfüllung auf die Kreditlinie des Kunden angerechnet. Man unterscheidet zwei Arten von Devisentermingeschäften. *Solo-* oder *Outrightgeschäfte*, die nur den Kauf oder Verkauf einer Währung auf Termin beinhalten, und *Swapgeschäfte*, bei denen ein Kassageschäft mit einem Termingeschäft gekoppelt ist (= Devisenswaps). Bei einem *Devisenswap* sind folgende Kombinationen denkbar:

- Kauf von Kassadevisen mit Verkauf von Termindevisen.
- Verkauf von Kassadevisen mit Kauf von Termindevisen.
- Tausch von Termindevisen verschiedener Fälligkeiten.

Gehandelt werden am Terminmarkt die meisten Währungen. Die Termine variieren zwischen einem und zwölf Monaten. In einzelnen Währungen sind auch „long forward contracts" mit Laufzeiten von zehn bis fünfzehn Jahren möglich.

Die Terminpreisbildung (und damit die Kurssicherungskosten) ergibt sich in erster Linie aus den Zinsdifferenzen zwischen den Geldmärkten der Landeswährung und der benötigten Auslandsvaluta. Der Devisenterminkurs weicht deshalb regelmäßig vom aktuellen Devisenkassakurs der Devise ab. Man bezeichnet die Differenz als Swapsatz. Terminaufschläge (Report) treten immer dann auf, wenn das ausländische Zinsniveau eine positive Differenz zum inländischen Zinsniveau aufweist. Im Falle von Terminabschlägen (Deport) dagegen sind die korrespondierenden Inlandszinsen höher als die entsprechenden Auslandszinssätze (siehe Kapitel 14). Devisentermingeschäfte gehören zu den wichtigsten Instrumenten der Wechselkursabsicherung, denn sie bieten dem Unternehmen schon am Abschlusstag eine sichere Kalkulationsbasis.

20.3.7 Währungsterminkontrakte

Bei Währungsterminkontrakten (*Futures*) handelt es sich um eine standardisierte Form des Devisenterminkontraktes. Die Standardisierung ermöglicht den börsenmäßigen Handel mit der Terminbörse als Clearing-Stelle. Die an Terminbörsen gehandelten Kontrakte sind nach Kontraktgröße, Fälligkeitstermin, Laufzeit und minimaler Preisveränderung standardisiert.

Bei Geschäftsabschluss ist eine Sicherheitsleistung zu erbringen (*Initial Margin*). Diese beträgt 5-10 % des Kontraktwertes. Verluste (Gewinne) aus den täglich bewerteten Future-Positionen werden dem Sicherheitskonto (*Margin Account*) sofort belastet (bzw. gutgeschrieben). Sinkt die Initial Margin durch auflaufende Verluste unter eine Mindestquote (*Maintenance Margin*), die ca. 75-80 % der Initial Margin beträgt, entsteht eine Nachschusspflicht. Aufgrund der täglichen Abrechnung entspricht der Währungs-Future einer Reihe neu abgeschlossener eintägiger Termingeschäfte.

Kurssicherungsgeschäfte durch Forwards sind in der Regel kostengünstiger als am Markt für Devisen-Futures, weil nur ein Geschäft abgeschlossen und keine Sicherheit hinterlegt werden muss. Voraussetzung ist jedoch, dass dem Unternehmen bei Banken offene Kreditlinien zur Verfügung stehen.

20.3.8 Devisenoptionen

Mit einer Devisenoption (*Currency Option*) erwirbt der Käufer das Recht - nicht aber die Pflicht -, einen bestimmten Fremdwährungsbetrag zu einem fest vereinbarten Basispreis (*Strike Price*) innerhalb (american style) oder am Ende einer bestimmten Frist (european style) gegen eine andere Währung zu kaufen bzw. zu verkaufen (siehe Tab. 20.1). Der Preis, den der Käufer dem sog. Stillhalter (= Verkäufer der Option) bezahlen

		Kaufoption (Call Option)	Verkaufsoption (Put Option)
Käufer (Long position)	Rechte	Kauf der Währung zum Basispreis	Verkauf der Währung zum Basispreis
	Pflichten	Zahlung der Optionsprämie	Zahlung der Optionsprämie
Verkäufer (Short position)	Rechte	Erhalt der Optionsprämie	Erhalt der Optionsprämie
	Pflichten	Verkauf der Währung zum Basispreis	Kauf der Währung zum Basispreis

Tab. 20.1: Rechte und Pflichten im Optionshandel

muss, wird *Optionsprämie* genannt. Dieser Preis setzt sich aus dem Inneren Wert und dem Zeitwert zusammen. Der *Innere Wert* einer Option ist die Differenz zwischen dem Basispreis und dem aktuellen Marktpreis der Währung.

Der *Zeitwert* wird vor allem durch die Laufzeit bzw. Restlaufzeit, die Volatilität des Basisinstruments (der jeweiligen Währung) und die Zinsdifferenz zwischen den Währungen bestimmt. Auch die Erwartungshaltungen der Marktteilnehmer spiegeln sich im Optionspreis wieder. Je größer die Restlaufzeit ist, desto höher ist auch die Optionsprämie.

Devisenoptionsgeschäfte können sowohl über Banken als auch über Broker an Börsen in standardisierter Form abgeschlossen werden. Börsengehandelte Devisenoptionen, auch traded options genannt, mit Restlaufzeiten können zu ihrem jeweiligen Marktwert

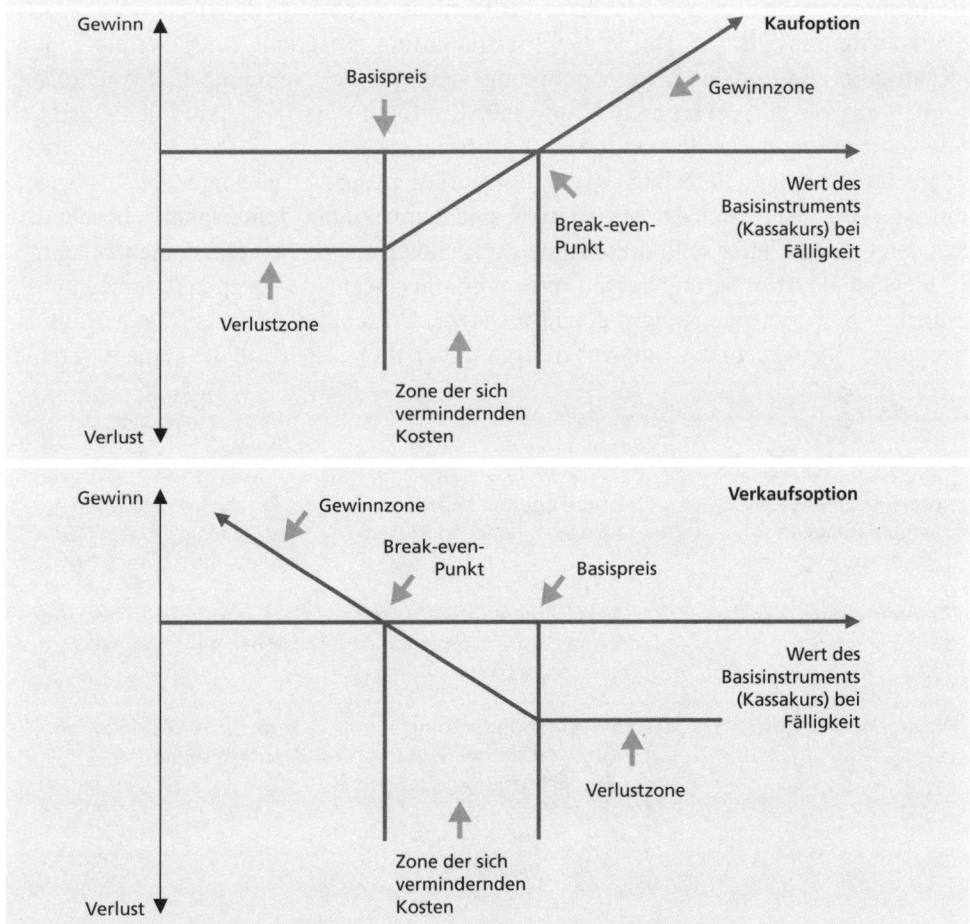

Abb. 20.2: Gewinn- und Verlustmöglichkeiten des Optionskäufers

veräußert werden. Individuell vereinbarte Optionen werden demgegenüber als OTC-(Over The Counter) Optionen bezeichnet. Es gibt für sie keinen Sekundärmarkt.

Devisenoptionen können als eine Art Versicherung angesehen und die beim Kauf zu bezahlende Optionsprämie kann als Versicherungsprämie gewertet werden. Sie bieten dem Unternehmen Schutz vor einer für ihn ungünstigen Entwicklung der Wechselkurse. Gleichzeitig belassen sie ihm die Chance, von positiven Marktentwicklungen zu profitieren. Denn in diesem Fall kann der Optionskäufer die Option „verfallen" lassen.

Um Abb. 20.2 zu verstehen, kann man – wenn es um die Absicherung von Wechselkursrisiken geht – zunächst annehmen, dass der Kassakurs der Fremdwährung (Basisinstrument) in Preisnotierung gestellt wird, also etwa Euro pro US-Dollar. Die Abbildung zeigt das Gewinnprofil jeweils aus Sicht des Käufers einer Kauf- bzw. Verkaufsoption (*Long Call* bzw. *Long Put*). Bei Mengennotierung (US-Dollar pro Euro) ändert sich die Betrachtung. Basisinstrument ist dann die heimische Währung (Euro). Eine Kaufoption (Verkaufsoption) für US-Dollar bei Preisnotierung entspricht einer Verkaufsoption (Kaufoption) für Euro bei Mengennotierung. Geht man bei Abbildung 20.2 von Preisnotierung aus, so gilt: Wenn beim Kauf einer Kaufoption der Kassakurs den Basiswert überschreitet (man sagt: die Option ist „in the money"), lohnt es sich, die Option auszuüben; ansonsten lässt der Käufer die Option verfallen, um sich günstiger am Kassamarkt einzudecken. Die Kosten der Absicherung sind damit auf die Optionsprämie beschränkt. Für den Optionskäufer stellt diese zugleich das höchstmögliche Verlustpotenzial dar.

Ideal ist die Absicherung durch Devisenoptionen, wenn der Zeitpunkt des Zahlungseingangs bzw. -ausgangs nicht genau feststeht. Currency Options sind ebenfalls ein geeignetes Instrument zur Kurssicherung, wenn nicht feststeht, ob die geplante Fremd-

	Vorteile	Nachteile
sofortige Eindeckung und Festgeldanlage in Fremdwährung	▪ Kurs ist genau kalkulierbar ▪ keine zusätzlichen Kosten	▪ Kapital wird gebunden ▪ evtl. günstige Kursverläufe können nicht genutzt werden
Devisentermingeschäft	▪ Kurs ist genau kalkulierbar ▪ keine Kapitalbindung ▪ keine zusätzlichen Kosten	▪ evtl. günstige Kursverläufe können nicht genutzt werden
Devisenoptionsgeschäft	▪ keine Kapitalbindung ▪ Kurs ist definitiv gegen ungünstige Entwicklungen abgesichert ▪ evtl. günstige Kursverläufe können genutzt werden	▪ zusätzliche Kosten durch Optionsprämie

Tab. 20.2: Devisenoptionen im Vergleich zu Devisentermingeschäften und Geschäften am Kassamarkt

währungstransaktion jemals zustande kommt. Nimmt bspw. ein deutsches Unternehmen an einer internationalen Ausschreibung teil und gibt den Angebotspreis in Fremdwährung ab, entsteht bei dem Unternehmen ein Wechselkursrisiko erst dann, wenn es den Zuschlag bekommt. Wird dieses Risiko schon bei Abgabe des Angebots durch ein herkömmliches Devisentermingeschäft abgesichert und das Unternehmen erhält den Zuschlag nicht, so hätte es im Ergebnis keine Kurssicherung betrieben, sondern im Gegenteil ein Kursrisiko aufgebaut. Bei einer Devisenoption ist dies mangels der Erfüllungspflicht des Käufers nicht der Fall. Dem Käufer stehen bei einem negativen Ausgang der Ausschreibung drei Möglichkeiten zur Auswahl: Er kann die Option verfallen lassen, was aber den Verlust der Optionsprämie bedeuten würde. Bei einer für ihn günstigen Entwicklung des Wechselkurses kann er Währungsgewinne realisieren oder die Option wieder an den Stillhalter verkaufen, wenn noch Restlaufzeit vorhanden ist.

20.3.9 Währungsswaps

Ein anderes Instrument, das zur Absicherung gegen Wechselkursrisiken herangezogen werden kann, ist der Währungsswap (*Cross Currency Swap*). Früher wurde der Begriff Swap fast ausschließlich für entsprechende Devisengeschäfte verwendet. Seit Anfang der achtziger Jahre wird er zunehmend auch für Währungs- und Zinstransaktionen gebraucht.

Grundsätzlich wird bei einem Währungsswap eine Kapitalsumme und die darauf zu bedienende Zinsverpflichtung in ein entsprechendes Kapitalvolumen einer anderen Währung einschließlich der damit verbundenen Zinsverpflichtung getauscht. An einem Währungsswap sind zwei Partner beteiligt, die hinsichtlich der Laufzeit und des Betragsvolumens die gleichen Interessen besitzen, aber entgegengesetzte Währungsbedürfnisse haben. Ein Währungsswap kann somit durch folgende Punkte charakterisiert werden:

- Gegenseitiger Austausch von Finanzmitteln zu einem vereinbarten Wechselkurs;

- Jährlicher oder halbjährlicher Austausch von Zinszahlungen auf der Grundlage der vereinbarten Kapitalsumme und des vereinbarten Zinssatzes;

- Rücktausch des ursprünglichen Betrages bei Fälligkeit zum ursprünglichen Wechselkurs;

- Der Swap ist rechtlich nicht an einen bestimmten Aktiv- oder Passivposten gebunden und kann somit zum Zweck der Buchhaltung als Posten außerhalb der Bilanz angesehen werden.

Beispiel

Ein deutsches Mutterunternehmen „swapt" einen Kredit in Schweizer Franken bzw. ein auf Schweizer Franken lautendes Guthaben in US-Dollar (*Liability Swap* bzw. *Asset Swap*). Swap-Partner ist ein US-Unternehmen, das Finanzmittel in Schweizer Franken benötigt und seinerseits US-Dollar zu vorteilhaften Konditionen beschaffen bzw. bereitstellen kann. Der Dollarbetrag wird sodann zur währungskongruenten Finanzierung einer Tochtergesellschaft in den USA eingesetzt. Nach Ablauf der vereinbarten Frist erhält die Spitzeneinheit den Dollarbetrag zurück und tauscht ihn wieder gegen Schweizer Franken (siehe Abb. 20.3).

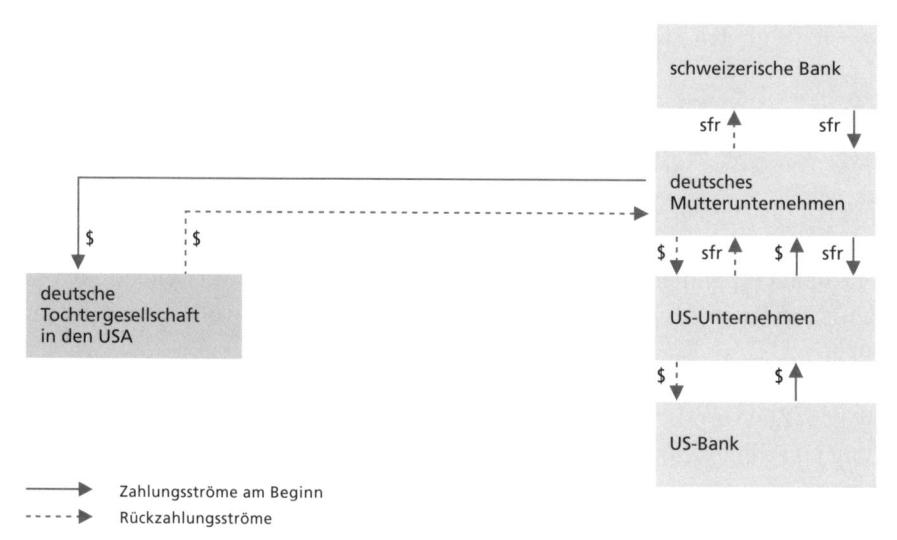

Abb. 20.3: Währungskongruente Finanzierung durch einen Währungsswap

Ein *Vorteil* von Swaps ist die Flexibilität entsprechend der individuellen Bedürfnisse der Swap-Partner. Laufzeit und Betrag sind zwischen verschiedenen Parteien frei wählbar, wobei die Laufzeiten meist zwischen zwei und zehn Jahren liegen. Auch ermöglichen Währungs-Swaps normalerweise eine kostengünstigere Absicherung gegen Devisenkursrisiken als das Hedging mittels Termingeschäften. Die mit dem Swap selbst verbundenen *Risiken* dürfen allerdings nicht außer Acht gelassen werden. Beim Währungs-Swap unterliegen sowohl die Zinszahlungen als auch die Kapitalbeträge bei Zahlungsunfähigkeit des einen Partners einem Wechselkursrisiko. Dieses kann aufgrund inzwischen veränderter Wechselkurse beträchtliche Ausmaße annehmen. Deshalb ist vor der Durchführung eines Swap-Geschäftes eine Risikoanalyse des Swap-Partners unabdingbare Voraussetzung.

20.3.10 Wechselkursversicherung, Faktoring und Forfaitierung

Weil eine längerfristige Absicherung oder Abwälzung von Wechselkursrisiken nicht immer möglich ist, gibt es in den meisten westlichen Industriestaaten im Rahmen der staatlichen Exportförderung Garantien und Bürgschaften (Wechselkursversicherungen) zur Vermeidung von Wechselkursrisiken bei bestimmten Exportgeschäften. In Deutschland übernehmen die Hermes-Kreditversicherungs AG und die Treuarbeit AG im Auftrag des Bundes diese Funktion (siehe Kapitel 17).

Weitere Instrumente, mit denen sich Fremdwährungsrisiken absichern lassen, sind schließlich das Factoring und die Forfaitierung.

21 Zinsänderungsrisiken und ihre Absicherung

Jedes Unternehmen besitzt finanzielle Positionen, deren Zahlungsreihen bzw. Marktwerte von der Zinsentwicklung an den Geld-, Kredit- oder Kapitalmärkten abhängig sind.

21.1 Risikoarten

Das Zinsänderungsrisiko kann in verschiedene Komponenten unterteilt werden, das *Einkommensrisiko* (das sich wiederum in variables Zinsänderungsrisiko und Festzinsrisiko unterscheidet) und das *Vermögensrisiko* (das auch als Marktwertänderungsrisiko bezeichnet wird).

21.1.1 Festzinsrisiko

Festzinsrisiken resultieren aus inkongruenten Zinsbindungen der Aktiv- und Passivpositionen. Wenn Aktiva mit Festzinsvereinbarungen eine größere Anzahl von vertraglich identisch gestalteten Passiva gegenübersteht, existiert eine offene passivische Festzinsposition, der nur noch Aktiva mit variabler Verzinsung gegenüberstehen. Man spricht von einem „passivischen Festzinsüberhang". Damit verbunden ist ein *aktivisches Zinsänderungsrisiko*. Es besteht im Rückgang des Zinsniveaus während der Laufzeit der offenen Passivposition. In diesem Falle würden die Verbindlichkeiten zum vereinbarten Zins weiterlaufen, während das Unternehmen für die Aktivpositionen weniger Zins erhielte. Umgekehrtes gilt analog für das *passivische Zinsänderungsrisiko*. Es umfasst die in der Praxis bedeutsamere Situation einer offenen Festzinsposition auf der Aktivseite („aktivischer Festzinsüberhang"). Das Risiko resultiert aus der Erhöhung des Zinsniveaus.

21.1.2 Variables Zinsänderungsrisiko

Mit dem variablen Zinsänderungsrisiko sind Anlagen und Kredite behaftet, die nicht oder nur für einen bestimmten Teil der gesamten Laufzeit mit einer Festzinsvereinbarung ausgestattet sind. Die Existenz des variablen Zinsänderungsrisikos ist in unterschiedlichen Zinselastizitäten der variabel verzinslichen Positionen begründet. Aufgrund unterschiedlicher Anpassung von Aktiv- und Passivzinssätzen an veränderte Marktzinsen ist – wie im Falle des Festzinsrisikos – die Gefahr einer Verringerung der Bruttozinsspanne (= Differenz zwischen durchschnittlichem Aktiv- und durchschnittlichem Passivzins) bzw. des Finanzergebnisses gegeben.

21.1.3 Marktwertänderungsrisiko

Das Marktwertänderungsrisiko drückt die durch Marktzinsänderungen hervorgerufene Kurswertänderung bei Wertpapieren aus. Bei steigendem Marktzinsniveau zu verzeichnende Kursabschläge können einen Abschreibungsbedarf hervorrufen, weshalb diese Form des Risikos auch als *Abschreibungsrisiko* bezeichnet wird. Beim *Endwertänderungsrisiko* werden demgegenüber Renditeplanungen mit Langzeithorizont berücksichtigt. Das Risiko entsteht hier, wenn geplante Renditen aufgrund verschlechterter Wiederanlagebedingungen durch Marktzinssenkungen nicht realisiert werden können.

Bei der Ermittlung des Marktwertrisikos bedient man sich der Durationsanalyse. Die *Duration* ist ein Maß für die Zeitspanne, in der ein Anleger sein Vermögen mit einem festen (Nominal-)Zins gebunden hat. Sie wird auch als durchschnittliche Kapitalbindungsdauer bezeichnet.

Das Durationskonzept zielt darauf ab, dass das Endvermögen im Idealfall vollständig gegen Zinsänderungsrisiken abgesichert ist. Wenn der Planungshorizont des Unternehmens mit der Duration übereinstimmt, ist das erzielte Endvermögen unabhängig von Änderungen des Marktzinsniveaus.

21.2 Einflüsse auf die Zinsentwicklung

Die Entscheidung, welche Strategie ein Unternehmen im Bereich eines aktiven Zinsmanagements verfolgt, hängt entscheidend von der Einschätzung der künftigen Zinsentwicklung ab. Wichtige Einflussfaktoren der Zinsentwicklung sind aus volkswirtschaftlicher Sicht:

- das Wirtschaftswachstum und der Konjunkturverlauf,
- die Inflationsrate und das Geldmengenwachstum,

- die Wechselkurse und das ausländische Zinsniveau,
- die Notenbankpolitik sowie
- die Verschuldung des öffentlichen Sektors.

Anhand der Analyse der volkswirtschaftlichen Lage und Tendenzen lässt sich eine nachvollziehbare Zinsprognose erstellen.

21.3 Absicherungsinstrumente

Zur Vermeidung von Zinsrisiken kann ein Unternehmen versuchen, sowohl Geldaufnahmen als auch Geldanlagen möglichst lange festzuschreiben. Somit kann das Verlustrisiko infolge von ungünstigen Zinsentwicklungen ausgeschaltet werden. Es verschwindet aber auch die Chance, von positiven Veränderungen, wie etwa günstigeren Refinanzierungsmöglichkeiten infolge eines sinkenden Zinsniveaus, zu profitieren.

Grundsätzlich kann das Zinsänderungsrisiko auch dadurch vermieden werden, dass sowohl auf der Aktiv- als auch auf der Passivseite der Bilanz variabel verzinsliche fristenkonforme Positionen aufgebaut werden. Neben derartigen Maßnahmen zur Gestaltung der Bilanzstruktur existiert eine Reihe von Absicherungsinstrumenten für bestehende Bilanzpositionen.

21.3.1 Zinsswaps

Swaps sind Tauschgeschäfte zwischen zwei Parteien, bei denen komparative Kostenvorteile an internationalen Finanzmärkten ausgenutzt werden sollen, die auf unterschiedliche Bonitätseinschätzungen bzw. Marktzugangsmöglichkeiten der einzelnen Vertragsparteien zurückzuführen sind.

Zinsswaps (*Interest Rate Swaps*) sind gleichzeitig ein weit verbreitetes Instrument zur Absicherung von Zinsänderungsrisiken. Ein Zins-Swap basiert auf dem Austausch von Zinszahlungsströmen zwischen zwei Marktpartnern. Dabei können Festsatzzinsen gegen variable Zinszahlungen, oder umgekehrt, getauscht werden.

Auf diese Weise können Festsatzkredite für den Fall, dass das Zinsniveau sinkt, in variable Kredite umgewandelt werden. Somit wird vermieden, dass das Unternehmen im Zeitpunkt günstiger Zinsen seine Kredite teuer bezahlt. Sinngemäß können variabel verzinsliche Kredite bei steigenden Marktzinsen durch den Abschluss eines Swap-Geschäftes in Festsatzpositionen umgewandelt werden. Durch diesen Tausch ist das Unternehmen von den zunehmenden Kreditkosten nicht betroffen.

Gegenstand des Tausches können auch zwei variabel verzinsliche Positionen sein. Der Tausch von zwei variabel verzinslichen Positionen ist nur dann sinnvoll, wenn sich die Verzinsung der jeweiligen Positionen an unterschiedlichen Referenzzinssätzen, z. B. Position A am LIBOR und Position B am EURIBOR orientiert.

Zins-Swaps sind rechtlich gesehen eigenständig und beeinflussen in keiner Weise die Verpflichtungen der Swap-Partner aus dem Grundgeschäft, bspw. eingegangene Verpflichtungen Dritter gegenüber aus einem Kreditgeschäft. Jede Swap-Partei ist für ihre eigenen Mittelaufnahmen bzw. Mittelanlagen selbst verantwortlich. Das Swap-Geschäft umfasst nur den Austausch von Zinsen, die Kapitalbeträge aus dem Grundgeschäft bleiben unberührt. Deshalb sind diese Instrumente nicht bilanzierungspflichtig.

Die Grundtypen von Zinsswaps lassen sich grob in Liability Swaps, Asset Swaps und in Innovationen einteilen. Bei *Liability Swaps* werden Zinszahlungsverpflichtungen untereinander ausgetauscht, bei *Asset Swaps* werden Zinsforderungen ausgetauscht. Die Liability Swaps lassen sich wiederum in Coupon Swaps und *Basis Swaps* unterteilen. Beim Tausch von fixen in variable Zinsen spricht man von einem *Coupon Swap*. Werden nur variable Zinsen getauscht, handelt es sich um einen Basis Swap.

Beispiel
Eine Bank strebt eine variable Finanzierung an, ein Unternehmen ist an einer festen Finanzierung interessiert. Das Unternehmen muss bei beiden Finanzierungsarten höhere Zinsen zahlen als die Bank, allerdings ist die Zinsdifferenz bei variabler Verschuldung geringer.

	Bank	Unternehmen	Zinsdifferenz
zinsvariable Mittelbeschaffung	Libor	Libor +1%	1%
zinsfixe Mittelbeschaffung	12%	14%	2%

Die Bank hat bei der Beschaffung von fixen Mitteln einen komparativen Kostenvorteil. Ihr Vorteil ist also auf dem Festzins-Markt höher als auf dem variablen Markt. Somit verschuldet sich die Bank durch eine Anleihe zu festen Zinsen, obwohl sie an einer variablen Finanzierung interessiert ist, und das Unternehmen nimmt einen variablen Kredit auf. Die Zinszahlungen werden durch einen Coupon Swap getauscht (siehe Abb. 21.1). Neben der gewünschten Absicherung der Zinsrisiken erreicht jede Partei durch den Swap, dass sie die ursprünglich gewünschte Finanzierung zu günstigeren Bedingungen erhält, als dies auf direktem Wege (ohne Swap) möglich gewesen wäre. Zum Zwecke der Kurssicherung können Zinsswaps mit Währungsswaps kombiniert werden. Man spricht dann von Zins-Währungs-Swaps (*Interest Rate Currency Swaps*).

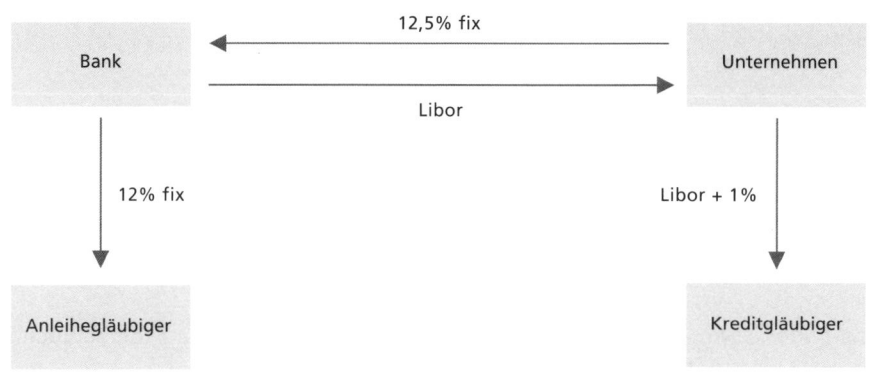

Abb. 21.1: Gestaltung eines Coupon Swap

21.3.2 Forward Rate Agreements

Bei einem Forward Rate Agreement (FRA) handeln zwei Geschäftspartner (i. d. R. Bank und Kunde) ein Zinstermingeschäft zur Absicherung zinsempfindlicher Aktiv- und Passivpositionen in naher Zukunft aus. Dabei wird ein fester Zinssatz auf einen nominellen Kapitalbetrag festgelegt. So besteht für ein Unternehmen die Möglichkeit, sich auf der Basis des heutigen Marktzinsniveaus einen festen Zinssatz für einen zukünftigen Zeitpunkt zu sichern.

Durch den *Kauf eines FRA* kann eine mit variablen Zinsen ausgestattete bzw. eine geplante Geldaufnahme vor steigenden Marktzinsen geschützt werden. Der *Verkauf eines FRA* erlaubt es, kurzfristige Geldanlagen gegen ein sinkendes Zinsniveau abzusichern. FRAs werden auf LIBOR- oder EURIBOR-Basis abgeschlossen.

Am Abschlusstag des FRA wird der Zinssatz, den man heute für eine Mittelaufnahme bezahlen müsste bzw. bei einer Geldanlage erhalten würde, für einen in der Zukunft liegenden Zeitpunkt gesichert. Am Starttag, also am Tag der Mittelaufnahme bzw. -anlage, wird der Zinsvergleich zwischen dem im FRA vereinbarten Festsatz und dem gewählten Referenzzinssatz vorgenommen. Liegt die Referenzrate über dem FRA-Satz, dann ist der Verkäufer verpflichtet, an den Käufer eine Ausgleichszahlung zu leisten. Umgekehrt muss der Käufer an den Verkäufer eine Ausgleichszahlung entrichten, falls der Referenzzinssatz unter dem FRA-Zinssatz liegt. Der Zeitraum zwischen FRA-Abschluss und Starttag wird als Vorlaufzeit bezeichnet (siehe Abb. 21.2).

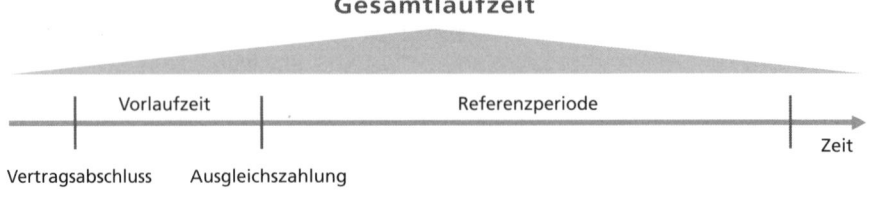

Abb. 21.2: Die Phasen eines FRA

Die *Ausgleichszahlung* entspricht in etwa der Differenz, die sich aus den beiden Zinszahlungen ergibt und wird berechnet als

$$\frac{B \cdot (R - F) \cdot T}{(360 \cdot 100) + (R \cdot T)}$$

mit: B = Nominalbetrag des FRAs, F = FRA-Zinssatz, R = aktueller Zinssatz, T = Anzahl der Tage der Zinsperiode.

Die Ausgleichszahlung erfolgt also in abgezinster Form und wird zu Beginn der Laufzeit des Grundgeschäftes (am Starttag) ausbezahlt.

21.3.3 Zinsfutures

Bei Zinsfutures (*Interest Rate Futures*) handelt es sich um standardisierte, börsengehandelte Finanztitel. Dabei treffen zwei Vertragspartner die Vereinbarung, ein standardisiertes Kapitalmarktpapier oder eine standardisierte Anlage, beide meist in synthetischer Form, zu einem im voraus festgelegten Preis an einem zukünftigen Erfüllungstermin anzunehmen (*Kauf*) oder zu liefern (*Verkauf*). Bei den synthetischen festverzinslichen Papieren handelt es sich meistens um Geld- und Kapitalmarktpapiere sowie Einlagen bei ausgewählten Banken (z.B. Dreimonats-Eurodollar) und andere synthetische Konstruktionen (z.B. fiktive Bundesanleihe).

Mit Zinsfutures können sowohl aktuelle als auch für die Zukunft geplante Vermögens- bzw. Schuldpositionen abgesichert werden. Das Hedging mit Zinsfutures kann, abhängig davon, ob eine Mittelanlage oder eine Mittelaufnahme abgesichert werden soll, entweder durch einen Kauf oder einen Verkauf von Zinsfutures erfolgen. Parallel zum Grundgeschäft werden gleich hohe, aber gegenläufige Terminpositionen eingegangen.

Wenn das risikobehaftete Grundgeschäft geschlossen wird, wird im gleichen Zug die der Absicherung dienende Terminposition glattgestellt. Es ist also nicht üblich, die Zinskontrakte effektiv auszuüben. Durch die Glattstellung wird ein Gewinn oder Verlust realisiert, der mit den Aufwendungen (Erträgen) aus den Kreditaufnahme (Geldanlage) kompensiert wird. Ziel eines Futures ist es, Verluste am Kassamarkt durch Gewinne am Terminmarkt vollständig auszugleichen.

Der direkte Kontakt zwischen Future-Käufer und -Verkäufer beschränkt sich auf den Vertragsabschluss. Danach tritt das *Clearing House* der Börse, über das die Abrechnung und Abwicklung der Kontrakte erfolgt, in das Geschäft ein. Nun bestehen Abnahme- und Lieferverpflichtungen (offene Kaufs- und Verkaufspositionen) nur noch gegenüber dem Clearing House. Durch die Zwischenschaltung dieser Institution wird die spätere Glattstellung der Terminpositionen vereinfacht, da nun keinerlei Verpflichtungen mehr gegenüber dem ursprünglichen Kontraktpartner bestehen.

Für das Eingehen einer Position am Financial Futures Markt wird dem Käufer bzw. Verkäufer die *Initial Margin* berechnet. Das ist eine Art Garantiehinterlegung für eventuelle Verbindlichkeiten in der Zukunft. Die Höhe dieser Sicherheit hängt von der Volatilität des zugrunde liegenden Handelsobjektes ab und beträgt meistens einige Prozent des Kontraktgegenwertes. Wenn die Initial Margin aufgrund von Werteinbußen des Futures unter ein gewisses Niveau sinkt (*Maintenance Margin*), muss vom Futures-Käufer bzw. -Verkäufer ein Nachschuss geleistet werden, um wieder das Initial Margin Level zu erreichen. Andernfalls ist der Broker berechtigt, die Terminposition zu liquidieren. Für das Halten einer Position am Futures Markt wird die *Variation Margin* berechnet.

21.3.4 Forwards

Forwards sind, ebenso wie Futures und FRAs, unbedingte Termingeschäfte. Sie werden zur Absicherung zukünftiger Transaktionen gegen Zinsänderungsrisiken eingesetzt. Im Gegensatz zum Future wird beim Forward keine Standardisierung des Vertrages vorgenommen.

Der Unterschied zu FRAs besteht darin, dass der Vertragsgegenstand ein festverzinsliches Papier ist (z.B. Bundesobligation, Bundesanleihe, Pfandbrief usw.), während sich ein FRA auf unverbriefte Zinssätze (z.B. LIBOR, EURIBOR) beschränkt. Forwards können für Absicherungen im kurzfristigen Bereich eingesetzt werden (vgl. FRAs), es besteht aber auch die Möglichkeit mittel- und langfristiger Absicherungen (vgl. Futures).

Die häufigste Variante des Forwards ist der *Forward Deposit* (*Loan*), bei dem die Konditionen für ein Einlage-(Kredit-) Geschäft, das in der Zukunft stattfinden soll, heute festgelegt werden. Es finden also bei Vertragsabschluss keine Zahlungsströme statt, sondern erst per Termin bei Ausübung des abzusichernden Grundgeschäftes.

21.3.5 Zinsoptionen und -optionsscheine

Durch den Erwerb einer Zinsoption hat der Käufer das Recht, aber nicht die Verpflichtung, einen Zinstitel zu kaufen (*Call Option*) oder zu verkaufen (*Put Option*). Die Absicherung besteht bei festverzinslichen Werten darin, dass eine Änderung des Marktzinsniveaus zu einer entgegengesetzten Kursänderung des Basisinstruments führt. Zinsoptionen werden entweder zwischen zwei Vertragspartnern individuell ausgehandelt - dabei handelt es sich um eine Over The Counter-Option (OTC-Option) - oder in standardisierter Form an einer Börse gehandelt.

- Einsatz eines *Long Call*: Der Käufer einer Kaufoption will eine Geldanlage in der Zukunft vor Zinssenkungen und der daraus resultierenden Kurssteigerung des festverzinslichen Papiers absichern. Die Kurssteigerung verteuert den Erwerb, was durch den Kauf einer Kaufoption umgangen werden kann. Bei einem Long Call sichert man sich nämlich das Recht, einen festverzinslichen Titel zu einem im voraus zwischen Käufer und Verkäufer vereinbarten Basispreis zu einem Zeitpunkt in der Zukunft zu kaufen.

- Einsatz eines *Long Put*: Der Käufer einer Verkaufsoption erwartet ein steigendes Marktzinsniveau. Durch den Long Put kann er seine Kapitalbeschaffungskosten gegen Steigerungen immunisieren. Denn hierbei hat der Käufer das Recht, einen Zinstitel zu einem heute vereinbarten Basispreis per Termin zu verkaufen. Wenn sich die Prognose der steigenden Marktzinsen erfüllt und der Käufer sein Optionsrecht ausübt, nämlich die Zinsoption an den Stillhalter teurer verkauft, als er sie an der Börse einkauft, erzielt er einen Kursgewinn. Dieser Kursgewinn kann die gestiegenen Kosten aus dem Kreditgeschäft kompensieren.

- Der Verkauf von Zinsoptionen (Short Call und Short Put) eignet sich nicht für Zinssicherungsgeschäfte. Bei Short-Positionen beschränkt sich der kompensatorische Gewinn auf die vom Käufer erhaltene Optionsprämie, während das Verlustpotenzial unbegrenzt ist.

Zinsoptionen werden auf festverzinsliche Kapitalmarkttitel (*Interest Rate Options*) oder auf Zins-Futures (*Interest Rate Futures Options*) abgeschlossen. Es ist nicht üblich, den der Option zugrunde liegenden Vermögenstitel effektiv zu liefern. Es wird lediglich die Differenz zwischen einem vereinbarten und dem Marktzinssatz gezahlt.

Bei den *European Style Options* ist der Käufer bei der Ausübung seines Optionsrechtes an einen vorher festgelegten Fälligkeitszeitpunkt gebunden. Die *American Style Options* berechtigen den Käufer zur Ausübung seines Optionsrechtes zu jedem beliebigen Zeitpunkt innerhalb der Optionsfrist.

Bei der Kombination von europäischer Option und Swap spricht man von einer *Swaption*. Der Käufer einer Swaption erwirbt das Recht, am Ausübungstag einen Swap über ein vereinbartes Volumen mit einem fixen Zinssatz als Festzinszahler oder -empfänger abzuschließen. Der Verkäufer verpflichtet sich, im Ausübungsfall zur Verfügung zu stehen.

Der entscheidende *Vorteil* von Zinsoptionen im Vergleich zu den bisher genannten Zinssicherungsinstrumenten ist die Regelung, dass mit dem Erwerb von Zinsoptionen das Recht, aber nicht die Verpflichtung zur Erfüllung des Geschäftes verbunden ist. So kann der Optionskäufer seine Zinspositionen für den Fall ungünstiger Zinsentwicklungen gegen Verluste absichern und sich gleichzeitig die Chance günstiger Zinsverläufe erhalten, indem er die Option verfallen lässt und von positiven Marktzinsentwicklungen profitiert. Der einzige *Nachteil* ist die bei Vertragsabschluss fällige Optionsprämie, die auf jeden Fall zu entrichten ist, unabhängig davon, ob sich die Zinsen für den Käufer günstig oder ungünstig entwickeln.

Die finanztheoretischen Grundlagen für Zinsoptionen finden weitgehend auch bei *Zinsoptionsscheinen* Anwendung, die Unterschiede liegen im Wesentlichen in der rechtlichen Ausgestaltung dieser Zinsinstrumente. Ein Optionsschein kann auch als eine verbriefte und börsengehandelte Option bezeichnet werden.

Wenn hohe Geldbeträge gegen Zinsänderungen abgesichert werden sollen, ist es vorteilhafter, eine Zinsoption einzusetzen. Zum einen ist es kostengünstiger, zum anderen könnte die geringe Markttiefe bei Zinsoptionsscheinen eine marktgerechte Kursbildung beeinträchtigen.

21.3.6 Caps, Floors, Collars und Korridore

Caps, Floors, Collars und so genannte Korridore stellen eine Sonderform von Zinsoptionen dar. Bei Zinsoptionen können Zinssätze, die dem heutigen Marktniveau entsprechen, für die Zukunft gesichert werden. Durch den Einsatz von Caps, Floors, Collars oder Korridoren sind nicht bestimmte Zinssätze, die in der Zukunft Gültigkeit haben sollen, Vertragsgegenstand, sondern Zinsober- bzw. Zinsuntergrenzen. Durch Caps und Collars können variabel verzinsliche Kredite abgesichert werden, Floors und Korridore ermöglichen die Absicherung von variabel verzinslichen Geldanlagen. Bei einem *Cap-Abschluss* werden folgende Punkte zwischen dem Käufer und dem Verkäufer vereinbart:

Festlegung der Laufzeit	ab einem Jahr bis zu zehn Jahre
Referenzzinssatz	i. d. R. LIBOR, EURIBOR
Nominalbetrag	entspricht im Idealfall dem abzusichernden Betrag und sollte 2,5 Mill. Euro nicht unterschreiten
Strike Rate	Festlegung der Zinsobergrenze, ab welcher der Käufer vom Verkäufer Zinsausgleichszahlungen erhält

Der Abschluss von Caps bietet dem Cap-Käufer (i. d. R. ein Kreditnehmer) eine Versicherung gegen steigende Zinsen. Er hat die Garantie, dass die Zinsbelastung aus einer variabel verzinslichen Verbindlichkeit eine vertraglich festgelegte Zinsobergrenze (*Strike Rate*) während der Cap-Laufzeit nicht übersteigt, denn sobald die Marktzinsen die Cap-Obergrenze durchbrechen, erhält er vom Cap-Verkäufer (i. d. R. eine Bank) eine Ausgleichszahlung, welche der Differenz zwischen dem höheren Marktzins und der Cap-Obergrenze entspricht. Für diese Garantie muss der Cap-Käufer an den Cap-Verkäufer eine Prämie bezahlen. Falls sich das Marktzinsniveau in die andere Richtung entwickelt und die Zinsen fallen, kann der Cap-Käufer in vollem Umfang davon profitieren, da die vertragliche Ausgestaltung eines Caps bis auf die Cap-Prämie keine weiteren Verpflichtungen für den Käufer vorsieht.

Der *Floor* ist das Spiegelbild eines Caps. Der Floor-Käufer (i. d. R. ein Anleger) sichert sich durch die Vereinbarung einer Zinsuntergrenze eine Mindestverzinsung für seine variabel verzinsliche Geldanlage. Fällt das Marktzinsniveau unter die Floor-Untergrenze, erhält der Floor-Käufer vom Floor-Verkäufer (i. d. R. eine Bank) die Zinsdifferenz in Form einer Ausgleichszahlung vergütet.

Die Kombination eines Caps mit einem Floor wird *Collar* genannt. Dabei wird ein Cap gekauft und gleichzeitig ein Floor verkauft, so dass eine Bandbreite entsteht, innerhalb der sich die Zinsen aus dem Zinssicherungsgeschäft bewegen können. Wenn die Marktzinsen die Cap-Obergrenze durchbrechen, ist die Bank verpflichtet, an den Kun-

Merkmale Instrumente	langfristige / kurzfristige Absicherung	Bilanzierungs- pflicht	Standardisierung	börsenmäßiger Handel	Kosten
Swaps	langfristig 5-10 Jahre	–	–	–	–
FRAs	kurzfristig (bis zu zwei Jahren)	–	–	–	–
Futures	kurz- und langfristig	–	standardisiert	Terminbörse	evtl. Provision an Broker; Margins
Forwards	kurz- und langfristig	vorhanden	–	–	–
Zinsoptionen	kurz- und langfristig	–	individuell und standardisiert	Terminbörse, bei Optionsscheinen klassische Wertpapierbörse	Optionsprämie
Caps, Floors, Collars, Korridore	langfristig (bis zu zehn Jahren)	–	–	–	Optionsprämie; evtl. Ausgleichs- zahlung

Tab. 21.1: Übersicht über die Zinssicherungsinstrumente

den eine Ausgleichszahlung zu leisten. Fallen die Marktzinsen unter die vereinbarte Floor-Untergrenze, muss der Kunde der Bank die daraus entstandene Zinsuntergrenze bezahlen.

Der Collar kann als eine Alternative zum Cap als Zinssicherungsinstrument gegen steigende Zinsen angewendet werden, mit dem Vorteil, dass der Collar günstiger ist. Der Erwerber eines Collars ist Käufer eines Caps, für den er eine Prämie bezahlen muss, und gleichzeitig Verkäufer eines Floors, für welchen er eine Prämie erhält. Eine Sonderform des Collar ist der *Zero Cost Collar*. Hier gleichen sich der Kaufpreis für den Cap und der Verkaufspreis des Floor aus.

Vorhandene oder zukünftige Geldanlagen lassen sich auch durch einen *Korridor* gegen das Risiko sinkender Zinsen absichern. Ein Korridor wird durch den Kauf eines Floor und den gleichzeitigen Verkauf eines Cap konstruiert. Die Kombination verringert die Prämie, die für einen Floorkauf anfällt bzw. ermöglicht evtl. eine prämienneutrale Gestaltung.

22 Länderrisiken und ihre Beurteilung

Neben Wechselkurs- und Zinsänderungsrisiken sowie den auch im inländischen Geschäft bestehenden Unternehmensrisiken sind im Auslandsgeschäft Länderrisiken zu beachten. Sie betreffen nicht das Einzelgeschäft, sondern alle Geschäfte, die mit Vertragspartnern in einem Land abgeschlossen werden, gleichermaßen. Länderrisiken werden auch als politische Risiken im weiteren Sinne bezeichnet. Sie lassen sich in politische Risiken im engeren Sinne (politische Risiken) und wirtschaftliche Länderrisiken einteilen.

22.1 Politische Länderrisiken

Unter politischen Länderrisiken versteht man die „politisch bedingte Zahlungs- bzw. Transferunwilligkeit" von Staaten, wobei diese Unwilligkeit häufig mit der ökonomischen Unfähigkeit einhergeht, den Zahlungsverpflichtungen nachzukommen.

Gründe hierfür sind typischerweise landesinterne Vorgänge bzw. Situationen, wie politische Instabilität (Regierungs- oder Politikwechsel), Streik, politische Unruhen oder kriegerische Auseinandersetzungen sowie externe Embargo- bzw. Blockademaßnahmen. Daneben stehen wirtschaftspolitische Risiken in Form restriktiver staatlicher Eingriffe. Derartige Maßnahmen reichen von der Einführung von Kontingenten oder Genehmigungspflichten über die Beschlagnahmung (Konfiszierung) bis hin zur Enteignung von Vermögenstiteln. Bei Ländern mit Devisenbewirtschaftung besteht weiterhin das Risiko, dass der Umtausch (Konvertierung) der Währung in Devisen oder ihr Transfer behindert werden (*KT-Risiken*). Dem Transferrisiko vorgelagert kann die staatliche Verfügung eines dauerhaften Zahlungsverbots (Repudiation) oder eines – zeitlich begrenzten – Moratoriums sein (*ZM-Risiken*).

Die Beurteilung des politischen Länderrisikos wird dadurch erschwert, dass es keine quantitativen Verfahren gibt, die dieses Risiko objektiv messen können. Von Bedeutung ist die Einschätzung

- der innen- und außenpolitischen Lage,
- der Staats- und Regierungsform,
- des Gesellschaftssystems sowie
- der Administration und der Rechtsstaatlichkeit.

22.2 Wirtschaftliche Länderrisiken

Wirtschaftliches Länderrisiko bedeutet, dass ein Staat nicht mehr in der Lage ist, Verpflichtungen in Fremdwährung, seien es die öffentlicher oder privater Haushalte oder Unternehmen, zu erfüllen, da er nicht über genügend Währungsreserven verfügt. Man kann die *Kriterien*, anhand derer sich wirtschaftliche Länderrisiken ankündigen, in qualitative und quantitative Indikatoren unterscheiden.

- Bei der Betrachtung der *Wirtschaftslage* ist auch die Wirtschaftsstruktur sowie die praktische Wirtschaftspolitik zu beurteilen, etwa bezüglich der Frage, inwieweit es Ein- oder Ausfuhrbeschränkungen oder Devisenbewirtschaftungsmaßnahmen gibt.

- Ein häufig verwendeter quantitativer Indikator ist das Bruttoinlandsprodukt pro Kopf (*Pro-Kopf-Einkommen*). Diese Durchschnittsgröße muss jedoch immer im Zusammenhang mit der Einkommensverteilung gesehen werden.

- Die *Arbeitslosenquote* setzt die Anzahl der registrierten Arbeitslosen ins Verhältnis zur Gesamtzahl der abhängigen Erwerbspersonen. Die Arbeitslosenquote ist aber skeptisch zu sehen, weil nicht in jedem Land eine exakte Registrierung der Arbeitslosen erfolgt.

- Unter den monetären Indikatoren beschreibt die *Inflationsrate* den Kaufkraftverlust, gemessen an Preisindizes. Die Inflationsrate bestimmt, zusammen mit der *Wechselkursentwicklung*, auch die internationale preisliche Konkurrenzfähigkeit eines Landes.

- Ein weiteres monetäres Informationsmittel ist die *Zahlungsbilanz* eines Landes. Ein Überschuss in der Leistungsbilanz kann das wirtschaftliche Risiko verringern, ein Defizit auf mögliche außenwirtschaftliche Probleme hindeuten.

- Die *Exporteinnahmen* sind die grundsätzliche Finanzierungsquelle gegenüber dem Ausland. Verändert sich die Art oder verringert sich der Umfang des Exportaufkommens, kann sich die Fähigkeit, Zahlungsverpflichtungen nachzukommen, verschlechtern.

- Die Importdeckung (*Import Cover*) ist als das Verhältnis der Devisenreserven zu den monatlichen Importen definiert. Sie sagt aus, wie lange ein Land (rechnerisch) in der Lage wäre, ohne Aufnahme von Fremdmitteln das bestehende Importvolumen aufrecht zu halten.

- Die *terms of trade* drücken das Preisverhältnis von Export- zu Importgütern aus. Bei einer Erhöhung (Verbesserung) der terms of trade kann mehr importiert werden, und umgekehrt.

- Die *Auslandsschuldenquote* setzt die Auslandsverschuldung ins Verhältnis zum Bruttoinlandsprodukt. Man geht im Allgemeinen davon aus, dass eine hohe Quote auch ein hohes Risiko darstellt.

- Die Schuldendienstquote (*Debt Service Ratio*) gibt das Verhältnis der Zins- und Tilgungszahlungen zu den Erlösen aus dem Export von Waren und Dienstleistungen an, also die Fähigkeit, den Verpflichtungen aus den laufenden Exporteinnahmen nachzukommen. Auch die *Schuldenstrukturquote* ist aufschlussreich; sie weist die Relation der kurzfristigen (bis zu ein Jahr Laufzeit) zur gesamten Auslandsverschuldung aus. Eine Erhöhung dieser Kennzahl deutet typischerweise auf einen Bonitätsverlust auf den internationalen Finanzmärkten hin.

Eine professionelle *Beurteilung von Länderrisiken* erfolgt turnusmäßig durch die Kreditinstitute sowie durch Rating-Agenturen (wie Moody's oder Standard & Poors). Daneben gibt es etwa den Institutional Investor Index des amerikanischen Wirtschaftsmagazins. Dort wird halbjährlich die Kreditwürdigkeit von Ländern durch Befragung von über 100 Experten aus international führenden Banken festgestellt. Ein international sehr gebräuchlicher Maßstab ist der amerikanische BERI-Index (Business Environment Risk Information), der die Risikosituation vornehmlich für Industrieunternehmen beurteilt.

Übungsfragen

1. Nennen und erklären Sie die verschiedenen Ausprägungen des Wechselkursrisikos. Welche Maßnahmen lassen sich zur Absicherung gegen diese Risiken ergreifen?

2. Erklären Sie den Begriff Währungsexposure.

3. Wie lässt sich das Wechselkursrisiko mittels eines Devisenkassageschäfts absichern? Konstruieren Sie ein Beispiel.

4. Was versteht man unter einem Devisenswap?

5. Was ist ein Währungsterminkontrakt?

6. Skizzieren Sie das Gewinn- bzw. Verlustprofil bei einem Short Call.

7. Erklären Sie die Einsatzmöglichkeiten eines Währungsswaps.

8. In welche Bestandteile lässt sich das Zinsänderungsrisiko unterteilen? Wann entstehen Zinsänderungsrisiken?

9. Geben sie ein Beispiel für einen Liability Swap.

10. Erklären Sie die Grundstruktur und die Einsatzmöglichkeiten eines Forward Rate Agreements.

11. Worin besteht der grundsätzliche Zusammenhang zwischen dem Kassakurs und dem Futurekurs eines Finanztitels?

12. Wieso kann man Caps, Floors, Collars oder Korridore als Zinsoptionen verstehen?

13. Worin könnte der Nachteil einer „kostenlosen" Absicherung mit Hilfe eines Collars oder Korridors liegen?

14. Systematisieren und erklären Sie die Länderrisiken, die im Auslandsgeschäft auftreten. Welche sind die wichtigsten Kennzahlen zur Beurteilung von Länderrisiken?

Literatur zum sechsten Teil

BEIKE, ROLF; BARCKOW, ANDREAS: Risk-Management mit Finanzderivaten, 3. Aufl. München 2002
ELLER, ROLAND: (Hrsg.): Handbuch derivativer Instrumente. Produkte, Strategien und Risikomanagement, 3. Aufl. Stuttgart 2005
OCHYNSKI, WALTER: Strategien an den Devisenmärkten. Eine Anleitung für die Praxis – unter Berücksichtigung der Euro-Besonderheiten, 5. Aufl. Wiesbaden 2004
EITEMAN, DAVID K. u,. a.: Multinational Business Finance, 11. Aufl. Boston 2007
KLOSE, SEBASTIAN: Asset-Management von Länderrisiken, Bern 1996
STORCK, ECKEHARD: Globale Drehscheibe Euromarkt., 3. Aufl. München 2005

7 | Supranationale Institutionen und internationale Finanzarchitektur

> **Lernziele**
>
> Im Mittelpunkt der Ausführungen des siebten Teils stehen die Probleme des Welthandels, der Entwicklungspolitik und der internationalen Finanzbeziehungen. Zu deren Bewältigung wurden globale Regelwerke und Institutionen geschaffen, die für die Gestaltung der Weltwirtschaft von großer Bedeutung sind. Nach einer kurzen Vorstellung des Begriffs der Global Governance im 23. Kapitel betrachten wir das Allgemeine Zoll- und Handelsabkommen GATT und die Welthandelsorganisation WTO. Das 24. Kapitel widmet sich den Aufgaben, der Funktionsweise und Politik der Weltbank und des Internationalen Währungsfonds IWF. Diese supranationalen Institutionen sehen sich teilweise massiver Kritik ausgesetzt. Das Auftreten einer Reihe von Finanzkrisen sowie die Intensität, mit der solche Marktstörungen auf andere Volkswirtschaften übergreifen können, haben eine Diskussion über eine Reform der internationalen Finanzarchitektur angestoßen. Wir diskutieren im 25. Kapitel zunächst den Vorschlag der so genannten Tobin-Steuer und beleuchten die Vor- und Nachteile eines freien internationalen Kapitalverkehrs. Unsere Ausführungen münden in der Erläuterung der zentralen Zielsetzungen und Konflikte, mit denen es die internationale Währungspolitik zu tun hat.

23 Global Governance

23.1 Begriff und Akteure

Supranationale Institutionen stehen häufig im Zentrum der Kritik von Globalisierungsgegnern. Bei all dem dürfte unstrittig sein, dass die globale Welt Spielregeln bedarf sowie Institutionen, die deren Einhaltung überwachen. In der Wissenschaft wird diese Thematik unter der Bezeichnung der Global Governance diskutiert. Sie widmet sich der Frage, wie die Welt politisch und administrativ gestaltet werden kann. Allerdings gibt es keine zentrale Weltregierung, und auch künftig ist davon nicht auszugehen. Aus dieser Sicht ist Global Governance das „Weltregieren ohne Weltregierung". Zu ihren wichtigsten Akteuren zählen der Internationale Währungsfonds, die Weltbank und die WTO. Als Erstes werden wir uns mit der Welthandelsordnung und der Rolle der WTO näher befassen.

23.2 Das GATT und seine Prinzipien

Den Grundstein der Welthandelsordnung legten 23 Länder bereits 1947, als sie ein Abkommen unterzeichneten, das 1948 in Kraft trat und als Allgemeines *Zoll- und Handelsabkommen* (General Agreement on Tariffs and Trade – GATT) bekannt wurde. Es handelt sich bei dem GATT also nicht um eine internationale Organisation, sondern lediglich um einen multilateralen Vertrag. Die Bundesrepublik Deutschland wurde 1950 Vollmitglied des GATT. Ziel des GATT war und ist es, durch Liberalisierung und Intensivierung des Welthandels den Lebensstandard in allen Mitgliedsländern (am Ende waren es weit über 100) zu steigern. Dieser Zielsetzung dienen vor allem folgende *Prinzipien*:

- Prinzip der Meistbegünstigung. Es besagt, dass jede Handelserleichterung, die ein Land einem Handelspartner gewährt, auch allen anderen Ländern eingeräumt werden muss. Ausnahmen bilden Freihandelszonen und Zollunionen.

- Verbot der Verschärfung bestehender und der Einführung neuer Handelshemmnisse. Verbot mengenmäßiger Beschränkungen. Es gibt jedoch Ausnahmeregelungen.

23.3 Die Neue Welthandelsordnung

In der Folgezeit wurden in mehreren Verhandlungsrunden beträchtliche Zollsenkungen erreicht, wodurch der Welthandel, gemessen an den nationalen Wachstumsraten des Bruttoinlandsprodukts überproportional expandierte. Aufgrund unter anderem der Zunahme nicht-tarifärer Handelshemmnisse und durch den wachsenden Protektionismus der Industrieländer im Agrar- und Textilsektor geriet diese Entwicklung indes in den 1970er und 1980er Jahren ins Stocken. Im Rahmen der achten Welthandelsrunde (Uruguay-Runde von 1986-1993) versuchten die GATT-Mitglieder, diese Mängel zu beheben. Die 1994 in Marrakesch unterzeichnete Schlussakte bildet zusammen mit dem GATT-Vertrag die Basis der so genannten Neuen Welthandelsordnung. Sie besteht aus fünf zentralen *Bausteinen*:

- Abkommen über die Errichtung einer Welthandelsorganisation (World Trade Organization – WTO).

- Ausweitung des GATT-Regelwerks auf den globalen Dienstleistungshandel (General Agreement on Trade in Services – GATS) sowie auf die

- handelsbezogenen geistigen Eigentumsrechte (Trade-Related As-pects of Intellectual Property Rights – TRIPs).

- Abkommen über bestimmte handelsrelevante Maßnahmen bei Auslandsinvestitionen (Trade-Related Investment Measures – TRIMs).

- Zusatzabkommen zum GATT mit dem Ziel einer Liberalisierung der Agrar- und Textilmärkte.

23.4 Die Welthandelsorganisation

Die 1995 gegründete World Trade Organization mit Sitz in Genf hat rd. 150 Mitgliedsländer. Sie bildet als Nachfolgeorganisation des GATT sozusagen das Dach der Neuen Welthandelsordnung (siehe Abb. 23.1). Ihre wichtigste „Dienstleistung" ist die *Beilegung von Handelsstreitigkeiten* zwischen den Mitgliedsstaaten durch ein Schiedsgericht. Die Sanktionen, die aufgrund von Verstößen gegen die Abkommen der Welthandelsordnung ergehen, haben die Funktion von Vergeltungsmaßnahmen. Dabei handelt es sich letztlich um Strafzölle, die den Zugang zu den Märkten des geschädigten Landes beschränken sollen. Je größer diese Märkte sind, desto einschneidender ist die Sanktion. Große und wirtschaftliche hoch entwickelte Länder haben damit erheblich wirksamere Sanktionsmöglichkeiten als kleine und wirtschaftlich schwache Länder.

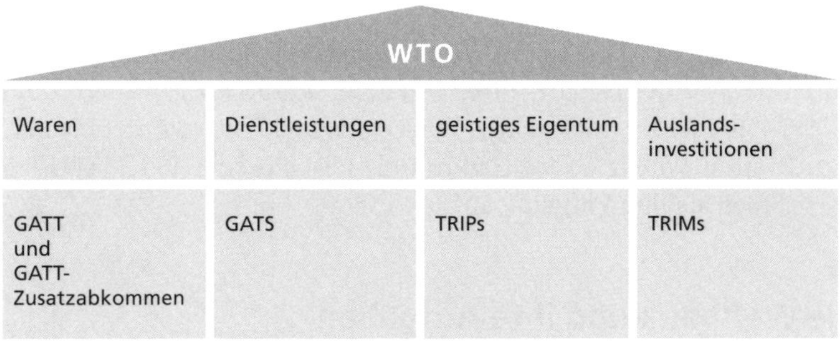

WTO			
Waren	Dienstleistungen	geistiges Eigentum	Auslandsinvestitionen
GATT und GATT-Zusatzabkommen	GATS	TRIPs	TRIMs

Abb. 23.1: Die Bausteine der Neuen Welthandelsordnung

Das gravierendste Problem des Welthandels besteht nach wie vor im *Agrarprotektionismus* der Industrieländer. Hierzu zählen nicht nur die EU mit ihrer Gemeinsamen Agrarpolitik (GAP), sondern eine ganze Reihe weiterer Staaten wie die USA, Kanada,

Norwegen und die Schweiz. Formen der Marktabschottung im Agrarbereich sind: Landesinterne Produktionsbeihilfen, prohibitive Zollsätze, Importquoten, Exportsubventionen und vielfältige versteckte (nicht-tarifäre) Handelshemmnisse. So belaufen sich die staatlichen Hilfen für die Landwirtschaft der OECD-Länder auf insgesamt 850 Millionen US-Dollar pro Tag. Nach IWF/Weltbank-Angaben erreichen die tatsächlichen Spitzenzölle für Agrarprodukte in den OECD-Staaten in Einzelfällen 350 Prozent. Im Durchschnitt sind die Zollsätze für Agrarexporte der Entwicklungsländer um mehr als das 10-fache höher als jene, die für Agrarexporte innerhalb der OECD verlangt werden. Davon betroffen sind vor allem Agrargüter, die in den Industrieländern selbst in Massenprodukten hergestellt werden, zum Beispiel Zucker, Weizen, Reis, Mais, Rindfleisch, Milchprodukte, Ölsaaten, Erdnüsse, Tabak und Baumwolle.

Damit trifft der Agrarprotektionismus vor allem die Erzeuger der Dritten Welt, denen der Zugang zu den Absatzmärkten der Industrieländer versperrt wird. Das ist um so fataler, als gerade bei Agrarprodukten die eigentlichen komparativen Kostenvorteile der Entwicklungsländer liegen. Hinzu kommt, dass drei Viertel der Weltärmsten in ländlichen Gebieten leben und ganz überwiegend von der Landwirtschaft und ihren Exporten abhängig sind. Im Gegenzug haben zahlreiche Entwicklungsländer Zollmauern und andere Handelsschranken gegenüber Importen von Industriegütern aus den OECD-Staaten hochgezogen – ein wahrer Teufelskreis also. Die Chancen auf eine Beendigung oder Umkehr dieser Entwicklung zu verbessern, ist die zentrale Aufgabe der neunten *Welthandelsrunde* (Doha-Runde).

24 Die Weltbank und der Internationale Währungsfonds

Die Weltbank und der IWF mit Sitz in Washington (D.C.) gehören zu den einflussreichsten Akteuren der Weltwirtschaft. Ihre Gründung wurde noch während des Zweiten Weltkriegs 1944 auf der Internationalen Währungs- und Finanzkonferenz der Vereinten Nationen in Bretton Woods (New Hampshire) beschlossen; 1945 (IWF) bzw. 1946 (Weltbank) nahmen sie ihre Tätigkeit auf.

24.1 Die Weltbank und ihre Aufgaben

Der Leitsatz der Weltbank lautet „Working for a World Free of Poverty". Entsprechend liegt ihre zentrale Aufgabe in der Entwicklungspolitik. Ihre „Kunden" sind – übrigens ebenso wie beim IWF – ausschließlich Entwicklungs-, Schwellen- und Transformationsländer. Die Weltbank vergibt vor allem langfristige Darlehen mit einer Laufzeit von 15 bis 20 Jahren. Kreditnehmer sind Regierungen, die die Gelder für Projekte zur Verbesserung der wirtschaftlichen Entwicklung ihres Landes verwenden müssen. Da die Weltbank höchste Bonität genießt, werden ihr an den Kapitalmärkten die günstigsten Konditionen eingeräumt, die sie an ihre Schuldnerländer weiterreicht. Trotz eines Zinsaufschlags, den die Bank zur Deckung ihrer Kosten erhebt, erhalten die meisten Empfängerländer auf diese Weise weit bessere Kreditbedingungen als dies bei eigener Mittelaufnahme der Fall wäre. Damit ermöglicht die Weltbank Projekte, die den betreffenden Ländern sonst verschlossen blieben. Handelte es sich dabei ursprünglich um große Investitionen in die Infrastruktur (Staudämme, Straßen, Schienenwege etc.) und die Industrie (Stahlwerke etc.), so reichen die finanzierten Vorhaben heute von der Aufbereitung sauberen Trinkwassers bis zur Gleichstellung der Frau. Das zeigt auch, dass die traditionellen Ansätze der Entwicklungspolitik nicht die gewünschte Erfolge gebracht haben. Die Weltbank mit ihren derzeit 184 Mitgliedern ist das Spitzeninstitut der *Weltbankgruppe*. Zu ihr gehören weitere in Washington ansässige Institutionen:

- Die Internationale Entwicklungsorganisation (IDA), gegründet 1960, unterstützt besonders arme Entwicklungsländer. Die Laufzeit der zinslosen Kredite beträgt bis 50 Jahre.

- Die 1956 gegründete Internationale Finanz-Corporation (IFC) unterstützt private Unternehmen in Entwicklungsländern durch Kreditvergabe und Beteiligungsübernahme.

- Die Multilaterale Investitionsgarantieagentur (MIGA) wurde 1988 gegründet, um ausländische Direktinvestitionen in Entwicklungsländern zu fördern.

- Das Internationale Zentrum zur Beilegung von Investitionsstreitigkeiten (ICSID) existiert seit 1966.

24.2 Der Internationale Währungsfonds

24.2.1 Aufgaben und Funktionsweise

Der Internationale Währungsfonds, IWF (International Monetary Fund, IMF) liegt nur einen Häuserblock von der Weltbank entfernt. Er hat zur Zeit 184 Mitgliedsländer. Seine vorrangigen *Aufgaben* liegen in:

- der Förderung der internationalen Zusammenarbeit auf dem Gebiet der Währungspolitik,
- der Unterstützung des Wachstums des Welthandels sowie insbesondere
- der Vergabe finanzieller Mittel an Mitgliedsländer zur Überwindung von Zahlungsbilanzproblemen.

Der IWF ist im Prinzip ein *Devisenpool*, also ein Topf, in den die Mitgliedsländer Devisen einzahlen, die dann im Bedarfsfall an einzelne Mitglieder ausgeliehen werden können. Der IWF ähnelt damit einer Kredit-Genossenschaft; er ist – entgegen der landläufigen Meinung – keine Zentralbank, die Geld schaffen kann. (Eine Ausnahme bildet die mögliche Schaffung von Sonderziehungsrechten, siehe unten). Im Einzelnen funktioniert das System IWF folgendermaßen: Jedes Mitgliedsland muss Zahlungen an den Fonds gemäß einer bestimmten Quote leisten, deren Höhe sich vor allem nach seinem Inlandsprodukt, seinem Anteil am Welthandel und seinen Währungsreserven richtet. Im Rahmen der so geschaffenen Reserveposition (Reservetranche) hat das Mitgliedsland jederzeit und ohne Auflage das Recht, IWF-Mittel in Anspruch zu nehmen. Es handelt sich hierbei um keine Kreditaufnahme. Darüber hinaus stehen jedem Mitglied vier normale Kredittranchen von je 25 % der Quote für die Aufnahme von Zahlungsbilanzkrediten zur Verfügung. Des Weiteren sind im Laufe der Zeit zusätzliche spezielle Kreditmöglichkeiten – die Fachleute sprechen von „Fazilitäten" – geschaffen worden, um Länder mit besonders gearteten Zahlungsbilanzproblemen zu unterstützen. Ihre Höhe beträgt teilweise ein Vielfaches der jeweiligen Quote (siehe Tab. 24.1).

Fazilität	Zweck
BEREITSCHAFTSKREDIT-VEREINBARUNG (Stand-by Arrangement)	Überbrückung einer kurzfristigen Liquiditätslücke
ERWEITERTE FONDSFAZILITÄT (Extended Fund Facility)	Deckung eines längerfristigen Finanzierungsbedarfs, der hauptsächlich auf strukturelle Probleme zurückzuführen ist.
FAZILITÄT ZUR STÄRKUNG DER WÄHRUNGSRESERVEN (Supplemental Reserve Facility)	Finanzierung eines außergewöhnlich hohen Zahlungsbilanzdefizits, insbes. zur Abwehr von Bedrohungen für das internationale Währungssystem
NOTHILFE (Emergency Assistance)	Hilfe bei Naturkatastrophen oder Kriegen
FAZILITÄT ZUR KOMPENSATIONSFINANZIERUNG (Compensatory Financing Facility)	Finanzierung von Exporterlösausfällen oder von Mehrkosten bei Getreideimporten
ARMUTSREDUZIERUNGS- UND WACHSTUMSFAZILITÄT (Poverty Reduction and Growth Facility)	Finanzielle Hilfe bei hartnäckigen Zahlungsbilanzproblemen einkommensschwacher Länder zu »weichen« Konditionen

Tab. 24.1: Zusätzliche Kreditfazilitäten des IWF

Die Finanzmittel des Fonds werden der Zentralbank des betreffenden Landes bereit gestellt. Es sind keine Finanzhilfen für bestimmte Zwecke oder gar Projekte. Allerdings sind die über die erste Kredittranche von 25 % der Quote hinaus gehenden „Ziehungen" für die Empfängerländer an teilweise scharfe wirtschaftspolitische Auflagen geknüpft (*Konditionalität*). Dabei wird in der Regel die Umsetzung makroökonomischer Stabilisierungsprogramme verlangt: Rückführung des Staatsdefizits, Abbau von Subventionen, Inflationsbekämpfung durch restriktive Geldpolitik, Liberalisierung der Finanzmärkte (Freigabe der Zinsen) und des Außenhandels, Abwertung der Währung und ähnliches mehr.

Es ist unter anderem diese Politik der Konditionalität – man spricht auch von der Auflagenpolitik – auf die sich die Kritik am IWF-System konzentriert. In seinem Buch „Die Schatten der Globalisierung" hat vor allem Joseph Stiglitz, als ehemaliger Chefökonom der Weltbank ein intimer Kenner beider Institutionen, heftige Attacken gegen den IWF geritten. Er wirft ihm unter anderem vor, mit seinen „rigorosen Sparprogrammen" die wirtschaftliche Lage der betroffenen Länder in vielen Fällen noch verschlimmert und die längerfristige Entwicklung gerade der armen Länder behindert zu haben. Letzteres bedeutet praktisch den Vorwurf, dass der IWF die entwicklungspolitische Zielsetzung der Weltbank konterkariert. Aus diesen und weiteren Gründen wird seit Jahren über eine Reform des Internationalen Währungsfonds bzw. seiner Struktur, Aufgaben und Strategie diskutiert.

24.2.2 Sonderziehungsrechte

Am Ende dieses Kapitels sei noch kurz auf die oben erwähnten Sonderziehungsrechte eingegangen: Auf der Konferenz von Rio de Janeiro 1967 vereinbarten die Mitglieder des IWF, eine neue Art internationaler Liquidität zu schaffen, die sog. Sonderziehungsrechte, SZR (Special Drawing Rights – SDR). Seitdem sind die SZR auch die offizielle Rechnungseinheit des IWF, in der die Quoten der Mitglieder berechnet werden. Sonderziehungsrechte stellen, wie gesagt, ein vom IWF geschaffenes Medium dar. Es handelt sich um eine Art künstlicher Reservewährung des Weltwährungssystem, mit deren Hilfe Liquiditätsengpässe im internationalen Handel verhindert werden sollen. SZR werden den jeweiligen Mitgliedsländern analog zu ihrer IWF-Quote zugeteilt (alle fünf Jahre wird festgesetzt, wie viel SZR geschaffen werden sollen) und begründen das Recht, die SZR jederzeit gegen benötigte Währungen zu verkaufen. Somit besteht für die Mitglieder des SZR-Systems die Verpflichtung, jederzeit SZR anderer Teilnehmer – bis zu einer bestimmten Obergrenze – gegen eigene Währung anzukaufen. Eigentümer von SZR können grundsätzlich nur der IWF selbst und die Währungsbehörden der Mitgliedsstaaten sein. Zwischen diesen Teilnehmern am SZR-System können SZR als Zahlungsmittel z.B. für die Kreditbedienung bzw. -rückzahlung oder für Subskriptionszahlungen (Einzahlungen beim IWF) eingesetzt werden.

Die SZR sind ein Währungskorb, der sich aus US-Dollar, Euro, japanischem Yen und britischem Pfund zusammensetzt (s. Tab. 24.2). Entsprechend wird ein SZR als gewichteter Durchschnittswert dieser Währungen gegenüber dem US-Dollar berechnet. Der jeweilige Wert eines SZR in Landeswährung ergibt sich dann durch die Umrechnung des US-Dollarwertes zum aktuellen Dollar-Wechselkurs. Die Zusammensetzung des Währungskorbs, das Gewicht und die Menge der Währungseinheiten im Korb werden im Abstand von jeweils fünf Jahren überprüft. Die aktuelle Gewichtung gilt seit Anfang 2006.

Währung	Gewichtung	Betrag an Währungseinheiten
Dollar	44	0,632
Euro	34	0,410
Yen	11	18,4
Pfund Sterling	11	0,0903

Tab. 24.2: SZR-Währungskorb (seit dem 1. Januar 2006)

Zum Beispiel betrug am 9. Januar 2007 der Wert eines SZR :
0,632 US-Dollar x 1
+ 0,410 Euro x 1,3025 Dollar pro Euro
+ 18,4 Yen x 0,00834 Dollar pro Yen
+ 0,0903 Pfund x 1,9425 Dollar pro Pfund = 1,4958 US- Dollar
bzw. (bei einem Kurs von 0,7678 Euro pro Dollar) 1,1485 Euro.

Wenn der IWF Kredite an seine Mitglieder vergibt, wird der Zinssatz entsprechend als Durchschnitt der kurzfristigen Zinssätze der vier Korbwährungen ermittelt.

25 Grundfragen der internationalen Finanzarchitektur

25.1 Die Devisenumsatzsteuer (Tobin-Steuer)

Ökonomen sind sich mehr oder weniger darüber einig, dass gesamtwirtschaftliche Faktoren die Wechselkurse langfristig maßgeblich beeinflussen. Auf kurze Sicht werden diese „Fundamentals" allerdings durch spekulative Devisentransaktionen überlagert. Währungsspekulanten orientieren sich praktisch ausschließlich an Erwartungen über den zukünftigen Kursverlauf. Sie kaufen beispielsweise US-Dollar, wenn sie erwarten, dass der Dollar sich aufwertet. Das treibt den Dollarkurs nach oben. Typischerweise hängen diese Erwartungen von aufkommenden neuen Informationen ab und sind deshalb sehr unstet. Gleichzeitig sind die Volumina, die am Devisenmarkt gehandelt werden, beträchtlich. Fachleute sprechen von einem „Ozean, der täglich zwischen den Kontinenten hin und her schwappt". Schon eine einzige unbedachte Äußerung, etwa des europäischen Notenbankchefs, kann so mitunter starke Wechselkursausschläge verursachen. Es kann passieren, dass der Wechselkurs durch positiv interpretierte Informationen weit über sein „Gleichgewichtsniveau" (gegeben durch die Kaufkraft- bzw. die

Zinsparität) hinausschießt, bevor die Erwartungen plötzlich umschlagen (die Kursblase „platzt"). Ebenso ist es möglich, dass ein Kursrückgang – etwa bedingt durch rückläufige Exporte – die Erwartungen weiterer Kurssenkungen nährt. Die Spekulanten verkaufen daraufhin die betreffende Währung, wodurch es zu einer Abwertung kommt, die viel stärker ausfällt, als es durch die Fundamentaldaten begründbar ist. Man spricht von destabilisierender Spekulation (siehe hierzu auch Kapitel 10.4): Wenn die amerikanischen Exporte nach Deutschland zurückgehen (deutsche Importe sinken), verschiebt sich in Abb. 25.1 die Dollar-Nachfrage-Kurve nach links und der Dollarkurs (in Preisnotierung) sinkt (Bewegung von 1 nach 2). Dies kann Spekulanten veranlassen, ihre Dollaranlagen zu verkaufen. Dadurch verschiebt sich die Dollar-Angebotskurve nach rechts. Die Dollar-Abwertung wird dadurch verschärft (Bewegung von 2 nach 3).Auf diese Weise können Kapitalabflüsse ganze Länder in den Ruin treiben.

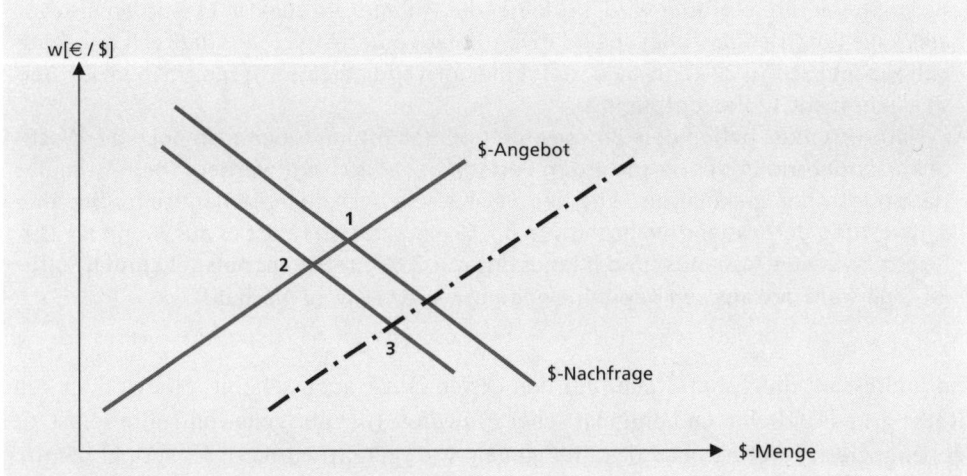

Abb. 25.1: Destabilisierende Spekulation

Vor diesem Hintergrund hat der US-Ökonom und Nobelpreisträger James Tobin in den 1970er Jahren über eine *Steuer auf Devisentransaktionen* nachgedacht, um die Spekulation und die damit verbundenen Wechselkursschwankungen einzudämmen. Dieser Gedanke wird auch heute immer wieder von Politikern, Wissenschaftlern und vor allem von Globalisierungsgegnern aufgegriffen: Steuerobjekt der Tobin-Steuer soll grundsätzlich jeder Devisentausch sein, der an Kassa- oder Terminmärkten getätigt wird. Als Bemessungsgrundlage ist der Nominalwert der Transaktion vorgesehen. Die bisherigen Vorschläge für einen Steuersatz bewegen sich zwischen 0,5 und 1 %. Der Kreis der Steuerpflichtigen soll alle am Devisenmarkt engagierten Akteure umfassen, wobei Ausnahmen für Zentralbanken, Regierungen und internationale Organisationen (IWF, Weltbank etc.) gelten könnten.

Zweck der Tobin-Steuer ist es, dazu beizutragen, vor allem die kurzfristigen Kapitalbewegungen zu reduzieren und damit Zahlungsbilanzkrisen entgegenzuwirken. Die Volatilität der Wechselkurse soll gedämpft und die Entwicklung der Wechselkurse auf fundamentale und nicht spekulative Gründe zurückgeführt werden. Die Tobin-Steuer kann eine solche Wirkungsweise erzielen, weil sie die Transaktionskosten spekulativer Kapitalanlagen spürbar erhöht. Folgendes Beispiel verdeutlicht dies:

> Bei einer Tobin-Steuer von 0,5% muss der ausländische Zins bei Dreimonatsgeld pro Jahr um mehr als 4 Prozentpunkte höher liegen als im Inland, um für inländische Anleger eine ausländische Anlage attraktiv zu machen. Nur dann nämlich kann ein komparativer Zinsgewinn erzielt werden, der höher ist als die beim Kauf und Verkauf zu entrichtende Tobin-Steuer von jeweils 0,5 %, also von insgesamt 1 %.
>
> Entscheidend ist, dass die erforderliche Zinsdifferenz für eine gegebene Höhe der Tobin-Steuer um so größer wird, je kleiner der Anlagezeitraum ist. Es werden also vor allem die kurzfristigen, eher spekulativen Anlagen getroffen. Verkürzt sich der Anlagehorizont z.B. auf 30-Tage-Geld, steigt die notwendige Zinsdifferenz in dem o.g. Beispiel schon auf 12 Prozentpunkte.
>
> Natürlich muss neben dem Zinsgewinn und der Tobin-Steuer auch noch die Wechselkursänderung in der betrachteten Periode berücksichtigt werden. Diese ist ja das Hauptmotiv der Spekulation. Wird beispielsweise innerhalb des Anlagezeitraums eine Aufwertung der Auslandswährung von 0,5 % erwartet, so reicht es aus, wenn die Differenz zwischen Auslands- und Inlandszins nur 2 % für Dreimonatsgeld und 6 % für 30-Tage-Geld beträgt, um Kapitalbewegungen attraktiv zu machen.

So interessant die Tobin-Steuer auf den ersten Blick auch scheint, gibt es doch eine Reihe grundsätzlicher und pragmatischer *Einwände* (die übrigens von Tobin selbst, der ein engagierter Befürworter des Freihandels war, geteilt wurden): Es spricht nämlich einiges dafür, dass Spekulation in der Regel stabilisierend wirkt. Meinen die Spekulanten beispielsweise, der Wechselkurs einer Währung sei unter seinen „Gleichgewichtswert" gesunken, so werden sie – in der Erwartung, dass es über kurz oder lang wieder zu einer Aufwertung kommt – die betreffende Währung kaufen (siehe Abb. 25.2).

Ein Rückgang des Dollarkurses (aufgrund sinkender deutscher Importe) kann also die Spekulanten veranlassen, verstärkt in Dollaranlagen zu investieren. Dadurch verschiebt sich die Dollar-Nachfrage wieder nach rechts. Die Dollar-Abwertung wird dadurch gedämpft (Bewegung von 2 nach 3). In Kapitel 10.4 haben wir überdies ausgeführt, dass auf lange Sicht nur die stabilisierend wirkenden Spekulanten Gewinn machen, während destabilisierend wirkende Spekulanten Verluste verzeichnen und deshalb auf Dauer aus dem Markt ausscheiden. Die Frage bleibt indes, ob der bis dahin angerichtete Schaden für die ins Visier genommenen Volkswirtschaften nicht schon zu groß ist. Gleichwohl ist zu bedenken, dass auch die Finanzierung des internationalen Handels, der Direktinvestitionen (in Sachkapital) sowie Kurssicherungsgeschäfte durch

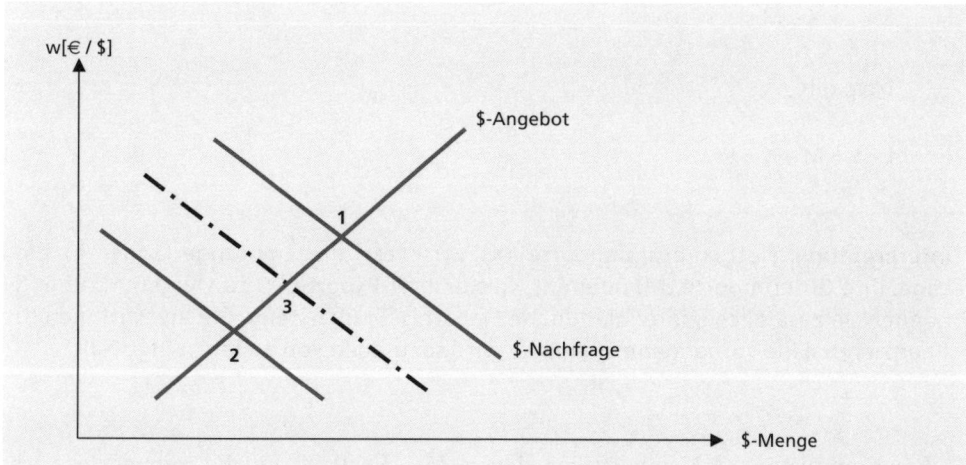

Abb. 25.2: Stabilisierende Spekulation

eine Spekulationssteuer verteuert würden. Damit ginge ein Teil der mit der internationalen Arbeitsteilung verbundenen Wohlfahrtsgewinne verloren. Schließlich hat die Tobin-Steuer einen weiteren, praktischen Nachteil: Sie ist nicht umsetzbar. Denn um zu greifen, müsste sie weltweit eingeführt werden. Das ist aber sehr unwahrscheinlich. Zu erwarten ist vielmehr, dass gerade Offshore-Finanzplätze davon profitieren würden, indem sie keine solche Steuer verlangen. Im Ergebnis stünde also nur eine Verlagerung kurzfristiger Devisentransaktionen auf die Offshore-Märkte bzw. Steueroasen.

25.2 Gesamtwirtschaftliche Vorteile des freien Kapitalverkehrs

Die Frage, ob freier internationaler Kapitalverkehr und die damit einhergehende finanzielle Verflechtung der Welt positive oder negative Wirkungen haben, ist volkswirtschaftlich nach wie vor strittig. Die meisten marktwirtschaftlich orientierten Ökonomen sind sich darüber einig, dass offene Finanzmärkte (gegenüber abgeschotteten) folgende gesamtwirtschaftlichen Vorteile haben:

- Nettokapitalimporte sind unabdingbar für die *Finanzierung von Leistungsbilanzdefiziten*. Kapitalimportländer können auf diese Weise auf ausländische Ersparnis zurückgreifen, um ein zu geringes inländisches Sparaufkommen zu ergänzen. Das bedeutet aus der Sicht der Kapitalimporteure, dass sie über mehr Finanzmittel für Investitionen und Wirtschaftswachstum verfügen, allerdings um den Preis einer höheren Auslandsverschuldung. Wir haben dies in Kapitel 2 gezeigt. Wenn man von grenzüberschreitenden Übertragungen und Primäreinkommen absieht, lautet die gesamtwirtschaftliche Identität:

1| $S = I + X - M$

bzw. gilt

2| $I - S = M - X = K$

> **Interpretation** Nettokapititalimporte (K) versetzen die Empfängerländer in die Lage, ihre Güterimporte (M) über das Niveau ihrer Exporte (X) zu steigern. Dadurch können sie zusätzliche, ihre inländische Ersparnis (S) übersteigende Investitionen (I) finanzieren. Eine vorhandene Sparlücke wird sozusagen von außen „aufgefüllt".

- Freie internationale Kapitalströme dienen als „Vehikel" für die reibungslose Abwicklung der globalen Gütertransaktionen. Sie fördern den Außenhandel und verstärken die *weltwirtschaftliche Arbeitsteilung*. Entsprechend Ricardo's Theorem der komparativen Kostenvorteile erhöht sich dadurch der Wohlstand der beteiligten Länder.

- Darüber hinaus sucht sich das international mobile Kapital immer den „besten Wirt", das heißt, es fließt in die Unternehmen, Länder und Regionen mit den *höchsten Renditechancen*. Dies bewirkt eine, wie Volkswirte sagen, „optimale Allokation der knappen Ressourcen".

- Offene Finanzmärkte bieten für Investoren ein vergrößertes Spektrum von Anlagealternativen; sie erweitern die Möglichkeiten der *Diversifikation* und Absicherung der Risiken. Dies kann die Stabilität des internationalen Finanzsystems verbessern.

- In die gleiche Richtung zielt die Argumentation, nach der die internationale Spekulation *Wechselkursausschläge dämpft*. Hinzu kommt, dass die internationalen Investitions- und Finanzströme in dem Ruf stehen, eine „schlechte" Politik (beispielsweise eine laxe Geldpolitik oder exzessive Staatsverschuldung) durch Meidung des Standorts zu „bestrafen" und eine „gute" Politik durch Kapitalzuflüsse und Wahl als Investitionsstandort zu „belohnen". Auch dies wird, als Anreiz für eine kluge Gestaltung der Regierungs- und Unternehmenspolitik, im Allgemeinen positiv gewertet.

25.3 Krisen auf den Weltfinanzmärkten

Andererseits stößt die finanzielle Globalisierung auf teilweise massive Kritik. Hauptkritiker sind häufig so genannte Nicht-Regierungsorganisationen (Non-Governmental Organizations – NGOs), allen voran die Attac (Association pour une Taxation des Transactions financières pour l'Aide aux Citoyens – der Name weist darauf hin, dass es Attac ursprünglich um die Besteuerung spekulativer Kapitalströme – die Tobin-Steuer – ging).

Genährt wird die Skepsis gegenüber offenen Finanzmärkten (wie allgemein gegenüber der Globalisierung) durch die im letzten Vierteljahrhundert beobachtete Häufung von *krisenhaften Zuspitzungen* auf den Weltfinanzmärkten. Die etwas älteren Leser werden sich vielleicht noch an die „Verschuldungskrise der Dritten Welt" in den 1980er Jahren erinnern. Anschließend ist in den 1990er Jahren (bis 2002) eine Serie von schweren Finanzkrisen über zahlreiche Schwellen- und Transformationsländer hereingebrochen. Hauptbetroffene waren Mexiko (1994/95), Südostasien (1997/98: Thailand, Indonesien, Südkorea und Malaysia), Russland (1998), Brasilien (1998/99), Türkei (2000), Argentinien (2001) und Brasilien (2002). Man unterscheidet typischerweise zwischen *Bankenkrisen* (Anschwellen des Umfangs Not leidender Kredite, begleitet von Bankenzusammenbrüchen) und *Währungskrisen* (drastische nominelle und reale Abwertung der Währung des Krisenlandes), wobei zum Teil beide Typen als „Zwillingskrisen" gleichzeitig auftraten. Finanzmarktturbulenzen gab es aber auch in den Industriestaaten. Erinnert sei nur an den „New Economy Crash" in 2000 (bis etwa 2003), bei dem vor allem in den USA und der EU Preisblasen an den Aktien- und Immobilienmärkten „platzten", des Weiteren an den Beinahe-Zusammenbruch des Hedge-Fonds LTCM 1998 in den USA oder an die großen Bilanzskandale, z.B. bei Enron sowie Worldcom 2002, und schließlich an die starken Wechselkursschwankungen zwischen den Triade-Währungen US-Dollar, Yen und Euro. Vor diesem Hintergrund betonen Globalisierungsgegner, aber nicht nur diese, die möglichen Nachteile freier internationaler Finanzströme.

25.4 Gesamtwirtschaftliche Nachteile des freien Kapitalverkehrs

- International mobiles Kapital wirkt eventuell als Auslöser oder zumindest als *Verstärker von Finanzkrisen*. Als problematisch erweist sich dabei insbesondere der abrupte und massive Rückfluss von kurzfristigen Auslandskrediten aus den betroffenen Ländern. Ein derartiger „Kapital-Exodus" führt zwangsläufig zu Finanzierungslücken bei den Schuldnern, zu Bewertungsverlusten bei den Investitionsobjekten und zur Abwertung der Währung des Krisenlandes. Eine erhebliche krisenverstärkende Rolle dürfte auch die Kapitalflucht inländischer Finanzinvestoren aus den Krisenregionen spielen.

- Eine weitere gravierende Gefahr bildet die Übertragung von Finanzkrisen durch „Ansteckung". Man bezeichnet dies als Contagion bzw. *Spillover-* oder *Domino-Effekt*. Er kam beispielsweise zum Tragen, als die Krise in Thailand 1997/98 eine weitere Krise im 11.300 km entfernten Südkorea verursachte, dessen Volkswirtschaft viel größer ist. Ein noch spektakuläreres Beispiel war im August 1998 beobachtbar, als die Abwertung des russischen Rubels eine massive Spekulation gegen den brasilianischen Real auslöste. Empirische Untersuchungen ergaben, dass von den Krisen der 1990er Jahre insgesamt 32 Länder betroffen waren. Es erscheint in der Tat als bedrohlich, mit welcher Aggressivität sich diese Ansteckung auf den international vernetzten Kapitalmärkten verbreiten und dabei auch Volkswirtschaften mit an sich gesunden ökonomischen Fundamentaldaten befallen kann.

Fragt man nach den *Übertragungswegen*, so stößt man in Bezug auf Währungskrisen grundsätzlich auf zwei Erklärungen: Erstens sind hier *Außenhandelsverflechtungen* zu nennen. Es kann sein, dass die starke Abwertung der Währung eines Landes die Wettbewerbsfähigkeit von wirtschaftlich mit dem Krisenland verbundenen Ländern so stark beeinträchtigt, dass auch deren Währungen unter Druck geraten. Eine viel wichtigere Rolle spielen aber offenbar *finanzwirtschaftliche Interdependenzen*. Gefahr besteht insbesondere dann, wenn die potenziell krisengefährdeten Länder dieselben ausländischen Gläubiger wie das Krisen-Ursprungsland haben und ähnliche krisenanfällige Ausgangsbedingungen aufweisen. Ist gleichzeitig eine starke Abhängigkeit von ausländischen Finanzierungsquellen gegeben, so kommt es rasch zu Spillover-Effekten, wenn Auslandsbanken und andere ausländische Finanzinvestoren – in der Erwartung möglicher negativer Entwicklungen – Kapital abziehen bzw. umschichten.

25.5 Das Unmöglichkeitsdreieck offener Volkswirtschaften

Die geschilderten Erfahrungen hatten zur Folge, dass seit einigen Jahren verstärkt über eine *Reform der weltweiten Finanzarchitektur* nachgedacht wird, wobei die Vermeidung von Währungsturbulenzen im Fokus steht. Die entsprechenden Überlegungen seien im Folgenden grob zusammen gefasst. Als theoretisches Fundament der Analyse dient das *Trilemma der makroökonomischen Politik* offener Volkswirtschaften, auch bezeichnet als „Unmöglichkeitsdreieck" bzw. „unholy Triangle": Von drei Zielen, welche die meisten Länder teilen – eine eigenständige Geldpolitik, ein stabiler Wechselkurs und freie Kapitalbewegungen – können jeweils nur zwei realisiert werden. Abb. 25.3 stellt diese drei Ziele als die Ecken eines Dreiecks dar. Die Zusammenhänge lassen sich anhand unserer Ausführungen im 11. Kapitel gut nachvollziehen.

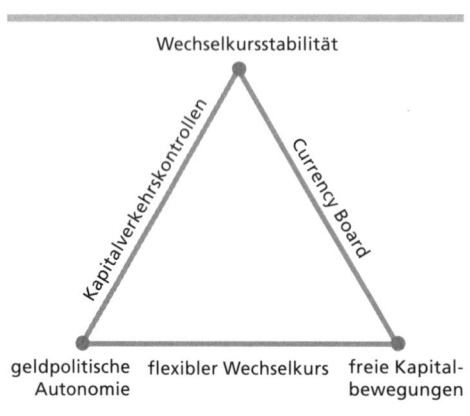

Abb. 25.3: Das Unmöglichkeitsdreieck

Nimmt man etwa die Ziele der geldpolitischen Autonomie und der Wechselkursstabilität, so lassen sich diese nur mit Hilfe von Kapitalverkehrskontrollen erreichen. Bei völlig freien Kapitalbewegungen käme es zu starken Wechselkursschwankungen. Soll Kapitalverkehrsfreiheit gewahrt werden, so erscheint dies nur in einem System fester Wechselkurse (etwa mittels eines Currency Board), also durch Preisgabe einer eigenständigen Geldpolitik möglich. Und möchte man auf geldpolitische Autonomie nicht verzichten, dann muss der Wechselkurs flexibel bleiben, das heißt, die Wechselkursstabilität geopfert werden. Das bedeutet, die Politik muss sich für eine der drei Seiten des Dreiecks entscheiden.

Die Vergangenheit hat gezeigt, dass Industrieländer mit frei schwankenden Wechselkursen offenbar gut zurecht kommen. Entwicklungsländer und kleinere Volkswirtschaften haben dagegen Probleme, sich an starke Fluktuationen der Wechselkurse anzupassen. Denn ihre finanzielle und realwirtschaftliche Abhängigkeit von den Weltmärkten ist viel höher. Daraus wird teilweise die Empfehlung abgeleitet, dass Entwicklungsländer Kapitalverkehrskontrollen beibehalten bzw. wieder einführen sollen.

Darüber hinaus gibt es eine Reihe weiterer *Vorschläge* zur Gestaltung der internationalen Finanzarchitektur, die, wie schon erwähnt, aus ökonomischer Sicht teilweise als protektionistisch zu beurteilen sind. Sie reichen von der Besteuerung des internationalen Kapitalverkehrs und der Forderung nach mehr Transparenz und Kontrolle der finanziellen Verhältnisse in den kapitalimportierenden Ländern über die Zerschlagung des IWF (da seine bloße Existenz eine unverantwortliche Kreditvergabe fördere – sog. „moral hazard") oder (im Gegenteil) die Erweiterung der Kreditfazilitäten des Fonds, sowie eine bessere multilaterale Koordination der nationalen Wirtschaftspolitiken, die Installation eines internationalen Systems fester Wechselkurse bis hin zur Schaffung einer gemeinsamen Weltwährung, des „Globo". Angesichts der Probleme, denen ökonomische wie politische Harmonisierungsbestrebungen auf internationaler Ebene immer wieder gegenüber stehen, ist aber nicht damit zu rechnen, dass solche Vorschläge in absehbarer Zeit umsetzbar sind.

Übungsfragen

1. Erklären Sie den Begriff „Global Governance".

2. Erläutern Sie die wesentlichen Bestandteile des GATT-Vertrages.

3. Unterscheiden Sie die Aufgaben der Weltbank und die Aufgaben des Internationalen Währungsfonds.

4. Was versteht man unter Sonderziehungsrechten, und wozu werden diese gebraucht?

5. Wer finanziert letztlich die Kredite, die der IWF seinen Mitgliedsländern gibt?

6. Erläutern Sie die Funktion von Nettokapitalimporten aus der Sicht eines Landes mit Leistungsbilanzdefiziten anhand der gesamtwirtschaftlichen Identität.

7. Über welche Kanäle können Währungskrisen auf andere Länder übertragen werden? Wie nennt man diese Ansteckungseffekte?

8. Worin bestehen die Unterschiede zwischen Banken- und Währungskrisen?

9. Erklären Sie das Konzept der Devisenumsatzsteuer. Warum wäre eine solche Steuer unter ökonomischen Gesichtspunkten problematisch? Welche praktischen Probleme stehen der Einführung einer solchen Steuer entgegen?

10. Warum lassen sich die drei Ziele eigenständige Geldpolitik, stabiler Wechselkurs und freie Kapitalbewegungen nicht gleichzeitig realisieren?

Literatur zum siebten Teil

DUWENDAG, DIETER: Globalisierung im Kreuzfeuer der Kritik, Baden-Baden 2006
IPSEN, KNUT u. a.: Kontrolle internationaler Finanzströme, Berlin 2002
KÖNIG, INGO: Devisenumsatzsteuer und Wechselkursverlauf, Berlin 1997
KOUL, AUTAR K.: Guide to the WTO and GATT. Economics, Law and Politics, The Hague 2005
LÜTTICKEN, FLORIAN: Die europäische Handelspolitik in GATT/WTO, Baden-Baden 2006
LUCKE, PETER: Internationaler Währungsfonds, Münster 1997
SCHWANK, OLIVER: Neuorientierung der Weltbank in der 90er Jahren, Wien 2003
VREELAND, JAMES RAYMOND: The International Monetary Fund, London 2005
VINES, DAVID: The IMF and its Critics, Cambridge 2004

Allgemeine Literatur

Altmann, Jörn: Außenwirtschaft für Unternehmen, 2. Aufl. Stuttgart 2001
Beike, Rolf; Barckow, Andreas: Risk-Management mit Finanzderivaten, 3. Aufl. München 2002
Belke, Angar u. a.: Geldpolitik und Geldtheorie in Europa, 6. Aufl. Köln 2006
Berndt, Ralph (Hrsg.): Global Management, Berlin 1996
Borchert, Manfred: Außenwirtschaftslehre, 7. Aufl. Wiesbaden 2001
Buckley, Adrian: Multinational Finance, 5. Aufl. München 2004
Büschgen, Hans E.: Internationales Finanzmanagement, 3. Aufl. Frankfurt/M. 1997
Claassen, Emil-Maria: Monetäre Außenwirtschaftslehre, München 1996
Dieckheuer, Gustav: Internationale Wirtschaftsbeziehungen, 5. Aufl. Mün-chen 2001
Dortschy, Jochen W. u. a.: Auslandsgeschäfte - Banktechnik und Finanzierung, 3. Aufl. Stuttgart 2005
Dülfer, Eberhard: Internationales Management in unterschiedlichen Kulturbereichen, 7. Aufl. München 2006
Duwendag, Dieter: Globalisierung im Kreuzfeuer der Kritik, Baden-Baden 2006
Ehrlich, Dietmar u. a.: Zahlung und Zahlungssicherung im Außenhandel, 7. Aufl. Berlin 2001
Eilenberger, Guido: Währungsrisiken, Währungsmanagement und Devisenkurssicherung von Unternehmen, 4. Aufl. Frankfurt/M. 2004
Eiteman, David K. u. a.: Multinational Business Finance, 11. Aufl. Boston 2007
Eller, Roland: (Hrsg.): Handbuch derivativer Instrumente. Produkte, Strategien und Risikomanagement, 3. Aufl. Stuttgart 2005
Fama, Eugene F.: Efficient Capital Markets: A Review of Theory and Empirical Work, in: Journal of Finance, Vol. 25 (1970), S. 383 - 418
Fama, Eugene F.: Efficient Capital Markets II, in: Journal of Finance, Vol. 46 (1991), S. 1575-1617
Frenkel, Michael; John, Klaus-Dieter: Volkswirtschaftliche Gesamtrechnung, 6. Aufl. München 2006
Gandolfo, Giancarlo: Elements of International Economics, Berlin 2004
Glaum, Martin: Internationalisierung und Unternehmenserfolg, Wiesbaden 1996
Görgens, Egon u. a.: Europäische Geldpolitik, 4. Aufl. Stuttgart 2004
Graf von Bernstorff, Christoph: Rechtsprobleme im Auslandsgeschäft, 5. Aufl. Stuttgart 2006
Häberle, Siegfried G.: Einführung in die Exportfinanzierung, 2. Aufl. München 2002
Ipsen, Knut u. a.: Kontrolle internationaler Finanzströme, Berlin 2002
Jarchow, Hans-Joachim; Rühmann, Peter: Monetäre Außenwirtschaft, Bd. I: Monetäre Außenwirtschaftstheorie, 5. Aufl. Göttingen 2000

Jarchow, Hans-Joachim; Rühmann, Peter: Monetäre Außenwirtschaft, Bd. II: Internationale Währungspolitik, 5. Aufl. Göttingen 2002
Klose, Sebastian: Asset-Management von Länderrisiken, Bern 1996
König, Ingo: Devisenumsatzsteuer und Wechselkursverlauf, Berlin 1997
Koul, Autar K.: Guide to the WTO and GATT. Economics, Law and Politics, The Hague 2005
Krugman, Paul R.; Obstfeld, Maurice: Theorie und Politik der Außenwirtschaft, 7. Aufl. München 2006
Krystek,U. (Hrsg.): Handbuch Internationalisierung. Globalisierung – eine Herausforderung für die Unternehmensführung, 2. Aufl. Berlin 2002
Kumar, Brij N. (Hrsg.): Handbuch der Internationalen Unternehmenstätigkeit, München 1992
Levich, Richard: International Financial Markets. Prices and Policies, 2. Aufl. Boston 2001
Lucke, Peter: Internationaler Währungsfonds, Münster 1997
Lütticken, Florian: Die europäische Handelspolitik in GATT/WTO, Baden-Baden 2006
Madura, Jeff: International Financial Management, 7. Aufl. Cincinnati 2003
Markowitz, Harry M.: Portfolio Selection, München 2005
Mehring, Georg W.: Zins- und Währungsmanagement, Bonn 1996
Nissen, Hans-Peter: Das Europäische System Volkswirtschaftlicher Gesamtrechnungen, 5. Aufl. Heidelberg 2004
Obstfeld, Maurice; Rogoff, Kenneth: Foundations of International Macroeconomics, Cambridge (Mass.) 1996
Ochynski, Walter: Strategien an den Devisenmärkten. Eine Anleitung für die Praxis – unter Berücksichtigung der Euro-Besonderheiten, 5. Aufl. Wiesbaden 2004
Pausenberger, Ehrenfried (Hrsg.): Internationalisierung von Unternehmungen. Strategien und Probleme ihrer Umsetzung, Stuttgart 1994
Perlitz, Manfred: Internationales Management, 5. Aufl. Stuttgart 2004
Pflugmann-Hohlstein, Barbara; Hohlstein, Michael: Außenwirtschaft – Deutschland als offene Volkswirtschaft, Stuttgart 2003
Porter, Michael E.: Wettbewerbsstrategie, Frankfurt/M. 2002
Putnoki, Hans: Grundlagen der Außenhandeslfinanzierung, München 2000
Rose, Klaus; Sauernheimer, Karlhans: Theorie der Außenwirtschaft, 14. Aufl. München 2006
Schiemenz, Bernd u. a. (Hrsg.): Internationales Management, Wiesbaden 1994
Schoppe, Siegfried G.; Blödorn, Niels (Hrsg.): Kompendium der Internationalen Betriebswirtschaftslehre, 4. Aufl. München 1998
Schwank, Oliver: Neuorientierung der Weltbank in der 90er Jahren, Wien 2003
Shapiro, Alan C.: Multinational Financial Management, 8. Aufl. Boston 2006
Siebert, Horst; Lorz, Oliver: Außenwirtschaft, 8. Aufl. Stuttgart 2006
Storck, Eckehard: Globale Drehscheibe Euromarkt., 3. Aufl. München 2005

Venedikian, Harry M.; Warfield, Gerald A.: Export-Import Financing, 4. Aufl. New York 1996

Vines, David: The IMF and its Critics, Cambridge 2004

Voigt, Heinz; Müller, Detlef: Handbuch der Exportfinanzierung, 4. Aufl. Frankfurt/M. 1996

Vreeland, James Raymond: The International Monetary Fund, London 2005

Welge, M. K.; Holtbrügge, D.: Internationales Management, 4. Aufl. Stuttgart 2006

Willms, Manfred: Internationale Währungspolitik, 2. Aufl. München 2006

Zahn, Johannes C. D.; Dahlmann, Franz: Banktechnik des Außenhandels, 9. Aufl. Wiesbaden 1993

Stichwortverzeichnis

A

Abgeleitete Finanzinstrumente 204
Absatzorientierte Direktinvestitionen 30
Abschirmungseffekt 95
Abschließungseffekt 21
Abschreibungsrisiko 224
Absolute Kaufkraftparitätentheorie 161
Absoluter Kostenvorteil 10
Adaptive Erwartungen 159
Adjustment 118
Akkreditiv 195
Aktivisches Zinsänderungsrisiko 223
Akzept 188
Akzeptkredit 188
Allgemeines Zoll- und Handelsabkommen 240
American Style Options 230
Ankerwährung 106
Anomale Reaktion des Außenbeitrags 63, 90
Anpassungsfähige Festkurssysteme 123
Arbitrage 64, 68, 205
Asien-Dollar-Markt 198
Asset Backed Securities (ABS) 203
Asset market approach 163
Asset Swap 222, 226
Asymmetrische Informationen 158
Aufschließungseffekt 20
Ausgleichsarbitrage 149
Auslandsanleihe 199
Außenbeitrag 48, 56
Außenbeitrag zum Bruttoinlandsprodukt 38
Außenbeitrag zum Bruttonationaleinkommen 39
Außenbeitragseffekt 78
Außenmärkte 197
Außenwirtschaftspolitik 2

B

Bandbreitenerweiterung 85
Barter trade 82
Basis Swap 226
Beggar my neighbour-Politik 61
BERI-Index 235
Beschaffungsorientierte Direktinvestitionen 30
Bestätigtes Akkreditiv 184
Bestellerkredite 215
Bilanz der Erwerbs- und Vermögenseinkommen 38
Bilanz der Vermögensübertragungen 39
Briefkurs 147
Bubbles 170
Business Environment Risk Information 235

C

Call Option 230
Caps 231
Carry trade 68
Chartanalyse 172
Collars 231
Contagion 251
Convertible Bonds 201
Cost push 64
Countertrade 82
Coupon Swap 226
Cross Currency Swap 221
Cross-Rate 150
Crowding out 57
Currency Board 85, 106
Currency Options 220

D

Debt Service Ratio 235
Demand pull 64
Deport 148
Derivative Finanzinstrumente 200, 204
Devisenarbitrage 148
Devisenbewirtschaftung 16, 84
Devisenbilanz 40, 50
Devisenkassamarkt 83
Devisenmarkt 56
Devisenmarktinterventionen 48
Devisenspekulation 148, 154
Devisenswap 217
Devisentermingeschäft 217
Devisenterminkontrakt 218
Devisenterminmarkt 83

Devisenumsatzsteuer 96, 246
Dienstleistungsbilanz 38
Differenzarbitrage 149
Diktat der Zahlungsbilanz 118, 125
Direkter internationaler Preiszusammenhang 64
Direkter internationaler Zinszusammenhang 68
Direktinvestitionen 28, 30, 47
Discount 148
Diskontkredit 187
Dokumentärer Zahlungsverkehr 181
Dokumentenakkreditiv 180, 184, 189
Dokumenteninkasso 180, 182
Domino-Effekt 251
Dornbusch-Modell 166
Dual Currency Bonds 202
Dynamische Portfoliomodelle 167

E
ECOFIN-Rat 131
Economic Risk 213
Economies of scale 22
Economies of scope 23
Einkommenstheorie 162
Elastizitätsoptimismus 74
Elastizitätspessimismus 75
Endwertänderungsrisiko 224
Erwarteter Wechselkurs 164
Erweiterte Zinsparität 164
Erwerbs- und Vermögenseinkommen 38
Erziehungszollargument 27
EURIBOR 191, 226
Euro-Commercial-Paper-Programms 204
Euro-Euro-Anleihe 199
Eurobonds 200
Euromarkt 191, 197
Euronote-Fazilitäten 203
Europäische Währungsunion (EWU) 85, 128
Europäisches System der Zentralbanken (ESZB) 130
European Style Options 230
EWS 119
Export-Factor 194
Exportvorschuss 187
Exposure-Betrag 213
Extrapolative Erwartungen 159
EZB-Rat 131

F
Factoring 193, 223

Faktorproportionen-Theorem 8
Finanzierungssaldo 42
Finanztransaktionen 45
Flexible Wechselkurse 70
Floater 202
Floating Rate Notes 202
Floors 231
Forfaitierung 192, 223
Forward Contract 217
Forward Deposit 229
Forward Rate Agreement (FRA) 227
Forward-Rate 148
Frei flexible Wechselkurse 84
Freie Konvertierbarkeit 84
Freihandelszonen 20
Futures 218

G
GATS 241
Gedeckte Zinsparität 164
Geld- und Fiskalpolitik 54
Geldbasis 50
Geldbasis-Konzept 102
Geldkurs 147
Geldmengenmechanismus 109
General Agreement on Tariffs and Trade (GATT) 240
Gesamtwirtschaftliche Finanzierungsgleichung 37
Gesamtwirtschaftlicher Finanzierungssaldo 40
Gesetz der Unterschiedslosigkeit der Preise 63 161
Gewinnverlagerung 210
Gezogener Wechsel 188
Global Governance 239
Grad der Freizügigkeit 83
Güterarbitrage 161

H
Handelsbilanz 38
Handelspapiere 180
Handelsschaffender Effekt 20
Handelsumlenkung (Abschließungseffekt) 21
Hartwährungen 82
Hedging 205
Hermes-Deckung 186, 190, 196

I
Import-Factor 194

Importierte Inflation 64
Importierte Kapitalverteuerung 68
Importkontingente 16
Importquote 16, 18
Importvorschuss 187
Importzoll 17
Incoterms 177
Indexanleihen 202
Inflationsimport 65, 116
Informationseffizienz 156
Inländische Geldbasis 50
Inlandsanleihe 199
Interest Rate Currency Swaps 226
Interest Rate Futures 228
Interest Rate Futures Options 230
Interest Rate Options 230
Interest Rate Swaps 225
Interindustrieller Handel 25
International commercial terms 177
Internationale Finanzmärkte 197
Internationale Finanztransaktionen 2
Internationale Kapitalbewegungen 91
Internationaler Konjunkturzusammenhang 58
Internationaler Währungsfonds (IWF) 243
Internationales Factoring 194
Internationales Leasing 194
Interventionspunkte 84
Intraindustrieller Handel 7, 25

J
J-Kurven-Effekt 74, 76, 116

K
Kapitalbilanz 40
Kapitalbilanz im engeren Sinn 40
Kapitalbilanz im weiteren Sinn 40
Kapitalbilanzdefizit 40
Kapitalbilanzüberschuss 40
Kapitalexport 45, 46
Kapitalimport 46
Kapitalmärkte 199
Kassakurs 83, 148
Kaufkraftparitätentheorie 161
Komparative Kosten 11
Konditionalität 245
konjunkturpolitische Effizienz 57
Konsumentenrente 14, 15
Konvergenzkriterien 128
Konvertibilität 82

Konvertierbarkeit 82
Korridore 231
Kostendruck 64
Kostenorientierte Direktinvestitionen 30
Kreditderivate 205
Kreditkonsortien 192
KT-Risiken 233

L
Lagging 216
Law of Indifference 63
Lead Manager 192
Leading 216
Leasing 194
Leistungsbilanz 39
Leistungstransaktionen 66
Liability Swap 222, 226
LIBOR 191, 226
Limitierte Wechselkursflexibilität 85
Loan 229
Lokomotivtheorie 58
Long Call 220, 230
Long Put 220, 230

M
Managed floating 84, 97
Marginale Importquote 3
Markteffizienz 156
Marktwertänderungsrisiko 224
Marktzugangsschranken 25
Marshall-Lerner-Bedingung 73
Matching 216
Meistbegünstigungsklausel 20
Mengennotierung 147
Monetäre Außenwirtschaftstheorie 2
Monetäre Basis 50, 102
Monetäre Zahlungsbilanztheorie 69
Monetaristische Wechselkurstheorie 166
Moral hazard 253
Münzregal 131

N
Nach-Sicht-Tratte 189
Negoziationskredit 189
Netting 216
Netto-Exposure 216
Netto-Kapitalimporte 36, 37, 40
Netto-Kapitalexporte 36, 37, 40
Nettoauslandsvermögen 40

Neutralisierungspolitik 105
News-Ansatz 170
Nicht-Regierungsorganisationen 250
Nicht-tarifäre Handelshemmnisse 16, 19
Nominaler Wechselkurs 71
Nominales Volkseinkommen 2
Non-Governmental Organizations (NGOs) 250
Normalreaktion des Außenbeitrags 62
Note Issuance Facilities (NIF) 203

O

Offshore-Märkte 198
Opportunitätskosten 11
Optimaler Währungsraum 126, 139, 140
Optionen 205
Optionsprämie 231
Outrightgeschäfte 217
Over The Counter (OTC) 220
Over The Counter-Option 230

P

Passivisches Zinsänderungsrisiko 223
Platzarbitrage 149
Policy mix 118
Politische Risiken 233
Politische Länderrisiken 233
Portfolioanalyse 66
Portfolioinvestitionen 28, 29, 94
Portfoliomodelle 165
Preisanpassungsprozesse 64
Preiselastizität der Importnachfrage 72
Premium 148
Primäreinkommen 33
Produzentenrente 14, 15
Promissory note 188
Put Option 230

Q

Quotierungsarbitrage 149

R

Random walk 159
Rationale Erwartungen 168
Rationale spekulative Blasen 170
Reale Abwertung 4, 5
Reale Aufwertung 4
Reale Außenwirtschaftstheorie 1
Realer effektiver Wechselkurs 5
Realer Wechselkurs 4, 5

Reales Nationaleinkommen 2
Reales Volkseinkommen 2
Realignment 85, 119, 123
Regionale Integration 20
Relative Kaufkraftparitätentheorie 162
Rembourskredit 189
Report 148
Retorsionsmaßnahmen 61
Revolving Unterwriting Facilities (RUF) 203
Risikoprämienmodell 169
Robinson-Bedingung 73
Roll-Over-Kredit 192

S

Saldo der Kapitalverkehrsbilanz 36
Saldo der Leistungsbilanz 39
Schmutziges Floaten 84
Schuldendienstquote 235
Short Call 230
Short Put 230
Solawechsel 188
Sologeschäfte 217
Sonderziehungsrechte 245
Spekulation 68, 205
Spillover-Effekt 251
Spread 202
Stabilitäts- und Wachstumspakt (SWP) 129
Stand by Letter of Credit 196
Statische Erwartungen 159
Sterilisierungspolitik 105
Straight Bonds 201
Stufenflexible Wechselkurse 84
Subventionen 16
Swapgeschäfte 202, 217
Swapsatz 148
Swaption 230

T

Tarifäre Handelshemmnisse 17
Terminkurs 83, 148
Terms of payment 93, 178
Terms of trade 5, 77
Theorem der komparativen Kosten 10
Tobin-Steuer 246, 247
Trading 154
Traditionspapiere 178, 180, 183
Transaction Risk 212
Translation Risk 211
Transmissionsprozess 112

Transportdokumente 178
Tratte 188
TRIMs 241
TRIPs 241

U

Überschussreserven 100
Übertragungsbilanz 39
Unbedingte Terminkontrakte 205
Unmöglichkeitsdreieck 252
Unwiderrufliches Akkreditiv 184

V

Vehikelwährung 99
Vermögensübertragungen 39
Volkseinkommen 56

W

Währungsreserven 87, 100
Währungsrisiken 148
Währungsswap 221, 226
Währungsterminkontrakt 218
Währungsunion 85
Währungsverbund 124
Warrant Bonds 201
Wechselkredit 187
Wechselkurs in Preisnotierung 4
Wechselkurs in Mengennotierung 5, 71
Wechselkurseffekt 56
Wechselkurserwartung 7, 93
Wechselkursregime 84

Wechselkursunion 85, 125, 211
Wechselkursversicherungen 223
Weichwährungen 82
Weltbank 242
Welthandelsorganisation (WTO) 19, 240
Wirtschaftliche Länderrisiken 233

Z

Zahlungsbilanz 38
Zahlungsbilanz-Ausgleichsmechanismus 93 111
Zahlungsbilanzeffekte 78
Zahlungsbilanzkorrektur 118
Zahlungspapiere 180
Zentralbankgeld 102
Zero Bond 201
Zessionskredit 186
Zins-Währungs-Swap 202
Zinsarbitrage 67, 148
Zinsausgleichsarbitrage 150
Zinsdifferenzarbitrage 154
Zinselastizität 112
Zinsfutures 228
Zinsoption 230
Zinsoptionsscheine 231
Zinsparität 150
Zinsparitätentheorie 163
Zinsswaps 225, 226
ZM-Risiken 234
Zölle 16
Zollunionen 20